Herbert Schneider · Hans-Georg Wehling (Hrsg.)

Landespolitik in Deutschland

Herbert Schneider
Hans-Georg Wehling (Hrsg.)

Landespolitik in Deutschland

Grundlagen – Strukturen – Arbeitsfelder

VS VERLAG FÜR SOZIALWISSENSCHAFTEN

Bibliografische Information Der Deutschen Nationalbibliothek
Die Deutsche Nationalbibliothek verzeichnet diese Publikation in der
Deutschen Nationalbibliografie; detaillierte bibliografische Daten sind im Internet über
<http://dnb.d-nb.de> abrufbar.

1. Auflage November 2006

Alle Rechte vorbehalten
© VS Verlag für Sozialwissenschaften | GWV Fachverlage GmbH, Wiesbaden 2006

Lektorat: Frank Schindler

Der VS Verlag für Sozialwissenschaften ist ein Unternehmen von Springer Science+Business Media.
www.vs-verlag.de

Das Werk einschließlich aller seiner Teile ist urheberrechtlich geschützt. Jede
Verwertung außerhalb der engen Grenzen des Urheberrechtsgesetzes ist
ohne Zustimmung des Verlags unzulässig und strafbar. Das gilt insbesondere
für Vervielfältigungen, Übersetzungen, Mikroverfilmungen und die Einspeicherung und Verarbeitung in elektronischen Systemen.

Die Wiedergabe von Gebrauchsnamen, Handelsnamen, Warenbezeichnungen usw. in diesem
Werk berechtigt auch ohne besondere Kennzeichnung nicht zu der Annahme, dass solche
Namen im Sinne der Warenzeichen- und Markenschutz-Gesetzgebung als frei zu betrachten
wären und daher von jedermann benutzt werden dürften.

Umschlaggestaltung: KünkelLopka Medienentwicklung, Heidelberg
Druck und buchbinderische Verarbeitung: MercedesDruck, Berlin
Gedruckt auf säurefreiem und chlorfrei gebleichtem Papier
Printed in Germany

ISBN-10 3-8100-4080-0
ISBN-13 978-3-8100-4080-0

Inhalt

Einführung

Hans-Georg Wehling
Landespolitik und Länderpolitik im föderalistischen System
Deutschlands – zur Einführung   7

Grundlagen

Roland Sturm
Die Länder in der deutschen und europäischen Mehrebenenpolitik   23

Alfred Katz
Bundesstaatliche Finanzbeziehungen und Haushaltspolitik der
Länder   50

Hans-Georg Wehling
Föderalismus und politische Kultur in der Bundesrepublik
Deutschland   87

Strukturen

Werner J. Patzelt
Länderparlamentarismus   108

Klaus-Eckart Gebauer
Landesregierungen   130

Peter März
Ministerpräsidenten   148

Michael Zerr
Staatskanzleien   185

Michael Eilfort
Landes-Parteien: Anders, nicht verschieden.   207

Arbeitsfelder

Bernd-Peter Lange
Medien und Landespolitik   225

Gerd F. Hepp
Bildungspolitik als Länderpolitik   240

Michael Haus
Verwaltungs- und Kommunalpolitik der Länder   270

Josef Schmid/Susanne Blancke
Arbeitsmarkt- und Sozialpolitik in den Bundesländern.   295

Rainer Prätorius
Sicherheitspolitik der Länder   316

Biografischen Angaben   335

Hans-Georg Wehling

Landespolitik und Länderpolitik im föderalistischen System Deutschlands – zur Einführung

1   Der Stellenwert der Länderpolitik

Länderpolitik im allgemeinen, Landespolitik im Einzelfall werden in der Öffentlichkeit, in den Medien und auch in der Wissenschaft in ihrer Bedeutung unterschätzt. Doch für den Alltag der Menschen in Deutschland kommt der Politik der Länder eine zentrale Rolle zu: auf Grund ihrer inhaltlichen Zuständigkeiten, so für Schule und Hochschule, für innere Sicherheit, Medien, Infrastruktur und regionale Wirtschaftsförderung; in ihrer Verantwortlichkeit für die Gemeinden und Gemeindeverbände; wegen ihres maßgeblichen Einflusses selbst auf die Bundespolitik via Bundesrat; schließlich auch, weil die Länder es sind, die die Gesetze des Bundes verwaltungsmäßig exekutieren, denn der Bund verfügt – von Ausnahmen abgesehen – über keine eigene Verwaltung. Auch die politischen Parteien sind auf Länderebene organisiert; die „Landesfürsten" sind, teilweise wenigstens, zu Kurfürsten des Bundes geworden, Ministerpräsidenten gelten als die geborenen Aspiranten und Konkurrenten um die Kandidatur zur Kanzlerschaft, innerhalb der Regierungspartei wie auch innerhalb der Opposition; die gegenwärtige Kanzlerin gilt da schon eher als Ausnahme. Überdies herrscht ein reger personeller Austausch zwischen dem Personal der Bundes- und der Länderpolitik, man schaue nur auf die jeweiligen Regierungsbildungen in Bund und Ländern.

2   Der Bund: von den Ländern her gegründet

Deutschland ist, der Name sagt es bereits, eine Bundesrepublik, mit den Ländern als konstituierender Größe im politischen System. Länder haben die Bundesrepublik nach dem Ende des Zweiten Weltkriegs und dem Zusammenbruch deutscher Staatlichkeit (wieder) gegründet, wie die Präambel des Grundgesetzes dokumentierte. So wie bereits das Kaiserreich von 1871 von den damals bestehenden souveränen Staaten auf dem Boden Deutschlands gegründet worden ist:

als „ewiges Bündnis" von Fürsten unter Führung – und Druck – des übermächtigen Preußen, zweifellos aber auch in Einklang mit den Wünschen der Bevölkerung in den Einzelstaaten. Auch die Erweiterung der Bundesrepublik vollzog sich von Ländern her, die als solche der Bundesrepublik beitraten: 1957 das Saarland, zum 3. Oktober 1990 die fünf neuen Länder der bisherigen DDR.

Diese Gründungsgeschichte hat das Grundgesetz von 1949 sowie das Institutionensystem Deutschlands einschließlich Macht- und Aufgabenverteilung zwischen Zentralstaat und Mitgliedsländern entscheidend geprägt. Es waren bereits 1871 und dann auch 1949 die einzelstaatlichen Regierungen, die die neue Gesamtstaatlichkeit herstellten, sie haben so Reich und Bundesrepublik in Form eines Regierungsföderalismus gestalten können. Mittels eines immerwährenden Gesandtenkongresses haben sich 1871 wie 1949 die einzelstaatlichen Regierungen ein Mitspracherecht, ja ein Mitentscheidungsrecht für die gesamtstaatliche Politik vorbehalten: mit Hilfe eines Bundesrates (der auch 1871 schon so hieß), ein Gremium instruierter Gesandter, damals der monarchischen Regierungen, heute der demokratisch legitimierten Länderregierungen. Diese Länderkammer ist faktisch zu einem Zweiten Haus des deutschen Parlamentarismus geworden, ohne dessen ausdrückliche Zustimmung in vielen Bereichen der Politik nichts geht. Für diese Art von Zweiter Kammer gibt es kein Vorbild und keine systematische Herleitung, sie ist ausschließlich historisch zu erklären. Sie hat darüber hinaus selbst als Vorbild gedient: im europäischen Einigungsprozess, in dem der Ministerrat eine vergleichbare Stellung gegenüber dem Europäischen Parlament einnimmt, geboren aus einem vergleichbaren Einigungsprozess.

Bei der Gründung des Deutschen Reiches 1871 versuchten die bis dahin souveränen Einzelstaaten, den Bund möglichst klein zu halten, um weitgehend Herr im eigenen Hause zu bleiben. Nur die unbedingt notwendigen Kompetenzen wie Außen- und Sicherheitspolitik, die Herstellung und Gewährleistung von Rechts-, Wirtschafts- und Währungseinheit sollte dem Reich obliegen; die Zuständigkeit für Zölle; die Eisenbahn, das Post- und Fernmeldewesen gehörten dazu. Das Reich sollte auch möglichst keine Verwaltung haben. So ist es bis heute geblieben. Wenn mit Bundesgesetzen Folgen für die Verwaltungsorganisation der Länder verbunden sind, muss der Bundesrat ausdrücklich zustimmen. Hierauf stützt sich im wesentlichen die Vetomacht des Bundesrates im Gesetzgebungsprozess.

Die Länder der Bundesrepublik haben, wie bereits die Einzelstaaten des Kaiserreichs, Staatsqualität, mit Parlamenten, Regierungen und Anteil an der Judikative. Sie verfügen über eigene Kompetenzen und über eigene Haushalte. Die Gemeinden stellen demgegenüber keine eigene Ebene dar, sie sind vielmehr Bestandteil der Länderebene, auch wenn ihr Selbstverständnis anders aussehen mag.

3 Die Abgrenzung von Zuständigkeiten von Bund und Ländern

Die ausschließlichen Zuständigkeiten des Bundes waren bislang in Art. 73 des Grundgesetzes aufgelistet. Nach Wegfall der Rahmengesetzgebung kann der Bund lediglich im Bereich der konkurrierenden Gesetzgebung Aufgaben an sich ziehen, auch diese Bereiche sind im Grundgesetz – Art. 74 und 74a – aufgelistet. Doch gelten für den Bund Beschränkungen (Art. 72, Abs. 2):

> „Der Bund hat in diesem Bereich (d. h. der konkurrierenden Gesetzgebung) das Gesetzgebungsrecht, wenn und soweit die Herstellung gleichwertiger Lebensverhältnisse im Bundesgebiet oder die Wahrung der Rechts- und Wirtschaftseinheit im gesamtstaatlichen Interesse eine bundesgesetzliche Regelung erforderlich macht."

Diese Regelung setzt den Bundesgesetzgeber unter Beweispflicht bei der Übernahme von Zuständigkeiten, die vom Bundesverfassungsgericht überprüft werden kann.

Der Artikel 72, Abs. 2 GG ist ferner von zentraler Bedeutung, weil er über die Außen- und Sicherheitspolitik hinaus sehr genau den unabdingbaren Kompetenzbereich des Bundes beschreibt. Die darin benannte Aufgabe der „Herstellung gleichwertiger Lebensverhältnisse" und die „Wahrung der Rechts- und Wirtschaftseinheit" könnte gleichsam als Überschrift für die Artikel zur ausschließlichen Gesetzgebungskompetenz des Bundes (Art.73) wie auch über die der Konkurrierenden Gesetzgebung (Art. 74, 74a) und der Rahmengesetzgebung (Art. 75) dienen. Alle anderen Aufgaben sind letztlich Aufgaben der Länder, auch wenn der Bund sich hier längst eingenistet hat, nicht zuletzt dank seiner finanziellen Möglichkeiten.

4 Rechtfertigungen von Föderalismus

Unabhängig von der zentralen Bedeutung seiner Entstehungsgeschichte in Deutschland, zu der nach 1945 auch die Erwartungen der drei westlichen Besatzungsmächte gehörten, lässt sich Föderalismus inhaltlich rechtfertigen: Föderalismus stellt ein Mittel der Gewaltenteilung und damit eine Vorkehrung gegen Machtmissbrauch dar. Regionale Besonderheiten, die Eigenheiten einer regionalen politischen Kultur werden respektiert und produktiv in den politischen Prozess einbezogen, Frustrationen so vermieden. Föderalismus bedeutet zudem Problemnähe, gerade auch, wenn regionale Autoritäten Entscheidungen vor Ort treffen können; das betrifft auch die Ausführung von Bundesgesetzen, die so besser den Gegebenheiten vor Ort angepasst werden können. Eigenständige Länder unter dem Dach des Gesamtstaates bieten zudem eine Probebühne für politisches Personal, das sich dort bewähren, Erfahrungen sammeln, sich profilieren und dort seine bundesweite Sichtbarkeit erlangen kann. Bei einem Machtwechsel auf zentralstaatlicher Ebene kann so immer auf erfahrenes Personal zurückgegriffen werden. Insofern stellen Länder im Föderalismus auch eine Sozialisationsinstanz mit Selektionsfunktion dar. Zugleich wird politische Frustration vermieden, indem eine auf der Bundesebene von der Regierungsteilhabe ausgeschlossene Partei in der Regel nie völlig von der Macht ausgeschlossen ist. Die Chancengleichheit wird auf diese Weise erhöht, und damit auch die Möglichkeit des Machtwechsels, indem die Opposition auf der Ebene des Zentralstaates dem Wähler gegenüber ihre Regierungsfähigkeit nachweisen kann.

Für die Theorie des Föderalismus ganz zentral ist das Innovationspotenzial, das dem Föderalismus inne wohnen kann: Föderalismus erleichtert das Experimentieren. Neuerungen werden im kleineren Rahmen eines Bundeslandes erst einmal ausprobiert, seien es inhaltliche Neuerungen z. B. im Bildungs- und Hochschulbereich, seien es Neuerungen in der Verwaltungsorganisation. Schlagen sie fehl, ist der Schaden räumlich begrenzt und betrifft lediglich einen Teil der Bevölkerung; sind sie ein Erfolg, werden andere Länder dem Beispiel folgen. So jedenfalls die Erwartung. Für den ersten Bereich könnte man die Diskussion um die Gesamtschule anführen oder die Experimente zur Einführung von Islamunterricht. Auch die Frage der Erhebung von Hochschulgebühren könnte dazu gerechnet werden. Auch das „ranking" der Länder in der PISA-Studie beflügelt Wetteifer und damit die Leistungsanstrengungen der Bundesländer, zumal sich die Ergebnisse dann auch parteipolitisch ausschlachten lassen. Die manchmal gezogene Schlussfolgerung, jetzt müsse aber eine Bundeskompetenz her, um die Unterschiede zu beseitigen, übersieht genau diesen positiven Wettbewerbseffekt.

Für den zweiten Aspekt ließe sich auf den Reformprozess im Rahmen der Gemeindeverfassungen (Gemeindeordnungen) verweisen, der in den Jahren seit 1990 bundesweit in Deutschland stattgefunden hat, mit dem Ziel, die Position des Bürgermeisters zu stärken, die Bürger stärker an der Kommunalpolitik zu beteiligen (durch Direktwahl von Bürgermeister und Landrat, Kumulieren und Panaschieren bei der Wahl der Volksvertretungen und Einführung des Referendums), um damit den Parteieneinfluss zurückzudrängen. In Hinblick auf die Verwaltungsorganisation sind die Länder zur gleichen Zeit sehr unterschiedliche Wege gegangen: So hat Niedersachsen die staatliche Mittelbehörde der Regierungsbezirke abgeschafft, während sie gleichzeitig Baden-Württemberg gewaltig gestärkt (mit Vervierfachung des Personals), Rheinland-Pfalz sie von einer Regionalbehörde zu einer Funktionalbehörde umgestaltet hat, deren Zuständigkeit sich nicht in allen Bereichen räumlich eingrenzen lässt.

5 Konkurrenzföderalismus versus Unitarischer Bundesstaat

Seine innovative Funktion kann der Föderalismus jedoch nur entfalten, wenn Konkurrenz erwünscht ist und nicht unterbunden wird: als Konkurrenzföderalismus. Doch Konkurrenz ist nicht unbedingt erwünscht, weder von der Politik, noch der Beamtenschaft und auch nicht von der Bevölkerungsmehrheit. Die „Gleichheit der Lebensverhältnisse", wenn auch im Grundgesetz inzwischen teilweise herabgestuft zur „Gleichwertigkeit", gilt in Deutschland fast als Dogma, was beispielsweise im Blick auf die benachbarte Schweiz deutlich auffällt. Als Folge dieses „Dogmas" hatte sich der Föderalismus in Deutschland in Richtung Unitarischer Bundesstaat entwickelt: Föderalismus ja, so weit es die Institutionen betrifft; nein, wenn es um die inhaltliche Gestaltung, um die Ergebnisse von Politik geht.

So scheint in inhaltlichen Fragen Konkurrenzföderalismus in Deutschland weitgehend unerwünscht. Namentlich im Bereich von Schule und Hochschule werden möglichst einheitliche Regelungen erwartet, unter Verweis auf die Chancengleichheit. Da der Bund über keine zentralen Kompetenzen auf diesem Gebiet verfügt und nach dem festen Willen der Länderregierungen – unterstützt von der Rechtssprechung des Bundesverfassungsgerichts – auch nicht erhalten soll, hat man hier zu Hilfskonstruktionen gegriffen. Die bemerkenswerteste und bedeutendste ist die Kultusministerkonferenz (KMK) mit Sitz nach wie vor in Bonn, die inhaltlich so etwas darstellt wie ein Bundeskultusministerium im Besitz der Länder und die kollegial geführt wird von den Ressortministern der Länder: von den Ministern, die für Schule und Hochschule zuständig sind; die Willensbildung kann beinahe ausnahmslos nur einstimmig erfolgen. Abweichend davon gibt es Regelungen, die entweder nur für die SPD-geführten (A-Länder) oder für die CDU-geführten Länder (B-Länder) gelten. Insgesamt gesehen stellt die KMK auch so etwas wie eine Kompromissmaschine dar. Damit ist sie nicht untypisch für das Regierungssystem der Bundesrepublik Deutschland insgesamt, das mit einer Fülle von Beratungs- und Vorentscheidungsgremien institutionell auf ein möglichst hohes Maß an Abstimmung und Konsens ausgelegt ist. – Die Kultusministerkonferenz beschäftigt wie ein Ministerium auch einen Apparat von Beamten und Angestellten, die formal Bedienstete des Landes Berlin sind, zu deren Kosten aber die Ländern anteilsmäßig beitragen.

In Gestalt der Kultusministerkonferenz wird die Bundesrepublik Deutschland als Unitarischer Bundesstaat besonders deutlich: Man will die Gliederung in Länder, aber es muss inhaltlich dasselbe dabei herauskommen, sei es die organisatorische Gliederung des Schulwesens, seien es Lehrinhalte – weit über einheitliche Standards hinaus. Erwartungen der Bevölkerung und Handeln der Politiker decken sich hier weit gehend. Gerade auch nach einer Föderalismusreform, die

die Zuständigkeiten von Bund und Ländern stärker zu trennen beabsichtigt, wird die Bedeutung der Kultusministerkonferenz erhalten bleiben, wenn nicht sogar noch gewinnen.

Andere Konferenzen wie die der Innenminister oder gar die Ministerpräsidentenkonferenz dienen demselben Zweck, besitzen nicht im selben Umfang diese alltagspraktische Bedeutung wie die KMK.

„Reste" von Konkurrenz zeigten sich bisher schon z. B. auf Gebieten wie Wirtschaftsförderung und Kriminalitätsbekämpfung. Hier handelt es sich vielfach eher um parteipolitisches Auftrumpfen in der Konkurrenz um Wählerstimmen, auch in bundesweiter Parteienkonkurrenz: Wo wird der Wirtschaftsstandort besser gepflegt und wo entschiedener gegen Kriminalität vorgegangen? Welche Partei ist eher in der Lage, den Bürgern ein Musterländle aufzubauen, in denen es den Menschen gut geht und in dem sie sicher leben können?

In Fragen der Beamtenbesoldung, die nach der Föderalismusreform ganz in die Zuständigkeit der Länder kommen soll, dürfte es weniger um die Konkurrenz in der Bezahlung – einschließlich der Gefahr der Abwerbung – gehen, sondern um eine Anpassung an unterschiedliche Kosten in der Lebenshaltung, die im Raum München sicherlich anders aussehen als im Raum Cottbus.

6 Trennsystem versus Verbundsystem

Föderalismus kann sehr unterschiedlich institutionalisiert werden, als Trennsystem oder als Verbundsystem. Typische Trennsysteme stellen die USA und die Schweiz dar, in denen prinzipiell die Ebenen klar getrennt sind: nach Aufgaben und nach Finanzierung. Ein Verbundsystem wie in Deutschland vermischt, bisher wenigstens, die Aufgabenerledigung wie auch die Finanzierung der Aufgaben. Bildlich gesprochen haben wir es im ersten Fall mit einer Schichttorte zu tun, wie sie beispielsweise die Schwarzwälder Kirschtorte darstellt, mit klar abgegrenzten und identifizierbaren Teig- und Sahneschichten; im zweiten Fall mit einem Marmorkuchen, bei dem die Schokoladenschicht mit der Gabel in den hellen Teig hineingerührt wird. Selbstverständlich können beide Systeme, Trenn- und Verbundsystem, mehr oder weniger ausgeprägt sein. So mischt sich auch in den USA längst der Bund mit Hilfe von „grants" finanziell in die Aufgabenerledigung der Einzelstaaten ein.

Der deutsche Föderalismus ist ein Marmorkuchen-Föderalismus. Typischer Ausdruck des deutschen Föderalismus sind die bisherigen Gemeinschaftsaufgaben (Art. 91 a und b GG) wie auch die Finanzverfassung (Kap. X, Art. 65 – 73 GG), wonach rund zwei Drittel des Steueraufkommens Gemeinschaftssteuern von Bund, Ländern und Gemeinden sind, die nach bestimmten Schlüsseln auf die verschiedenen Ebenen verteilt werden. Fritz Scharpf hat diese deutsche Form des Föderalismus, die sich insbesondere seit 1969 entwickelt hat, als Politikverflechtung gekennzeichnet. Eine solche Verflechtung bedeutet immer auch die Einbeziehung aller denkbaren Akteure in den Entscheidungsprozess – und damit bedeutet sie die Verwischung von Verantwortlichkeiten. Verantwortlichkeit muss in einem demokratischen Staat jedoch erkennbar sein, um dem Wähler die Möglichkeit zur Belohnung und Bestrafung zu geben. Dafür braucht es Transparenz des politischen Handelns, Trennung von Aufgaben, Finanzen und von Verantwortlichkeiten. Wenn alle irgendwie mitverantwortlich sind, was die Verdienste und Versäumnisse von Politik anbelangt, wird die (partei-)politische Auseinandersetzung auf die abstrakt-symbolische Ebene verlagert, tritt die Persönlichkeit und ihre Medienwirkung in den Vordergrund. Politik wird symbolische Politik und wird zur Medieninszenierung. Das zu ändern, hat sich die Föderalismusreform zum Ziel gesetzt.

7 Der Bundesrat

Im Mittelpunkt des politischen Interesses stand lange das Verhältnis von Bundestag und Bundesrat, die bei der Verabschiedung von Zustimmungsgesetzen übereinstimmen müssen. In der Regel fungiert der Bundesrat als das, wofür er geschaffen ist: als Vertretung von Länderinteressen, die sowohl gemeinsame Interessen sein können – wenn beispielsweise der Bund seine Zuständigkeiten ausdehnen will – als auch je nach wirtschaftlicher Lage auseinander fallen können. Der Bundesrat kann aber auch parteipolitisch instrumentalisiert werden, wenn Bundestags- und Bundesratsmehrheit auseinander fallen. Dann kann die Opposition im Bundestag ihre faktische Regierungsbeteiligung mit Hilfe des Bundesrats durchsetzen, indem sie mit Blockade eines Gesetzesvorhabens im Bundesrat droht. Dem Interessensausgleich wie auch der Beteiligung der Bundestagsopposition am Gesetzgebungsprozess des Bundes dient institutionell der Vermittlungsausschuss von Bundestag und Bundesrat, in dem beide Organe mit gleich viel Stimmen vertreten sind: 16 zu 16. Im Gegensatz zur Stimmabgabe im Bundesrat, in dem die Vertreter der Länder instruiert sind, sind dessen Vertreter im Vermittlungsausschuss nicht weisungsgebunden. Das ändert nichts daran, dass die Kompromissfindung nicht unbedingt hier fällt, sondern in den jeweiligen Parteispitzen mit ihrem Führungspersonal aus Bundes- und Landesexekutiven. Denn letztlich muss dann doch die Mehrheit sowohl von Bundestag als auch von Bundesrat dem Vermittlungsergebnis zustimmen können.

Auf jeden Fall kann – unterschiedliche Mehrheiten vorausgesetzt – der Bundesrat immer auch benutzt werden, um Gesetze, die der Bundestagsopposion missliebig sind, zu verhindern (Blockadepolitik), aus inhaltlichen Gründen wie auch um die „feindliche" Bundesregierung öffentlich „vorführen" zu können. Das kam wesentlich seltener vor, als es in der Öffentlichkeit angenommen wird; denn auch in einer solchen Konstellation sind die Bundesratsmitglieder vorrangig Vertreter von Länderinteressen, erst dann kommen die Parteiinteressen. Deswegen auch kann die Bundesregierung finanziell schwächeren Ländern der Gegenseite ihren Widerstand – wörtlich – abkaufen, sie also aus der Blockademehrheit herauskaufen. Auswege bestehen für die Bundesregierung auch darin, Gesetze aufzuteilen in materielle Gesetze, die keine Zustimmungspflicht beinhalten, und solche, die reine Verfahrensvorschriften umfassen und deswegen der Zustimmung des Bundesrats unterliegen. Es kam durchaus auch vor, dass man – anders herum – die Opposition vorführen will, indem man sie für das Scheitern eines Vorhabens bewusst verantwortlich macht, durch Einbau von Gesetzesteilen, die für sie unannehmbar sind. Für beide Seiten, Bundesregierung und Opposition, dient der Bundesrat immer wieder auch als Bühne, auf dem politisches Theater gespielt wird, wie vom Saarländischen Ministerpräsidenten Peter Müller (CDU) zugegeben, als es um die Verabschiedung des Zuwanderungsgesetzes und die Wertung der geteilten Stimmabgabe von Brandenburg mit seiner Großen Koalition von SPD und CDU ging.

Im politischen Entscheidungsprozess der Bundesrepublik kann zwischen zwei Gesetzgebungsbereichen unterschieden werden: zwischen den „hochpolitischen", strittigen Politikfeldern, die die Parteien und die sie tragenden Regierungen auf Bundes- und auf Länderebene, den Bundestag und den Bundesrat beschäftigen, auch – wenngleich weit abgeschlagen – die Länderparlamente, und somit zu den Top-Themen der Medienberichterstattung avancieren. Doch nur ein Bruchteil aller Entscheidungsgegenstände gehört dazu. Dem gegenüber steht das weite Feld der „Alltagsentscheidungen" – oder wie man sich im Parlamentssprachgebrauch angewöhnt hat zu sagen: der „technischen" Gesetze. Inhaltlich-materiell abgrenzen lassen sich beiden Entscheidungsbereiche nicht, sondern nur formal: Im Parlamentssprachgebrauch sind alle Gesetze, über die in der Ersten und der Dritten Lesung keine Aussprache stattfindet, „technische" Gesetze. Sie machen die Masse der Entscheidungen aus und werden im parlamentarischen Alltag zumeist nahezu einstimmig verabschiedet, werden „durchgewunken". Diese „technischen" Gesetze samt dem Wust von mit ihnen zusammenhängenden Ausführungsbestimmungen, Verordnungen usw. sind das eigentliche Tätigkeitsfeld der Exekutiven, genauer: der Bürokratien.

8 Exekutivföderalismus

Unterhalb von Medieninszenierungen wird der deutsche Föderalismus vielmehr als Exekutivföderalismus sichtbar, unter weitgehender Zurückdrängung, wenn nicht gar zur Ignorierung der Parlamente, die auf ihre notarielle Funktion (= formale Verabschiedung von Gesetzen) beschränkt bleiben. Besonders trifft das die Länderparlamente. Im Exekutivföderalismus kommt der Regierungsorganisation auf Länderebene eine zentrale Bedeutung zu, und dort nicht zuletzt auch den Staatskanzleien, die die Steuerungsfunktion wahrnehmen.

Im Alltag bedeutet Exekutivföderalismus bundesweit das „Handling" von Gesetzgebungs- und Regelungsvorhaben durch die Ministerialbürokratie, nicht immer versehen mit politischen Vorgaben. Das hat unter den Bedingungen des Unitarischen Bundesstaates und dem mit ihm einhergehenden Vereinheitlichungsdruck eine Fülle von Kommissionen zur Koordination der Länderpolitiken hervorgebracht, ihre Zahl ist nur zu schätzen; man geht gegenwärtig von fast 1.000 solcher ständigen Konferenzen aus, aber die Praxis zeigt, dass hier alles im Fluss ist: Die Bildung einer neuen Konferenz oder Kommission bedarf nicht unbedingt der förmlichen Einsetzung und schon gar nicht der Registrierung. Diese Form des Föderalismus ist zugleich ein Reiseföderalismus: Die Vertreter der Landesregierungen fahren hin und her wie Weberschiffchen und weben so die Alltagsstruktur unseres Lebens, vielfach ohne deutliche Einschaltung der eigentlichen politischen Ebene.

Fassen wir zusammen: Föderalismus in Deutschland präsentierte sich bislang als Unitarischer Föderalismus, als Politikverflechtung, als Regierungsföderalismus, als Exekutivföderalismus, als bürokratischer Föderalismus, und nur zum Teil auch als Konkurrenzföderalismus.

9 Reformdiskussion und Reformkommission

Die Diskussionen über die Reform des Föderalismus in Deutschland setzen vorzugsweise im „hochpolitischen" Bereich ein und verlangen hier vor allem eine klare Aufgabentrennung – und damit eine klare Trennung der Verantwortlichkeiten, im Interesse von Transparenz, die Demokratie erst eigentlich ermöglicht. Wer klare Verhältnisse will, Verantwortlichkeiten sichtbarer machen will, muss z.B. die vorhandenen politischen Blockademöglichkeiten des Bundesrates einschränken. Letztlich geht es darum, das politische System der Bundesrepublik reformfähig zu halten. Hierüber gibt es seit Jahrzehnten eine ausführliche Diskussion in Wissenschaft und Politik. Es gibt sogar Ergebnisse, die im Prinzip kaum strittig sind:

- Entflechtung der Zuständigkeiten von Bund und Ländern einschließlich der Zurückdrängung von Gemeinschaftsaufgaben.
- Damit verbunden die Entflechtung der Einnahmen von Bund, Ländern und Gemeinden, auch hier im Sinne eines Trennsystems.
- Zurückdrängung von Zustimmungsgesetzes vom gegenwärtigen Verhältnis 60:40 zu höchstens 40:60, womöglich noch darunter.
- Veränderung des Abstimmungsmodus im Bundesrat von der absoluten Mehrheit zur relativen Mehrheit, wodurch Stimmenthaltungen – die es vorzugsweise bei „grenzüberschreitenden" Koalitionen in Bundesländern gibt – nicht mehr als Gegenstimmen gezählt würden.

Um solche Reformen des föderalistischen Systems der Bundesrepublik durchzusetzen, wurde zum 7. November 2003 eine Föderalismuskommission von Bundestag und Bundesrat ins Leben gerufen, die den Namen trug: „Kommission zur Modernisierung der Bundesstaatlichen Ordnung" (KOMBO). Ihr gehörten 16 Vertreter der im Bundestag vertretenen Parteien und die Ministerpräsidenten der Länder an. Für jedes Mitglied gab es einen Stellvertreter, im Falle der Ministerpräsidenten waren das die Chefs der Staatskanzleien. Hinzu kamen vier Mitglieder der Bundesregierung, sechs Mitglieder der Landtage (zwei Landtagspräsidenten, je einen Fraktionsvorsitzenden von CDU, SPD, FDP und Grünen) als beratende Mitglieder sowie drei Vertreter der kommunalen Spitzenverbände als Gäste, jeweils mit Rede- und Antragsrecht, doch ohne Stimmrecht. Einvernehmlich durch die Kommission berufen wurden zudem 12 Sachverständige, mit Rederecht, doch ohne Antrags- und Stimmrecht. Gleichberechtigte Vorsitzende der Kommission wurden Franz Müntefering (SPD) für den Bundestag und Ministerpräsident Edmund Stoiber (CSU) für den Bundesrat. Trotz eines Vermittlungsversuchs der beiden Vorsitzenden in letzter Minute, die sich auf ein gemeinsames Papier verständigt hatten, scheiterte die Föderalismuskommission, zunächst jedenfalls, im Dezember 2004, vorderhand an unüberbrückbaren Gegensetzen bei der Zuständigkeit für die Bildungspolitik, auf die die Länder kompromisslos als allein zuständig bestehen.

Nach der „unplanmäßigen" Bundestagswahl vom 18. September 2005 und der anschließenden Bildung einer Großen Koalition aus CDU/CSU und SPD ist die Föderalismusreform als Regierungsprogramm beschlossen worden, und zwar auf der Grundlage des Müntefering-Stoiber-Papiers. Die Zustimmung zur Föderalismusreform und zu den dafür erforderlichen Grundgesetzänderungen ist, nach weiteren politischen Auseinandersetzungen und der Anhörung von Experten, im Sommer 2006 sowohl im Bundestag als auch im Bundesrat mit der notwendigen 2/3-Mehrheit erfolgt. Um die Schwierigkeiten bei der Umsetzung, trotz Einigkeit im Prinzip, zu verstehen, muss man sich die verwickelte Konfliktlage vor Augen führen: Bund gegen Länder, arme gegen reiche Länder, kleine gegen große Länder, Ost gegen West, CDU gegen SPD usw. Einen Teil des Konfliktstoffes zwischen groß und klein, arm und reich, Ost und West hatte man im vorhinein schon aus den Verhandlungen der Föderalismuskommission heraus gelassen: Länderneugliederung und Finanzverfassung sollten keine Verhandlungsgegenstände der Kommission sein. Nachvollziehbar ist zudem die eingeschlagene Strategie der Großen Koalition, möglichst keine Änderungen mehr am Kompromisspapier zuzulassen, auch wenn dadurch Bundestag und Bundesrat faktisch ihrer Rechte beraubt wurden.

10   Das Problem der Länderneugliederung

Ein „ewiges" Thema der deutschen Föderalismus-Diskussion stellt die Länderneugliederung dar. Angestoßen, ja verlangt von den drei westlichen Alliierten in den Frankfurten Dokumenten (Dokument Nr. 2) vom 1. 7. 1948, fand das Thema Länderneugliederung Eingang in das Grundgesetz der Bundesrepublik Deutschland von 1949. Die Verfassungsänderung von 1976 milderte die Soll-Vorschrift („ist neu zu gliedern") in eine Kann-Vorschrift ab. Vornehmlich in Zeiten knapper öffentlicher Kassen kommt das Thema Länderneugliederung hoch, so gegenwärtig im Sommer 2006. In der Tat sind Größe, Leistungs- und Lebensfähigkeit der inzwischen 16 deutschen Länder höchst unterschiedlich: vom Zwei-Städte-Stadtstaat Bremen (Bremen und Bremerhaven) mit ca. 663.000 Einwohnern – das sind nicht einmal ein Prozent der Bewohner Deutschlands – angefangen bis hin zu Nordrhein-Westfalen mit über 18 Mio. Einwohnern, in dem über ein Fünftel aller Einwohner Deutschlands lebt. Interessant ist, dass nur über die Schaffung größerer Länder, über Länderfusionen geredet wird. Denkbar wäre ja auch, dass über Entflechtungen nachgedacht würde, die z. B. dem Land Nordrhein-Westfalen seine zahlenmäßige Dominanz nähmen.

In Fragen der Länderneugliederung besitzen die Landesregierungen jedenfalls eine Veto-Macht, die so stark ist, dass das Thema im Rahmen der gemeinsamen Föderalismus-Kommission von Bundestag und Bundesrat nicht einmal auf die Tagesordnung kommen durfte. Einen Vorschlag „zur Güte", der im Prinzip Realisierungschancen haben könnte, machte der Staatsrechtler Edzard Schmidt-Jortzig, wonach lediglich Art. 29 GG geändert, d. h. so handhabbar gemacht werden sollte, dass Neugliederungen leichter zu bewerkstelligen wären (Hrbek 204: 162). – Insgesamt jedoch ist das Interesse der politischen Eliten in den Ländern am status-quo der Ländergliederung so übermächtig, dass eine Veränderung nur als Ausnahmefall (z. B. Berlin – Brandenburg) möglich erscheint. Insbesondere die Ministerpräsidenten sehen ihr Amt als Sockel an, auf dem sie sich bundesweit als Kandidaten für höhere politische Ämter sichtbar machen können; dabei wissen sie sehr wohl, dass der Bildschirm kaum erkennen lässt, wie hoch oder niedrig der Sockel jeweils ist.

11 Ein Fazit

Wer das Regierungssystem der Bundesrepublik Deutschland analysiert und für den Regierungsalltag, der wesentlich von den Ländern bestimmt wird, ein passendes Etikett sucht, könnte geneigt sein, von einem bürokratischen Föderalismus zu sprechen, mit den Bürokratien von Ländern und Bund sowie inzwischen auch der EU – in dieser Reihenfolge – als die politische, soziale und wirtschaftliche Wirklichkeit prägenden Institutionen: Es sind nicht vorrangig die Parlamente, die umfassend entscheiden. Auch die politische Spitzen der jeweiligen Exekutiven (Kanzler, Ministerpräsidenten, Minister, Kabinett) sind vor allem dann die Entscheidenden, wenn der Gestaltungsprozesses als hochpolitisch wahrgenommen wird. Selbst in den Kabinetten wird die Mehrzahl der Agenden lediglich „abgenickt", nachdem konkurrierende Bürokratien – etwa mit fachlichen Differenzen – die Streitpunkte ausgeräumt und bereits einen Konsens herbeigeführt haben. Allerdings kommt es ständig vor, dass die politische Führung sich auch dann immer wieder einmischt – und das, ohne Widerspruch zu dulden -, wenn es kaum erwartet wird; in den Bürokratien wird das als „Dazwischen-Funken" empfunden. Parlamente und Regierungen einschließlich ihrer Untergliederungen, wie Arbeitskreise, Ausschüsse, Konferenzen, sind Teile einer großen Konsens-Maschinerie, die langwierig, geduldig und umfassend die politisch-soziale Wirklichkeit der Bundesrepublik Deutschland gestaltet. Im Bild gesprochen könnte man das Regierungssystem der Bundesrepublik Deutschland mit einem Cappuccino vergleichen: den schwarze Kaffee stellt die Bürokratie dar, der Milchschaum darauf ist Politik – wobei allerdings durchaus der Schaum immer wieder auch darunter gerührt wird, sehr zum Missvergnügen der Bürokratie.

12 Zur Konzeption des Bandes

Der vorliegende Band „Länderpolitik" versucht, den Föderalismus der Bundesrepublik Deutschland umfassend zu thematisieren. Er ist gegliedert nach institutionellen Rahmenbedingungen, Akteuren, politischen Handlungsfeldern. Nach der Einleitung als Problemaufriss (Wehling) folgt eine Darstellung des bundesdeutschen Föderalismus als Mehr-Ebenen-System von Gemeinden, Ländern, Bund und EU (Sturm). Die gegenwärtige Ländergliederung in der Bundesrepublik Deutschland wird sodann bezogen auf unterschiedliche regionale politische Kulturen, auf denen die Länder aufruhen und aus denen sie ihre Stärke beziehen (Wehling).

Länderparlamente (Patzelt) und Länderregierungen (Gebauer) sind die zentralen, von der Verfassung vorgegebenen Institutionen, die nach ihrer Bedeutung für den politischen Prozess analysiert werden. Eine wichtige Rolle als Steuerungs- und Koordinierungsinstrument kommt dabei den bislang wenig untersuchten Staatskanzleien zu (Zerr). Akteure im Mittelpunkt der jeweiligen Landespolitik sind die Ministerpräsidenten, die zugleich herausgehobene bundesstaatliche Akteure sind und sich als Führungsreserve für die Bundespolitik bereithalten (März). Parteien (Eilfort) sind institutionelle Akteure, wobei die Parteien ihren organisatorischen Schwerpunkt in den Ländern aufweisen und dabei nicht einfach als Untergliederungen betrachtet werden können.

Zu den wichtigsten Politikfeldern gehört an erster Stelle die Zuständigkeit für Schule, Hochschule, Bildung, die von den Ländern immer wieder energisch gegen die Zugriffsversuche des Bundes verteidigt wird (Hepp). Die Zuständigkeit für die Regelung des Medienmarktes kommt hinzu: von den öffentlich-rechtlichen Rundfunkanstalten, für die die Länder ausschließlich zuständig sind, bis hin zu den privatwirtschaftlich organisierten Printmedien und privaten Hörfunk- und Fernsehanbietern (Lange). Auch für die Innere Sicherheit sind in erster Linie die Länder zuständig, wobei hier allerdings von Anfang an der Bund, auf Grund befürchteter Gefährdungspotenziale der jungen Bundesrepublik, seine Hand mit im Spiel hatte (Praetorius). Im Bereich der Arbeitsmarkt- und Strukturpolitik haben die Länder ihre Möglichkeit genutzt, als „innovatorisches Laboratorium" (Blancke/Schmid). Da allein die Länder eine umfassende Verwaltung aufweisen, die sogar für die Durchführung von Bundesgesetzen zuständig ist, und die Länder zudem die ausschließliche Zuständigkeit und Verantwortung für die Gemeinden und Gemeindeverbände besitzen, konnten sie hier sehr unterschiedliche Modelle installieren und ausprobieren (Haus). Natürlich hängt auch in der Politik am Gelde alles; und im Föderalismus ist die Aufteilung der Staatseinnahmen auf die verschiedenen Ebenen ein besonders zentraler und auch empfindlicher Regelungsgegenstand, wobei in Deutschland hier keine Veränderungen ohne Mitwirkung der Länder (via Bundesrat) vorgenommen werden können. Die Finanzverfassung ist es letztendlich, die als Blutkreislauf den Bundesstaat als Organismus am Leben hält (Katz). – Auch wenn nicht alle möglichen Themen im Kontext des Föderalismus in diesem Buch jeweils ihr eigenes Kapitel erhalten haben: sie kommen alle angemessen vor.

Bundespräsident Horst Köhler hat in seiner Rede zur Auflösung des Bundestags vom 21. Juli 2005 pauschal die Meinung vertreten: „Die bestehende föderale Ordnung ist überholt." Näher ausgeführt hat er diese Feststellung nicht. Das Attribut „bestehende" weist darauf hin, dass hier wohl der allgemein als unbefriedigend empfundene Status quo gemeint ist, insbesondere die bestehende Funktionsaufteilung zwischen Bund und Ländern sowie das Ausmaß der Mitwirkungsrechte der Länder an der Politik des Bundes: Themen, über die in der Föderalismuskommission weitgehend Einigkeit bestand. Die Länder als solche sind damit nicht in Frage gestellt – und damit auch nicht die Länderpolitik als solche, abgesehen davon, dass der Föderalismus in Deutschland verfassungsfest ist (Art. 79,3 GG).

Inzwischen ist die Föderalismusreform im Sommer 2006 mit der erforderlichen Zweidrittel-Mehrheit vom Bundestag und Bundesrat verabschiedet, zu dem Zeitpunkt also, an dem dieses Buch erscheint. Das ist Chance wie Nachteil zugleich; Chance, weil an diesem Einschnitt der Verfassungsgeschichte ein erheblicher Informations- und Orientierungsbedarf besteht: über das Verhältnis von Bund und Ländern sowie über die Bedeutung von Landespolitik. Nachteil, weil jedes wissenschaftliche Buch einen erheblichen Vorlauf benötigt, so dass eine Tagesaktualität nicht zu gewährleisten ist; das Buch ist entstanden als alles im Fluss war. Doch wissenschaftliche Analysen halten sich an Realitäten, nicht an Absichten, wie sie in der verabschiedeten Föderalismusreform zum Ausdruck kommen. Insofern stellt dieses Buch in erster Linie eine Bestandsaufnahme von Jahrzehnten deutscher Politik dar: der Länder und des Föderalismus.

Nach der Föderalismusreform von 2006 bleibt festzuhalten: Die Kompetenzen von Bund und Ländern sind weitgehend entflochten worden. Eine Rahmengesetzgebung des Bundes, die die Länder nur ausfüllen konnten, ist zu Gunsten der konkurrierenden Gesetzgebung weggefallen. Die Bildungs- und Schulpolitik ist ausschließlich Ländersache. Im Bereich von Hochschule und Wissenschaft kann der Bund nur, konkurrierend, die Zulassungs- und Abschlussbedingungen regeln. Doch darf der Bund sich nach wie vor an „Vorhaben der Wissenschaft und Forschung" beteiligen. Beamtenrecht und -besoldung sind künftig Ländersache, ferner die Zuständigkeit für den Strafvollzug, bei dem selbstverständlich das Bundesverfassungsgericht auch weiterhin über die Einhaltung von Standards wachen wird. Der Bund hat andererseits mehr Zuständigkeiten in der Terrorbekämpfung erhalten. Das Umweltrecht ist Teil der konkurrierenden Gesetzgebung geworden, wobei der Bundesgesetzgeber die Chance hat, bis 2008 ein Umweltgesetzbuch zu schaffen – ungeachtet der Tatsache, dass im Umweltrecht in hohem Maße die EU regulierend tätig ist. Zudem bleibt hier ein abweichungsfester Kern erhalten, den auch die Länder beachten müssen. Nach wie vor führen die Länder Bundesgesetze aus, haben aber generell einen Spielraum für abweichende Regelungen erhalten.

Mit der Entflechtung der Zuständigkeiten von Bund und Ländern sind die Verantwortlichkeiten klarer geworden. Der Bedeutungszuwachs der Länder wird zur Aufwertung der Landesparlamente beitragen, wo in Zukunft die Bildungspolitiker dann eher ihre Heimat suchen als im Bundestag. Die Zahl der im Bundesrat zustimmungspflichtigen Gesetze wird deutlich abnehmen, ob sie auf die Hälfte reduziert sein werden, wie voraus berechnet, wird sich erweisen müssen.

Die teils heftigen Diskussionen über die Qualität dieser Föderalismusreform und ihre Folgen sind nicht abgeebbt, letztlich jedoch spielen hier Glaubensüberzeugungen eine Rolle: Ist nur von zentraler Warte her, für das ganze Land gleichförmig, sinnvoll und zukunftssichernd Politik zu machen, wie es einem eher „jakobinischen" Staatsverständnis entspricht, oder lassen sich die Probleme unseres Landes am besten vor Ort lösen, im Sinne der Vorstellungen des Subsidiaritätskonzepts?

Die Konzeption dieses Bandes wurde im Wesentlichen von Prof. Dr. Dr. Herbert Schneider (1929 - 2002) erstellt. Noch während der Vorarbeiten verstarb er. Der Verlag bat darauf hin den Autor Prof. Dr. Hans-Georg Wehling, der Herbert Schneider seit 1968 eng verbunden war, dessen Werk fortzusetzen. Mit seinen Büchern hat Herbert Schneider wie kaum ein anderer die Bedeutung der Länder in der Bundesrepublik Deutschland wissenschaftlich schon zuvor entdeckt. Dafür sei ihm posthum Dank und Anerkennung ausgesprochen!

Literatur

Die Beiträge dieses Buches haben jeweils ihre eigene umfangreiche Bibliographie. So wird hier nur auf drei Standardwerke verwiesen:

Lehmbruch, Gerhard: Parteienwettbewerb im Bundesstaat, 2. Auflage Wiesbaden 1998.
Wehling, Hans-Georg (Hrsg.): Die deutschen Länder. Geschichte, Politik, Wirtschaft, 3. Auflage Wiesbaden 2004.
Künzel, Werner/Rellecke, Werner (Hrsg.): Geschichte der deutschen Länder, Münster/ Westf. 2005.
Auf dem Laufenden hält in allen Fragen des Föderalismus (weltweit):
Europäisches Zentrum für Föderalismus-Forschung Tübingen (Hrsg.):
Jahrbuch des Föderalismus, Baden-Baden 2000 ff
Zur Föderalismus-Reform und Föderalismus-Kommission in Deutschland:
Hrbek, Rudolf: Auf dem Wege zur Föderalismus-Reform: die Kommission zur Modernisierung der bundesstaatlichen Ordnung, in: Jahrbuch des Föderalismus 5, Baden-Baden 2004, S. 147-162
Hrbek, Rudolf/Eppler, Annegret (Hrsg.): Deutschland vor der Föderalismus-Reform. Eine Dokumentation, Tübingen 2003
Hrbek, Rudolf/Eppler, Annegret (Hrsg.): Die unvollendete Föderalismus-Reform. Eine Zwischenbilanz nach dem Scheitern der Kommission zur Modernisierung der bundesstaatlichen Ordnung im Dezember 2004, Tübingen 2005

Roland Sturm

Die Länder in der deutschen und europäischen Mehrebenenpolitik

1 Konzeptionelle Zugänge zum Verständnis der Rolle der Länder

Die deutschen Länder sind institutionell und bei der Wahrnehmung ihrer Aufgaben in umfassender Weise in Entscheidungssysteme einbezogen, die die Zusammenarbeit mit weiteren politischen Ebenen erfordern. Auf der einen Seite ist dies die Zusammenarbeit mit dem Bund und auf der anderen Seite die Zusammenarbeit mit der Europäischen Union. Für die Länder bedeutet dies, dass sie permanent herausgefordert sind, politische Strategien zu finden bzw. zu optimieren, die dazu dienen können, ihre Interessen sowohl als Ländergesamtheit als auch bezogen auf die Präferenzen jedes einzelnen Landes zu wahren.

Der Begriff „Mehrebenenpolitik" beschreibt zwar diese politische Konstellation, er hellt aber Handlungsmöglichkeiten und Handlungszwänge der Länder wenig auf. In der Politikwissenschaft haben sich im Wesentlichen zwei unterschiedliche Perspektiven des analytischen Verständnisses von Mehrebenenpolitik im Bezug auf politische Handlungsspielräume herausgebildet.

(1) Die eine Perspektive stellt das politische Geschehen aus der Ländersicht in den Vordergrund und interessiert sich in erster Linie für die Logik von Entscheidungsverfahren. Prominent ist in diesem Zusammenhang die Politikverflechtungsthese (Scharpf/Reissert/Schnabel 1976). Sie thematisiert die Qualität gemeinsamen Entscheidens von Bund und Ländern aufgrund der durch die Grundgesetzreformen Ende der sechziger Jahre des 20. Jahrhunderts hervorgerufenen Aufgabenverflechtung. Diese vertiefte die Koordination der politischen Entscheidungsfindung des Bundes und der Länder mit dem Ziel einer gesellschaftlichen „Globalsteuerung" auch über das Bereitstellen von Instrumenten zur Konjunktursteuerung hinaus. Die wichtigsten Reformen des Grundgesetzes, welche aus dem Bemühen um eine systematische und gemeinsame Bund-Länder-Planung wirtschaftlichen und sozialen Wandels hervorgingen, betrafen Artikel 106 Absatz 3: Großer Steuerverbund; Artikel 91a und 91b: Gemeinschaftsaufgaben; Artikel 104a: Finanzhilfen; Artikel 75: Ausweitung der Rahmengesetzgebung.

So wurde ein Bund-Länder-Entscheidungssystem geschaffen, das einen hohen Konsensbedarf hervorruft und Entscheidungen über nicht-kontroverse Projekte gegenüber solchen, die nicht unumstritten sind, strukturell bevorzugt. Zudem fallen Entscheidungen, die allen Beteiligten einen – in der Regel finanziellen – Vorteil bringen, am leichtesten. Am ehesten kommen im Entscheidungssystem der Politikverflechtung politische Ergebnisse auch dann zustande, wenn sie sich am Status quo orientieren. Der Entscheidungsmodus „Politikverflechtung" ist in seinen Ergebnissen also wenig flexibel und damit ungeeignet, die Aufgabenerfüllung im Föderalismus neuen Herausforderungen anzupassen. Die komplexen und intransparenten Kompromissfindungsprozesse der politischen Exekutiven hinter verschlossenen Türen geben zudem den demokratisch gewählten Parlamenten in Bund und Ländern kaum noch eine Chance, Politik mitzugestalten.

Auf europäischer Ebene hat sich in komplexerer Weise, nämlich unter Einbeziehung nicht nur der Länder, sondern auch des Bundes, ebenfalls ein Entscheidungssystem etabliert, das weitgehend auf gemeinsamer Aufgabenerledigung beruht. Unter Hinzunahme der Entscheidungebene „EU" wird die „Politikverflechtung", so wurde aus Ländersicht argumentiert, sogar zur „doppelten Politikverflechtung" (Hrbek 1986). Zum besseren Verständnis der „doppelten Politikverflechtung" trägt konzeptionell inzwischen ein Fundus weiterer Untersuchungsansätze aus der Politikfeldforschung bei, die unser Wissen über verflochtene Entscheidungsprozesse erweitert haben. Sie betonen beispielsweise politikfeldspezifische Mechanismen der Kooperation staatlicher und nichtstaatlicher Akteure („Politiknetzwerke"), das Gewicht von politischem Lernen sowie des Realitätsverständnisses und der Realitätskonstruktion der Entscheidungsträger, u. a. bezogen auf politische Kulturen und politische Entscheidungsstile. Thematisiert werden von politikfeldbezogenen Ansätzen auch die historischen und institutionellen Grenzen der Flexibilität von Konsensfindung im Bezug auf die an Entscheidungen beteiligten politischen Ebenen (ausführlicher Sturm 2004).

(2) Ein zweiter konzeptioneller Zugang zur Rolle der Länder im Mehrebenensystem Land-Bund-EU ist der Blick auf die Entwicklung der Landespolitik aus der Sicht der EU. Die Perspektive kehrt sich also um. Anstatt der Kooperationsmöglichkeiten aus Ländersicht (bottom-up-Perspektive) stehen nun die Kooperationsrestriktionen ausgehend von der EU-Ebene (top-down-Perspektive) im Vordergrund. Ist der zentrale Begriff der ersteren Perspektive „Politikverflechtung", so ist der entsprechende zentrale Begriff der letzteren „Europäisierung" (ausführlicher Sturm/Pehle 2005). „Europäisierung" ist ein politisch-gesellschaftlicher Prozess, der angetrieben von der Geschwindigkeit und der Reichweite der euro-

päischen Integration, einen Veränderungsdruck auf Nationalstaaten und europäische Gesellschaften, einschließlich der substaatlichen Länderebene, ausübt, und damit diese zu fortwährendem politischen Wandel und zum Teil auch zu institutioneller Anpassung bewegt.

Mehrebenenpolitik ist für die deutschen Länder im Lichte des Spektrums konzeptioneller Zugänge also mindestens zweierlei, nämlich erstens eine Frage des aktiven Bemühens um eine politisch relevante Rolle bei nationalen und europäischen Entscheidungsprozessen und eine Reaktion auf sich ändernde Rahmenbedingungen, wobei letzteres sich immer mehr und immer häufiger auf Politikfelder beziehen, die in den Kompetenzbereich europäischer „Gesetzgebung" geraten sind. In der Praxis greifen beide Facetten von Mehrebenenpolitik eng ineinander, weshalb diese in der folgenden Darstellung nicht getrennt behandelt werden. Zum besseren Verständnis der Rolle der Länder in der deutschen und europäischen Mehrebenenpolitik wird zunächst die nationale Einbindung der Länder in Mehrebenenentscheidungsprozesse (Bundesrat, Gemeinschaftsaufgaben) und sodann ihre europäische Einbindung diskutiert (Artikel 23 GG, „Nebenaußenpolitik" der Länder).

2 Entscheidungen im Bundesrat[1]

2.1 Zusammensetzung und Arbeitsweise des Bundesrates

Der Bundesrat ist ein eigenständiges Verfassungsorgan (Grundgesetz Artikel 50) und bildet keine Zweite Kammer des deutschen Parlamentes. Durch ihn wirken die Länder bei der Gesetzgebung und Verwaltung des Bundes und in Angelegenheiten der Europäischen Union mit. Der Bundesrat ist daher einer der Orte, wo das Bemühen der Länder, ihre Interessen zu wahren, seinen institutionellen Ausdruck finden kann. Charakteristisch für den Bundesrat sind sein institutioneller Aufbau nach dem Bundesratsprinzip und die damit in Verbindung stehenden Abstimmungsregeln, sowie seine Arbeitsweise mit Ausschüssen, in denen in erster Linie Beamte Ausschussentscheidungen vorbereiten.

Die Mitglieder des Bundesrates werden von den Regierungen der deutschen Länder bestellt, die ihre Bundesratsvertreter auswählen. Bei der Stimmabgabe der Ländervertreter im Bundesrat können sich diese nicht frei nach ihrem Gewissen entscheiden (freies Mandat), sondern sind an die Beschlüsse der jeweiligen Landesregierung gebunden (imperatives Mandat). Jedes Land kann zwar so viele Mitglieder in den Bundesrat entsenden, wie es dort Stimmen hat. Für die Stimm-

---

[1] Die folgende Darstellung beruht in Teilen auf: Sturm 2001.

abgabe genügt aber die Anwesenheit eines „Stimmführers", der im Paket alle Stimmen eines Landes abgeben kann. Diese von der Verfassung vorgegebene einheitliche Stimmabgabe (Artikel 51 Grundgesetz) hat mindestens zwei wichtige Konsequenzen.

Die erste Konsequenz besteht darin, dass die eigentliche Entscheidung über die Stimmabgabe eines Landes im Bundesrat außerhalb dieses Gremiums, nämlich in den Landesregierungen, getroffen wird. Im Bundesrat steht das Stimmverhalten der Länder fest. Letzte Abstimmungen der Landesregierungen finden regelmäßig in Länderrunden vor den Bundesratssitzungen statt, in denen sich die Länder nach Gruppen getrennt treffen, je nachdem ob sie von der SPD geführt werden (A-Länder) oder von der CDU/CSU (B-Länder). Die Unterscheidung A-Länder und B-Länder stammt ursprünglich aus der Praxis der Kultusministerkonferenz und entstand Anfang der siebziger Jahre als die SPD, deshalb A für SPD, im Bund die Mehrheit hatte.

Die zweite Konsequenz des Zwanges zur einheitlichen Stimmabgabe besteht darin, dass sich in den Ländern mit Koalitionsregierungen die Koalitionspartner hinsichtlich ihres Stimmverhaltens im Bundesrat einigen müssen. Die Regeln für eine solche Einigung werden heute vor der Regierungsbildung in den Ländern verhandelt und in Koalitionsverträgen festgehalten, in denen die Koalitionspartner die Grundsätze für ihre gemeinsame Regierungsarbeit festlegen. Besonders heikel ist die Einigung auf das Abstimmungsverhalten im Bundesrat in Länderkoalitionen, die von Parteien gebildet werden, von denen eine im Bund in der Regierung ist und die andere in der Opposition (in der Föderalismusliteratur hat man begonnen, diese Länderkoalitionen in Fortführung der Reihung A- und B-Länder als „C-Länder" zu bezeichnen). Für die C-Länder geben parteipolitische Loyalitäten keine Antwort auf die Frage nach der Haltung der jeweiligen Landeskoalition im Bundesrat bei Streitfällen mit der amtierenden Bundesregierung. Als Ausweg aus diesem Dilemma ist in solchen Fällen die Aufnahme einer Bundesratsklausel in die Koalitionsverträge vorgesehen.

Bundesratsklauseln betonen meist den absoluten Vorrang der Interessen des jeweiligen Landes bei Entscheidungen über dessen Abstimmungsverhalten im Bundesrat. Kommt es aber bei Fragen grundsätzlicher Bedeutung dennoch zu Meinungsverschiedenheiten zwischen den Koalitionspartnern, so sehen sie die Stimmenthaltung des betreffenden Landes im Bundesrat vor. Ein Sonderfall stellt die in Rheinland-Pfalz gefundene Bundesratsklausel dar, die vielleicht gerade wegen ihres Zwanges zur Einigung bisher noch nie zur Anwendung kam. Die rheinland-pfälzische Landesregierung operierte bisher bei Nichteinigung mit der Formel, man habe sich auf die Nichteinigung geeignet, um die Unwägbarkeiten des von ihr selbst festgeschriebenen Verfahrens zu vermeiden. Es sieht unter anderem vor: „Die Koalitionspartner stellen Dissenspunkte bezüglich des

Stimmverhaltens im Bundesrat in der Reihenfolge der Tagesordnungspunkte der jeweiligen Sitzungen des Bundesrates fest. Danach bemühen sie sich, anhand sachlich-inhaltlicher Kriterien positiv festzulegen, wie sie im Interesse des Landes abstimmen werden. Kommt eine Einigung nicht zustande, entscheidet das Los, welche Haltung beim ersten Dissenspunkt ausschlaggebend sein soll. Die folgenden Punkte werden dann den Koalitionspartnern alternierend zugeteilt." (Kropp/Sturm 1998: 194)

Das Gewicht der Repräsentation der Länder im Bundesrat ist ungleich, aber nicht in dem Maße, in dem sich die Länder hinsichtlich ihrer Bevölkerungszahl unterscheiden („gemäßigte Bundesratslösung"). Nach Artikel 51, Absatz 2, des Grundgesetz hat jedes Land mindestens drei Stimmen im Bundesrat. Länder mit mehr als zwei Millionen Einwohner haben vier Stimmen, Länder mit mehr als sechs Millionen Einwohner fünf und Länder mit mehr als sieben Millionen Einwohner sechs Stimmen. Hätte der Verfassungsgeber sich alleine an der Einwohnerzahl der Länder orientiert und würde dem kleinsten Bundesland Bremen eine Stimme eingeräumt, so stünden dem Land Nordrhein-Westfalen im Bundesrat 24 Stimmen zu. Da die Landesregierungen immer im Amt sind und diese den Bundesrat bestellen, ist der Bundesrat auch ein „ewiges Organ" genannt worden. Seine politische Legitimation ist indirekt. Er geht nicht aus Wahlen hervor, aber seine Mitglieder, die Landesregierungen, werden von den Landesparlamenten und diese von den Staatsbürgern gewählt.

Die eigentliche Arbeit des Bundesrates findet in seinen Ausschüssen statt, die wegen der Aufgaben des Bundesrates in der Gesetzgebung ihre Tätigkeitsfelder im Wesentlichen entsprechend der Ressorteinteilung der Bundesministerien definieren. In diese Ausschüsse entsenden die Landesregierungen, abgesehen von den Ausschussvorsitzenden, in der Regel keine Minister, sondern Beamte. Diese Beamten sind als Vertreter ihrer Regierungen stimmberechtigt. Die Vertretung der Landesminister durch ihre Beamten ist die notwendige Folge der zahlreichen Verpflichtungen dieser Funktionsträger. Dass der Bundesrat eine solche zentrale Stellung der Beamtenschaft in seiner Arbeit einräumt, macht deutlich, dass er sich zumindest in diesem Sinne von einem parlamentarischen Gremium unterscheidet. Die Landesbeamten sind nicht nur Vertreter der Politik. Sie sind auch Spezialisten für (juristische) Details der Gesetzgebung und der Verwaltung. Eine wichtige Funktion der Beratungen im Bundesrat ist es, die Bundesgesetzgebung für die Verwaltungspraxis der Länder „anwendbar" zu gestalten. Es erleichtert die Beratung von Gesetzen, wenn der Sachverstand von Beamten in den Ausschüssen des Bundesrates schon unmittelbar in den Gesetzgebungsprozess eingebracht werden kann. Dieses Verfahren hat aber nicht nur Vorteile. Es ist nicht zu leugnen, dass von den Beamten eher Gesetzestreue als politische Visionen erwartet werden. Der Bundesrat wird aus seiner Ausschussarbeit heraus selten spektakuläre neue politische Impulse entwickeln, wenn die Landesregierungen nicht in der Lage sind, entsprechende Vorgaben zu machen.

2.2 Die Rolle des Bundesrates in der Gesetzgebung

Auch wenn der Bundestag nicht als Zweite Kammer des deutschen Parlamentes konzipiert ist, nimmt er bei der Gesetzgebung eine Aufgabe war, die typisch für das Zusammenspiel von zwei Kammern eines Parlamentes ist. Ursprünglich war sicherlich nicht geplant, den Bundesrat ins Zentrum des Parteienstreits um die Gesetzgebung zu rücken. Zum einen schien es möglich, die Notwendigkeit der Zusammenarbeit von Bund und Ländern durch eine zurückhaltende Wahrnehmung der gesetzgeberischen Kompetenzen des Bundes auf einem relativ niedrigen Niveau zu halten. Wichtiger war aber die auf die Praxis der historischen Vorbilder des Bundesrates begründete Hoffnung des Verfassungsgebers, der Bundesrat möge nach „sachlichen" Gesichtspunkten im Unterschied zu der für den Bundestag so typischen parteipolitischen Präferenzbildung entscheiden. Er möge also sich am Ideal des besseren und vernünftigeren Urteils ausrichten, statt an den Erfordernissen des Parteienwettbewerbs. Das Grundgesetz ging vom Bundesrat als einer reinen Länderkammer aus. Diese Annahme beruhte wohl auf der falschen Erwartung, dass Landespolitiker durch ihre Bindung an ihre Wählerschaft im Lande, immer eindeutig Landesinteressen erkennen und diesen vor parteipolitischen Überlegungen Priorität geben würden. Eine solche Erwartungshaltung unterschätzte die Logik des Parteienwettbewerbs und die interne Bindekraft von Parteien.

Die Rolle des Bundesrates in der Gesetzgebung regeln die Artikel 76 und 77 des Grundgesetzes. Das Grundgesetz sieht immer die Mitberatung von Gesetzen durch den Bundesrat vor. Gesetzesvorlagen der Bundesregierung müssen zunächst dem Bundesrat zugeleitet werden. Aber selbst bei Gesetzen, die aus der Mitte des Bundestages stammen – eine Form der Gesetzesinitiative, die die Regierungsfraktionen häufig dann wählen, wenn sie den Gang der Gesetzgebung beschleunigen wollen – ist der Bundesrat mit dem Gesetzentwurf nach dessen Verabschiedung durch den Bundestag befasst. Das Gewicht der Entscheidung des Bundesrates für den Gesetzgebungsprozess variiert, je nachdem ob es sich um ein Gesetz handelt, das der Zustimmung des Bundesrates bedarf, um wirksam zu werden (Zustimmungsgesetze), oder ob es sich um ein Gesetz handelt, für das keine Vetomöglichkeit, sondern nur eine Einspruchsmöglichkeit des Bundesrates vorgesehen ist (Einspruchsgesetze).

Verfassungsändernde Gesetze sind immer Zustimmungsgesetze. Für sie besteht das Erfordernis einer besonderen Mehrheit in Bundestag und Bundesrat, nämlich der Zweidrittelmehrheit (gegenwärtig 46 Stimmen). Bei allen anderen Fällen entscheidet der Bundesrat mit der absoluten Mehrheit seiner Stimmen (gegenwärtig 35 Stimmen). Das Erfordernis der absoluten Mehrheit bedeutet, dass es nicht genügt, für eine bestimmte politische Position im Bundesrat mehr Unterstützung zu erhalten als für die Gegenposition. Stimmenthaltungen wirken als Gegenstimmen, weil sie nichts zum Erreichen der erforderlichen Mindeststimmenzahl beitragen.

Die Unterscheidung zwischen Zustimmungs- und Einspruchsgesetzen kann in Grenzfällen zwischen Bundestag und Bundesrat umstritten sein. Solche streitigen Fälle müsste, wenn keine Einigkeit zustande kommt, letztendlich das Bundesverfassungsgericht entscheiden. Erstaunlich ist, wie sehr der Anteil der Zustimmungsgesetze an der Gesetzgebung insgesamt über die Jahre hinweg gewachsen ist. Der damalige Verfassungsrichter Dieter Grimm gab in einem Artikel in der ZEIT (vom 10. Oktober 1997) zu bedenken, dass es ursprünglich im Grundgesetz 13 Bestimmungen gab, für die die Zustimmung der Länder erforderlich war. Heute habe sich deren Zahl verdreifacht. Zustimmungspflichtige Gesetze nach dem Grundgesetz sind Gesetzesbeschlüsse, die das Verhältnis Bund-Länder betreffen, also Finanz- und Steuergesetze (Artikel 104a, 105, 106, 107, 109), Regelungen der Besoldung und Versorgung von Angehörigen des öffentlichen Dienstes (Artikel 74a), Regelungen der Rechtsnachfolge in Reichs- und Landesvermögen (Artikel 134, 135), Gemeinschaftsaufgaben (Artikel 91a) und Regelungen der Verfahren bei Gebietsänderungen (Artikel 29, Absatz 7). Ebenfalls zustimmungspflichtig sind Gesetzesbeschlüsse, die das Verhältnis von Bundes- und Landesverwaltung betreffen, also die Einrichtung bundeseigener und Bundesauftragsverwaltung (Artikel 87, 87b, 87c, 87d, 120a), die Abgrenzung und das Zusammenwirken von Bundes- und Landesfinanzverwaltung (Artikel 108), die Organisation und Verfahren von Landesbehörden (Artikel 84, 85, 108), die Bundesaufsicht über Landesbehörden (Artikel 84, 87b, 120a) und Gesetzesbeschlüsse über die Ausübung von Gerichtsbarkeit des Bundes durch die Länder (Artikel 96).

Im Prinzip geht es bei der Zustimmungspflichtigkeit der Bundesgesetzgebung immer darum, die Rechte der Länder zu wahren. Je stärker durch die Politikverflechtung die Notwendigkeit des Zusammenwirkens von Bund und Ländern bei der Aufgabenerfüllung des Staates wuchs und je häufiger mit der Bundesgesetzgebung auch für die Verwaltungspraxis der Länderverwaltungen relevante Entscheidungen getroffen wurden, desto größer wurde der Anteil der zustimmungspflichtigen Gesetze an der gesamten Gesetzgebung. Der Bundesrat vertrat zudem immer die so genannte „Mitverantwortungstheorie". Darunter ist zu verstehen, dass er ein Gesetz insgesamt für zustimmungspflichtig hält, wenn auch nur ein Teil des Gesetzes zustimmungspflichtig ist. Dies schließt den Einfluss auf Gesetzesmaterien außerhalb der Zuständigkeit des Bundesrates, wenn deren Verwaltung Länderkompetenzen betrifft, ebenso ein wie Gesetzesänderungen, die den Länderkompetenzen betreffenden Gesetzesteil gar nicht berühren. Das Bundesverfassungsgericht hat mit seiner Entscheidung zum Vierten Rentenversicherungsgesetz von 1974 die Einflussmöglichkeiten des Bundesrates auf Gesetzesentscheidungen begrenzt. Gesetze, die bei ihrer Reform in dem Regelungsbereich, der das Bund-Länder-Verhältnis betrifft, keine „Systemverschiebung" vornehmen, erfordern die Zustimmung des Bundesrates nicht.

Diese Klarstellung reduzierte die Zahl der zustimmungspflichtigen Gesetze aber nur kurzzeitig. Das lag auch an der mangelnden Konsequenz der Bundesregierungen, die glaubten, Fragen der Zustimmungspflicht so lange nicht penibel handhaben zu müssen, solange sie nicht mit einer parteipolitisch anderen Mehrheit konfrontiert waren. Die politische Routine kam den Beteiligungswünschen der Länder entgegen. Als „Notmaßnahme" bietet sich Bundesregierung und Bundestag im Falle der Auseinandersetzung um die Zustimmungspflicht von Gesetzen das Aufspalten von Gesetzesmaterien an. Durch diesen technischen Trick benötigt der Bundestag nur für den tatsächlich zustimmungspflichtigen Teil eines Gesetzgebungsvorhabens die Bundesratsmehrheit. So wird verhindert, dass andere angestrebte Neuregelungen blockiert werden können. 2002 hat das Bundesverfassungsgericht mit seinem Urteil zur Gleichstellung homosexueller Lebenspartnerschaften bestätigt, dass der Bundestag Gesetze aufteilen darf, um auszuschließen, dass auch jener Teil eines Gesetzes, welcher der Zustimmung des Bundesrates nicht bedarf, durch ein Veto des Bundesrates verhindert wird.

2.3 „Blockade" und Vermittlung

Die Klage über eine „Blockadepolitik" des Bundesrates, verbunden oft mit dem Vorwurf eines „Missbrauchs" der Zustimmungspflicht des Bundesrates bei der Bundesgesetzgebung durch die Oppositionsparteien, die bei der Ablehnung bestimmter zentraler Gesetzgebungsvorhaben der jeweils amtierenden Bundesregierung durch den Bundesrat immer wieder laut wurde, bedarf einer genaueren Untersuchung. Zunächst ist festzuhalten, dass Voraussetzung für eine Blockadepolitik die fehlende absolute Mehrheit der Regierungskoalition im Bundesrat ist. Dies war in den Jahren 1949 bis 1954, 1956, 1958 bis 1961, 1970 bis 1982 und seit 1990 der Fall. Angesichts der Tatsache, dass in den 50 Jahren von 1949 bis 1999 in 33 Jahren die theoretische Möglichkeit der Blockade zustimmungspflichtiger Gesetze im Bundesrat bestand, ist der empirische Befund zur Häufigkeit der Nutzung dieses Instruments eher bescheiden. Das Blockadeargument taucht erst in den siebziger Jahren auf, als die damalige konservative Opposition beschuldigt wurde, die Politik der sozialliberalen Koalition, geführt von den Bundeskanzlern Willy Brandt und Helmut Schmidt, im Bundesrat stoppen zu wollen. Eine neuerliche Debatte zu diesem Thema entzündete sich in den neunziger Jahren mit umgekehrten politischen Vorzeichen an der Haltung der SPD im Bundesrat bei Gesetzesvorhaben der christlich-liberalen Koalition mit Helmut Kohl als Bundeskanzler. Auch die rot-grüne Koalition von Bundeskanzler Gerhard Schröder musste ohne absolute Mehrheit im Bundesrat regieren und sich dort mit einer Mehrheit der Länder arrangieren.

Die Zahl der Fälle, in denen der Bundesrat die Gesetzgebung des Bundes blockierte, ist insgesamt gesehen verschwindend gering. Meist sind von dieser Blockade nur ein bis drei Prozent der Gesetze betroffen, in Ausnahmefällen bis zu sechs Prozent Der Einwand, dass dieses aber die wichtigeren Gesetze waren und dass die Bundesratsblockade zum politischen Stillstand führe, trifft nur bedingt zu. Besonders in den 50er und 60er Jahren richtete sich das Veto des Bundesrates häufig gegen die mit einer bestimmten Gesetzgebung verbundenen Verwaltungsvorschriften. Selbstverständlich waren beispielsweise die zeitweilige Blockade des Rentenreformgesetzes 1972, eines Kernvorhabens der damaligen sozialliberalen Koalition, oder der Steuerreformpläne der christlich-liberalen Regierung Helmut Kohl in den Jahren 1997 und 1998 von großem politischem Gewicht. Es ist auch zu beobachten, dass sich insgesamt gesehen seit den siebziger Jahren das Veto des Bundesrates als Folge der zeitweiligen Mehrheit der Opposition im Bundesrat „politisierte", also stärker die materielle Politik als den Gesetzesvollzug betraf. Für die siebziger Jahre kann als Beispiel die Blockade sozialpolitischer Initiativen der sozialliberalen Koalition genannt werden.

Umstritten ist, ob sich in den neunziger Jahren eine Trendwende vollzieht und der Bundesrat wegen der stärkeren Orientierung seiner Mitglieder an Länderinteressen und der unübersichtlicher gewordenen Gemengelage von Koalitionsvarianten in den Ländern, die sich schwerer auf die parteipolitisch motivierte Befürwortung eines Gesetzgebungsvorhabens festlegen lassen, in seinem Entscheidungsverhalten parteipolitisch unabhängiger wird. Träfe letzteres zu, so würden parteipolitische Vetopositionen im Bundesrat viel weniger als früher automatisch zu parteipolitischen Blockaden führen. Zumindest wäre es auch für eine Regierung mit einer gegnerischen Bundesratsmehrheit möglich, Kompromisse mit einigen oppositionsgeführten Landesregierungen zu finden. Unzweifelhaft scheint, dass die fehlende parteipolitische Mehrheit der Bundesregierung im Bundesrat diese schon im Stadium der Gesetzesvorbereitung veranlasst, nach Kompromissmöglichkeiten mit der Opposition zu suchen, und dass diese Suche sich auch in der Auseinandersetzung im Bundesrat fortsetzt. Das Vetorecht des Bundesrates bei bestimmten wichtigen Gesetzesvorhaben trägt zur Kompromissbildung und zur Gesetzgebung im Konsens bei. Schon die Möglichkeit eines

Bundesratsvetos führt zur Notwendigkeit der Abstimmung der Länderregierungen im Vorfeld politischer Entscheidungen mit dem Bund und der Länderregierungen untereinander.

Die Kompromissbildung kann aber auch durch ein institutionalisiertes Verfahren gestützt werden. Legt der Bundesrat sein Veto gegen ein Gesetzesvorhaben ein, so haben nach dem Grundgesetz (Art. 77) Bundestag und Bundesregierung das Recht, den Vermittlungsausschuss anzurufen. Da auch der Bundesrat das Recht hat, bei zustimmungspflichtigen Gesetzen den Vermittlungsausschuss anzurufen, sind insgesamt drei Vermittlungsverfahren möglich. Anders ist dies bei nicht zustimmungspflichtigen Gesetzen (den Einspruchsgesetzen). Hier sieht das Grundgesetz nur ein Vermittlungsverfahren vor, das vom Bundesrat angeregt werden kann. Erst wenn das Verfahren durchgeführt ist, ist der Einspruch des Bundesrates möglich. Er kann anders als der Einspruch bei zustimmungspflichtigen Gesetzen durch die Mehrheit der Mitglieder des Bundestages bzw. bei einer Entscheidung des Bundesrates mit einer Zwei-Drittel-Mehrheit mit einer entsprechenden Mehrheit im Bundestag zurückgewiesen werden.

Das Grundgesetz regelt die Zusammensetzung des Vermittlungsausschusses nicht. Es bestimmt lediglich, dass er aus Mitgliedern des Bundestages und des Bundesrates gebildet werden muss. In der Gemeinsamen Geschäftsordnung des Bundestages und des Bundesrates ist festgelegt, dass dem Vermittlungsausschuss ein Vertreter je Land (also 16 Ländervertreter) und eine gleich große Anzahl von Mitgliedern des Bundestages angehören. Die aus dem Bundestag kommenden Mitglieder des Bundesrates spiegeln in ihrer Zusammensetzung die Stärke der Fraktionen wider. Der Vermittlungsausschuss wählt je ein Mitglied des Bundestages und des Bundesrates, die sich im Vorsitz des Vermittlungsausschusses vierteljährlich abwechseln und gegenseitig vertreten. Der Vermittlungsausschuss hat die Aufgabe, bei Meinungsverschiedenheiten zwischen den an der Gesetzgebung beteiligten Verfassungsorganen einen Einigungsvorschlag zu machen. Dies kann er auf unterschiedliche Weise tun: Er kann bei Mehrheitsverhältnissen im Vermittlungsausschuss, die den Mehrheitsverhältnissen im Bundestag nicht entsprechen, die Bundesratsposition quasi bestätigen („unechter" Vermittlungsvorschlag). Er kann versuchen, die Positionen von Bundestag und Bundesrat anzunähern („echter" Vermittlungsvorschlag). Und er kann neue Ideen in den Gesetzgebungsprozess einbringen. Dies ist aus pragmatischen Gründen oft attraktiv, aber nicht unproblematisch. Der Vermittlungsausschuss hat kein Recht der Gesetzesinitiative. Gestaltet er, so wirkt er quasi wie ein „Überparlament". Kritiker sprechen von dem Problem, dass der Vermittlungsausschuss bei der Gesetzgebung in die Rolle einer „Dritten Kammer" des Parlaments schlüpfe.

3   Gemeinschaftsaufgaben

Mehrebenenentscheidungen sind außerhalb des Bundesrates auch im Institut der Gemeinschaftsaufgaben durch das Grundgesetz institutionalisiert. Gemeinschaftsaufgaben nach Artikel 91a und b des Grundgesetzes sind der Ausbau und Neubau von Hochschulen einschließlich der Hochschulkliniken; die Verbesserung der regionalen Wirtschaftsstruktur; die Verbesserung der Agrarstruktur und des Küstenschutzes und die Bildungsplanung und Forschung. Bei all diesen Aufgaben trägt der Bund mindestens die Hälfte der Kosten. Die Aufteilung der Kosten für die Bildungsplanung und Forschung können von Bund und Ländern verhandelt werden.

Finanzierungsanteil des Bundes bei der Forschungsförderung (2002)

Forschungseinrichtungen	Anteil in %
Deutsche Forschungsgemeinschaft	58
Helmholtz-Gemeinschaft Deutscher Forschungszentren	90
Max-Planck-Gesellschaft	50
Fraunhofer-Gesellschaft	90
Blaue Liste Einrichtungen	50

(Nach: Faktenbericht 2002 zum Bundesbericht Forschung, Bundestagsdrucksache 14/8040, Seite 172.)

Entschieden wird über die jeweilige Aufgabenerfüllung bei den Gemeinschaftsaufgaben in gemeinsamen Bund-Länder-Gremien. So wurde beispielsweise durch das am 1. Januar 1970 in Kraft getretene Gesetz über die Gemeinschaftsaufgabe „Verbesserung der regionalen Wirtschaftsstruktur" ein Planungsausschuss von Bund und Ländern für die Gestaltung der regionalen Wirtschaftsförderung in Deutschland eingerichtet. In diesem Ausschuss hat der Bund heute 16 Stimmen und jedes Land eine Stimme, das Gewicht von Bund und Ländern hält sich also die Waage. Der Planungsausschuss beschließt mit einer Mehrheit von drei Vierteln seiner Stimmen. Beschlüsse bedürfen also der Zustimmung des Bundes und von mindestens acht Ländern. Im Mehrebenenentscheidungssystem entfällt damit das Element der Freiwilligkeit bei Kooperationsbeziehungen und die Möglichkeit für einzelne Länder, sich Ansinnen des Bundes zu verweigern. Es wurde ein Entscheidungssystem geschaffen, das einen hohen Konsensbedarf hervorrief. Wie sonst sollte die Dreiviertelmehrheit in einem Planungsausschuss zustande kommen?

Der 1969 in das Grundgesetz aufgenommene Artikel 104a schuf weitere Zusammenarbeitstatbestände im Bund-Länder-Verhältnis (die so genannten „unechten" Gemeinschaftsaufgaben). Er lautet: „Der Bund kann den Ländern Finanzhilfen für besonders bedeutsame Investitionen der Länder und Gemeinden (Gemeindeverbände) gewähren, die zur Abwehr einer Störung des gesamtwirtschaftlichen Gleichgewichts oder zum Ausgleich unterschiedlicher Wirtschaftskraft im Bundesgebiet oder zur Förderung des wirtschaftlichen Wachstums erforderlich sind." Diese Grundgesetzbestimmung ist so weit gefasst, dass praktisch kein Fall denkbar ist, in dem der Bund den Ländern, so er dies möchte, keine Finanzmittel zur Verfügung stellen kann. Finanzmittel wurden nach Artikel 104a unter anderem für Programme der Gemeindeverkehrsfinanzierung, der Städtebaufinanzierung, für den Wohnungsbau und die Wohnungsmodernisierung, die Krankenhausfinanzierung, die Studentenwohnraumförderung sowie die Kapazitätserweiterung bei der beruflichen Bildung zur Verfügung gestellt.

Vom Bund mitfinanzierte Länderausgaben

Gemeinschaftsaufgaben	Finanzhilfen für Investitionen	Geldleistungsgesetze
Aus- und Neubau von Hochschulen; Regionale Wirtschaftsstruktur und Agrarstruktur- und Küstenschutz	Kommunaler Straßenbau; Sozialer Wohnungsbau; Wohnraummodernisierung; Hochwasserschutz; Energieversorgung und -einsparung	Ausbildungsförderung; Wohngeld

Aus der Perspektive der Beurteilung der Auswirkungen von Mehrebenenpolitik stellt sich nicht die Frage, ob die genannten Ausgabenprogramme sinnvoll oder wünschenswert waren. Vielmehr ist zu fragen, welche Qualität der Entscheidungsprozess über diese Programme hat, wenn der Bund gefragt oder ungefragt als Geldgeber auftritt. Es fiele Landesregierungen schwer, es der parlamentarischen Opposition und den Wählerinnen und Wählern zu erklären, wenn soziale Leistungen nicht zustande kämen, weil sie Bundesmittel ausschlügen bzw. nicht bereit wären, die restlichen Prozent Finanzierung von Projekten aus Landesmitteln bereit zu stellen. Aber eben dies ist das Dilemma und ein weiterer Aspekt der Politikverflechtung. Mit Hilfe des Artikels 104a konnte der Bund vor allem beim Ausbau des Wohlfahrtsstaates die Richtung vorgeben. Er konnte mit seinen finanziellen Angeboten die Länderregierungen am „goldenen Zügel" führen, mit allen wiederholt erwähnten Folgen, wie der Stärkung der politischen Exekutiven dem Transparenzverlust politischer Entscheidungen aus der Sicht des Wählers oder den Einbußen an Länderautonomie.

4 Die Länder in der europäischen Politik[2]

4.1 Der Weg in die Mehrebenenpolitik

Einschneidender noch als die nationale Mehrebenenpolitik wirkt sich die europäische auf die Handlungsspielräume der Länder aus. Bis zum Vertrag von Maastricht (in Kraft getreten am 1. November 1993) konnte der Bund argumentieren, dass er alleine die Bundesrepublik Deutschland in der Europäischen Union vertritt und dass er deshalb in jedem Falle aus unabweisbaren außen- und integrationspolitischen Gesichtspunkten von Beschlüssen des Bundesrates abweichen könne. Die Einbindung der Länder in den Mehrebenenentscheidungsprozess mindestens durch die Anerkennung des Gewichts des Bundesrates für Regelungen auf europäischer Ebene, die Länderangelegenheiten betreffen, musste deshalb erstes Ziel einer effizienten Interessenvertretung der Länder sein. Der Weg dorthin war lang und steinig.

1956 hat der Bund den Ländern einen Beobachter bei den Verhandlungen über den Abschluss der die Europäische Wirtschaftsgemeinschaft (EWG) und die Europäische Gemeinschaft für Atomenergie (EAG) begründenden Römischen Verträge zugestanden. Damit wurde die Tradition eines alle Länder gemeinsam vertretenden Länderbeobachters begründet, der als Mitglied der deutschen Delegation, z. B. an Tagungen des Europäischen Rates, teilnimmt und die Länder informiert. Mit Artikel 2 des Zustimmungsgesetzes zu den Römischen Verträgen wurde dieses Informationsrecht bestätigt und der Bundesrat als Ort der entsprechenden Information genannt. Im so genannten Zuleitungsverfahren werden bis heute Bundestag und Bundesrat laufend über Entwicklungen im Rat der EU informiert. Soweit sie Konsequenzen für die innerdeutsche Gesetzgebung haben können (meist im Falle von Richtlinien) bzw. wenn die EU-Beschlüsse in Deutschland als unmittelbares Recht gelten werden (im Falle von Verordnungen), hat diese Unterrichtung vor der Entscheidung des Rates zu erfolgen, um dem Bundesrat und in der Praxis vor allem dem EU-Ausschuss eine Möglichkeit zur Stellungnahme zu geben. Die Stellungnahmen des Bundesrates bzw. des EU-Ausschusses im Rahmen von jährlich mehreren hundert Zuleitungsverfahren sind für die Bundesregierung nicht automatisch verbindlich, auch wenn sie in der

---

[2] Die folgende Darstellung beruht in Teilen auf: Sturm/ Pehle 2005.

Regel zur Kenntnis genommen werden und die Bundesregierung von den Stellungnahmen des Bundesrates nicht leichtfertig abweichen wird.

Den ständigen Klagen der Länder über die mangelnde Berücksichtigung ihrer Interessen in der Europapolitik trug der Bund 1979 mit dem Zugeständnis eines vor allem auf der Ebene der Länderfachminister verankerten „Neuen Länderbeteiligungsverfahren" in ersten Ansätzen Rechnung. Er versprach den Ländern in Fällen, in denen ihre Kompetenzen betroffen sind, sich mit ihnen abzustimmen und den gemeinsamen Standpunkt auf europäischer Ebene dann auch so weit wie möglich durchzusetzen. Zu den Beratungsgremien der Kommission und des Rates sollten möglichst immer zwei Vertreter der Länder hinzugezogen werden. Auch dieses Verfahren erwies sich aus der Sicht der Länder als wenig effektiv, schon allein wegen des hohen Koordinierungsbedarfs zwischen den Ländern.

Die Notwendigkeit der Zustimmung der Länder zum Ratifizierungsgesetz zur Einheitlichen Europäischen Akte (EEA) von 1986 gab diesen die Chance, den Bund zu einem weiteren Entgegenkommen hinsichtlich der Mitwirkungsrechte der Länder in der Europapolitik zu veranlassen. Dies schien um so dringender als der Europäischen Gemeinschaft neue Zuständigkeiten unter anderem im Umweltschutz, der Sozial- und der Forschungspolitik übertragen wurden. Die Beteiligungsrechte der Länder wurden in ein Bundesratsverfahren überführt und gesetzlich – wenn auch nicht, wie dies die Länder gefordert hatten, im Grundgesetz – verankert. In Artikel 2 des Ratifikationsgesetzes zur Einheitlichen Europäischen Akte wurde die frühestmögliche Information des Bundesrates über Vorhaben der Europäischen Gemeinschaft ebenso vereinbart sowie die Konsultation des Bundesrates bei Angelegenheiten, die die ausschließliche Gesetzgebung der Länder betreffen. Die Bundesregierung wurde verpflichtet, die Stellungnahme des Bundesrates bei Verhandlungen im Rat der EU zu berücksichtigen. Das heißt nicht, dass ihr damit die Hände gebunden sind. Sie kann durchaus aus unabweisbaren außen- und integrationspolitischen Gründen von den Positionen des Bundesrates abweichen, muss dies aber rechtfertigen.

Im Zusammenhang der Zustimmung der Länder zur Einheitlichen Europäischen Akte wurde auch festgelegt, dass bei EG-Regelungen, die die ausschließliche Kompetenz der Länder betreffen, auf Verlangen der Länder ihre Vertreter zu den Beratungen der Kommission und des Europäischen Rates herangezogen werden. Faktisch blieb es aber dabei, dass die Länder ihre Interessen nur sehr begrenzt innerhalb der deutschen Delegation vorbringen konnten, und es blieb in der Praxis dem jeweilgen Delegationsleiter überlassen, ob und in welcher Form er die Stellungnahmen der Länder berücksichtigte. Nur in Ausnahmefällen erhielten die Ländervertreter Rederecht auf der europäischen Verhandlungsebene.

Der Bundesrat versuchte seinen neuen Aufgaben im Rahmen des Bundesratsverfahrens dadurch gerecht zu werden, dass er eine EG-Kammer einrichtete, in der in einem vereinfachten Verfahren rasch und vertraulich Stellungnahmen zu EG-Vorlagen erarbeitet werden können. Durch eine Änderung der Geschäftsordnung des Bundesrates erhalten die Beschlüsse dieser Kammer die Wirkung von Beschlüssen des Bundesrates. Der Bundesrat muss also nicht zur Beschlussfassung über die zahlreichen und oft kurzfristig zu entscheidenden EG-Initiativen ständig zusammengerufen werden. Mit dem Instrument der EG-Kammer erhielt er – zumindest theoretisch – Entscheidungsflexibilität und kann rasch auf Initiativen der Kommission reagieren und damit sicherstellen, dass er seine Beratungsrechte optimal wahrnehmen kann. Obwohl jedes Land nur ein Mitglied oder ein stellvertretendes Mitglied in die EG-Kammer entsendet, gibt dieser Ländervertreter, der im Unterschied zur sonstigen Ausschussarbeit des Bundesrates kein Beamter, sondern ein Politiker ist (also Mitglied oder stellvertretendes Mitglied des Bundesrates), bei Abstimmungen in der Kammer jeweils im Paket alle Stimmen ab, die seinem Land im Bundesrat zustehen. Die Europakammer ist beschlussfähig, wenn die Mehrheit ihrer Stimmen vertreten ist. Inzwischen hat die EG-Kammer Verfassungsrang. Der 1992 ins Grundgesetz aufgenommene Artikel 52(3a) lautet: „Für Angelegenheiten der Europäischen Union kann der Bundesrat eine Europakammer bilden, deren Beschlüsse als Beschlüsse des Bundesrates gelten."

Ort der europapolitischen Willensbildung im Bundesrat ist heute aber eher der EU-Ausschuss als die mit vielen Erwartungen versehene Europakammer. Letztere hat seit Maastricht nur dreimal getagt. Von diesen Treffen waren zwei (1993 und 1994) eher technischer Natur. Der dreiwöchige Sitzungsrhythmus des Bundesrates hat sich auch nach Meinung des EU-Ausschusses (Dewitz 1998: 73) als ausreichend für die Abstimmung der Landespolitiker in Europafragen erwiesen. Nur einmal, im November 1999, ergab sich wegen Kommunikationsproblemen mit einem Brüsseler Ländervertreter die Notwendigkeit, sich des flexiblen Entscheidungsweges Europakammer zu bedienen (Beratung im Zusammenhang mit der Umsetzung der Richtlinie zur Umweltverträglichkeitsprüfung). Der Ausschuss für Fragen der Europäischen Union ist der eigentliche Ort der Vorbereitung des Bundesrates für die Kooperation mit dem Bund in Europaangelegenheiten. Der Bundesrat gab im Zeitraum von 1993 bis 2003 1500 Stellungnahmen zu Angelegenheiten der Europäischen Union ab. Von 1998 bis 2003 forderte er in 37 von 900 Fällen die maßgebliche Berücksichtigung seiner Stellungnahme. Die Bundesregierung hat dieser Forderung in 20 Fällen widersprochen, weil sie der Auffassung war, dass die Voraussetzungen einer maßgeblichen Berücksichtigung im Sinne des Artikels 23 nicht vorlagen. Dies blieb folgenlos. Der Bundesrat nahm diese Widersprüche hin, beharrte aber auf seinem Rechtsstandpunkt. Im einzigen Streitfall, dem Richtlinienvorschlag zum Plan der Umweltverträglichkeitsprüfung, setzte sich die Bundesregierung durch.

4.2 Die Neufassung von Artikel 23 GG

Eine weitere Gelegenheit, dem Bund eine deutlichere Berücksichtigung der Länderinteressen in der Europapolitik abzutrotzen, bot sich den Ländern aus Anlass der Ratifizierung des Vertrags von Maastricht 1992. Die Länder machten ihre Zustimmung zu den durch Maastricht notwendig werdenden Grundgesetzänderungen (Einführung der Unionsbürgerschaft und der Europäischen Zentralbank) von einer stärkeren Verbindlichkeit des Bundesratsverfahrens abhängig. Als Ergebnis der Verhandlungen der Länder mit dem Bund wurde 1992 ein neuer Artikel 23 (Europäische Union) in das Grundgesetz aufgenommen, dessen Bestimmungen durch das „Gesetz über die Zusammenarbeit von Bund und Ländern in Angelegenheiten der Europäischen Union" vom 12. März 1993 konkretisiert wurde. Der Artikel 23 nennt alle Rechte der Länder in der Europapolitik:

- das Informationsrecht (23,2)
- Recht zur Stellungnahme (23,3)
- das Recht zur Beteiligung an der Willensbildung des Bundes analog innerstaatlicher Regelungen (23,4)
- die Berücksichtigung der Stellungnahme des Bundesrates, wenn ausschließliche Kompetenzen der Länder berührt sind (23,5), sowie
- die Möglichkeit, dass die Länder in die Rolle der Vertretung Deutschlands in der EU schlüpfen: „Wenn im Schwerpunkt ausschließliche Gesetzgebungsbefugnisse der Länder betroffen sind, soll die Wahrnehmung der Rechte, die der Bundesrepublik Deutschland als Mitgliedstaat der Europäischen Union zustehen, vom Bund auf einen vom Bundesrat benannten Vertreter der Länder übertragen werden. Die Wahrnehmung der Rechte erfolgt unter Beteiligung und in Abstimmung mit der Bundesregierung; dabei ist die gesamtstaatliche Verantwortung des Bundes zu wahren." (23,6).

Damit schienen die Karten neu gemischt, die Grundidee der Neuregelung der Kompetenzen des Bundesrates war es, diesem quasi eine neue „europäisierte" Identität zu geben. Die Länder sollten an der europapolitischen Willensbildung des Bundes beteiligt werden, wenn und insoweit der Bundesrat an entsprechenden innerstaatlichen Vorhaben hätte mitwirken müssen bzw. wenn eine entsprechende Länderkompetenz gegeben ist. Zur Vetomacht wird diese Festlegung bei Vertragsänderungen. Hier bedarf es, wenn diese Änderungen des Grundgesetzes implizieren, der Zweidrittelmehrheit im Bundesrat. Die Zustimmung des Bundesrates ist auch bei der Übertragung von Hoheitsrechten auf die europäische Ebene erforderlich. Dass in diesem Zusammenhang nicht auch auf das Erfordernis der Zweidrittelmehrheit im Grundgesetz verwiesen wird, halten einige

Kommentatoren für inkonsequent, da auch bei der Übertragung von Hoheitsrechten das Grundgesetz in der Regel betroffen ist. Ansonsten verbleibt aber, nicht zuletzt angesichts des Umfangs der inzwischen schon erfolgten Übertragung von Hoheitsrechten an die EU, der Bundesregierung ein relativ ausgeprägter europapolitischer Handlungsspielraum. Die Länder sehen die Verpflichtungen, die aus dem Artikel 23 erwachsen, häufig enger als die Bundesregierung. So bleibt umstritten, ob sich die Bundesregierung bei Nichteinigung mit den Ländern auf europäischer Ebene der Stimme enthalten darf, um so indirekt Europäisierungsschritte auch gegen den Willen des Bundesrates zu ermöglichen.

Eine eindeutig scheinende Interpretation von Artikel 23(5) GG liefert das Gesetz über die Zusammenarbeit von Bund und Ländern in Angelegenheiten der Europäischen Union (EUZBLG). Hier heißt es in §5(2), dass der Bund bei europapolitischen Angelegenheiten, die im Schwerpunkt Länderkompetenzen betreffen, für die Festlegung seiner Verhandlungsposition die Stellungnahme des Bundesrates maßgeblich zu berücksichtigen habe. Dies bedeutet, so der weitere Text, dass bei einem Dissens von Bundesregierung und Bundesrat, der durch eine Zwei Drittel-Mehrheit im Bundesrat bekräftigt wird, die Auffassung des Bundesrates den Ausschlag gibt. Allerdings vermerkt das Gesetz einschränkend, dass die Zustimmung der Bundesregierung erforderlich ist, wenn Entscheidungen zu Ausgabenerhöhungen oder Einnahmenminderungen für den Bund führen können. Oschatz und Risse (1995: 444) schließen daraus, „dass in der Praxis allenfalls die Landesgesetzgebungsrechte die Maßgeblichkeit von Stellungnahmen des Bundesrates auslösen dürften. Dies wird z.B. bei EU-Vorhaben zur allgemeinen Bildung oder zu über die Rahmengesetzgebung hinausgehenden hochschulrechtlichen Vorhaben der Fall sein." Eine Zustimmung der Bundesregierung zur Europäisierung von Politikfeldern gegen ein einfaches Mehrheitsvotum der Länder ist aber immer möglich. So geschehen im Rat der Umweltminister im Jahre 2000 beim Beschluss der EU-Richtlinie über die Prüfungs- und Umweltauswirkungen bei Plänen und Programmen.

Die Möglichkeit der Vertretung der Bundesrepublik Deutschland im EU-Ministerrat durch einen Vertreter der Länder nach Artikel 23 (6) GG hat bisher noch keine bedeutende Rolle gespielt. Auch wenn die Delegationsleitung immer bei der Bundesregierung lag, gab es regelmäßig die Forderung der Länder, ihnen in Abstimmung mit der Bundesregierung die Verhandlungsführung zu übertragen. Von 1998 bis Anfang 2004 war dies achtmal der Fall. In drei Fällen stimmte die Bundesregierung nicht zu, sorgte aber dafür dass die Ländervertreter in den Verhandlungen zu Wort kamen.

Die Intensität der Befassung mit Fragen der Bund-Länder-Zusammenarbeit im Bundesrat wurde durch den Einfluss der europäischen Politik zweifellos erhöht. Es ist zu beobachten, dass die Europäisierung des politischen Raumes den

Bundesrat institutionell in seiner Rolle als Ländervertretung in ein permanentes „Abwehrgefecht" zwingt, in dem er versucht, den Bund auf einen häufig nur mühsam erzielbaren und oft vagen Konsens zu verpflichten. Die im politischen Tagesgeschäft randständigen Vetopositionen, die für den Bundesrat in Maastricht erkämpft wurden, können nicht darüber hinwegtäuschen, dass der Bundesrat zu einem der Verlierer des Europäisierungsprozesses des deutschen Regierungssystems zählt. Die Beschäftigung mit europäischen Angelegenheiten im Bundesrat ist reaktiv angelegt. Vom Bundesrat gehen kaum gestaltende Initiativen für die europäische Integration aus. Er bemüht sich vor allem darum, die traditionelle innerstaatliche Machtverteilung der Institutionen der deutschen Politik zu bewahren, allerdings bei zunehmender Europäisierung mit immer geringeren Erfolgsaussichten. Die „Kompensation durch Partizipation" bleibt „grundsätzlich hinter dem Wert der ursprünglichen Eigenentscheidungsrechte der Länder zurück" (Oberländer 2000: 205).

4.3 Die Länder als ungleiche Partner in der europäischen Mehrebenenpolitik

Die auf Bundesebene garantierte Beteiligung der Länder bei der Gesetzgebung findet auf europäischer Ebene keine Entsprechung. In Fortentwicklung der europäischen Verträge schufen die europäischen Institutionen überdies in relativer Autonomie so genanntes „sekundäres" Gemeinschaftsrecht, das für die Länder bindend ist und ihren Handlungsspielraum begrenzt. Vor allem Begründungen, die sich auf den Schutz der wirtschaftlichen Freiheit im Binnenmarkt beziehen, dienten und dienen den europäischen Organen häufig auch als Rechtfertigung für Eingriffe in originäre Länderkompetenzen, wie das Bildungswesen, die Medienpolitik oder die Kulturförderung. Den Ländern war nicht nur diese Art der Begründung politischer Eingriffe in ihren Kompetenzbereich suspekt, sie richteten ihre Kritik auch häufig gegen den Artikel 235 des EG-Vertrages (heute Artikel 308), der der Kommission ein weitgehendes Initiativrecht zur Ausweitung ihres Tätigkeitsbereiches zubilligt, sofern diese den Zweck verfolgt, „im Rahmen des Gemeinsamen Marktes eines ihrer Ziele (der Ziele der Europäischen Gemeinschaft, R.S.) zu verwirklichen". Das EUZBLG schafft mit seinem Paragraphen 5(3) hier nur begrenzt Abhilfe, der fordert, dass die Bundesregierung bei Länderangelegenheiten das Einvernehmen mit dem Bundesrat herstellen müsse, bevor sie Vorhaben zustimme, die sich auf Artikel 235 stützen. Aus der Sicht des Bundesrates, die im Wesentlichen von der Bundesregierung geteilt wird, bedeutet „Einvernehmen", dass solche Entscheidungen zustimmungspflichtig sind. Uneinigkeit besteht allerdings in Verfahrensfragen (Oschatz/Risse 1995: 445).

Der geplante europäische Verfassungsvertrag hat die Bestimmungen des Artikels 235 nicht entschärft. Nach der Flexibilitätsklausel gemäß Artikel I-17 kann die EU nicht wie bisher nur im Rahmen des Gemeinsamen Marktes tätig werden, sondern im gesamten in Teil III der Verfassung festgelegten Politikbereiche (einschließlich also beispielsweise der Justiziellen Zusammenarbeit und der Sicherheits- und Verteidigungspolitik), wenn dies notwendig erscheint, um eines der Ziele der Verfassung zu verwirklichen. Als Gegengewicht bietet der Verfassungsvertrag das so genannte Frühwarnsystem an, das jedem nationalem Parlament, in Deutschland auch dem Bundesrat, erlaubt, binnen sechs Wochen nach Übermittlung eines Gesetzgebungsentwurfs eine begründete Stellungnahme an die Präsidenten des Europäischen Parlaments, des Rates und der Kommission zu übermitteln, in der dessen Unvereinbarkeit mit dem Subsidiaritätsprinzip dargelegt werden kann. Diese neue Möglichkeit, europäisch Einfluss zu nehmen, in Verbindung mit der knappen Fristsetzung, hat zu Überlegungen geführt, ob der Bundesrat eventuell ein eigenes Büro in Brüssel eröffnen sollte. Bedenken von einem Drittel aller nationalen Parlamente führen zur Überprüfung des Gesetzentwurfs, aber verhindern kann ein solcher Widerstand die europäische Gesetzgebung nicht. Was bleibt, ist die Klage vor dem Europäischen Gerichtshof, zu der der Bundesrat (falls sich hier eine absolute Mehrheit) findet, die Bundesregierung auffordern müsste.

Sorgen bereitet den Ländern auch die EU-Entscheidungsmethode der „Offenen Koordinierung", die stetig an Bedeutung gewonnen hat und entsprechend prominent auch im Verfassungsvertrag berücksichtigt wird. Im Rahmen der „Offenen Methode der Koordinierung" entwickelt die EU Leitlinien und Zielvorstellungen, die im nationalen Rahmen und in mitgliedstaatlicher Abstimmung auf freiwilliger Basis und außerhalb des Institutionengefüges der EU umgesetzt werden. Eingriffe in Länderkompetenzen, die sich so ergeben, entziehen den Ländern verfahrensmäßige Instrumente der Abwehr von Kompetenzverlusten sowohl im Hinblick auf die nationale als auch im Hinblick auf die europäische Ebene. Der Verfassungsvertrag benennt in diesem Zusammenhang neben Sozial- und Gesundheitspolitik vor allem Politikfelder, die nach dem Grundgesetz weitgehend Aufgaben der Länder sind, wie Forschungs- und Industriepolitik. Der Reform- und Innovationsdruck, den die „Offene Koordinierung" auf einzelnen Politikfeldern erzeugt, mag zwar auch Fachpolitiker in den Ländern überzeugen. Solche positiven Effekte können aber gegen die ganz anders gelagerte Problemstellung des Erhalts der Entscheidungsfähigkeit der Länder nicht „aufgerechnet" werden (Große Hüttmann 2004).

Problematisch ist aus Ländersicht auch die Zunahme von Mehrheitsentscheidungen auf europäischer Ebene, die im Verfassungsvertrag durch die so genannte Passerelle-Klausel erleichtert wird. Künftig soll der Europäische Rat die Möglichkeit haben, für Politikfelder, wie die Länderangelegenheiten Justiz und Inneres, einstimmig zu beschließen, von der Einstimmigkeit zur Mehrheitsentscheidung überzugehen. So gefundene Mehrheiten können unempfindlich selbst gegenüber erfolgreicher Einflussnahme der Länder auf die nationale Position sein.

4.4 Länderinitiativen

Die deutschen Länder wollen und können nach ihrem Verfassungsverständnis sich nicht mit der Rolle des Objektes von Politikentscheidungen auf internationaler Ebene zufrieden geben. Sie fordern, dass die EU die subnationale Ebene als eigenständige Ebene ernster als bisher nimmt. Dies könnte sich nicht zuletzt darin manifestieren, dass die EU das Subsidiaritätsprinzip, wie dies der Artikel 23 des Grundgesetzes fordert, auch als innerstaatliches Strukturprinzip anerkennt. Für die Verhandlungen zum Amsterdamer Vertrag von 1997 hatten die Länder ein Subsidiaritätsprotokoll gefordert, das klarstellen sollte, dass die Europäische Union von einer Kompetenz nur dann Gebrauch machen darf, wenn ein Gemeinschaftsziel auf der Ebene der Mitgliedstaaten oder ihrer Untergliederungen, in Deutschland also der Länder und Kommunen, nicht ausreichend erreicht werden kann. Das von der Regierungskonferenz schließlich verabschiedete Subsidiaritätsprotokoll machte sich den Tenor dieser Forderung zu eigen, nennt allerdings die Länder als politische Ebene nicht. Als Minimallösung ohne Konsequenzen für den Status Quo wurde von der Regierungskonferenz lediglich eine Erklärung der Regierungen Deutschlands, Österreichs und Belgiens zur Kenntnis genommen, dass diese Staaten davon ausgehen, „dass die Maßnahmen der Europäischen Gemeinschaft gemäß dem Subsidiaritätsprinzip nicht nur die Mitgliedstaaten betreffen, sondern auch deren Gebietskörperschaften, soweit diese nach nationalem Verfassungsrecht eigene gesetzgeberische Befugnisse besitzen."

An der Nachordnung der Länder in Europa wird auch der Europäische Verfassungsvertrag nichts ändern. Zwar wird in dessen Artikel I-5 festgehalten: „Die Union achtet die nationale Identität der Mitgliedstaaten, die in deren grundlegender politischer und verfassungsrechtlicher Struktur einschließlich der regionalen und kommunalen Selbstverwaltung zum Ausdruck kommt." Die Kommission soll künftig im Rahmen ihrer Anhörungen zu Gesetzgebungsakten der regionalen und lokalen Dimension Rechnung tragen. Aber ein Einstieg zur Mitentscheidung für die Länder bedeutet dies nicht. Zwar wächst für die EU-Entscheidungen der Zwang, sie auch im Hinblick auf regionale und lokale Auswirkungen zu rechtfertigen, ob dadurch die Europäisierung politischen Entscheidens zugunsten des

Erhalts von Länderautonomie tatsächlich im konkreten Einzelfall gebremst werden kann, muss die Praxis erweisen.

In der Europapolitik haben die Länder – zum Teil argwöhnisch beobachtet vom Bund, der eine „Nebenaußenpolitik" der Länder für unzulässig hält – eine Reihe von Initiativen ergriffen, damit sie ihre Interessen auch ohne Rückbindung an den Bund vertreten können. Aus der Sicht der Länder besteht in der Sache kein Konflikt mit dem Bund, da sie ihr Engagement in Brüssel als Beteiligung „bei der Verwirklichung einer immer engeren Union der Völker Europas" (Maastrichter Vertrag, Artikel A) und damit als Beitrag zur europäischen Innenpolitik sehen. Die neue Länderaußenpolitik betrifft in erster Linie die Mitwirkung der Länder im Ausschuss der Regionen, die Einrichtung von Länderinformationsbüros/Landesvertretungen in Brüssel und die grenzüberschreitende und interregionale Zusammenarbeit mit anderen europäischen Regionen.

Mit dem Ausschuss der Regionen (AdR) besteht seit 1994 auf europäischer Ebene eine institutionalisierte Interessenvertretung der Gemeinden und Regionen Europas mit insgesamt 222 Mitgliedern. Artikel 198a des Maastrichter Vertrages von 1992 sah die Einrichtung eines beratenden Ausschusses aus Vertretern der regionalen und lokalen Gebietskörperschaften vor. Der Ausschuss der Regionen wurde verpflichtet, zur Tätigkeit des Rates und der Kommission in bestimmten Themenbereichen Stellung zu nehmen und konnte von diesen EU-Organen auch zu anderen Themen gehört werden. Zudem erhielt der AdR das Recht zur Stellungnahme aus eigener Initiative.

Als Bereiche obligatorischer Stellungnahme nannte der Maastrichter Vertrag: „Allgemeine Bildung und Jugend", „Kultur", „Gesundheitswesen", „Transeuropäische Netze", „wirtschaftlicher und sozialer Zusammenhalt", „Struktur- und Kohäsionsfonds". Im Amsterdamer Vertrag von 1997 kamen die Bereiche „Umwelt", „berufliche Bildung", „Soziales", „Beschäftigung" und „Verkehr" hinzu. Hinsichtlich der fakultativen Anhörung des AdR wurde von der Kommission als besonders hilfreich die Mitarbeit des AdR beim Thema „grenzüberschreitende Zusammenarbeit" hervorgehoben. Einen institutionellen „Verbündeten" erhielt der AdR im Amsterdamer Vertrag dadurch, dass dem Europäischen Parlament die Möglichkeit gegeben wurde, den AdR zu konsultieren. Damit konnte auch das Misstrauen des Europäischen Parlaments gegenüber dem AdR als einer weiteren – mit dem Parlament potentiell in Konkurrenz stehenden – Vertretungsinstanz der europäischen Bevölkerung „produktiv" überwunden. Beide Institutionen sehen sich heute als Kontrollinstanzen gegenüber Rat und Kommission.

Die deutschen Länder benennen 21 Vertreter für den Ausschuss der Regionen: Jedes Land nominiert einen Vertreter und einen Stellvertreter im Ausschuss. Fünf weitere Ländervertreter und ihre Stellvertreter werden nach einem Verfahren gewählt, das das Vorschlagsrecht bei jeder Wahlperiode an eine neue Ländergruppe weiterreicht, beginnend mit den fünf einwohnerstärksten Ländern, gefolgt von den fünf nächstgrößten nach der Einwohnerzahl usw. (rollierendes Verfahren). Dazu kommen als weitere deutsche AdR-Mitglieder je ein Vertreter der kommunalen Spitzenverbände „Deutscher Städtetag", „Deutscher Landkreistag" und „Deutscher Städte- und Gemeindebund". Alle deutschen Vertreter werden formal von der Bundesregierung dem Rat zur Ernennung vorgeschlagen, die innerstaatlich das Vorschlagsrecht der Länder und der kommunalen Spitzenverbände anerkannt hat (§ 14 EUZBLG).

Die deutschen Länder hatten einige Mühe, sich an die Konstruktion und Arbeitsweise des AdR zu gewöhnen. Sie hatten ein Regionalorgan (ohne Beteiligung der Gemeinden) gefordert, das wie der Bundesrat arbeiten sollte (Degen 1998: 103f.). Im Idealfalle hätte das bedeutet, dass die Mitwirkung im Plenum des Ausschusses zwar den politischen Vertretern der Regionen vorbehalten gewesen wäre, aber in den Ausschüssen des AdR Vertreter der Ministerialbürokratie verhandelt hätten. Des Weiteren wünschten die Länder ein uneingeschränktes Anhörungsrecht des AdR bei allen EG-Vorhaben und eine Verpflichtung von Rat und Kommission, die Gründe für von den Stellungnahmen des AdR abweichende Entscheidungen dem AdR mitzuteilen. Dieser sollte auch ein Klagerecht erhalten, um den EUGH bei aus seiner Sicht erkennbaren Verletzungen des Subsidiaritätsprinzips durch den Rat oder die Kommission anzurufen.

Sowohl die Notwendigkeit der dauernden Anwesenheit bei Sitzungen, auch zu den Terminen der sieben politikfeldbezogenen Fachkommissionen des AdR, als auch die zunächst vorherrschende Entscheidungspraxis im AdR, ausgerichtet am nationalen Interesse anstatt primär an Sachfragen, erschwerte den deutschen Ländern den Start in dieser neuen Institution. Die deutschen Mitglieder waren nur zwischen 34% und 45% bei den Sitzungen der Fachkommissionen präsent. Es gelang den deutschen Ländern auch nicht, wie sie gehofft hatten, den Präsidenten oder Vizepräsidenten des AdR zu stellen. Erst für die erste Hälfte der zweiten Amtsperiode des AdR von 1998 bis 2000 wurde Manfred Dammeyer (Nordrhein-Westfalen) zum AdR-Präsidenten gewählt. AdR-Präsident in der zweiten Hälfte der dritten Amtszeit des AdR von 2004-2006 wurde der baden-württembergische Landtagspräsident Peter Straub.

Daraus sollte nicht geschlossen werden, dass der AdR als Ländervertretung an Bedeutung gewann. Eher scheint das Gegenteil der Fall zu sein. Die deutschen Länder – wie auch andere europäische Regionen – sahen mit wachsendem Unbehagen, dass der AdR aus ihrer Sicht zu stark auf kommunale Interessenvertreter Rücksicht nimmt und zu wenig deutlich regionale Interessen in den Entscheidungsprozess der EU einzuspeisen versteht.

Im Vorfeld des Europäischen Rates von Nizza (2000) initiierte die belgische Region Flandern eine neue Ebene regionaler Zusammenarbeit, um der Kompetenzausweitung der EU auf Kosten der Regionen entgegenzutreten. Diese Flandern-Initiative war der Beginn einer auf Dauer angelegten Zusammenarbeit der „konstitutionellen Regionen" (also der Regionen, die im nationalen Kontext Verfassungsrang haben und Legislativaufgaben wahrnehmen, abgekürzt: Reg Leg), an der sich zunächst neben Flandern das belgische Wallonien, Nordrhein-Westfalen, Bayern, Katalonien, Schottland und Salzburg beteiligten. In einer „Politischen Erklärung" vom 28. Mai 2001 stellten diese Regionen im Bezug auf den AdR fest: „Die konstitutionellen Regionen sind mit dem gegenwärtigen institutionellen Rahmen, in dem der Ausschuss der Regionen die Interessen der lokalen und regionalen Gebietskörperschaften wahrnimmt, nicht zufrieden. Die konstitutionellen Regionen haben Bedenken, ob der Ausschuss der Regionen in seiner derzeitigen Gestalt und mit seinem gegenwärtigen institutionellen Status den Bedürfnissen und Anliegen der Regionen gerecht werden kann." (Zitiert nach Wiedmann 2002: 545f.).

Bisher haben die „konstitutionellen Regionen" ihre Mitarbeit im AdR noch nicht aufgekündigt, und der AdR tut schon aus Eigeninteresse sein Möglichstes, um seine einflussreichsten Mitglieder einzubinden. Immerhin gibt es in acht Mitgliedstaaten der EU 73 Regionen mit Gesetzgebungsbefugnissen. Die Hoffnung darauf, dass der Europäische Verfassungsvertrag den legislativen Regionen einen Sonderstatus gewähren könnte, hat sich zerschlagen. Allerdings wurde das Gewicht des AdR durch diesen Vertrag gestärkt. Der AdR soll ein Klagerecht vor dem Europäischen Gerichtshof erhalten, wenn aus seiner Sicht ein Verstoß gegen das Subsidiaritätsprinzip vorliegt, bezogen auf die Materien, zu denen er obligatorisch gehört werden muss. Der AdR kann auch klagen, wenn er meint, von der Kommission, dem Rat oder dem Europäischen Parlament nicht ordnungsgemäß konsultiert worden zu sein. Die Stärkung des AdR hat die RegLeg-Gruppe dazu bewogen, dem AdR Unterstützung für seine neue Rolle anzubieten, ohne allerdings ihre eigenständigen Initiativen einzuschränken (Kiefer 2004: 411f.). Es muss allerdings dahin gestellt bleiben, ob angesichts der Quoren, die im AdR für eine Klage vor dem EuGH voraussichtlich nötig sein werden, die deutschen Länder jemals – legt man die heterogene Interessenlage im AdR zugrunde – für eines ihrer Anliegen Unterstützung finden können.

Neben der Mitarbeit im AdR hat sich die Brüsseler Präsenz in Eigenregie der Länder als hilfreich für eine Verbesserung ihrer Ausgangslage in der europäischen Mehrebenenpolitik erwiesen. Seit 1989 (die ostdeutschen Länder folgten bis 1992 nach) hat jedes Land ein eigenes Informationsbüro in Brüssel. Nur Schleswig-Holstein und Hamburg arbeiten im „Hanse-Office" zusammen, das 1985, damals noch mit Beteiligung Niedersachsens, das erste Informationsbüro war, das die Länder in Brüssel eröffneten. Informationsbüros haben die Aufgabe, die Landesregierungen bei der Herstellung von Kontakten mit den europäischen Institutionen zu beraten und zu unterstützen, für das Land wichtige Informationen (sei es für die heimische Wirtschaft, sei es für Anliegen der Landespolitik) frühzeitig zu beschaffen und wo möglich als Lobbyisten ihres Landes tätig zu sein. Vor Ort zu arbeiten, bedeutet für die Länderbüros, an einem Netzwerk von Kontakten zu arbeiten, die zum einen in die Brüsseler Bürokratie hineinreichen und zum anderen aber auch dazu dienen, die Solidarität und den Austausch mit anderen europäischen Regionen zu fördern.

Nach der Verabschiedung des Maastrichter Vertrages veränderte sich auch der Status der Länderbüros. Sie werden von der Region Brüssel nicht mehr als privatrechtliche Lobbyorganisationen behandelt, sondern sind heute Körperschaften des öffentlichen Rechts. Damit erhalten sie gewisse Privilegien, wie die Steuerfreiheit. Eine Reihe von Ländern bezeichnet ihre Brüsseler Dependancen inzwischen nicht mehr als Informationsbüros, sondern in Anlehnung an die Bezeichnung für ihre Vertretungen beim Bund als „Landesvertretungen". Im EUZBLG §8 ist festgehalten, dass die Länderbüros keinen diplomatischen Status haben. Die Bundesregierung hält die Umbenennung der Länderbüros in „Vertretungen" für verfassungsrechtlich und gesandschaftsrechtlich bedenklich und billigt diese Bezeichnungen nicht (Schönfelder 2000: 77).

Außerhalb des EU-Institutionengefüges, aber häufig gefördert durch die EU, vor allem durch INTERREG-Mittel, haben sich auf Länderinitiative zahlreiche Formen der Zusammenarbeit von europäischen Regionen herausgebildet, an denen sich auch die Länder im Rahmen ihrer Politik in Europa beteiligen. Zu unterscheiden sind hier einerseits die interregionale Zusammenarbeit, also entsprechend der internationalen Zusammenarbeit von Staaten, die internationale Zusammenarbeit von Regionen in der EU, nicht selten aber auch von EU-Regionen und von Regionen außerhalb der EU. Und andererseits die grenzüberschreitende Zusammenarbeit, die Grenzregionen zusammenbringt, die sich darum bemühen, die negativen Folgen von Grenzziehungen zu überwinden, denn Grenzen können gemeinsame Wirtschaftsräume ebenso behindern wie gemeinsame Problemlösungen für die Optimierung der Lebensbedingungen der Bevölkerung diesseits und jenseits von Grenzen. Besonders dysfunktional sind Grenzziehungen, die Hürden für die regionale Wirtschaftentwicklung im Europäischen Binnenmarkt errichten.

In dem Versuch der Lösung gemeinsamer Probleme liegt das Erfolgsgeheimnis grenzüberschreitender Zusammenarbeit (Raich 1995). Wie auch bei der interregionalen Zusammenarbeit traf diese zunächst auf Vorbehalte bei nationalen Regierungen, die ihr Monopol in der Außenpolitik bedroht sehen. Die deutschen Länder haben sich mit großem Erfolg Spielräume in der grenzüberschreitenden Zusammenarbeit gesichert. 1992 wurde in Artikel 24 des Grundgesetzes der Artikel 1a eingeführt, der bestimmt: „Soweit die Länder für die Ausübung der staatlichen Befugnisse und die Erfüllung der staatlichen Aufgaben zuständig sind, können sie mit Zustimmung der Bundesregierung Hoheitsrechte auf grenznachbarschaftliche Einrichtungen übertragen."

Damit kann – zumindest was die deutschen Partner angeht – über grenzüberschreitende Tourismusförderung ebenso problemlos entschieden werden wie über grenzüberschreitende Umweltprogramme oder Wirtschaftshilfen. Der Karlsruher Vertrag von 1996 hat Deutschland, Frankreich, die Schweiz und Luxemburg als Vertragspartner eines internationalen Vertrages zusammengebracht, der mit Zustimmung der betroffenen Nationalstaaten einen Rahmen absteckt, innerhalb dessen deren Grenzregionen ohne die Notwendigkeit, sich permanent der Zustimmung der nationalen Regierungen zu versichern, ihre interregionale grenzüberschreitende Zusammenarbeit frei gestalten können. Als Rechtsgrundlage hierfür wurden erstmals die Möglichkeiten des Artikels 24(1a) GG genutzt. Binationale Einrichtungen können zu ihrer Eigenfinanzierung diesseits und jenseits der Grenze auch Gebühren erheben. Kooperationsfelder für die Grenzregionen, zum Beispiel im Oberrheingebiet, sind unter anderem Industrieansiedelungsprojekte, Verkehrsverbünde, Müll- und Abwasserentsorgung, Straßenbau, Gewässerschutz oder Flächennutzungspläne.

5 Ausblick

Ein Resümée der Rolle der Länder in der deutschen und europäischen Mehrebenenpolitik muss eher pessimistisch ausfallen. Der deutsche Föderalismus ist politisch und institutionell in der Defensive. Die aus Ländersicht autonomiebegrenzende Politikverflechtung verstärkt sich eher und gewinnt an Komplexität. Sie konnte weder national noch europäisch korrigiert und schon gar nicht überwunden werden, obwohl es hierfür zwei wichtige und wohl auch einmalige Gelegenheiten gab. National scheiterte im Dezember 2004 die „Kommission zur Modernisierung der bundesstaatlichen Ordnung", die auf dem Wege schien, zahlreiche Grundgesetzregeln des gemeinsamen Entscheidens von Bund und Ländern zu reformieren, unter anderem auch die Gemeinschaftsaufgaben (Borchard/Margedant 2004; Sturm 2005). Ein Erfolg der Bundesstaatskommission hätte zur deutlichen Reduzierung der Zahl der zustimmungspflichtigen Gesetze und damit einer „Entlastung" des Entscheidungsprozesses im Bundesrat bei einer gleichzeitigen Stärkung der Eigenverantwortlichkeit der Länder geführt.

Auf europäischer Ebene diskutierte der Verfassungskonvent die zukünftige Kompetenzordnung der EU. Auch hier, wo ihre Stimme europäisch endlich einmal gehört werden musste, waren die Länder wenig erfolgreich. Ein Beobachter kommt aus Ländersicht zu dem Urteil: „Salopp formuliert haben die Länder dort, wo es um Verfassungslyrik ging [...], große Zugeständnisse erreicht. Dort aber, wo materielle Kompetenzen und Einspruchmöglichkeiten gefordert waren, [...] sind die Länder letztlich an der Ablehnung der europäischen Partner, ihre regionalen Ebenen substantiell aufzuwerten, gescheitert. Vielmehr haben die Diskussionen im Konvent einmal mehr verdeutlicht, dass die Länder mit ihren Positionen zur regionalen Mitwirkung in EU-Angelegenheiten im Grunde völlig isoliert stehen." (Bauer 2004: 463) Und nach der EU-Osterweiterung, so kann hinzugefügt werden, verstärkt sich diese Marginalisierung, denn es sind Mitgliedstaaten ohne starke subnationale Regionen hinzugekommen, die innerstaatlich eher auf Dezentralisierung als auf Föderalismus setzen.

 Literatur

Bauer, Michael W.: Der europäische Verfassungsprozess und der Konventsentwurf aus Sicht der deutschen Länder, in: Europäisches Zentrum für Föderalismus-Forschung Tübingen (Hrsg.): Jahrbuch des Föderalismus 2004, Baden-Baden: Nomos 2004, S. 453-475

Borchard, Michael/Margedant, Udo (Hrsg.): Föderalismusreform – Vor der Reform ist nach der Reform? Eine erste Bilanz der Arbeit der Bundesstaatskommission, Sankt Augustin: Zukunftsforum Politik Nr. 61 der Konrad-Adenauer-Stiftung 2004.

Degen, Manfred: Der Ausschuss der Regionen – Bilanz und Perspektiven, in: Borkenhagen, Franz H.U. (Hrsg.): Europapolitik der deutschen Länder, Opladen: Leske + Budrich 1998, S. 103-125.

Dewitz, Lars von: Der Bundesrat -Bilanz der Arbeit im EU-Ausschuss seit 1992, in: Borkenhagen, Franz H.U. (Hrsg.): Europapolitik der deutschen Länder, Opladen: Leske + Budrich 1998, S. 69-83.

Große Hüttmann, Martin: Die Offene Methode der Koordinierung in der Europäischen Union: Chancen und Risiken eines neuen Steuerungsinstruments aus Sicht der deutschen Länder, in: Europäisches Zentrum für Föderalismus-Forschung Tübingen (Hrsg.): Jahrbuch des Föderalismus 2004, Baden-Baden: Nomos 2004, S. 476-488.

Hrbek, Rudolf: Doppelte Politikverflechtung: Deutscher Föderalismus und europäische Integration. Die deutschen Länder im EG-Entscheidungsprozess, in: Ders./Thaysen, Uwe (Hrsg.): Die deutschen Länder und die Europäischen Gemeinschaften, Baden-Baden: Nomos, 1986, S. 17-36.

Kiefer, Andreas: Informelle effektive interregionale Regierungszusammenarbeit: REG LEG – die Konferenz der Präsidenten von Regionen mit Gesetzgebungsbefugnissen und ihre Beiträge zur europäischen Verfassungsdiskussion 2000 bis 2003, in: Europäisches Zentrum für Föderalismus-Forschung Tübingen (Hrsg.): Jahrbuch des Föderalismus 2004, Baden-Baden: Nomos 2004, S. 398-412.

Kropp, Sabine/Sturm, Roland: Koalitionen und Koalitionsvereinbarungen, Opladen: Leske + Budrich, 1998.
Oberländer, Stefanie: Aufgabenwahrnehmung im Rahmen der EU durch Vertreter der Länder. Theorie und Praxis im Vergleich, Baden-Baden: Nomos, 2000.
Oschatz, Georg-Berndt/Risse, Horst: Die Bundesregierung an der Kette der Länder? Zur europapolitischen Mitwirkung des Bundesrates, in: Die Öffentliche Verwaltung 48 (1995) 11, S. 437- 452.
Raich, Silvia 1995: Grenzüberschreitende und interregionale Zusammenarbeit in einem „Europa der Regionen", Baden-Baden: Nomos.
Scharpf, Fritz W./Reissert, Bernd/Schnabel, Fritz: Politikverflechtung: Theorie und Empirie des kooperativen Föderalismus in der Bundesrepublik, Kronberg/Ts.: Scriptor, 1976.
Schönfelder, Wilhelm 2000: Föderalismus: Stärke oder Handicap deutscher Interessenvertretung in der EU(II), in: Rudolf Hrbek (Hrsg.): Europapolitik und Bundesstaatsprinzip, Baden-Baden: Nomos 2000, S. 75-79.
Sturm, Roland: Föderalismus in Deutschland, Opladen: Leske+Budrich, 2001.
Sturm, Roland: Staatstätigkeit im europäischen Mehrebenensystem – Der Beitrag der Policy-Forschung zur Analyse von EU-governance-Prozessen, in: Holtmann, Everhard (Hrsg.): Staatsentwicklung und Policy-Forschung. Politikwissenschaftliche Analysen der Staatstätigkeit, Wiesbaden: VS Verlag für Sozialwissenschaften, 2004, S. 117-132.
Sturm, Roland: Föderalismusreform: Kein Erkenntnisproblem, warum aber ein Gestaltungs- und Entscheidungsproblem?, in: Politische Vierteljahresschrift 46 (2005) 2, i.E.
Sturm, Roland/Pehle, Heinrich: Das neue deutsche Regierungssystem. Die Europäisierung von Institutionen, Entscheidungsprozessen und Politikfeldern in der Bundesrepublik Deutschland, Wiesbaden: VS Verlag für Sozialwissenschaften, 2. Auflage 2005.
Wiedmann, Thomas: Abschied der Regionen vom AdR – Der Ausschuss der Regionen vor der Zerreißprobe, in: Europäischen Zentrum für Föderalismus-Forschung Tübingen (Hrsg.): Jahrbuch des Föderalismus 2002, Baden-Baden: Nomos 2002, S. 541-551.

Alfred Katz

Bundesstaatliche Finanzbeziehungen und Haushaltspolitik der Länder
unter Einbeziehung der Föderalismusreformdiskussion

1 Ausgangssituation und aktuelle Problemstellung

Die Fragen der bundesstaatlichen/föderalen Entwicklung, die Diskussionen über *Modernisierung und Reformierung der bundesstaatlichen Ordnung* von der Aufgaben- und Kompetenzverteilung über den Abbau überzogener Verflechtungen und bürokratischer Verkrustungen, der Neuordnung der Finanzordnung und Haushaltspolitik bis zur Anpassung an die europäischen, internationalen und globalwirtschaftlichen Entwicklungen sind in den letzten Jahren sehr intensiv behandelt worden. Dabei wird einerseits dem deutschen Föderalismus durchaus eine relativ hohe Anpassungsfähigkeit in den letzten 50 Jahren, besonders auch nach der Wiedervereinigung und im Hinblick auf die EU-Verträge, bescheinigt. Auch hat er durch die Aufteilung der Macht auf Bund und Länder bewirkt, dass die Bundesrepublik vor zentralistischem Übermut verschont blieb. Gleichwohl wird andererseits überwiegend der deutsche Bundesstaat als relativ immobil, wettbewerbsfeindlich, in seiner *Ausrichtung auf die traditionellen „Besitzstände"* und damit auf den Status Quo als nicht wirklich „zukunftsfähig", als auch im internationalen Vergleich nicht ausreichend handlungsfähig und folglich dringend reformbedürftig beurteilt. Als *Defizite* bzw. Verwerfungen der bundesstaatlichen Ordnung gelten insbesondere: Die bereits genannten Verflechtungs-, Beteiligungs- und Konsensprozesse („kleinster gemeinsamer Nenner"; Handlungs- und Entscheidungsschwäche; „Konsens-Fetischismus"), Verkrustungs-, Zentralisierungs- und Bürokratisierungstendenzen, Auseinanderklaffen von Aufgaben- und Finanzverantwortung, kooperativer Föderalismus als latente Leistungs- und Innovationsbremse, zu geringe Transparenz, zu wenig Wettbewerbsorientierung und Europatauglichkeit sowie besonders aus fiskalföderalistischer Sicht teilweise wenig sachgemäße Ressourcenströme und Finanzausgleichssysteme einschließlich viel zu hoher Verschuldung und mangelnder Intergenerationengerechtigkeit.

Es ist also breiter Konsens, dass eine starke und handlungsfähige bundesstaatliche Ordnung zur Bewältigung der Herausforderungen in Europa und der

Bundesrepublik notwendig und deshalb Reformen unabdingbar sind. Durch klare, *transparente Regelungen* insbesondere bezüglich der *Verantwortungs- und Kompetenzbereiche* sowie durch eine moderne Verwaltung ist der Bürger in diesem Prozess „mitzunehmen", ist demokratische Akzeptanz herzustellen. Nur so wird es gelingen, ein ganzheitliches Konzept zu entwickeln, das nicht nur wenige Teilbereiche auf dem „kleinsten gemeinsamen Nenner", sondern möglichst viele der wichtigen Probleme aufgreift und Lösungen zuführt. Bei den gegebenen Rahmenbedingungen und der hohen Komplexität gerade der Fragen der Finanzverfassung und der öffentlichen Haushaltswirtschaft im Bundesstaat ist es nicht verwunderlich, dass trotz stark drängendem Reformbedarf mindestens seit Anfang der 90er Jahre bis heute gerade in diesem Bereich außer marginalen Veränderungen keine „Modernisierung" in Angriff genommen, geschweige denn eine Neuordnung durchgeführt wurde (zur ersten Stufe der Föderalismusreform, der „Entflechtungsreform" 2006 vgl. unten 6.3).

Aus *Ländersicht* wird diese Bewertung im Grundsatz überwiegend geteilt. Es herrscht die Auffassung vor, dass sich die Bundesrepublik vom ursprünglichen *Föderalismus-Leitbild des Grundgesetzes* (GG), nach dem die Länder ihre Angelegenheiten weitgehend in eigener Verantwortung und nach Maßgabe der in ihren Landtagen gebildeten Mehrheitsauffassungen gestalten sollten, ziemlich weit entfernt hat. So ergibt sich als gemeinsamer Trend für die Länderposition die vorherrschende Meinung, dass wegen der ständigen Verlagerung von Länderkompetenzen auf den Bund, der immer intensiveren Verflechtung der Finanzkompetenzen und der Zunahme von Zuweisungen, Gemeinschaftsaufgaben sowie mischfinanzierten Aufgaben die finanzielle Eigenverantwortung der Länder im vertikalen Verhältnis von Bund und Ländern, aber auch im Bereich des horizontalen Finanzausgleichs geschwächt worden sei. Durch die hohe Ausgleichsintensität und hohen Ausgleichszahlungen im *Finanzausgleich* werden die Verantwortlichkeiten verwischt, das Budgetrecht der Länderparlamente relativiert, für den Bürger Erfolg bzw. Misserfolg der Wirtschafts-, Struktur- und besonders der Finanz- und Haushaltspolitik eines Landes verzerrt und nicht ausreichend nachvollziehbar. „Gewinner" dieser Entwicklungen sind vor allem die Regierungen in Bund und Ländern, auf Länderebene besonders die Ministerpräsidenten, „Verlierer" sind die Parlamente der Bundesländer und damit die parlamentarische Demokratie.

Den *Ausweg* aus diesem jahrzehntelangen „unitarisch-zentralistischen" und kooperativen Föderalismustrend sehen die Länder vor allem in einer Stärkung ihrer Eigenverantwortung, der Betonung des Subsidiaritätsprinzips bei begrenzter Rücknahme des Grundsatzes „einheitlicher Lebensverhältnisse" (heute grundsätzlich nur noch Gleichwertigkeitsklausel bei Chancengleichheit, also keine identischen, gleichen Lebensverhältnisse; Solidarität in Vielfalt; „Wettbewerb" der Länder um die besten politischen Lösungen). Mit der Föderalismusreform sollen Lösungen angestrebt werden, die stärker *am Prinzip Dezentralität und Effektivität ausgerichtete Entscheidungsstrukturen sowie mehr Bürgernähe und effizientere Entscheidungsverfahren* beinhalten, die den regionalen Gegebenheiten sowie den Präferenzen der Bürger besser Rechnung tragen, mehr Ideen- und Innovationswettbewerb verwirklichen und sich mehr an landesspezifischen Politiken und Bedürfnissen ausrichten. Konkret wird von den Ländern die *Rückführung der Bundeskompetenzen und die Stärkung der Befugnisse der Landtage*, eine Umstellung der geltenden Vollzugs- auf die Gesetzeskausalität bzw. das *Konnexitätsprinzip* i.S. einer Kausalität von Sach- und Finanzverantwortung, der Abbau der Mischfinanzierungen, eine eigene Steuerautonomie der Länder und eine Begrenzung der Ausgleichswirkung und Ausgleichsintensität des Finanzausgleichs gefordert. Eine umfassende Föderalismusreform, die Beseitigung, mindestens erhebliche Reduzierung der Politikverflechtung und der „Konsens-Falle" sowie der „organisierten Verantwortungslosigkeit" (Lähmung und Ineffizienz der Entscheidungsprozesse usw.) sind – überspitzt ausgedrückt – nach zunehmender Meinung zu einer „Überlebensfrage" der Bundesrepublik geworden. Diese Problemstellung beschreibt zugleich den „Rahmen" der vorliegenden Abhandlung: Darstellung der gegenwärtigen Situation der föderalen Finanzverfassung i.w.S., des „status quo", der Analyse der Schwachstellen und Defizite, das Eingehen auf die aktuelle Reformdiskussion und das Vorstellen von Lösungsansätzen.

Auch von der Literatur wird die Reformdiskussion des deutschen Föderalismus seit langem kritisch begleitet. *Konrad Hesse* sprach schon 1962 von einem „unitarischen Bundesstaat". *Heidrun Abromeit* bezeichnete 1992 die Bundesrepublik als ein ständig auf der Kippe zum „dezentralisierten Einheitsstaat" stehendes Gemeinwesen. *Fritz Scharpf* sieht 1999 die Hauptschwächen des Föderalismus insbesondere in folgenden drei Punkten: Die stark eingeschränkten Handlungsspielräume der Landespolitik vor allem durch weitgehend zentrale Gesetzgebungskompetenzen und Politikverflechtung (*Roman Herzog*: „Jahrzehntelange Einbahnstraße von der Länder- zur Bundeszuständigkeit"), durch die generelle Schwerfälligkeit und Intransparenz der föderalen Entscheidungsprozesse („Konsens- und Verflechtungsfalle") sowie durch die Möglichkeit parteipolitischer Blockaden. Gefordert werden *Strukturreformen*, die insbesondere das verloren gegangene föderale Gleichgewicht wieder herstellen durch klare Verantwortlichkeiten und Entscheidungskompetenzen, durch erhöhte Transparenz und verbesserte Beteiligungsmöglichkeiten sowie durch solidarischen Wettbewerb der Länder untereinander (vgl. etwa *Schultze, 2000*). Dabei werden gegen eine unveränderte Übernahme des *Modells der ökonomischen Wettbewerbstheorie* überwiegend prinzipielle Bedenken vorgetragen. Ohne Zweifel ist Steuerung und Koordination im Bundesstaat sehr viel komplexer und in aller Regel nur durch eine Kombination aus den Mechanismen staatliche Regulierung, hierarchische Steuerung, finanzielle Anreize, Verhandlungen, Konkurrenz und Wettbewerb zu erreichen (BVerfGE 101, 158, 214 ff.; unten 6.3).

2 Die Finanzverfassung

2.1 Begriffliches

Im Abschnitt X des Grundgesetzes „Das Finanzwesen", in den Art. 104a bis 115, sind, abgesehen von den Gemeinschaftsaufgaben (Art. 91a, 91b) und einigen Sonderbestimmungen (Art. 73 Ziff. 4, 88, 120, 120a, 134 und 135), alle Verfassungsnormen zusammengefasst, die sich auf die *öffentliche Finanzwirtschaft* beziehen, also auf die staatliche Finanzhoheit einschließlich ihrer bundesstaatlichen Aufteilung, das staatliche Budgetrecht und Grundfragen des Haushaltswesens für Bund und Länder einschließlich ihrer Inpflichtnahme für das gesamtwirtschaftliche Gleichgewicht sowie die Grundordnung des Steuerwesens (Finanzverfassung i.w.S.; zu den allgemeinen Kompetenznormen der Art. 30, 70 ff., 83 ff. GG sind die Art. 104a ff. GG leges speciales). Allgemein wird dieser Begriff noch in zwei Regelungsbereiche unterteilt: Die Normen der Finanzverfassung i.e.S. in den Art. 104a bis 108 GG und die Regelungen der Haushaltsverfassung in den Art. 109 bis 115 GG.

Die *Finanzverfassung* i.e.S. befasst sich mit den Steuern, nicht mit den sonstigen Abgaben, und unterscheidet strikt vier Regelungsbereiche: Verteilung der *Ausgabenzuständigkeit* in Art. 104a (Lastenverteilung), Aufteilung der *Gesetzgebungszuständigkeiten* in Art. 105, Verteilung der *Steuerertragszuständigkeiten* in Art. 106 und 107 sowie Zuordnung der *Steuerverwaltungszuständigkeiten* in Art. 108 GG. Die Kompetenzverteilung im Bereich der Finanzverfassung i.e.S. und damit der zur Absicherung der Eigenstaatlichkeit von Bund und Ländern so zentrale Eckpfeiler der bundesstaatlichen Ordnung ist zwar primär im Bundesverfassungsrecht normiert, aber im Hinblick auf die notwendige Selbständigkeit (Autonomie) von Bund und Länder insgesamt noch einigermaßen ausgewogen geregelt. Im Rahmen der insoweit bestehenden ganz überwiegenden *Bundesgesetzgebungskompetenz* hat der Bund eine besondere „Fürsorgepflicht" für die Länder i.S. des föderalen Prinzips der bündischen Solidargemeinschaft, des bundesstaatsfreundlichen Handelns für das Ganze (vgl. BVerfGE 1, 117, 131; 72, 330, 383 ff.; 86, 148, 210 ff.; 101, 158, 214 ff.). Im Einzelnen zählen folgende vier Kompetenzbereiche zur Finanzverfassung i.e.S.:

Abbildung 1: Kompetenzverteilung im Bundesstaat (Finanzverfassung i. e. S.)

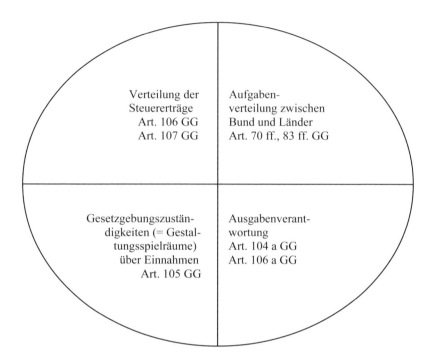

Unter *Haushaltsverfassung* wird begrifflich die verfassungsrechtlich im GG und den Landesverfassungen (LV) geregelte Grundordnung der staatlichen und parastaatlichen Haushalte einschließlich der Vermögens- und Schuldenwirtschaft sowie ihrer Kontrolle und der Einbeziehung des Haushaltsgebarens in das gesamtwirtschaftliche Gleichgewicht verstanden. Mit dem in Art. 109 I GG enthaltenen Prinzip der Haushaltstrennung sichert das GG den Bundesländern die ihnen zukommende Eigenständigkeit für ihre Haushaltsführung, entlässt sie aber nicht aus allen Verpflichtungen (Solidarverantwortung für das Ganze, gegenseitige Rücksichtnahme; gemeinsam verpflichtende Stabilitäts- und Wachstumsziele; Art. 109 II bis IV; Art. 79 - 84 LV BW; Art. 78 ff. BayLV; BVerfGE 4, 115, 140).

2.2 Politische Bedeutung

Die Finanzverfassung ist mit der zentrale und entscheidende, zugleich aber auch systematisch und politisch schwierigste Teil einer bundesstaatlichen Verfassung. Er bildet den *„Grundstein" des föderativen Systems*, den wesentlichen Indikator für die Garantie des Bestandes und der Eigenständigkeit sowohl des Gesamtstaates als vor allem auch der Gliedstaaten, ist also für Bund und Länder von großer praktischer und politischer Bedeutung. Zu Recht wird die Finanzverfassung als das entscheidende Kriterium, als der untrügliche „Lackmus-Test" und „Nerv" für die reale Machtverteilung im föderativen Gefüge zwischen Bund und Ländern angesehen. Die verfassungsrechtliche Aufgaben- und Kompetenzverteilungsordnung würde aus den Angeln gehoben, wenn dem Bund oder den Ländern (einschließlich den Kommunen) zur Erfüllung der ihnen zugewiesenen Aufgaben nur eine völlig unzureichende Finanzausstattung zur Verfügung stehen würde. Das Funktionieren des bundesstaatlichen Systems erfordert eine Finanzordnung, die sicherstellt, dass Gesamtstaat und Gliedstaaten sachgerecht am Gesamtertrag der Volkswirtschaft beteiligt werden (insbesondere Steuern). Gerade die Länder und besonders auch die Kommunen, die sich gegenüber der Zentralgewalt des Bundes meist in einer schwächeren Position befinden, sind zur Wahrung ihrer Selbständigkeit, aber auch zur Erfüllung ihrer Aufgaben und zur Wahrnehmung einer aktiven und angemessenen Haushaltspolitik auf eine ausreichende finanzielle Ausstattung angewiesen. Bund und Länder (mit Kommunen) müssen im Rahmen der verfügbaren Gesamteinnahmen finanziell so ausgestattet werden, dass sie die zur Wahrnehmung ihrer Aufgaben erforderlichen Ausgaben leisten und damit ihre Selbständigkeit und Eigenverantwortlichkeit entfalten können (Budgetrecht; i.S. einer sachgerechten, differenzierten, sorgsam ausbalancierten Regelung; vgl. BVerfGE 32, 333, 338; 72, 330, 383; 101, 141, 214 ff.; vgl. auch Art. 79 III GG). Aus der historischen Erkenntnis, dass „wer das Geld hat, auch die Macht besitzt", ist eben die Verteilung der Finanzgewalt und -hoheit überspitzt ausgedrückt die *„Seinsfrage" des Bundesstaates* schlechthin. An der Ausgestaltung der Finanzverfassung kann besonders deutlich und relativ genau die bundesstaatliche Verfassungswirklichkeit abgelesen werden.

Die Notwendigkeit von Reformen im Bereich der Finanzverfassung wird sowohl wegen der Auswirkungen der Wiedervereinigung als auch wegen der Angemessenheit und Rationalität des vertikalen und horizontalen Steuerverteilungs- und Finanzausgleichssystems sowie besonders wegen der enormen Finanzprobleme und außerordentlich hohen Verschuldung der öffentlichen Hände heftig diskutiert (unter Berücksichtigung von steuerlichen Aspekten im internationalen Wettbewerb, Auswirkungen der Globalisierung, der Konjunktur, der Abgabenquote, der Intergenerationengerechtigkeit usw.; BVerfGE 72, 330, 388 f.; 86, 148, 204 ff.; 101, 158, 214 ff.). Dabei muss gesehen werden, dass Föderalismus und Finanzverfassung keine starre „Finalität" darstellen, vielmehr dynamische Prinzipien beinhalten, die sich den wechselnden Gegebenheiten und sich wandelnden Anforderungen anzupassen haben. Gegenwärtig sollten die Grundsätze der Subsidiarität, Transparenz und Effizienz sowohl in der Bundesrepublik als auch in der EU vorrangig berücksichtigt werden (vgl. *Thaysen*, 2003).

Die bisherige Entwicklung der föderalen Finanzverfassung steht ganz im Zeichen der Unitarisierung des deutschen Bundesstaates. Als Grund dafür lässt sich u.a. die Zielsetzung des GG am Leitbild gleichwertiger Lebensverhältnisse ausmachen. Autonomie, Subsidiarität und Wettbewerb sind zugunsten dieses eher egalisierenden Handlungskonzepts im Hintergrund geblieben. Zur Herausbildung des unitarischen Bundesstaates trug auch die ineffiziente Verbindung von Aufgaben- und Ausgabenverantwortung bei (vgl. Art. 104 a I GG). Nach dem funktionalen Ordnungsmodell des GG sind im Regelfall die Länder dafür zuständig, die vom Bund erlassenen Gesetze auszuführen. Gemäß dem Prinzip der „Vollzugskausalität" sind sie dabei zugleich für deren Finanzierung verantwortlich. Deshalb haben die Länder für den überwiegenden Teil der durch Bundesgesetze verursachten Kosten aufzukommen. Dieses Konzept der „Entkoppelung" von Gesetzgebung und Gesetzesvollzug sowie das sehr hohe Ausgleichsniveau des Länderfinanzausgleichs und der Bundesergänzungszuweisungen (Nivellierung auf mindestens 99,5 % der durchschnittlichen Finanzkraft) wurden zunehmend vor allem von den „erfolgreichen" Ländern als tendenziell leistungsfeindlich und ökonomisch „anreizhemmend" betrachtet (systembedingte negative Anreizwirkungen; vgl. etwa *Margedant*, 2003).

3 Finanzordnung im Bundesstaat

3.1 *Eigenstaatlichkeit der Bundesländer*

Die föderale Ordnung der Bundesrepublik Deutschland beruht insbesondere auf vier Prinzipien: Bestandsgarantie und Eigenstaatlichkeit von Bund und Ländern, ihre Mitwirkung an der Gesetzgebung sowie die finanzielle Selbständigkeit von Bund und Ländern. Unverzichtbares Charakteristikum des Bundesstaates ist es, dass sowohl der *Gesamtstaat als auch die Gliedstaaten Staatsqualität* besitzen. Dies bedeutet, dass die Verfassungsbereiche von Bund und Ländern grundsätzlich selbständig nebeneinander stehen, und die Gestaltung der verfassungsmäßigen Ordnung sowie der staatlichen Organisationsstruktur jedem Land als eigenes, originäres, ungeteiltes Recht zusteht (Staatsgewalt; Verfassungsautonomie im Rahmen von Art. 20 und 28 GG; BVerfGE 6, 376, 382; 36, 342, 360 f.). Die

Staatsgewalt ist dabei zwischen Bund und Ländern nach Aufgaben- und Sachgebieten, Funktionen und Kompetenzen aufgeteilt (je eigene – wenn auch gegenständlich beschränkte – staatliche Hoheitsmacht; BVerfGE 60, 175, 207). Insoweit besitzt der Bund bzw. jedes Bundesland höchste unabgeleitete Staatsgewalt. Daraus ergibt sich, dass auch den Gliedstaaten zwar kein für immer statisch festgelegter Aufgaben- und Kompetenzbereich zusteht, ihnen aber, damit ihre staatliche Eigenständigkeit nicht zu einer „leeren Hülse" degeneriert, ein echter *Kernbereich eigener unabgeleiteter Befugnisse* auch auf dem Gebiet der Gesetzgebung als unentziehbar gewährleistet sein muss (staatliche Mindestkompetenzen, Grundsubstanz, angemessenes „Hausgut" mit Finanzausstattung, angemessene Beteiligung am Gesamtsteueraufkommen, Finanzausgleichssystem usw.; BVerfGE 6, 309, 346 f.; 34, 9, 19 f.; 72, 330, 383, 388; 87, 181, 196 f.). Dem Bundesstaatsprinzip liegt deshalb in dem Merkmal der Eigenstaatlichkeit von Bund und Ländern das verfassungsrechtliche Gebot zugrunde, ein Verhältnis der Ausgewogenheit, der Gleichgewichtigkeit und Gleichberechtigung zwischen Gesamt- und Gliedstaaten zu verwirklichen („Bündische Freiheit und Gleichheit" i.S. einer begrenzten Souveränität, organisatorischen, materiellen und funktionellen Unabhängigkeit auch der Gliedstaaten vom Gesamtstaat bei Dualismus, von Konkurrenz und Solidarität, bei Vielfalt von Einheitlichkeit und Subsidiarität; Art. 30 GG).

Dies gilt für die Finanzverfassung i.e.S. und ganz besonders für die Bereiche der Haushaltsverfassung. Die Festlegung und Abgrenzung der Finanzordnung im Bund-Länder-Verhältnis und der beiderseitigen Lasten- und Finanzverantwortung einschließlich Steuerverteilung und Finanzausgleich, vor allem aber die Selbständigkeit und Unabhängigkeit des Haushaltsgebarens von Bund und Ländern (eigenes Budgetrecht; Prinzip der Haushaltstrennung bei Verpflichtung zur gegenseitigen Rücksichtnahme und Solidarverantwortung für das Ganze sowie zur Wahrung des gesamtwirtschaftlichen Gleichgewichts, den gemeinsam verpflichtenden Stabilitäts- und Wachstumszielen) sind Grundsubstanzelemente zur Absicherung der Eigenstaatlichkeit von Bund und Ländern (vgl. BVerfGE 4, 115, 140; 32, 333, 338; 39, 96, 108). Die nicht seltene Überwälzung finanzieller Lasten durch die Bundesgesetzgebung haben die Möglichkeiten von Ländern und Gemeinden, finanzpolitisch selbstverantwortlich Politik zu gestalten, erheblich verringert und damit zugleich auch ihren politischen Handlungsspielraum eingeengt. Hinzu kommt, dass finanzschwache Länder sich ihre Zustimmung zu Maßnahmen des Bundes z.T. „abkaufen" lassen. Durch entsprechendes Abstimmungsverhalten im Bundesrat wird dadurch allerdings die Stellung der Ländergesamtheit gegenüber dem Bund geschwächt.

3.2 Finanzpolitisches Ordnungssystem

Für den modernen Leistungsstaat ist die Ordnung seines *Finanzsystems* eine wesentliche Funktionsvoraussetzung. Dies gilt in besonderer Weise für föderale Regierungssysteme und deren Verteilungsprinzipien (bündisches Einstehen füreinander, solidarisches Teilen einerseits und konkurrierende, eigenverantwortliche Vielfalt andererseits; nicht Egalisierung, sondern Bewahrung und Stärkung gliedstaatlicher Autonomie sollte das Ziel sein). Besondere Probleme beinhaltet diese bundesstaatliche Ordnung eben auch deshalb, weil auf mehrerer Ebenen eine Vielzahl selbständiger Gebietskörperschaften von außerordentlich unterschiedlicher Größe, Struktur und Leistungsfähigkeit, mit sehr unterschiedlichen Aufgaben und Bedürfnissen sich die Wahrnehmung und Erfüllung der öffentlichen Aufgaben, Funktionen und Befugnisse teilt (Bund, 16 Bundesländer, ca. 14.500 Gemeinden und Gemeindeverbände; arme und reiche, große und kleine, Ost- und Westländer usw.). Jede dieser Ebenen und Körperschaften stellt entsprechend ihren konkreten Strukturen und Einzelbedürfnissen individuelle, angemessene Ansprüche an die bundesstaatliche Finanzordnung bzw. an die Steuerkraft der bundesrepublikanischen Volkswirtschaft. Hinzu kommen in einer parlamentarischen Demokratie die ihr eigenen, z.T. zwangsläufigen Rahmenbedingungen (Regierung/Opposition; unterschiedliche Partei-, Verbands- und Organisationsinteressen usw.). Die daraus resultierende Konkurrenz der Hoheitsträger erfordert angesichts der Knappheit der Mittel, der Höhe des Steuerdrucks (Steuer- und Abgabenquote) und der Notwendigkeit des Sparens ein *Ordnungssystem* und einen Konfliktregelungsmechanismus, die den Interessenausgleich und die Kompetenzabgrenzung sichern und dafür sorgen, dass die Einzelglieder des Bundesstaates im Rahmen der insgesamt verfügbaren Deckungsmittel zur Wahrnehmung ihrer verfassungsmäßig zu erfüllenden Aufgaben finanziell adäquat und ausgewogen befähigt werden. Ein solches System soll insbesondere die institutionellen Voraussetzungen dafür schaffen, dass die öffentliche Hand auf allen Ebenen den Anforderungen an einen modernen Leistungsstaat gewachsen ist und die von der Volkswirtschaft aufgebrachten Steuermittel i.S. einer Daueraufgabe in dem föderalen, dezentralisierten Gemeinwesen mit einem Höchstmaß an Bedarfsgerechtigkeit und finanzwirtschaftlicher Zweckmäßigkeit verteilt und zur Wirkung bringt.

Der in einem bundesstaatlichen System angelegte Zielkonflikt zwischen Solidarität und Wettbewerb, zwischen Einheitlichkeit versus Gleichwertigkeit und Subsidiarität, zwischen Unitarisierung und föderaler Eigenständigkeit muss auf dem Gebiet der öffentlichen Finanzen einer verfassungspolitisch wie staatswirtschaftlich gleichermaßen angemessenen, ausgewogenen und vertretbaren Lösung zugeführt werden, unter Funktions-, Legitimations- und Akzeptanzaspekten

„austariert" sein. Das in bundesstaatlich organisierten Staaten immanente Spannungsfeld von Autonomie und Solidarität, das Suchen und Finden der „richtigen Mitte" zwischen Selbständigkeit, Eigenverantwortung und Bewahrung der Individualität der Länder einerseits und solidarischer, bündischer Mitverantwortung andererseits, also das richtige *Austarieren zwischen Solidaritäts- und Wettbewerbsföderalismus,* ist die zentrale, schwierige und politisch nur schwer zu lösende Frage unserer Zeit. In den letzten Jahrzehnten ist dies wiederholt mit allerdings nur geringem Erfolg versucht worden. Die Lösungsansätze waren insgesamt gesehen nicht ausreichend bzw. erfolgten meist erst zeitlich verzögert. Eine begrenzte Ausnahme stellt die Föderalismusreform der Großen Koalition vom Juli 2006 dar („Entflechtungsreform"; vgl. unten 6.3). Nach wie vor wird eine Reform bzw. Anpassung der Finanzverfassung überwiegend als dringlich und überfällig bezeichnet.

4   Ausgestaltung der Finanzverfassung

4.1   Art. 104 a GG als Ausgangspunkt

Nach der *Grundregel des Art. 104 a I GG* tragen Bund und Länder, soweit das GG keine anderweitige Regelung enthält, „gesondert die Ausgaben, die sich aus der Wahrnehmung ihrer Aufgaben ergeben". Die entscheidende Frage, an welche Aufgaben die Ausgabenverantwortung anknüpft, beantwortet Art. 104 a I GG also dahingehend, dass die Finanzierungsverantwortung an die Zuständigkeit für die Verwaltungsaufgaben geknüpft ist (*Prinzip der Verwaltungskausalität* i.S. des Gebots, die finanziellen Lasten im Bereich der jeweiligen Aufgabenzuständigkeit zu tragen, sowie des Verbots, andere, fremde Aufgaben zu finanzieren). Die Finanzierungskompetenz folgt der Verwaltungskompetenz und nicht der Gesetzgebungskompetenz. Diese Verteilung der Aufgaben- und Ausgabenverantwortung ermöglicht es folglich, dass der Bund den Ländern, in gewissem Umfang aber auch unmittelbar den Kommunen, durch Gesetz kostenträchtige Aufgaben übertragen oder bestehende Aufgaben erweitern kann, ohne zugleich für die finanziellen Folgen aufkommen zu müssen (finanzieller „Verschiebebahnhof", „heimliche" Kostenüberwälzung wie z.B. Rechtsanspruch auf einen Kindergartenplatz usw.; vgl. allerdings ab 2006: Art. 84 I S. 6 und 125 a I GG). Durch die geltende GG-Regelung, die unter finanzpolitischen Aspekten keine echte Konnexität, sondern eine Inkongruenz von Entscheidungs- und Finanzierungsverantwortlichkeiten, ein Auseinanderfallen von Nutzern, Entscheidern und Kostenträgern darstellt, wird nach den Erfahrungen der letzten Jahrzehnte ein Wirtschaften aus „fremden Taschen" ermöglicht, das zwangsläufig zu „Verschwendung" führt. Die Länder und Kommunen mit ihren außerordentlich großen Haushaltsproblemen versuchen, diese Lastenverteilungsregelung zu verändern, dieser Praxis einen Riegel vorzuschieben. Immer lauter wird deshalb die Forderung erhoben, das bestehende *Konnexitätsprinzip* zu ändern und als Verteilerprinzip zu Lasten des Gesetzgebers auszugestalten (*Prinzip der Gesetzeskausalität* i.S. einer echten finanzwirtschaftlichen Konnexität: wer entscheidet, „wer anschafft, zahlt auch"; eindeutige Kongruenz von Aufgaben- und Ausgabenverantwortung; Änderung des Art. 104 a GG; vgl. etwa DJT 2004, NJW 2004, 3241, 3245 f.; vgl. auch Abb. 2). Von der Einführung der Gesetzeskausalität verspricht man sich einerseits mehr finanziellen Bewegungsspielraum für Länder und Kommunen (i.S. einer Anreizwirkung zu wirtschaftlichem Handeln) und andererseits eine Barriere gegen die Neigung des Bundes zum Erlass von Leistungsgesetzen und anderen für die Länder kostenintensiven Regelungen.

Abbildung 2:

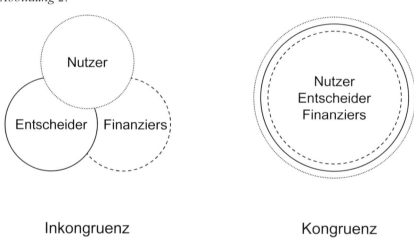

Das GG enthält allerdings einige *Ausnahmeregelungen*, bei deren Vorliegen von den Ge- und Verboten der geltenden Verwaltungskausalität abgewichen werden darf (insbes. Art. 104 a III – Finanzierung von *Geldleistungen*, die aufgrund eines Bundesgesetzes von den Ländern erbracht werden – und IV GG – Gewährung von *Finanzhilfen* durch den Bund für besonders bedeutsame Investitionen der Länder und Gemeinden –). Trotz der beklagten großen Finanznot versucht der Bund in den letzten Jahren wieder verstärkt, unter Berufung auf diese Rechtsgrundlagen, Einrichtungen und Programme zu finanzieren (Beispiele:

Förderung von Kinderbetreuungseinrichtungen, Ganztagsschulen und Juniorprofessuren; Finanzhilfen zum Bau und zur Ausstattung von Ganztags- und berufsbildenden Schulen; Mittel für ein „Aktionsprogramm gegen Rechtsextremismus, Fremdenfeindlichkeit und Antisemitismus"; Förderung kultureller Einrichtungen und Veranstaltungen im Land Berlin). Die Förderung solcher Aktivitäten, die überwiegend in den ausschließlichen Aufgabenbereich der Länder fallen und für die sie die Finanzierungsverantwortung tragen, ist verfassungsrechtlich bedenklich und wird überwiegend als unzulässig erachtet. Deshalb sollten soweit möglich auch hier klare Aufgabenzuordnungen und eindeutige Gesamtverantwortlichkeiten festgelegt werden (gebündelt auf einer staatlichen Ebene).

4.2 Steuerertragshoheit und Finanzausgleich

In einer bundesstaatlichen Finanzverfassung ist neben der Gesetzgebungskompetenz die Steuerertragshoheit, die Frage, wie zwischen Bund und Ländern (Gemeinden) und im Verhältnis der Länder untereinander das Steueraufkommen verteilt wird, von zentraler Bedeutung (Art. 104a, 106, 107 GG). In Anlehnung an das BVerfG (E 72, 330, 383 ff.; 86, 148, 212 ff.; 101, 158, 216 ff.) ist dies in drei aufeinander aufbauenden Rechtsquellen geregelt: Das GG gibt in der Stetigkeit des Verfassungsrechts die allgemeinen Prinzipien der *GG-Finanzordnung* vor (insbesondere Kompetenzregelungen, Steuerzuteilung und Finanzausgleich). Der Gesetzgeber leitet daraus langfristige, im Rahmen kontinuierlicher Planung fortzuschreibende Zuteilungs- und Ausgleichsmaßstäbe ab, um der Finanzausstattung zwischen Bund und Ländern Transparenz und Stabilität zu verleihen (*Maßstäbegesetz*). Dies gilt insbesondere für die Maßstäbe bei der vertikalen Umsatzsteuerverteilung zwischen Bund und Ländergesamtheit (Art. 106 III S. 4 GG), die Kriterien für die Gewährung von Umsatzsteuer-Ergänzungsanteilen (Art. 107 I S. 4, 2. Hs GG), die Voraussetzungen für Ausgleichsansprüche und Ausgleichsverbindlichkeiten sowie die Maßstäbe für deren Höhe (Art. 107 II S. 2 GG) und außerdem für die Benennung und Begründung der Bundesergänzungszuweisungen (Art. 107 II S. 3 GG). Damit werden abstrakte Kriterien für konkrete Rechtsfolgen geschaffen, in denen der Gesetzgeber sich selbst und der Öffentlichkeit Rechenschaft gibt, die rechtsstaatliche Transparenz der Mittelverwendung sichert und die haushaltswirtschaftliche Planbarkeit und Voraussehbarkeit sowie die finanzwirtschaftliche Autonomie für den Bund und jedes Land gewährleistet (BVerfGE 101, 158, 219). In Anwendung dieses den Gesetzgeber selbst bindenden maßstabgebenden Gesetzes werden dann gegenwarts-, aufgaben- und ausgabengerecht im *Finanzausgleichsgesetz* kurzfristige, auf periodische Überprüfung angelegte Zuteilungs- und Ausgleichsregelungen entwickelt und normiert. Diese

Finanzverteilungsregelungen (Steueraufteilung und Finanzausgleich) können vereinfacht in *drei bzw. vier Stufen* dargestellt werden (Abb. 3):

1. Auf der ersten Stufe wird im Rahmen der Ertragshoheit das Steueraufkommen vertikal zwischen Bund und Ländern aufgeteilt. Nach dem *Trennsystem* stehen gemäß Art. 106 I dem Bund und nach Art. 106 II GG den Ländern bestimmte Steuern vollständig zu. Für die wichtigsten, aufkommensstärksten Steuern gilt nach Art. 106 III GG das *Verbundsystem*, das Aufkommen hieraus steht Bund und Ländern gemeinsam zu (Einkommens- und Körperschaftssteuer je zur Hälfte, Umsatzsteuer durch Bundesgesetz; vgl. Art. 106 III bis VII GG; *primärer vertikaler Finanzausgleich*). Zwischen den einzelnen Ländern wird die Einkommens- und Körperschaftsteuer nach dem Prinzip des örtlichen Aufkommens, bei der Umsatzsteuer nach dem Verhältnis der Einwohnerzahl verteilt (*primärer horizontaler Finanzausgleich*, d.h. Verteilung bzw. Ertragsaufteilung zwischen den Ländern; Art. 107 I GG).
2. Mit der ersten Stufe wird nur eine relativ grobe, noch nicht angemessene Finanzausstattung insbesondere der Länder erreicht (arme und reiche Länder durch unterschiedliche Finanzkraft usw.). Damit gibt sich das GG noch nicht zufrieden, sondern korrigiert diese Regelung in Art. 107 II S. 1 und 2 in einer zweiten Stufe (*sekundärer horizontaler Finanzausgleich*). Länder mit geringerer Finanzkraft erhalten Ausgleichsansprüche, Länder mit höherer Finanzkraft werden zum Ausgleich verpflichtet. Dadurch sollen die Länder in ihrer Leistungsfähigkeit einander angenähert, aber nicht gleichgestellt, nicht generell nivelliert werden. Die Finanzkraftreihenfolge der Länder darf dabei nicht umgekehrt werden (Nivellierungsverbot; BVerfGE 101, 158, 226 ff.). Die Kriterien eines angemessenen Ausgleichs, die Voraussetzungen für Ausgleichsansprüche der ausgleichsberechtigten, „ärmeren" Länder und Ausgleichsverbindlichkeiten der „reicheren" Länder sowie die Maßstäbe für die Höhe der Ausgleichsleistungen sind auf der Grundlage von Art. 107 II S. 1 und 2 GG und der Rechtsprechung des BVerfG (E 101, 158, 226 ff.) vor allem im sog. *„Maßstäbegesetz vom 9. 9.2001* (BGBl. I S. 2302; MaßstG; Art Grundsatzgesetz, in dem die langfristigen, allgemeinen Grundsätze festgelegt und damit transparent und berechenbar gemacht werden) sowie im *Finanzausgleichsgesetz vom 20.12.2001* (BGBl. I S. 3955; FAG 2001: Neuordnung des Länderfinanzausgleichs und Solidarpakt II für 2005 bis 2019; degressiv gestaffeltes Abschöpfungs- und Auffüllungsmodell zur Vermeidung der Umkehr der Finanzkraftreihenfolge und zur Bewirkung von Leistungsanreizen) im Einzelnen festgelegt („Zwischen-Länder- bzw. horizontaler Finanzausgleich"). Ob damit politische Taktik und Verhandlungsgeschick reduziert und langfristige, verlässliche Ausgleichs-

grundsätze, transparente Bedürfnis- und Verteilungsmaßstäbe als Steuerungsinstrumente spürbar gestärkt werden, also die Konzeption des BVerfG realisiert wird, bleibt abzuwarten (der Beratungs- und Entscheidungsprozess 2000/2001 war eher ernüchternd; *Henneke*, 2001).

3. Auf einer dritten Stufe kann der Bund durch „*Ergänzungszuweisungen*" nach Art. 107 II S. 3 GG die Finanzkraft besonders leistungsschwacher Länder nochmals anheben (Art. 106 IV S. 2, 106 VIII GG; *sekundärer vertikaler Finanzausgleich*). Dies ist allerdings nur in begrenztem Rahmen unter Beachtung des Nivellierungsverbots, der in Art. 107 GG enthaltenen Finanzausgleichsgrundsätze und der föderativen Gleichbehandlung zulässig. Trotz dieser prinzipiellen Begrenzung ist die praktische Bedeutung dieses vertikalen Ausgleichs beachtlich geworden. Er wirkt als „Kitt" des Ausgleichssystems insgesamt i.s. von Einstandspflichten des Bundes, der in den letzten Jahren zunehmend als bundesstaatlicher Zahlmeister fungiert und damit anders, als es dem BVerfG vorschwebte, sich zum Garanten gliedstaatlicher Besitzstände entwickelt hat.

Abbildung 3: Finanzausgleich im Bundesstaat

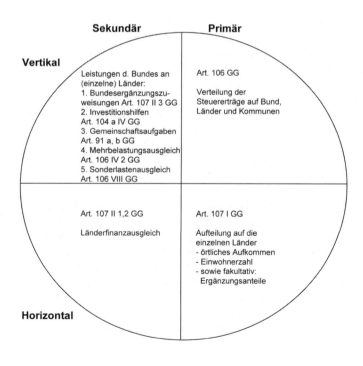

Trotz allen Bemühungen ist es bisher nur sehr begrenzt gelungen, die Fragen der Finanzverfassung, insbesondere die Beteiligung an der Umsatzsteuer, den angemessenen Finanzkraftausgleich im Länderfinanzausgleich sowie die Regelung der Bundesergänzungszuweisungen an leistungsschwache Länder streitschlichtend, auf breiter Akzeptanz zu lösen. Die große Zahl der Rechtsstreitigkeiten in den letzten Jahren um die Verteilung des Steueraufkommens und den Finanzausgleich signalisiert sehr deutlich, dass Handlungsbedarf besteht und im Rahmen einer notwendigen umfassenden Föderalismusreform die Finanzverfassung nicht ausgeklammert werden darf (vgl. etwa Länderfinanzausgleich-III-Entscheidung: BVerfGE 101, 158, 226 ff.; UMTS-Versteigerungs-Erlöse: 105, 185, 192 ff.; extreme Haushaltsnotlage: VerfGH Berlin DVBl. 2004, 308 ff.). Gerade eine ganzheitliche Diskussion und Reform der föderalen Finanzordnung ist mehr als überfällig.

5 Das Recht der Haushaltswirtschaft der Bundesländer

5.1 Ausgabenautonomie und Budgetrecht

In Art. 109 I GG wird die sich aus dem Bundesstaatsprinzip ergebende grundsätzliche Selbständigkeit und Unabhängigkeit der Bundesländer für das Gebiet der Haushaltswirtschaft ausdrücklich festgelegt und konkretisiert. Das Prinzip der Trennung der Haushaltswirtschaft sichert den Ländern im Rahmen des Homogenitätsprinzips die Eigenständigkeit der Haushaltsführung *(Ausgabenautonomie)* und die eigenverantwortliche rechtliche Ausgestaltung des Haushaltswesens *(Verfassungsautonomie)*. Daraus folgt, dass die Länder in der Ausgestaltung ihres Haushaltsrechts im Rahmen von Art. 109 II bis IV GG grundsätzlich frei sind (vgl. allerdings das HGrG und das StWG). Gleichwohl ist – weitgehend historisch bedingt – das Haushaltsrecht der Länder inhaltlich in erheblichem Umfang mit den entsprechenden Bestimmungen des GG bzw. der Bundeshaushaltsordnung (BHO) identisch.

Die Entwicklung des Haushaltsrechts ist geprägt vom Ringen der demokratisch gewählten Vertretungen nach Mitspracherechten im Bereich der eminent wichtigen Haushaltswirtschaft, vom politischen Kampf zwischen Parlament und Regierung um die Einnahmen- und Ausgabenhoheit. Es geht dabei vor allem darum, auch über die so wichtige Funktion der Feststellung des Haushaltsplans eine Begrenzung und Kontrolle der Exekutivgewalt durch die Landtage zu ermöglichen (Budgetrecht). Die zentrale Bedeutung von Haushalt und Finanzen ließ es schon frühzeitig für geboten erscheinen, diese Funktion nicht i.S. einer rigiden Gewaltentrennung nur einer Gewalt (Exekutive) zuzuordnen, sondern sie i.S. eines Systems der Gewaltenverschränkung und -balancierung zu verstehen und sie zwischen Regierung und Parlament i.S. einer gegenseitigen Mäßigung und Kontrolle aufzuteilen (kooperative Staatsleitung im Bereich des Haushalts als dem ins Finanzielle übersetzten Regierungsprogramm; substantielle Planungsteilhabe und Nachkontrolle durch das Parlament).

5.2 Budgetkreislauf

Will man das Haushaltswesen, die Haushaltsfunktionen vollständig erfassen, so muss begrifflich darunter der gesamte haushaltsplanerische Entscheidungs- und Vollzugsprozess verstanden werden (Budgetkreislauf oder *Budgetzyklus*). Folgende Teilfunktionen können unterschieden werden:

- Politische Programmvorgaben (Regierungserklärung, mittelfristige Finanzplanung; Eckdaten, Grundsatzplanungen usw.);
- Planaufstellung im Bereich der Exekutive (Planausschreiben, Ressortvoranmeldung, Planbesprechung, Koordinierung, Aufstellung des Planentwurfs, Kabinettsberatung und -entscheidung);
- Parlamentarische Beratung und haushaltsgesetzliche Feststellung;
- Vollzug durch die Exekutive;
- Rechnungslegung, Kontrolle, Entlastung sowie Genehmigung der über- und außerplanmäßigen Ausgaben.

5.3 Haushaltsplanung

Ausgangspunkt für die Kompetenzaufteilung der einzelnen Teilfunktionen ist, dass die Haushaltsplanung als wesentliches Instrument der politischen Staatsleitung (*Haushaltsplan als das ins Finanzielle übersetzte Regierungsprogramm*) prinzipiell dem Regierungsbereich zuzuordnen ist und damit – soweit eine gesetzliche Regelung nichts anderes festlegt – grundsätzlich der Prärogative der Regierung unterliegt. Nach traditioneller Auffassung, die sich nicht zuletzt aufgrund langer praktischer Erfahrungen und Bedürfnisse entwickelt hat, ist die „Gewaltenteilung" im Bereich der Haushaltswirtschaft so festgelegt, dass der gesamte Prozess der Aufstellung und der Vollzug des Haushalts grundsätzlich Sache der Exekutive, die Kritik, die Korrektur des Entwurfs, die Feststellung des Haushalts durch Haushaltsgesetz sowie die Kontrolle und Entlastung grundsätzlich Sache des Parlaments ist (vgl. BVerfGE 20, 56, 90 f.; 38, 121, 125; BerlVerfGH NJW 1995, 858, 860). Das Budgetrecht des Landtags umfasst deshalb aufgrund seines Wesens und seiner historischen Entwicklung prinzipiell eben nur die Feststellung und Kontrolle des Haushalts, wobei die Abgrenzung nicht schematisch ist, sondern Ausnahmen – soweit sie die Machtbalance im Ganzen nicht in Frage stellen – grundsätzlich zulässig sind. Diese historisch gewachsene Funktionsaufteilung im Bereich der Finanzpolitik hat sich trotz mancher Mängel bewährt. Schon aus Gründen der Praktikabilität sind wesentliche Änderungen kaum sinnvoll. Das Budgetrecht ist folglich weder das „Königsrecht" des Parlaments noch ein bloßes „Exekutivbudget", sondern i.S. von „checks and balances" zwischen Regierung und Parlament aufgeteilt (vgl. z.B.: Art. 79 LVBW; Art. 78 BayLV; jeweilige LHO; BVerfGE 45, 1, 31 f.). Auch innerhalb des Regierungsbereichs sind die Kompetenzen zwischen Kabinett, Ministerpräsidenten, Finanzminister und Fachressort aufgeteilt.

Der *Haushaltsplan* wird durch das Staatshaushaltsgesetzes festgestellt und ist somit dessen Bestandteil. Er ist die rechnungsmäßige Grundlage für alle finanzrelevanten Vorgänge. Er soll die staatliche Funktionsfähigkeit durch eine systematische Darstellung des Finanzbedarfs und des Deckungsnachweises sichern und bildet so die Grundlage für die Haushalts- und Wirtschaftsführung eines Landes (§ 2 HGrG; § 2 LHO). Der Haushaltsplan ist Planungs-, Bewirtschaftungs- und Kontrollinstrument für eine rationale und effektive Gestaltung der Finanzwirtschaft und hat vor allem folgende Hauptfunktionen zu erfüllen:

- Politische Funktion (Programm-, Lenkungs-, Koordinierungs-, Informations- und Kontrollfunktion);
- Rechtsfunktion (StHG und HHPl als gesetzliche Ermächtigung und Bindung für die Exekutive, parlamentarische Funktion, rechtsverbindliche Festlegung des Vollzugs, Vollzugskontrolle);
- Haushaltswirtschaftliche Funktion (finanzpolitische und finanzwirtschaftliche Ordnungsfunktion, Bedarfsdeckungs- und Ausgleichsfunktion);
- Gesamtwirtschafts- und sozialpolitische Funktion (gesamtwirtschaftliche, konjunktur-, steuer- und arbeitsmarktpolitische Zielsetzungen).

Hauptaufgabe ist es also, eine effektive Planung, Verwaltung und Kontrolle der Einnahmen und Ausgaben zu ermöglichen und damit Vorsorge für eine geordnete und wirtschaftliche Haushaltsführung zu treffen sowie besonders die Budgetrechte der Landtage zu gewährleisten (BVerfGE 45, 1, 32). Bei der Aufstellung und Ausführung des Haushaltsplans sollen wichtige Prinzipien und Postulate, die sog. *Haushaltsgrundsätze*, eine möglichst optimale Erfüllung der Haushaltsfunktionen sicherstellen. Es sind Grundregeln, die sich aus langjährigen, z.T. jahrhundertelangen finanzwirtschaftlichen Erfahrungen und Erkenntnissen entwickelt haben und im HGrG sowie in der LHO im Wesentlichen rechtlich ausgeformt und verbindlich festgelegt sind (als in einem demokratischen Rechtsstaat unentbehrliches System von Regelungen für die finanzrelevante Staatstätigkeit unter besonderer Berücksichtigung von Transparenz, Steuerungs- und parlamentarischen Kontrollmöglichkeiten). An wichtigen Haushaltsgrundsätzen sind insbesondere zu nennen: Die Grundsätze der Vollständigkeit und der Einheit, die Grundsätze der Vorherigkeit und des Haushaltsausgleichs, das Brutto- und Fälligkeitsprinzip sowie das Jährlichkeitsprinzip.

5.4 Staatsverschuldung

Die Bedeutung und Bewertung der Verschuldung der öffentlichen Hand ist ein stets aktuelles, lebhaft diskutiertes und mitunter emotional geführtes finanzpolitisches Zentralthema. Die Einschätzung und Beurteilung der öffentlichen Kreditwirtschaft und -politik ist dabei uneinheitlich und zum Teil heftig umstritten. Auffassungen wie „die *Kreditfinanzierung der öffentlichen Haushalte* ist die schrecklichste Geisel, die je zur Plage der Nation erfunden worden ist" (*David Ricardo*) oder „ein Staat ohne Staatsschuld tut entweder zu wenig für seine Zukunft oder er fordert zuviel von seiner Gegenwart" (*Lorenz von Stein*) markieren Extrempositionen. Die Fragen der Voraussetzungen, der Höhe und der Grenzen der Staatsverschuldung als einem außerordentlich verlockenden und gefährlichen Finanzierungsinstrument stehen seit jeher im Zentrum der haushaltspolitischen und finanzverfassungsrechtlichen Auseinandersetzungen. Seit jeher wurde versucht, die Kreditaufnahmen einmal von einer gesetzlichen Ermächtigung abhängig zu machen (*verfahrensrechtlicher Parlamentsvorbehalt*) und zum anderen Kriterien für das zulässige Maß öffentlicher Verschuldung festzulegen (*materiell-rechtliche Grenzen*; Art. 115 GG; Art. 84 LVBW; Art. 82 BayLV; Art. 83 II LV NRW). Die wichtigsten Gründe für die Beschränkung der Kreditaufnahmen waren bzw. sind:

- Reaktion auf Inflation, Wirtschaftskrisen, Währungsreformen und Staatsbankrotte;
- Beschränkung und Drosselung einer unerwünschten Ausdehnung der Aufgaben und Ausgaben des Staates (Staatsquote) und Erhaltung eines finanziellen Handlungsspielraumes;
- Begrenzung der Vorausbelastung der Zukunft (intergenerative Gerechtigkeit; adäquate Lastenverteilung; dauernde Leistungsfähigkeit);
- Kredite grundsätzlich nur für längerfristig zur Verfügung stehende Investitionen, „pay-as-you-use-Prinzip"; Zukunftsbelastung in aller Regel höchstens gleich Zukunftsbegünstigung durch zukunftswirksame Investitionen; keine Kredite für laufende, konsumtive Ausgaben;

- Beschränkung, um die Geldpolitik nicht negativ zu beeinflussen.

Zwar sind Kreditaufnahmen durch den Staat heute unter bestimmten Voraussetzungen ein ordentliches, legitimes Finanzierungsmittel; gleichwohl legen die Landesverfassungen eine restriktive Schuldenpolitik fest (Junktim zwischen zukunftsbelastenden Staatseinnahmen und zukunftsbegünstigenden Staatsausgaben; Übermaßverbot; Prinzip der Kreditlimitierung; Kredite als subsidiäre Einnahmequelle, Grundsätze zur Einnahmenrangfolge, z.B. § 78 GemO BW). Die Staatspraxis spricht leider eine andere Sprache (vgl. Abbildung 4 und 5).

Abbildung 4: Entwicklung der Staatsverschuldung insgesamt (1968 – 2005)

Abbildung 5: Staatsverschuldung der Bundesländer (Stand: Ende 2002)

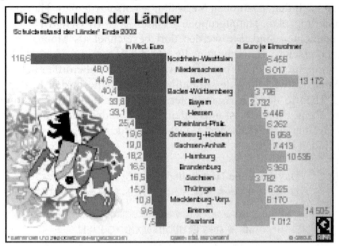

Allgemein haben sich nach den Landesverfassungen die Einnahmen aus Krediten in den durch die haushaltsplanmäßig veranschlagten *Investitionsausgaben* gezogenen Grenzen zu halten, es sei denn, dass diese Grenze „zur Abwehr einer *Störung des gesamtwirtschaftlichen Gleichgewichts*" überschritten werden muss. Damit werden zwei verschiedene, im Verhältnis von Regel und Ausnahme zueinander stehende Postulate kombiniert. Mit der ersten, investitionsbezogenen Deckungsregel sollen der staatlichen Verschuldungspolitik quantitative Schranken auferlegt werden (Junktim zwischen Kredit- und Investitionssumme i.S. einer Höchstgrenze), während die zweite, situationsbezogene Deckungsregel den gemeinsam verpflichteten Zielen der Stabilität und des Wachstums Geltung verschaffen soll (Art. 115 und 109 II GG; einzelne LV; vgl. auch die „Konvergenzkriterien" der EU; die *„Maastricht-Kriterien"* begrenzen die maximale Kreditaufnahme pro Haushaltsjahr auf 3 % des BIP und den maximalen Gesamtschuldenstand auf 60 % des BIP; § 51a HGrG; vgl. Abb. 6). Die Beurteilung des Vorliegens einer Störung des gesamtwirtschaftlichen Gleichgewichts ist gemäß § 1 II StWG an den Parametern des sog. „magischen Vierecks" zu messen, also der Stabilität des Preisniveaus, eines hohen Beschäftigungsstandards, des außenwirtschaftlichen Gleichgewichts und eines angemessenen Wirtschaftswachstums. Im Hinblick auf den Ausnahmecharakter des Art. 115 I S. 2 Hs. 2 GG genügt nicht jede Labilität, vielmehr muss das gesamtwirtschaftliche Gleichgewicht „ernsthaft und nachhaltig gestört sein oder eine solche Störung unmittelbar drohen" (BVerfGE 79, 311, 339 ff.). Die Höchstgrenze der Neuverschuldung wird allgemein durch den im Haushaltsplan bewilligten Gesamtbetrag für Vorhaben bestimmt, die nach den staatlichen Verwaltungsvorschriften zur Haushaltssystematik (Gruppierungsplan, Hauptgruppen 7 und 8; § 13 III BHO/LHO) als *Investitionen* zu betrachten sind. Sie werden dort bezeichnet als Maßnahmen, „die bei makroökonomischer Betrachtung die Produktionsmittel der Volkswirtschaft erhalten, vermehren oder verbessern". Aufgrund der außerordentlich schwierigen Situation und Entwicklung der öffentlichen Haushalte in den letzten Jahren ist allerdings Theorie und Praxis mitunter stark „durcheinander" gekommen (vgl. etwa Abb. 5 und 6). Auch ist umstritten, ob die in den 60er Jahren entwickelten Grundsätze einer antizyklischen Haushaltspolitik heute noch unverändert Anwendung finden können.

Abbildung 6: Das deutsche Haushaltsdefizit

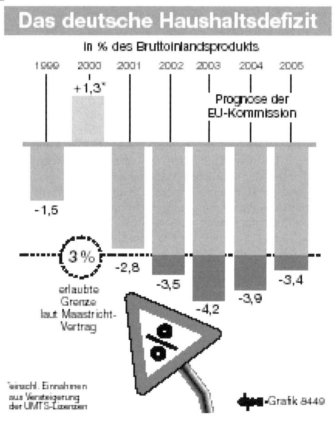

5.5 Extreme Haushaltsnotlage

Die öffentlichen Haushalte in der Bundesrepublik stecken seit einigen Jahren in einer tiefen strukturellen Krise (*extreme Haushaltsnotlage*); vereinzelt wird schon von „Sanierungsfall" oder „Staatsinsolvenz" gesprochen (Abb. 5 und 6). Man scheint sich an eine dauerhafte Verletzung des Stabilitätspaktes von Maastricht zu gewöhnen. Derzeit versucht das Land Berlin, unter Berufung auf das Urteil des Bundesverfassungsgerichts von 1992 (BVerfGE 86, 148, 258 ff., für Bremen und Saarland), wegen einer solchen extremen Notlage den Bund vor dem BVerfG zu finanziellen Hilfeleistungen zu zwingen. In den Art. 104 a ff. GG fehlt eine ausdrückliche Regelung, wie solchen Notfällen zu begegnen ist (vgl. allerdings Art. 107 II, 28 III und 37 GG). Vereinzelt wird zur Überwindung extremer Haushaltsnotlagen neben möglichen Hilfspflichten des Bundes und der anderen Länder vorübergehend neben der Störung des gesamtwirtschaftlichen Gleichgewichts eine solche Situation als weitere Ausnahme von der in Art. 115 GG festgelegten Verschuldungsgrenze angesehen (VerfGH Berlin DVBl. 2004, 308 ff.; in der Literatur ist dieser Auffassung ganz überwiegend widersprochen worden). Die Wirkungen, die für die Politik von der Möglichkeit ausgehen, im Falle einer extremen Haushaltsnotlage übermäßig Schulden machen zu dürfen, wäre fatal: Die Legitimierung zusätzlicher Verschuldung würde die Schuldenspirale verstärken und den Anreiz für Haushaltskrisen erhöhen.

Gleichwohl kann das Problem der extremen Haushaltsnotlage, das sich auf die Kurzformel bringen lässt: „Wir können keinen verfassungskonformen Haushalt beschließen, selbst wenn wir wollten", nicht einfach wegdiskutiert werden. Da die Finanzverfassung den Ländern nur marginale Steuergesetzgebungskompetenzen zuweist (kaum eigene Einnahmenautonomie), sie aber zu einem ganz erheblichen Teil bundesgesetzlich zu Ausgaben verpflichtet werden, ist in den Fällen extremer Notlagen, in denen eine übermäßige Verschuldung mit der Abwehr einer Störung des gesamtwirtschaftlichen Gleichgewichts nicht begründet werden kann, nach anderen Wegen zu suchen. Zwar fehlt dafür im GG eine ausdrückliche Regelung (sowohl Art. 104 a IV als auch Art. 107 II S. 3 GG sind hierfür nicht einschlägig), doch begründet das *föderale Prinzip der bündischen Solidargemeinschaft* grundsätzlich in solchen Notsituationen finanzielle Hilfeleistungen. Nach der Rechtsprechung des BVerfG ist in diesen Krisenfällen die Bundesstaatlichkeit berührt (E 1, 117, 131; 72, 330, 383 ff.; 86, 148, 210 ff.; 101, 158, 214 ff.). Das Bundesstaatsprinzip erfahre einerseits seine Konkretisierung in der Pflicht der anderen Glieder, dem betroffenen Bedürftigen mit dem Ziel der haushaltswirtschaftlichen Stabilisierung auf der Grundlage konzeptionell aufeinander abgestimmter Maßnahmen Hilfe zu leisten, damit es wieder zur Wahrung seiner politischen Autonomie und zur Beachtung seiner verfassungsrechtlichen

Verpflichtungen befähigt wird. Andererseits müsse beachtet werden, dass eine Finanzausgleichsregelung, die die Leistungsfähigkeit der gebenden Länder spürbar schwäche, eine starke Nivellierung der Länderfinanzen zur Folge habe oder zu dem Ergebnis führe, dass lebensunfähige Länder künstlich am Leben gehalten würden, gegen das Bundesstaatsprinzip verstoßen könne. Die Solidargemeinschaft von Bund und Ländern ist also grundsätzlich verpflichtet, dem betroffenen Land die Fähigkeit zu solider Haushaltswirtschaft und zu konjunktursteuerndem Handeln zurückzugeben (ggf. durch Sonderbedarfs-Bundesergänzungszuweisungen nach § 12 MaßstG). Dieses „bündische Prinzip des Einstehens füreinander" verlangt dabei aber von dem sich in extremer Haushaltsnotlage befindenden Land, nicht die Verschuldung auszuweiten, sondern in ganz besonderer Weise Anstrengungen zu unternehmen, um sich selbst aus der Haushaltsnotlage zu befreien. Die Beistandspflicht für finanzielle Hilfeleistungen erfordert, dass die verpflichteten Glieder (Bund und „Geberländer") ihrerseits lebensfähig sind und bleiben sowie Anreize für wirtschaftliches Handeln nicht konterkariert bzw. beseitigt werden und dass das in Not geratene Bundesland („Empfängerland") alle zumutbaren eigenen Anstrengungen und Einschränkungen zur Beseitigung der Haushaltskrise ergreift und der Verpflichtung zur Aufstellung und Umsetzung eines *umfassenden Sanierungsprogramms* nachkommt (vgl. BVerfGE 86, 148, 268 ff.; 101, 158, 222). In dem Bremen- und Saarland-Urteil des BVerfG aus dem Jahr 1992 wurde eine Haushaltsnotlage in den Fällen angenommen, in denen die Kreditfinanzierungsquote mehr als doppelt so hoch ist wie der Durchschnitt der Bundesländer und die Zins-Steuer-Quote mit 70 % weit über dem Durchschnitt der Bundesländer liegt. In diesen Fällen wird unterstellt, dass das sich in einer extremen Notlage befindende Land aus eigener Kraft nicht mehr in der Lage ist, seine bundesrechtlich und landesverfassungsrechtlich vorgegebenen Aufgaben zu erfüllen. Die Pflicht zur finanziellen Hilfeleistung vor allem aus dem Prinzip der „bündischen Solidarität" richtet sich in erster Linie gegen den Bund, da er allein über die einschlägigen, vor allem gesetzgeberischen Handlungsmöglichkeiten verfügt und eine Garantenstellung für die Funktionsfähigkeit der Länder besitzt (vgl. BVerfGE 86, 148, 263 ff.).

Die Tatsache, dass gegenwärtig der Bund und mindestens 11 Länder nicht in der Lage sind, verfassungsmäßige Haushalte vorzulegen, zeigt die Größenordnung der öffentlichen Finanzkrise und die Schwierigkeiten auf, vor der das BVerfG angesichts der Klage des Landes Berlin steht („Überdehnung" bzw. Grenze der Solidarität? Belohnung der „Untätigen" und „Pleitiers"? Vermeidung von und Verfahren bei Haushaltsnotlagen? Pflicht zum Aufgaben- und Ausgabenabbau oder „Wählermaximierung"? Einsetzung eines „Staatskommissars" oder einer unabhängigen Institution wie „Stabilitätsrat", BaFin-ähnliche Einrichtung usw.? Vgl. dazu Gutachten des Wiss. Beirats beim BMF, „Haushaltskrisen im Bundesstaat", 2005; DBTag D5 15/2309; Gumboldt ZRP 2006, 3 ff.). Es bleibt zu hoffen, dass das BVerfG in dem anhängigen Berlinverfahren den Mut zu „Neuen" zukunftsweisenden Weichenstellungen i.s. einer effizienten und intergenerativ-gerechten „Harmonisierung" von Solidarität und Wettbewerb schafft.

6 Föderalismusreform und Finanzverfassung

6.1 Reformziele

Die bundesstaatliche Ordnung muss den Herausforderungen der Zukunft gerecht werden, muss darauf angemessen reagieren können. Ziel einer *Föderalismusreform* muss es deshalb sein – und in den Grundzielen sind sich weitgehend alle einig -, mehr politische Handlungsfähigkeit für Bund und besonders für die Länder, Reformfähigkeit im Innern und mehr Europatauglichkeit zu gewinnen, Zuständigkeiten, Aufgaben und Finanzverantwortlichkeiten klarer zu trennen, Entscheidungsverfahren zu vereinfachen und zu entflechten sowie die Kompetenzverteilung transparenter und für die Bürger verständlicher zu machen. Diese Diskussion und der dadurch entstandene beachtliche Rechtfertigungsdruck wird zwar kontrovers geführt, aber gleichwohl überwiegend i.s. einer Modernisierung des Föderalismus durch Stärkung der Eigenverantwortung der Länder und durch eine zunehmende Orientierung am Leitbild des „Wettbewerbsföderalismus" (kompetitiver Bundesstaat) verstanden, wobei die ausschließliche oder primäre Ausrichtung auf „Wettbewerb" für die öffentliche Hand nur begrenzt ein Erfolgsmodell darstellt und deshalb zutreffender dem *Konkurrenzföderalismus* das Wort geredet werden sollte. Besonders sollten die Optionen des Konkurrenzmodells realisiert, gefördert und genutzt werden (etwa die Umsetzung von erfolgreichen Politikinhalten i. S. von best practices; Verbindung von Wettbewerb/Konkurrenz mit Kooperation und Solidarität, von Innovation und Bürgernähe, von Subsidiarität, Eigenverantwortung und Vielfalt, von Effizienz und Flexibilität, aber auch einer begrenzten Gleichwertigkeit der Lebensverhältnisse; i.S. eines transparenten, eigenverantwortlichen, solidarischen Wettbewerbs- bzw. Gestaltungsföderalismus). Es ist ein *„Balancekonzept"* zwischen Selbständigkeit und Eigenverantwortlichkeit der Länder einerseits (einschließlich ihrer Kommunen) und solidarischer Mitverantwortung der Länder für das Ganze andererseits anzustreben und zu gewährleisten (Verbindung von Wettbewerb/Konkurrenz mit Solidarität, von Handlungsfähigkeit/Effizienz und Bürgernähe/Akzeptanz, Transparenz; von Steuerautonomie und Finanzausgleich, von Konnexität insbesondere von Gesetzgebungs-/Finanzierungsverantwortung und Anreizen usw.).

Die Finanzverfassung ist der tragende Grundpfeiler der bundesstaatlichen Ordnung, die nicht nur als „Soll"-, sondern als „Ist-Verfassung" die faktischen Voraussetzungen dafür zu schaffen hat, dass sich im Rahmen der zur Verfügung stehenden Gesamteinnahmen die politische und haushaltswirtschaftliche Autonomie von Bund und Ländern in der Eigenverantwortlichkeit der Aufgabenwahrnehmung entfalten kann (vgl. BVerfGE 86, 148, 264). Bei diesem Befund und der allgemeinen Erkenntnis, dass spätestens seit Anfang der 90er Jahre die Finanzverfassung, insbesondere die Einnahmenaufteilung und damit eine aufgabenadäquate, ausgewogene und planbare Finanzausstattung dringend einer Anpassung bzw. Veränderung bedarf, ist es verwunderlich und eigentlich reformdestruktiv, dass diese Fragen im Wesentlichen bei allen Reformbemühungen und -diskussionen nicht behandelt, sondern außen vorgelassen wurden (insbesondere der „neuralgischen Punkte" der konsequenten Umsetzung des Konnexitätsprinzips, also der Zusammenführung der Aufgaben- und Finanzverantwortung, des Abbaus der Aufgaben- und Finanzverflechtungen, der Gemeinschaftsaufgaben usw.). Vieles spricht dafür, dass eine *Föderalismusreform ohne Finanzreform nicht gelingen kann*. Folglich ist alles daran zu setzen, realisierbare Vorschläge zu einer möglichst umfassenden Reform der bundesstaatlichen Finanzordnung zu erarbeiten und umzusetzen. Gelingt dies nicht, so ist zu befürchten, dass die meisten Reformbemühungen ihre gut gemeinten Wirkungen nicht entfalten können, weil sie durch wenig ausgewogene Finanzverteilungs- und föderale Verflechtungsregelungen und durch die stark desolate Situation der öffentlichen Finanzen konterkariert werden bzw. nur sehr begrenzt realisierbar sind. Bildlich gesprochen geht es vor allem darum, den Föderalismus des GG von einem „1949-VW-Käfer-Modell" mindestens in einen „2005-VW-Golf-Modell" weiterzuentwickeln, die deutsche Bundesstaatlichkeit den Herausforderungen des 21. Jahrhunderts anzupassen, sie für die anstehenden Aufgaben effizient, leistungsfähig und problemlösungstauglich zu machen.

Bei der Komplexität der Materie, der außerordentlich schwer zu prognostizierenden finanziellen Auswirkungen solcher Reformmaßnahmen sowie der sehr divergierenden Interessenlagen der Beteiligten (Bund, Länder, Gemeinden; „reiche und arme" Bundesländer; Flächen- und Stadtstaaten usw.), aber auch der politischen Durchsetzbarkeit wegen ist die Politik gut beraten, sich bei entsprechenden Reformschritten nicht isoliert auf Einzelaspekte, zwangsläufig durch Sachzwänge oder BVerfG-Vorgaben sich ergebende Teilfragen usw. zu beschränken, sondern aus einer Gesamtschau, aus einem *Reformleitbild*, aus einem *zielführenden Gesamtkonzept* Lösungen zu entwickeln. Der „Schleier" prognostischer Unsicherheiten und mancher „Unwissenheit" über den Verlauf von Reformentwicklungen sowie über die finanziellen Auswirkungen und das Zusammenspiel von verschiedenen Gestaltungselementen der Reformmaßnahmen macht es unabdingbar, dafür allen Sachverstand zu bündeln, solide Konzepte zu entwickeln, diese durch Planspiele ausreichend zu „testen" und über bessere, verlässlichere und transparente Informationen und entsprechende weitere vertrauensbildende Maßnahmen abzusichern (also möglichst keine „Vermittlungsausschuss-Nachtsitzungs-Ergebnisse"). Dabei sollte auch nach Möglichkeit auf Anreizmechanismen für eigenverantwortliches Handeln und bestmögliche Lösungen sowie „Win-Win-Situationen" geachtet werden. Auf jeden Fall ist frühzeitig ein vertrauensbildendes System zu entwickeln (*Verfahrensregeln*), mit dem unvorhergesehene Entwicklungen oder nicht richtig prognostizierte Einnahmen- bzw. Ausgabenschätzungen zeitnah und in einem möglichst einfachen Verfahren angepasst bzw. korrigiert werden können.

Gefragt sind also nicht ins Detail gehende technokratische Reformschritte (kein Flickwerk), sondern ein finanzpolitisches Gesamtkonzept, das themenübergreifend einen fairen Interessenausgleich ermöglicht und damit eine politische *Gesamtlösung auf breiter Akzeptanz* ermöglicht. Von allen sind dabei zwangsläufig ein fast „unbändiger" Reformwille und die Bereitschaft auch zu durchaus beachtlichen Zugeständnissen in Einzelbereichen erforderlich. Eine Erfolg versprechende Föderalismusreform muss breit ansetzen, muss die Bundesstaatlichkeit in den wesentlichen Punkten modernisieren, verbessern und z.T. erneuern, muss grundsätzlich an allen Enden anpacken und dabei eine angemessene, ausgewogene Finanzverfassung einschließlich eines Regelwerkes hinsichtlich der Reformfolgewirkungen für die gesamte Finanzordnung berücksichtigen und festlegen. Dabei ist neben dem richtigen „timing", der Wahl des Erfolg versprechenden Zeitpunkts (Zeitfenster; ggf. auch schrittweises Umsetzen bzw. gestuftes Vorgehen) für den Reformprozess auch zu berücksichtigen, dass die Weiterentwicklung des föderalen Systems eine Daueraufgabe darstellt und Reformen auch die Geschichte des deutschen Bundesstaates prägen („größte Baustelle" der Bundesrepublik).

6.2 Einzelne Reformvorschläge

In den letzten Jahren ist eine Vielzahl von Vorschlägen und Anregungen zur Weiterentwicklung bzw. Änderung der bundesstaatlichen Ordnung und der Finanzverfassung gemacht worden. Einige besonders finanzverfassungsrelevante Vorschläge sollen kurz dargestellt werden:

6.2.1 Leitlinien der Ministerpräsidentenkonferenz

Die Ministerpräsidenten von Baden-Württemberg, Bayern und Hessen haben ihre Reformvorstellungen bereits 1999 in einem gemeinsamen Positionspapier präzisiert. Sie sahen den Ausweg aus dem „deformierten" Föderalismus, den ein erdrückendes Übergewicht an Kompetenzen seitens des Bundes sowie eine zu hohe Ausgleichsintensität im Finanzausgleich kennzeichne, in der Stärkung des Subsidiaritätsprinzips mittels Rückführung des Prinzips der Bundesstaatlichkeit auf die Verpflichtung, Hilfe zur Selbsthilfe zu leisten. Mehr Wettbewerb der Länder um die besten politischen Lösungen, mehr Konkurrenz unter den Ländern, mehr Vielfalt in der Einheit wurde gefordert (Leitbild eines wettbewerbsorientierten Föderalismus; Flexibilisierung, Entflechtung, Transparenz, klare Verantwortlichkeiten usw.). Die Regierungschefs der Länder haben unter Einbeziehung dieser Positionen zur Vorbereitung der Verhandlungen mit dem Bund in den Jahren 2002/2003 Leitlinien der Ministerpräsidentenkonferenz entwickelt, die sich insbesondere auf folgende Reformbestrebungen konzentrierten (Positionspapier vom 14.5.2004):

- Modifizierung bzw. Veränderung der konkurrierenden Gesetzgebung nach Art. 74 und 74a GG;
- Abschaffung der Rahmengesetzgebung des Bundes nach Art. 75 GG;
- Stärkung der Organisationsgewalt der Länder nach Art. 84 ff. GG;
- Reduzierung der Gemeinschaftsaufgaben nach Art. 91 a, b GG;
- Modifizierung des Art. 104a GG und seine Handhabung.

6.2.2 Lübecker Erklärung der deutschen Landesparlamente

Die Präsidenten und Fraktionsvorsitzenden der deutschen Länderparlamente haben sich beim Föderalismuskonvent am 22./23.5.2000/31.3.2003 auf eine gemeinsame Erklärung zur Föderalismusreform verständigt, wollen folglich die Reform nicht allein dem Bund und den Ministerpräsidenten überlassen. Darin fordern die Länder alte Kompetenzen zurück, neue Zuständigkeiten hinzu sowie die eigene Verfügung über mehr Finanzen. Der Prozess der „fortwährenden Stärkung des Exekutivföderalismus", der auf eine permanente „Entparlamentarisierung" hinauslaufe, müsse gestoppt und die „Parlamentsfreundlichkeit" gestärkt werden (*Rau*, in: Thaysen, 2003; die Landtage wollen „am Tisch, nicht nur am Katzentisch sitzen"). Wesentliche Punkte sind:

- Stärkung der Länder und ihrer Parlamente im Grundgesetz (Stärkung der Gesetzgebungskompetenzen der Länder und der Landtage; Betonung des Grundsatzes der Subsidiarität; Zuweisung von mehr Sachgebieten auf die Gesetzgebung der Länder; stärkere Eigenstaatlichkeit der Länder durch Konnexitätsprinzip, eigene Finanzquellen, ausreichende Finanzausstattung usw.);
- Stärkung der Länder und ihrer Parlamente in der Europäischen Union (Beschränkung der EU auf Kernaufgaben; besondere Berücksichtigung der Grundsätze der Subsidiarität, der Verhältnismäßigkeit und des Prinzips der begrenzten Einzelermächtigung; Verpflichtung zur Beachtung der nationalen Identität und des innerstaatlichen Aufbaus durch die EU).

6.2.3 Vorschläge der Bertelsmann Stiftung

Zur Optimierung der Regierungsfähigkeit im deutschen Föderalismus und zur Modernisierung des deutschen Bundesstaates hat die Bertelsmann Stiftung Vorschläge und Eckpunkte erarbeitet. Die wichtigsten Punkte, die nach den Prinzipien von Subsidiarität, Dezentralität, Entflechtung, Transparenz, Eigenverantwortung, Solidarität, Vielfalt usw. die bundesstaatliche Ordnung verbessern sollen, sind (insbes. nach dem Maßstäbepapier vom 19.11.2004):

- Eindeutige und transparente Zuordnung von Verantwortung (Abschaffung der Rahmengesetzgebung und Reduzierung der konkurrierenden Gesetzgebung, Überführung in ausschließliche Gesetzgebung von Bund oder Länder);
- Stärkung der Handlungsfähigkeit der Länder (Einräumung eines materiellen Gesetzgebungszugriffsrechts für die Landtage bei konkurrierender Gesetzgebung; Stärkung der Verwaltungshoheit der Länder; Steuergesetzgebungsbefugnisse für die Länder);
- Stärkung der Handlungsfähigkeit des Bundes (verändertes Abstimmungsverfahren im Bundesrat; Vereinfachung des Verwaltungsverfahrens usw.);
- Stärkung der Handlungsfähigkeit Deutschlands in Europa (insbes. bessere Koordination und Abstimmung zwischen und innerhalb der Ebenen);
- Wahrung der Balance zwischen Vielfalt und Solidarität (Leitbild eines solidarischen Wettbewerbsföderalismus; Gestaltungsföderalismus; Bildungs- und Standortwettbewerb; Verlagerung von Steuergesetzgebungskompetenzen auf die Länder, Steuerverwaltung auf den Bund);

- Koppelung von Aufgaben- und Finanzverantwortung (Verringerung von Mischfinanzierungen, Konnexitätsprinzip; Anreizorientierung des Finanzausgleichs; Stärkung des Finanzplanungsrates).

6.2.4 Kommission zur Modernisierung der bundesstaatlichen Ordnung (Föderalismusreformkommission)

Von Ende 2003 bis Dezember 2004 hat eine von Bundestag und Bundesrat eingesetzte, paritätisch besetzte Kommission den Versuch unternommen, föderale Reformfragen zur Modernisierung der bundesstaatlichen Ordnung aufzuarbeiten und einvernehmliche Vorschläge vorzulegen (Reformziele: Handlungs- und Entscheidungsfähigkeit von Bund und Ländern zu verbessern, die politischen Verantwortlichkeiten klarer zuzuordnen sowie die Zweckmäßigkeit und Effizienz der Aufgabenerfüllung zu steigern). Im Bereich der Finanzverfassung i.w.S. insbesondere die Gemeinschaftsaufgaben und Mischfinanzierungen zwischen Bund und Ländern mit dem Ziel des Abbaus finanzieller Verflechtungen zu überprüfen (Beschlüsse vom 16./17.10.2003). Trotz 13 Monaten intensiver Verhandlungen ist die Kommissionsarbeit gescheitert (unüberbrückbare vor allem parteipolitischen Interessengegensätze zwischen Bund und Ländermehrheit, insbesondere im Bildungsbereich; Eigeninteressen der Ministerialbürokratien; Fachbruderschaften, Verflechtungsprofiteure usw.). Eine grundlegende Reform des deutschen Bundesstaates war von vornherein weitgehend ausgeschlossen, weil die beiden wichtigen Themenfelder Finanzausgleich und Länderneugliederung ausgeklammert und wesentliche Teile der übrigen Bereiche nicht behandelt bzw. zurückgestellt wurden. Gleichwohl werden die erarbeiteten Vorschläge der Kommission für die weitere Diskussion Bedeutung haben und sollen deshalb im Wesentlichen dargestellt werden:

- Konnexitätsregelung (die Finanzierungslast bzw. die Kostenträgerschaft liegt beim Aufgabenveranlasser; vom Prinzip der Verwaltungs- zur Gesetzeskausalität; Änderung des Art. 104 a GG);
- Abbau von Gemeinschaftsaufgaben und Finanzhilfen (Dezentralisierung der Wohnungsbauförderung und der Gemeindeverkehrsfinanzierung; Änderung von Art. 91 a und b, 104a III und IV GG);
- Größere Steuerautonomie zur Stärkung eigenverantwortlicher Aufgabenwahrnehmung (mehr Besteuerungskompetenzen für die Länder einschließlich Gemeindefinanzreform; weitgehend ausgeklammert mit Ausnahme des Tausches der Steuerquellen Kfz-Steuer und Versicherungssteuer);

- Neujustierung des Länderfinanzausgleichs (auch dieses Thema, das zusammen mit verschiedenen Bundesergänzungszuweisungen als „Schmiermittel" der Reform hätte eingesetzt werde können, wurde ebenfalls ausgeklammert; leider wurde versäumt, neue, veränderte Finanzausgleichsziele abzustimmen sowie die Anreizstrukturen dieses als „Umverteilungsinstrument" missbrauchten, aber politisch so wichtigen interföderalen Konsensbildungsmediums nachhaltig zu verbessern);
- Aufteilung des maximalen Verschuldungspotentials in Höhe von 3 % des BIP auf Bund und Länder sowie der Strafen bei Überschreiten der Grenzen (Nationaler Stabilitätspakt, Maastricht-Kriterien; gesamtnationale Verschuldungsgrenze, Intergenerationengerechtigkeit, nachhaltige Haushaltskonsolidierung; Art. 115 GG).

6.3 Föderalismusreform 2006

Durch die Bundestagsneuwahl im September 2005 und die Bildung der Großen Koalition im November 2005 ist es möglich geworden, sich doch noch auf eine Föderalismusreform zu verständigen. Auf der Grundlage der in der Koalitionsvereinbarung vom 18.11.2005 festgelegten Eckpunkte wurden im März 2006 die Gesetzesentwürfe zur Änderung des Grundgesetzes eingebracht (Entflechtungsreform; BTags DS 16/813 und 814). Der Gesetzesentwurf der Fraktionen CDU/CSU und SPD basiert im Wesentlichen auf den Vorschlägen der gemeinsamen Kommission von Bundestag und Bundesrat von Ende 2004. Primäres Ziel war also die „Entflechtung" und klare Zuordnung der politischen Verantwortlichkeiten sowie Zurückdrängung des Einflusses des Vermittlungsausschusses und die Stärkung der Landesparlamente. Die Rahmengesetzgebung des Bundes wurde abgeschafft, die Länder erhielten zusätzliche Gesetzgebungskompetenzen (insbesondere für die Sachgebiete Versammlungsrecht, Strafvollzug, Heimrecht, Ladenschluss, Hochschulrecht, öffentlicher Dienst, Presserecht sowie das Abweichungsrecht, die so genannte „Ping-pong-Gesetzgebung") und die Mischfinanzierungen/Gemeinschaftsaufgaben wurden abgebaut. Die staatliche Handlungs- und Entscheidungsfähigkeit sollte durch folgende Elemente verbessert werden (vgl. im Einzelnen BTag DS 16/813, S. 7 ff.):

- „Stärkung der Gesetzgebung von Bund und Ländern durch eine deutlichere Zuordnung der Gesetzgebungskompetenzen und Abschaffung der Rahmengesetzgebung.
- Abbau gegenseitiger Blockaden durch Neubestimmung der Zustimmungsbedürftigkeit von Bundesgesetzen im Bundesrat,

- Abbau von Mischfinanzierungen und Neufassung der Möglichkeiten für Finanzhilfen des Bundes unter Bekräftigung der Zusagen aus dem Solidarpakt II für neue Länder,
- Stärkung der Europatauglichkeit des Grundgesetzes durch eine Neuregelung der Außenvertretung und Regelungen zu einem nationalen Stabilitätspakt sowie zur Verantwortlichkeit für die Einhaltung von supranationalem Recht."

Nach wochenlangem zähem Ringen wurde die Verfassungsreform am 30.06. 2006 im Bundestag und am 07.07.2006 im Bundesrat je mit der erforderlichen 2/3 Mehrheit beschlossen.

Ob mit der Verfassungsänderung die von der Großen Koalition verfolgten Ziele tatsächlich erreicht werden, war und bleibt umstritten. Ob die Zustimmungspflichtigkeit der Bundesgesetze auf unter 40 % abgesenkt werden kann (vgl. insbesondere die Aufhebung des Art. 104a Abs. 3 S. 3 GG) und ob die in den „Wettbewerbsföderalismus" gesetzten Erwartungen erfüllt werden, bleibt abzuwarten. Was die „Europatauglichkeit" des GG anbelangt sind Fragezeichen angebracht. Der „Lackmustest", die „Nagelprobe" einer Föderalismusreform, die Neuordnung der Finanzbeziehungen zwischen Bund und Ländern, steht noch aus (Entsprechendes gilt für das Thema Länderneugliederung). Die Finanzreform soll nach den Vorstellungen der Großen Koalition in einem zweiten Reformschritt in den Jahren 2007/2008 angepackt werden (Koalitionsvereinbarung vom 18.11.2005, B V.1). Die weitere Entwicklung bleibt abzuwarten.

6.4 Reformtrends

Die bisherigen Reformansätze und insbesondere die Föderalismusreformkommission haben trotz ansatzweise richtiger Schritte und Vorschläge bisher nach h. M. nur zu ersten Teilergebnissen geführt. Als erkennbare Trends der bisherigen Reformüberlegungen haben sich folgende Ziele herauskristallisiert (insbesondere bezüglich der Finanzverfassung):

- Klare Zurechenbarkeit politischer Verantwortung durch deutlichen Abbau von Verflechtung und Koordination sowie Stärkung der Subsidiarität und Konnexität bei der Festlegung und Erfüllung der Aufgaben von Bund und Ländern (Kommunen), insbesondere bei der Festlegung eindeutiger Gesetzgebungs- und Finanzierungskompetenzen;
- Größtmögliche Transparenz politischer Entscheidungsprozesse und Entflechtung des kooperativer Föderalismus (Abbau bzw. Reduzierung von

Mischfinanzierungen, Finanzausgleichs- und Ergänzungszuweisungen; Streichung bzw. Umgestaltung von Gemeinschaftsaufgaben und dergleichen);
- Stärkung der Handlungs- und Entscheidungsfähigkeit („Gestaltungsföderalismus");
- Ausgewogenes Verhältnis von notwendiger bundesstaatlicher Solidarität und Konkurrenz/Wettbewerb/Leistungsanreizen i.S. von föderaler Innovation und Effizienzsteigerung zur Erzielung der besten politischen Lösungen („fairer und solidarischer Wettbewerb").

Nicht unterschätzt werden darf dabei, dass neben der Langfristigkeit der Reform alle Reformmaßnahmen politisch durchsetzbar sein, also die jeweils erforderliche Mehrheit finden müssen. Da fast alle Vorschläge Verfassungsänderungen auslösen werden, sind Zwei-Drittel-Mehrheiten erforderlich. Nach allen Erfahrungen dürfen deshalb trotz aller dringenden Reformnotwendigkeiten keine zu hohen Erwartungen aufgebaut werden. Dies gilt in besonderer Weise für die Fragen der Finanzverfassung (Solidarpakt II, Komplex Mischfinanzierungen, Zuweisungen. Finanzausgleich, Steuergesetzgebung, -hoheit usw.). Die grundsätzlich positiven Erfahrungen mit dem deutschen Föderalismus und die Vorteile der Bundesstaatlichkeit sollten gleichwohl nicht aufs Spiel gesetzt werden, sondern Ansporn zu Entscheidungen sein, die die politischen Herausforderungen aufgreifen und zukunftsgerechte Lösungen darstellen und umsetzen. Die dringend notwendigen Reformen, vor allem die Weiterentwicklung des Föderalismus in der Bundesrepublik, sollten nicht verzögert oder gar verhindert werden. Föderalismus darf alles andere als Ursache oder Rechtfertigung für „Reformstau" sein oder gar für „Blockadepolitik" herhalten. Die politisch Verantwortlichen sind aufgerufen, nicht wie in den letzten Jahren bloß „taktisch" zu diskutieren und politische Entscheidungen „auf Eis zu legen", sondern die Rahmenbedingungen von Staat und Gesellschaft zu verbessern und „mehr Mut zu Reformen" aufzubringen. Dies gilt in besonderem Maße für die Große Koalition.

7 Funktionale Erfordernisse und Reformperspektiven

Die Bedeutung von Reformen des Föderalismus und der Finanzverfassung kann man an der Aussage *Edmund Stoibers* ablesen, der 2004 die Erneuerung des deutschen Bundesstaats als die „Mutter aller Reformen" bezeichnete. Dabei besteht ein Zusammenhang zwischen dem aktuellen Ist-Zustand und der Reformfähigkeit unseres Landes in dem Sinne, dass der Föderalismus als solcher nicht Teil der Krise ist, die wir wahrnehmen, sondern Teil der Lösung (*Peer Stein-*

brück). Es geht also nicht um die Infragestellung des Prinzips der Bundesstaatlichkeit. Der Föderalismus ist in Deutschland seit Jahrhunderten tief verwurzelt, hat eine lange Verfassungstradition und damit historisch gewachsene Legitimation, wird zum Teil auch zu Recht als zugkräftiger verfassungspolitischer Exportartikel Deutschlands betrachtet. Der Föderalismus steht folglich in unserem Staat nicht zur Disposition. Vielmehr geht es vor allem darum, die Gefährdungen staatlicher Handlungsfähigkeiten, die Schwerfälligkeit politischer Entscheidungsprozesse, mehr Transparenz, Wirtschaftlichkeit und Konkurrenz, also die Defizite und Schwachstellen des praktizierten Föderalismus zu beheben, die Bundesstaatlichkeit so zu reformieren, dass sie für die Herausforderungen des 21. Jahrhunderts gewappnet ist. Dabei geht es naturgemäß zentral auch um *die politische Machtverteilung im Staat*, um das Ringen um Kompetenzen und Finanzen zwischen Bund und Ländern.

Die Diskussion über den Föderalismus im Allgemeinen und die Finanzverfassung im Besonderen ist gekennzeichnet durch Forderungen nach einer Neuordnung der Zuständigkeiten, insbesondere nach Stärkung der Länderkompetenzen, und nach einem „Konkurrenz- bzw. Wettbewerbsföderalismus" (z.T. auch nach einer umfassenden Neugliederung, mindestens nach einem ausgewogeneren „Zuschnitt" der Bundesländer). Im Hinblick auf die Komplexität des Bundesstaates und die sich relativ unversöhnlich gegenüberstehenden Positionen des solidarischen und des wettbewerbsorientierten Föderalismus sind die Chancen notwendiger, tief greifender Reformen deutlich gemindert. Die gegenwärtigen politischen Konstellationen und die Verteilungskämpfe angesichts der finanziellen Engpässe auf allen staatlichen Ebenen sind für weitere umfassende Reformen schwierig, aber nicht chancenlos. Ohne eine breite Akzeptanz und einvernehmliches Handeln der politischen Akteure wird eine größere Reform allerdings nicht realisierbar sein. Nach den Erfahrungen der letzten Jahre dürften für eine weitere grundlegende Reform von Föderalismus und Finanzverfassung vor allem folgende *funktionale Erfordernisse bzw. Grundbedingungen* für deren Erfolg entscheidend sein (i.S. eines ausgewogenen, an den Sachgesetzlichkeiten und Strukturnotwendigkeiten orientierten Konzepts):

7.1 Neujustierung der Bund-/Länderkompetenzen

In den letzten Jahrzehnten haben die Länder „das Erstgeburtsrecht ihrer Autonomie für das Linsengericht der Mitbestimmung im Bund" eingetauscht, Gesetzgebungskompetenzen gegen Bundesratsmitwirkung der Landesregierungen abgegeben (Zentralisierung der Gesetzgebung beim Bund; *Scharpf,* 1994). Eine Reform muss deshalb zunächst diese Entwicklung im Grundsatz rückgängig machen, die Länder müssen mehr Eigenverantwortung und mehr autonome Zuständigkeiten erhalten und im Gegenzug auf ihre Rechte bei der Bundesgesetzgebung weitgehend verzichten. Es sind also Lösungen anzustreben, die ein Weniger an Mitwirkung im Bundesrat in Berlin, dafür aber ein Mehr an Autonomie, Selbstverantwortung und Gestaltungsfreiheit in den Landeshauptstädten bedeuten (Entflechtung, Subsidiarität, klare Verantwortlichkeiten Transparenz, Einheit in Vielfalt, Stärkung der Landtage usw.). Dabei muss berücksichtigt werden, dass die Verantwortung für die Aufgaben, Ausgaben und die dafür erforderlichen Ressourcen auf einer Ebene gebündelt und das strikte Konnexitätsprinzip eingeführt, die Vollzugs- durch die Gesetzeskausalität ersetzt wird (für Bund und Länder; vgl. oben 6.1).

7.2 Funktionierende und leistungsfähige Zentrale

Trotz aller Subsidiarität, Dezentralisierung und damit der *prinzipiellen Stärkung der Länder* muss gerade in Zeiten der Europäisierung und Globalisierung sichergestellt sein, dass eine funktionierende, *leistungsfähige „Zentrale"* gewährleistet ist und bleibt. EU, internationale Verflechtungen und das globale Weltwirtschaftssystem dulden – überspitzt formuliert – keine „größenwahnsinnige deutsche Kleinstaaterei", sondern verlangen, dass Wichtiges, überregional Bedeutsames (vor allem im internationalen Wettbewerb) zentral entschieden wird und dafür die notwendigen Kompetenzen und Strukturen geschaffen werden. Dies konkret festzulegen, ist sicher nicht einfach, aber machbar (vgl. etwa die Praxis vieler internationaler Wirtschaftsunternehmen; *Darnstädt*, 2003). Darüber hinaus ist es aber auch notwendig, in besonderen Fällen ein einheitliches (Rahmen-)Recht und damit eine Bundeszuständigkeit festzulegen. Entscheidend für solche Fälle sollte das Bedürfnis der Bürger nach gemeinsamen Rahmenregelungen, Standards usw. sein, um der Bevölkerung u.a. eine erforderliche Mobilität zu ermöglichen, die Funktionsfähigkeit des Gesamtstaates zu sichern, im internationalen Vergleich mitzuhalten und die bundesstaatliche Ordnung im Einklang mit EU und internationalen Entwicklungen zu gestalten. Diese einer funktionsfähigen „Zentrale" zustehenden Kompetenzen dürfen aber nicht dazu führen, auf „kaltem Wege" den Zentralstaat einzuführen. Zum Wesen des Bundesstaates gehört Verschiedenheit, Konkurrenz und besonders der Grundsatz der Subsidiarität (*Kühne*, 2005).

7.3 Solidarischer Wettbewerbsföderalismus

Vielfalt in Einheit, Konkurrenz und Wettbewerb sind heute für einen Staat Gestaltungselemente, auf die er – will er im internationalen Vergleich bestehen – nicht verzichten kann. Eine „Revitalisierung" des Föderalismus darf die Angst vor Wettbewerb nicht befördern. Konkurrenz und Wettbewerb sind belebende, leistungsfördernde Instrumente, stellen ein Konzept des Lernens dar (best practice). Wenn wir in Staat und Politik keinen Wettbewerb riskieren, wird es keine Erfahrungen, Leistungs- und Qualitätssteigerungen und besonders keine Innovationen geben. Wettbewerb heißt hier nicht ungezügelter Wettbewerb im Markt, sondern hat sich am Leitbild eines solidarischen Wettbewerbsföderalismus zu orientieren (Stärkung der Länder und ihrer Zuständigkeiten, Erweiterung ihrer Kompetenzen, Abbau von Verflechtungen und Mischfinanzierungen, „anreizorientierte" Finanzverfassung usw.). Dabei sollte das verbreitete Vorurteil, im Zweifel sei eine einheitliche Lösung durch die Bundesebene die bessere, revidiert und möglichst ins Gegenteil verkehrt werden.

7.4 Funktionale und sachgesetzliche Kriterien einer Finanzverfassung

In Anlehnung an Musgrave hat eine Finanzverfassung finanzwissenschaftlich Allokations-, Distributions- und Stabilitätsziele zu erfüllen. Ausgehend von der staatlichen *Aufgaben- und Ausgabenverteilung* (Konkordanz zwischen öffentlichen Einnahmen und Lasten; einschließlich einer „Aufgabenkritik" als Daueraufgabe) sowie der primären Steuerverteilung im Bundesstaat ist durch den Finanzausgleich i.e.S. eine *allokative und distributionale Effizienz* und angemessene Solidarität herzustellen (adäquate Angleichung interregionaler „Spill-overs", unterschiedlicher Produktivitäten und Infrastrukturen; Vermeidung unwirtschaftlicher Wanderungen und Effekte sowie weitere „Feinsteuerungsmechanismen"; vgl. *Homburg*, 1993; *Färber*, 1998). Dabei müssen allerdings die Grenzen der staatlichen Ausgleichs- und Transferpolitik beachtet werden: „Anreize", durch eigene Anstrengungen und „Wirtschaftstätigkeit" Einnahmen zu generieren oder Ausgaben zu vermeiden, dürfen bei Empfänger und Zahler von Transfers/Ausgleichen möglichst wenig beeinträchtigt und schon gar nicht außer Kraft gesetzt werden (weniger „Fehlanreize", mehr Wettbewerbsorientierung, bedarfsgerechter und effizienter Mitteleinsatz usw.). Es ist also keine „Einheitlichkeit der Lebensverhältnisse", sondern nur eine abgeschwächte „Gleichwertigkeit der Lebensverhältnisse" anzustreben. Außerdem sollte die Gesamtbelastung der Steuerzahler/Abgabepflichtigen möglichst wenig wachstumshemmend und/oder die Schattenwirtschaft vermehrend wirken. Insgesamt ist für die Weiterentwicklung der Finanzverfassung i.w.S. wichtig, dass auch Anreize zu einer besseren, zukunfts- und wettbewerbsfähigeren Gestaltung der Finanzpolitik und besonders auch der öffentlichen Haushalte festgelegt werden. Die Handlungs- und Konkurrenzfähigkeit unserer bundesstaatlichen Ordnung könnte dadurch besonders auch im internationalen Vergleich gesteigert werden.

8 Ausblick

Die „leeren Kassen", die Europäische Integration und die Globalisierung drängen zu Veränderungen, mahnen Reformen an. Benötigt wird dabei ein Gesamtkonzept, das unter Berücksichtigung der vorstehenden Kriterien als „Paket" abgearbeitet wird. Wir brauchen eine Lösung, die auf soliden sachorientierten konzeptionellen Vorarbeiten basiert, wobei besonderer Wert auf die Transparenz und Berechenbarkeit sowie die Folgen der vorgesehenen Veränderungen, aber auch deren finanzielle Auswirkungen (ggf. durch im Vorhinein festgelegte faire Anpassungs- und Korrekturmechanismen usw.) gelegt wird. Nur so sind politisch konsensfähige, nicht mit zu knapper Mehrheit beschlossene Konzepte durchsetzbar. Mit der „Entflechtungsreform" ist ein erster Schritt getan, weitere Schritte müssen folgen (insb. zweite Stufe „Finanzverfassung"; vgl. Berlin-Klage.

 Literatur

Bauer, Hartmut, Entwicklungstendenzen und Perspektiven des Föderalismus in der BRD, DÖV 2002, 837 ff.
Bertelsmann-Kommission (Hrsg.), "Entflechtung 2005: Zehn Vorschläge zur Optimierung der Regierungsfähigkeit im deutschen Föderalismus, Gütersloh 2000
Büttner, Thiess (Hrsg.), Finanzverfassung und Föderalismus in Deutschland und Europa, Schriftenreihe des ZEW, Bd. 49, 2000
Darnstädt, Thomas, Die verstaubte Verfassung I, II, III, in: Der Spiegel 20/2003, 21/2003 und 22/2003.
Färber, Gisela, Finanzverfassung, in: Bundesrat (Hrsg.), 50 Jahre Herrenchiemseer Verfassungskonvent, 1998, S. 89 ff.
Färber, Gisela/Otter, Nils, Reform der Finanzverfassung – Eine vertane Chance?, in: Das Parlament, APuZ 13-14/2005, S. 33 ff.
Gumboldt, Nico, Institutionelle Reformen als Lösung für die Krise der öffentlichen Haushalte? In: ZRP 2006, 3 ff.
Henneke, Hans-Günter, Öffentliches Finanzwesen – Finanzverfassung, 2. Aufl. 2000.
ders., Länderfinanzausgleich und Maßstäbegesetz, JURA 2001, 767 ff.

ders., Föderalismusreform kommt in Fahrt, DVBl. 2003, 845 ff.
Hesse, Joachim Jens, Die bundesstaatliche Ordnung als Strukturprinzip und Gestaltungsaufgabe, in: Büttner (Hrsg.), Finanzverfassung und Föderalismus, ZEW Bd. 49, 2000, S. 9 ff.
Homburg, Stefan, Eine Theorie des Finanzausgleichs: Finanzausgleich und Produktionseffizienz, in: Finanzarchiv 1993, S. 458 ff.
Kämmerer, Jörn Axel, Maßstäbe für den Bundesfinanzausgleich? JuS 2003, 214 ff.
Katz, Alfred, Konsolidierung öffentlicher Haushalte – Budgetierungsprozesse im Zeichen der Finanzknappheit, VerwArch 1983, 133 ff.
Kühne, Hartmut, Föderalismusreform – Laufen oder Stolpern?, in: Das Parlament, APuZ 13-14/2005, S. 3 ff.
Margedant, Udo, Die Föderalismusdiskussion in Deutschland, in: Das Parlament, Beilage 29-30/2003, S. 6 ff.
ders., Ein bürgerfernes Machtspiel ohne Gewinner, in: Das Parlament, APuZ 13-14/2005, S. 20 ff.
Musil, Andreas/Kroymann, Johannes, Die extreme Haushaltsnotlage, DVBl. 2004, 1204 ff.
Renzsch Wolfgang, Reform der Finanzverfassung zwischen ökonomischer Effizienz, bundesstaatlicher Funktionalität und politischer Legitimität, in: Büttner (Hrsg.), Finanzverfassung und Föderalismus, ZEW Bd. 49, 2000, S. 39 ff.
ders., Der Streit um den Finanzausgleich, in: Die Deutschen Länder (Hrsg. Wehling), 2000, S. 333 ff.
Rossi, Matthias, Verschuldung in extremer Haushaltsnotlage, DVBl. 2005, 269 ff.
Scharpf, Fritz, Optionen des Föderalismus in Deutschland, Frankfurt (M.), 1994
ders., Föderale Politikverflechtung, in: K. Morath (Hrsg.), Reform des Föderalismus, Bad Homburg 1999.
Schneider, Hans-Peter, Finanzautonomie von föderalen Gliedstaaten und Kommunen. Ein internationaler Vergleich, 2006.
Schultze, Rainer-Olaf, Indirekte Entflechtung: Eine Strategie für die Föderalismusreform?, in: ZParl 2000, S. 657 ff.
ders., Die Föderalismusreform zwischen Anspruch und Wirklichkeit, in: Das Parlament, APuZ 13-14/2005, S. 13 ff.
Winterhoff, Christian, Finanzielle Förderung von Ganztagsschulen durch den Bund, JZ 2005, 59 ff.
Wissenschaftlicher Beirat beim Bundesministerium der Finanzen, Gutachten „Haushaltskrisen im Bundesstaat".
Zypries, Brigitte, Reform der bundesstaatlichen Ordnung im Bereich der Gesetzgebung, ZRP 2003, 265 ff.

Hans-Georg Wehling

Föderalismus und politische Kultur in der Bundesrepublik Deutschland

1 Politische Kultur als der Boden unter Verfassung und Institutionen

Als Boden unter Verfassung und Institutionen lässt sich die politische Kultur eines Landes verstehen. Glaubensüberzeugungen, die Menschen in einem definierten Raum teilen; Wertvorstellungen; Einstellungen und Meinungen sowie angehäufte Wissensvorräte, die als Erfahrung genutzt und weiter gegeben werden; eingeübte Verhaltensmuster, nicht nur – aber ganz besonders auch – im Umgang mit Konflikten: das alles macht politische Kultur aus.

Politische Kultur ist ein Gruppenphänomen, das Menschen innerhalb erkennbarer Grenzen mit einander verbindet – seien diese Grenzen politisch-administrativer Art, sozialer oder generationsbedingter Natur. Politische Kultur beinhaltet Deutung, bietet Sinn. Die Menschen, die an einer politischen Kultur gemeinsam teilhaben, identifizieren sich und kommunizieren über Symbole: „Politische Kultur ist politischer Sinn, der auch sinnfällig werden muss." (Rohe 1990: 337) Unter Rückgriff auf Symbole, welcher Art auch immer, versteht man sich als zusammengehörig, grenzt sich ein und grenzt auch aus, identifiziert sich, entwickelt ein Wir-Bewusstsein, zeigt Identität. Die so entstandenen Mentalitäts-Strukturen lassen in vergleichbaren Situationen ein ähnliches Verhalten erwarten. Gruppe, Grenze, Symbole, Identität sind somit die zentralen Begriffe politischer Kultur.

Doch selten sind Grenzen über lange Zeiträume hinweg konstant, Werte und Verhaltensdispositionen ändern sich: Politische Kultur ist nichts Statisches, sondern ein dynamisches Phänomen, historisch gewachsen; mit einer Genese also, der nachzuspüren sich nicht nur lohnt, um den Alltag, um den Umgang damit besser zu bewältigen, sondern auch, um Fehlentwicklungen korrigieren zu können. Dem Forscher stellt sich insofern ein Problem, als den Gruppenmitgliedern ihre politische Kultur als etwas eher Selbstverständliches begegnet: angeeignet im Sozialisationsprozess von Kindesbeinen an, betrieben durch die verschiedensten Sozialisationsagenturen von der Familie über die Gruppe Gleichaltriger bis hin zu Schule und Verein, kaum reflektiert. Mit Umfragen, mit quantitativen Methoden also, sind deshalb nur Momentaufnahmen einer aktuell sich präsentierenden politischen Kultur möglich, ansonsten gilt, wie Karl Rohe bemerkt, „dass die Surveyforschung den harten Kern einer jeden politische Kultur, der aus kaum reflektierten Selbstverständlichkeiten besteht, geradezu systematisch verfehlen muss, weil den Befragten kulturelle Selbstverständlichkeiten gar nicht bewusst oder bestenfalls halbbewusst sind." (Rohe 1990: 331) Erfolgreich kann politische Kulturforschung nur sein, wenn sie sensibel sich vortastet, mit qualitativen Methoden arbeitet, dabei insbesondere auch historischen Schlüsselerlebnissen nachspürend, die die Menschen in einem Raum nachhaltig und zumeist auch über vergleichsweise lange Zeiträume (vor)geprägt haben.

Es sind vor allem drei Faktoren, die inhaltlich eine politische Kultur bestimmen: Zum ersten die *naturräumliche Ausstattung sowie die sozio-ökonomischen Rahmenbedingungen* von Räumen, in denen Menschen zusammen leben. Deutschland war über die Jahrhunderte hinweg im Wesentlichen ein Agrarland. Und das bedeutete: Bodengüte, morphologisches Landschaftsprofil sowie Klima bestimmten den Alltag der meisten Menschen, ihre (Über-) Lebenschancen. Hinzu kommen Bodenschätze, Energiepotenziale und Verkehrslage (am Fluss, am Meer, an wichtigen Straßen – Salzstraße, „Hellweg" – beispielsweise). Solche sozio-ökonomischen Grundvoraussetzungen stellen jedoch keine Determinierung dar, sondern Potenziale, Chancen, aber auch Handikaps; es kam jedoch immer darauf an, was man daraus machte. Von erheblicher Bedeutung hat sich dabei in der Vergangenheit die Entwicklung der Agrarverfassung erwiesen, zu der Eigentumsrecht und Erbrecht gehören, wodurch ganz entscheidend Mentalität und Schicksal der Menschen bestimmt wurden: Bei geschlossener Vererbung (Anerbenrecht) bleiben die Betriebe langfristig überlebensfähig und ihre Besitzer wohlhabend; bei Aufteilung des Erbes unter den Kindern (Realteilung) entsteht mit schwindender agrarischer Existenzgrundlage ein Zwang zu Innovation, zu Sparsamkeit und Fleiß, zum Erwerb zusätzlicher Fähigkeiten, um auch mit kleinem Besitz die eigene Nahrungsgrundlage zu erhalten. Das setzt jedoch ökonomische Selbständigkeit voraus; ein Landarbeiter auf dem Gutshof verfügt dem gegenüber über wenig Motivation.

Zum zweiten ist die *Religion* ein entscheidender Prägefaktor politischer Kultur. In Deutschland begegnet uns seit dem 16. Jahrhundert Religion im Plural, als *Konfession(en)* : als Katholizismus, Luthertum und Calvinismus mit jeweils eigenen Wertvorstellungen, Menschenbildern, mit eigenen Anforderungen an die Konfessionsangehörigen, mit eigenen Heilsprogrammen, Vorstellungen und Strategien, wie die Menschen zu gewinnen und im rechten Glauben zu erhalten sind. Lutherische Orientierung am Wort, calvinistische Nüchternheit sowie dessen Glaube, dass der Erfolg auf Erden bereits den Grad der Auserwähltheit erkennen lasse, schaffen andere Menschen, bringen eine andere politische Kultur hervor als das sinnenorientierte Kontrastprogramm der katholischen Gegenreformation, das den Menschen mit allen seinen Sinnen zu gewinnen, ja zu überwältigen sucht, selbst die ihm umgebende Landschaft sakral markiert, mit Klöstern, Kirchen, Kapellen, Wegkreuzen als Identifikationssymbolen den Menschen sich aufdrängend. Verstärkt werden solche religiösen Sozialisationsprogramme, wenn der Staat, die weltliche Obrigkeit sie sich zu Eigen macht, sie auch in seinen Dienst stellt.

Marxistisch gesprochen hätten wir es hier also zu tun mit ökonomischer Basis und ideologischem Überbau. Es ist jedoch eher eine „Dreieinigkeit", die die politische Kultur bestimmt: denn als Drittes kommt das *historische Schicksal* der Menschen in einem Raum hinzu, wie Herrschafts- und Konfessionswechsel, Kriege und Katastrophen, Migration (Land-Stadt-Flucht, aber auch Vertreibung); seit der Aufklärung bilden dann auch sichtbare Fortschritte Teil der historischen Erfahrung, mögen eine anhaltenden Lernprozess auslösen: die Bändigung der Natur, die Steigerung landwirtschaftlicher Produktivität, Technisierung und Industrialisierung, die einen bis dahin nicht gekannten Wohlstand ermöglichen. Auch das Zeitverständnis ändert sich: vom zyklischen Zeitverständnis – Frühling, Sommer, Herbst und Winter und dem entsprechenden Arbeitsanfall in einer agrarisch geprägten Gesellschaft – zu einem linearen Zeitverständnis: Fortschritt als neue Kategorie entsteht. Solche historischen Schlüsselerlebnisse, aber auch die Paradigmenwechsel in der Begegnung wie im Umgang mit der umgebenden physischen Welt hinterlassen tiefe Spuren in der politischen Kultur. Da diese historischen Entwicklungen mit ihren Schlüsselerlebnissen nicht in allen deutschen Territorien gleichzeitig, gleichmäßig und gleichförmig abgelaufen sind, mögen sie Unterschiede in der politischen Kultur hervorzubringen.

Politische Kultur entwickelt sich nicht naturwüchsig, zumindest nicht nur. Immer versuchen die jeweils herrschenden Eliten, *die politische Kultur eines Landes zu formen*, Normen vorzugeben, erwünschte (gute) wie unerwünschte (falsche) Verhaltesweisen positiv bzw. negativ zu sanktionieren, aber auch Symbole mit dem Ziele der Integration zu setzen. Doch das kann nur innerhalb politisch-administrativer Grenzen geschehen, die den Herrschaftsbereich, aber auch den Kommunikations- und Interaktionsraum abgrenzen. Von daher die zentrale Bedeutung von Grenzen für das Konzept der politischen Kultur.

Ein deutliches Beispiel stellt die *Sprache* dar, die Herrschaft symbolisch zu verkörpern vermag: Das Hochstift Salzburg, also das weltliche Herrschaftsgebiet des Erzbischofs von Salzburg, ein quasi-souveränes Territorium im Heiligen Römischen Reich Deutscher Nation, wurde nach dem Wiener Kongress aufgeteilt; die Landesteile jenseits der Salzach kamen zu Bayern, diesseits zu Österreich (1816). Die Aufteilung Salzburgs und die Zuordnung zu Österreich einerseits, zu Bayern andererseits schlagen sich inzwischen deutlich auch sprachlich nieder. Im österreichischen Teil, also im heutigen Bundesland Salzburg, spricht man Deutsch mit erkennbar österreichischem Akzent, im heute zu Bayern gehörigen Rupertigau Deutsch mit bayerischem Akzent. Man braucht in Laufen an der Salzach nur über die Brücke in den ehemaligen Vorort Oberndorf zu gehen, um eine Sprachgrenze zu überschreiten. So hört man, wer in den jeweiligen Teilen des einstmals einheitlichen Landes in den letzten 190 Jahren den Ton angegeben hat: österreichische Beamte, Lehrer und Rekrutenausbilder oder eben bayerische.

Doch herrschaftliche Einflussnahme erfolgt nicht einseitig und stets ins vorgegebene Ziel treffend. Die betroffenen Menschen sind nicht nur Objekt: Sie können sich wehren, indem sie das Angebot, erst recht das Zugemutete umformen, eigene Muster des Umgangs mit den Erwartungen von „oben" ausbilden. Sie werden sich möglicher Weise viel kleinräumigerer Eigenheiten bewusst, die sie von den jeweils Herrschenden unterscheiden. So bildete sich eine fränkische Identität erst nach der Einverleibung in Bayern heraus, nachdem zuvor Jahrhunderte lang Franken in viele quasi-souveräne Territorien zersplittert war. Ähnlich verhielt es sich mit den Rheinlanden, die – preußisch geworden – sich bewusst vom sie beherrschenden Preußen absetzten, unter Bezug auf die katholische Konfession als Identitätskern. Ähnlich war es in den Neuerwerbungen Württembergs südlich der Donau, auch sie im Unterschied zu „Altwürttemberg" katholisch und zudem landwirtschaftlich anders strukturiert (große Höfe eines Anerbengebiets gegenüber den kleinen, in der Flur zersplitterten Anwesen des Realteilungsgebietes im württembergischen Kernland).

Politische Kultur lässt sich also *definieren* als die geistig-moralische Verfassung eines Staates, eines politischen Systems, neben der sozio-ökonomischen Verfassung und der politischen Verfassung (im staatsrechtlichen Sinne). Ein politisches System ist dann „in guter Verfassung", wenn diese drei Verfassungen harmonieren: Eine Demokratie (politisch-staatsrechtliche Verfassung) kann nicht ohne Demokraten (politische Kultur) funktionieren, beides wiederum kann es nicht dauerhaft geben, wenn die Chancen der Menschen, sozial und wirtschaftlich, krass unterschiedlich verteilt sind (sozio-ökonomische Verfassung). Das eine lässt sich am Schicksal der Weimarer Republik exemplifizieren, das andere an den politischen Systemen Lateinamerikas, die vielfach ihre staatsrechtliche Verfassung von der der USA abgeschrieben haben und trotzdem keine funktionierenden Demokratien geworden sind. Auch bei diesen drei „Verfassungen" gibt es ein „oben" und „unten": Die politische Kultur gibt die Grundlage ab, in der die politische Verfassung und die Institutionen des Staates wurzeln. Die sozio-ökonomische Verfassung mag der Dünger sein, der zum Florieren eines politischen Systems unverzichtbar ist.

2 Politische Kultur als der Boden unter den Ländern der Bundesrepublik

Politische Kultur ist nicht nur der Boden unter Verfassung und Institutionen, sie ist auch der Boden unter den gegenwärtig bestehenden Ländern der Bundesrepublik Deutschland (Regionale politische Kultur).

Der Boden kann dabei nach Struktur und Schichtung sehr unterschiedlich aussehen. Glaubensüberzeugungen, Wertvorstellungen, Verhaltensmuster können teilweise sogar erheblich von einander abweichen, Folge der historischen Kleinstaaterei, die Deutschland zu einem Musterbeispiel einer fragmentierten politischen Kultur werden ließ. Mit anderen Worten: Neben einer allgemeinen, „gesamtdeutschen" politischen Kultur, mit der sich Deutschland gegenüber der nationalen politischen Kultur der Nachbarländer wie Frankreich oder Italien unterscheidet, gibt es eine Vielzahl regionaler politischer Kulturen als Folge historischer Eigenentwicklungen, mit Wirkungen, die sich bis hinein in Sprache (Dialekte), Kleidung sowie Essen und Trinken verfolgen lassen. Man schaue sich nur einmal die Menschen auf einer Straße in München oder Hamburg an und lese die Speisekarten regional-typischer Gaststätten!

Der Föderalismus in Deutschland wird gestützt durch diese Unterschiede in der politischen Kultur, hierher beziehet er seine Vitalität. Die Gliederung des Bundes in Länder erlaubt es, dass die Menschen sich in ihren jeweiligen, historisch geprägten Besonderheiten wieder finden, ihr Eigendasein ausleben können. Die Festigkeit eines Landes kann um so stärker sein, die Identifizierung mit ihm um so höher, je mehr sich ein Land mit dem historisch gegebenen politisch-kulturellem Raum deckt – oder je mehr ein Land, auch in seiner Verwaltungsgliederung und in seiner Förderung regionaler kultureller Aktivitäten, den überkommenen, sich von einander unterscheidenden politisch-kulturellen Gegebenheiten Rechnung zu tragen sucht.

Um darüber hinaus zu integrieren, muss ein Land eigene Symbole setzen: durch Wappen und Fahne, Feste und Feiern, aber auch durch eine leistungsfähige Verwaltung, durch eine gute Politik, um die man andern Orts beneidet wird (florierende Wirtschaft, niedrige Arbeitslosigkeit z. B.), durch kulturelle, gemeinschaftsbildende Aktivitäten, nicht zuletzt durch einen „Landesvater", der über die Parteigrenzen hinweg allgemein gekannt und anerkannt wird. In allen Ländern hat man immer wieder auf den Landesvater gesetzt – natürlich auch mit dem Ziel des Machterhalts der regierenden Partei. Immer wieder ist zudem versucht worden, eine Partei als „die" Landespartei zu etablieren, am erfolgreichsten war auf diesem Felde bislang die CSU in Bayern.

Einen besonders hohen Integrationsbedarf weisen zusammen gewürfelte junge Länder auf, wie etwa Nordhein-Westfalen oder Rheinland-Pfalz. Diese Länder „aus der Retorte" der (britischen bzw. französischen) Besatzungspolitik haben die ganze Bandbreite integrationspolitischer Möglichkeiten genutzt, haben darüber hinaus die politisch-kulturellen Besonderheiten der Landesteile geschont, von niemandem verlangt, er solle sich als „Rheinland-Pfälzer" oder „Nordrhein-Westfale" bekennen: Jeder durfte Rheinländer, Pfälzer oder Westfale bleiben. In Nordrhein-Westfalen kamen die Lipper noch hinzu. Das früher selbständige Land Lippe hatte, da angesichts der Größenverhältnisse ein eigenes Land Lippe nach 1945 nicht mehr in Frage kam, die Wahl zwischen Niedersachsen und Nordrhein-Westfalen – und entschied sich für den Meistbietenden: So wurde das Staatsvermögen des ehemaligen Landes Lippe zu einem Sondervermögen in Nordrhein-Westfalen zusammengefasst, das auch bei knapper Kasse im Land nicht angetastet wird. Der Erlös aus dem umfangreichen Grundbesitz (Wälder, Felder, Bauland), Immobilien, zweier Staatsbäder (Bad Meinberg, Bad Salzuflen), Hotels, Gaststätten, Wanderheime fließt in die Kulturförderung des ehemaligen Landes Lippe: zum Unterhalt von Museen (Landesmuseum Detmold), Bibliotheken (Landesbibliothek Detmold), Theater (Landestheater Detmold), Hermannsdenkmal, Externsteine und vieles andere mehr. Damit dient dieses Sondervermögen gezielt dem Identitätserhalt.

Die Länder der Bundesrepublik Deutschland halten durchweg die historischen Bestandteile in ihren Landeswappen fest, zumeist im Wappenfeld, wie Bayern, Mecklenburg-Vorpommern, Nordrhein-Westfalen, Rheinland-Pfalz, Saarland, Sachsen-Anhalt, Schleswig-Holstein; oder doch zumindest in der Wappenkrone des Großen Landeswappens wie in Baden-Württemberg. Die Wappen markieren somit politisch-kulturelle Zugehörigkeiten. Das hat Tradition, wenngleich früher Landeswappen eher als Trophäensammlung eines mächtigen Herrscherhauses angesehen werden konnten, den ganzen Umfang der zusammen geschacherten, eroberten oder erheirateten Territorien demonstrierend.

Föderalismus, der sich in Deutschland auf Länder mit Staatsqualität gründet, mit eigener Legislative, Exekutive und (im begrenzten Umfang auch) Judikative, kann dann besonders stark sein, wenn die Länder von den Menschen, die in ihnen leben, als politisch-kulturelle Einheiten empfunden werden, wenn sie sich über sie definieren, sich mit ihnen identifizieren. Das ist sicher eher gegeben in den Ländern, die seit der napoleonischen Neuordnung Deutschlands um1800, seit also nunmehr 200 Jahren, im Wesentlichen Bestand hatten, wie Bayern und Sachsen, die Hansestädte Bremen und Hamburg. Brandenburg als Kernland Preußens und Schleswig-Holstein mögen hinzukommen. Thüringen ist 1920 aus dem Zusammenschluss von sieben Kleinstaaten entstanden, die sich zuvor schon als „Thüringen" verstanden hatten; das preußische Erfurt kam im Dritten Reich (1944) hinzu und ist heute sogar Landeshauptstadt. Hessen, Mecklenburg-Vorpommern und Sachsen-Anhalt sind wie Niedersachsen, Nordrhein-Westfalen und Rheinland-Pfalz „Besatzungskinder". Das heutige Land Hessen lässt sich immerhin als Großhessen verstehen, das aus den ehemaligen Territorien Hessen-Darmstadt, Hessen-Kassel und Nassau entstanden ist. Mecklenburg-Vorpommern besteht aus den beiden ehemaligen Territorien Mecklenburg-Schwerin und Mecklenburg-Strelitz, erweitert um den vorpommerschen Rest Preußens diesseits der Oder-Neiße-Grenze. Im Falle von Sachsen-Anhalt handelt es sich um die preußische Provinz Sachsen (Magdeburg) und um das ehemalige Land Anhalt, das durchaus ein Staat mit Selbstbewusstsein und eigener Identität war, aufgrund einer langen fortschrittlichen Tradition schon aus fürstlicher Zeit: seit Fürst Leopold III. Friedrich Franz („Vater Franz", 1740 – 1817) galt es als aufgeklärtes Musterland, gerade auch in Absetzung zum benachbarten Preußen.

Solange es die Bundesrepublik Deutschland gibt, ist eine Länderneugliederung ein politisches Thema, von den drei westlichen Besatzungsmächten bereits in den Frankfurter Dokumenten verlangt, vom Grundgesetz in Art. 29 zunächst als Forderung übernommen. Mit Ausnahme der Gründung von Baden-Württemberg hat sich jedoch in den über 50 Jahren des Bestehens der Bundesrepublik Deutschland nichts in Sachen Länderneugliederung getan. Alle Versuche, die Bundesrepublik nach ökonomischen wie nach politisch-kulturellen Kriterien, so wie es Art. 29 GG verlangte, neu zu gliedern, sind gescheitert, letztlich an den Machtinteressen der jeweiligen Regierungen und Parlamente sowie der sie tragenden Parteien. Auch künftig drohen alle Neugliederungsdiskussionen weitgehend im Sande zu verlaufen. Denn der Art. 29 GG mit seinen komplizierten Prozeduren hat sich eher als ein „Neugliederungs-Verhinderungs-Artikel" erwiesen. Möglich erscheinen Neugliederungen nur auf Grund von vereinfachten Sonderregelungen, wie die inhaltsgleichen Art. 118 („Südweststaats-Artikel) bzw. 118a („Berlin-Brandenburg-Artikel") des Grundgesetzes.

So ist denn die einzige erfolgreiche Neugliederung in der Geschichte der Bundesrepublik nur mit Hilfe des Sonderartikels 118 GG zustande gekommen, mit dem den übrigen Ländern der Ausnahmecharakter der Südweststaatsgründung beruhigend signalisiert worden ist. Politisch möglich wurde die Gründung des Landes Baden-Württemberg 1952, weil die drei hier zuvor bestehenden Länder – von der amerikanischen und der französischen Besatzungsmacht entsprechend ihren Interessen geschaffen – in dieser Form nicht weiter bestehen wollten: Württemberg-Baden (mit der Hauptstadt Stuttgart), Württemberg-Hohenzollern (Tübingen) und Baden (Freiburg). Strittig war jedoch, ob die alten Länder Baden und Württemberg, so wie sie bis 1945 bestanden hatten, wieder hergestellt werden sollten oder ob ein neuer Südweststaat gebildet werden sollte. Die Südweststaatskonzeption hat sich politisch durchgesetzt, freilich nicht ohne Schwierigkeiten und lang anhaltenden Akzeptanzproblemen.

Die deutsche Vereinigung nach 1989 hätte die Chance, großräumigere Länder zu bilden, bieten können. Auch hier waren Technokraten als „Modellschreiner" eifrig am Werk, mit den verschiedensten Vorschlägen. Das Votum für eine Neugliederung auf dem Gebiet der zusammen brechenden DDR schien vernünftig, angesichts der Wirtschaftsschwäche und der gemeinsamen Rekonstruktionsprobleme, zumal die bisherige DDR größenmäßig nur ein Gebiet umfasste, das gerade einmal so viel Einwohnern aufwies wie das kräftige Bundesland Nordrhein-Westfalen: ca. 18 Mio.! Dennoch bildeten sich sehr schnell die alten Länder von vor 1952 wieder, die zum Teil erst die sowjetische Besatzungsmacht geschaffen (und die dann die DDR faktisch wieder abgeschafft) hatte, so Mecklenburg-Vorpommern und Sachsen-Anhalt. Der Rückgriff auf die traditionelle Länderstruktur in der ehemaligen DDR lässt sich politisch-kulturell als Identitätswunsch interpretieren: Da eine aus der Existenz der sozialistischen DDR abgeleitete Identität nicht möglich schien, bot sich der Rückgriff auf die überkommenen Länder an, und seien diese erst vergleichsweise jung gewesen.

In Zeiten knapper Kassen, insbesondere wenn kleinere Bundesländer finanziell in höchste Bedrängnis geraten, wird immer wieder das Thema Neugliederung laut, womit zumeist Länderfusion gemeint ist, vorzugsweise im Osten und im Norden, aber auch im äußersten Westen (Saarland). Man kann dann jeweils auch beobachten, wie in solchen Gefahrenmomenten politisch-kulturelle Besonderheiten instrumentalisiert werden: durch politische Zuspitzung zu Gegensätzen, durch deren Transport in die Alltagskultur. Ein deutliches Beispiel ist der saarländische Karneval, in dem selbst Ministerpräsidenten zugunsten des Landeserhalts wortwörtlich „in die Bütt" steigen und die Abwehrbereitschaft der Bevölkerung mit „Pfälzer-Witzen" zu stärken versuchen; bezeichnender Weise gibt es im benachbarten Rheinland-Pfalz keine Saarländer-Witze, man fühlt sich ja hier auch nicht bedroht. Höhepunkt einer solchen Karnevalssitzung, vom Fernsehen übertragen, sind dann Lieder, die das Eigenständigkeitsbewusstsein bestärken und dem entsprechend aus vollem Hals mitgesungen werden: „Lebt denn unser kleen Saarländsche noch…ja, ja, es lebt noch…" und „Viva Lyonerland…" (in Anspielung auf die Lyoner Wurst als Markenzeichen).

Die Interessenlage zugunsten des status quo in der Ländergliederung der Bundesrepublik ist klar: Die Beteiligung am föderalen Willensbildungsprozess kann zu Gunsten regionaler Interessen optimal genutzt werden, die politischen Exponenten der Region sind im gesamtstaatlichen Aushandlungsprozess präsent, nicht als Bittsteller, sondern als Mitspieler. Hinzu kommt das Eigeninteresse der politischen Eliten: Wem Gott ein (Ministerpräsidenten-) Amt gibt, dem gibt er auch eine Bühne, sich bundesweit zu präsentieren und zu profilieren, was bis zur Kanzler-Kandidatur reichen kann. Was Wunder, dass in der Föderalismuskommission von Bundestag und Bundesrat 2004 das Thema Länderneugliederung ausgeklammert war.

3   Die Hauptscheidelinien politischer Kultur in Deutschland

Zieht man ein Fazit, dann lässt sich für Deutschland festhalten: Als Folge der Jahrhunderte alten Kleinstaaterei, die durch die napoleonische Neuordnung nicht abgeschafft, sondern nur reduziert wurde, ist Deutschland ein Land mit vielfältig fragmentierter politischer Kultur. Unterhalb einer gemeinsamen deutschen – nationalen – politischen Kultur treffen wir eine Vielzahl regionaler, ja lokaler politischer Kulturen an, die konzentrische Identitäten und Loyalitäten zur Folge haben. Sie werden je nach Situation herausgestellt. So kann man gleichzeitig Nürnberger, Franke, Bayer, Deutscher und auch Europäer sein. Der Forschung bietet sich das Bild einer Gesteinstektonik mit unterschiedlich mächtigen Schichten, die je nach erdgeschichtlichen Druckverhältnissen ausgeprägt erscheinen. Gleichwohl lassen sich auch Hauptscheidelinien politischer Kultur ausmachen, deren Existenz historisch erklärt werden kann.

Zwei Hauptscheidelinien politischer Kultur sind es, die sich hier ausmachen lassen. Es sind einmal Deutschland Süd und Deutschland Nord, zum andern Deutschland West und Deutschland Ost. Beide Scheidelinien sind das Ergebnis radikaler historischer Einschnitte, die Deutschland tief geprägt haben: Folge der konfessionellen Teilung im Gefolge von Reformation und Gegenreformation im ersten Fall, Folge der politischen Teilung nach dem verlorenen Zweiten Weltkrieg im zweiten Fall, eine Teilung, die zugleich auch eine wirtschaftliche, gesellschaftliche und kulturelle Spaltung Deutschlands bedeutete. Beide Scheidelinien sind durchaus im öffentlichen Bewusstsein.

Die Reformation und die Antwort hierauf hat Deutschland zutiefst gespalten, bis in unsere Tage hinein. Wechselseitige Vernichtungsphantasien bestimmten das Leben in Deutschland, die dann im Dreißigjährigen Krieg grausame Realität wurden. Dem standen frühzeitig schon Friedensregelungen gegenüber, die auf strikter Abgrenzung beruhten: So kam es dem jeweiligen Landesherrn in Deutschland zu, die Konfessionszugehörigkeit der eigenen Untertanen zu bestimmen, reichsgesetzlich bereits 1555 festgesetzt, im Augsburger Religionsfrieden. Wer dem nicht folgte, wurde ausgegrenzt in sehr wörtlichem Sinne, indem er das Territorium verlassen musste. So wird auch hierbei deutlich, welche Bedeutung Grenzen aufweisen, bedeuteten sie doch eine Abgrenzung nicht nur von Glaubenssystemen im engeren Wortsinn, sondern auch eine Verhaltensprägung in ihrer ganzen Bandbreite, bezogen auf das jeweilige Herrschaftsgebiet: Es waren nicht nur politische Grenzen, sondern kulturelle Grenzen.

Die Scheidelinie Deutschland Süd und Deutschland Nord wird geografisch zumeist an der Mainlinie festgemacht, was allenfalls sehr grob zutreffend ist. Denn katholische Territorien gab es auch im Norden Deutschlands, man denke nur an die geistlichen Territorien von Köln, Mainz, Münster und Trier, wobei das

Mainzer Gebiet bis in den Raum zwischen Göttingen und Erfurt reichte: das Eichsfeld mit Heiligenstadt und Duderstadt als Region, die wegen ihrer konfessionellen Insellage bis heute so katholisch ist wie kaum eine andere in Deutschland. Südlich des Mains war es vor allem der relativ geschlossene territoriale Block des Herzogtums Württemberg, das protestantisch-lutherisch ist und von daher auch seine Identität und sein Selbstbewusstsein entwickelte. Die reformierte Kurpfalz kam, über die Maingrenze hinaus reichend, hinzu, für die jedoch gerade die konfessionelle Auseinandersetzung zwischen reformierten Untertanen und katholisch gewordenem Herrscherhaus prägend geworden ist, bis zum heutigen Tage. Darüber hinaus gibt es eine beträchtliche Zahl kleiner Territorien, die ebenfalls protestantisch sind wie die ehemalige Markgrafschaft Baden-Durlach und zahlreiche Reichsstädte im Süden Deutschlands.

Dass der Süden insgesamt aber stark katholisch geprägt ist, liegt ganz wesentlich an der Dominanz Österreichs in diesem Teil Deutschlands. Mit seinen vorderösterreichischen Gebieten reichte Österreich von Günzburg an der Donau über Weingarten in Oberschwaben, Stockach und Konstanz bis nach Waldshut und ins heute schweizerische Fricktal, von Rottenburg am Neckar über Villingen nach Freiburg im Breisgau. Die österreichische Herrschaft in Deutschland ist untergegangen, Vorderösterreich weitgehend aus dem Bewusstsein verschwunden; doch der Einfluss, den Österreich mit seinem zersplitterten Territorium, fingergleich, konfessionspolitisch im Süden Deutschlands genommen hat, ist bis heute wirksam. Die Statuen des hl. Nepomuk an den Brücken sind mehr als die Anrufung seines Schutzes vor Wassernot, auch mehr als eine konfessionelle Markierung; sie sind auch ein Loyalitätszeichen gegenüber Österreich, war doch der böhmische Heilige ein österreichischer Haushheiliger, als Gegenfigur zum böhmischen Ketzer Johannes Hus.

Die fünf neuen Bundesländer sind durchweg protestantisch geprägt, von wenigen katholischen Enklaven abgesehen, wie das thüringische Eichsfeld und Teile der Oberlausitz in Sachsen. In Sachsen-Anhalt und Thüringen befinden sich mit Wittenberg, Eisleben, Erfurt, Mannsfeld und der Wartburg die zentralen Stätten des lutherisch geprägten Protestantismus. Im Unterschied zu den Alten Ländern jedoch sind die Neuen Bundesländer inzwischen weitgehend konfessionslos: in den alten Ländern sind rund 70% der Menschen Mitglied einer christlichen Kirche, in den Neuen Ländern ist es genau umgekehrt: rund 70% sind konfessionslos. Doch Umfragen bestätigen, dass auch hier ein protestantisch geprägtes Wertesystem nach wie vor dominierend geblieben ist, über den Abschied von der Kirchengemeinde hinaus.

Damit ist bereits die zweite große politisch-kulturelle Scheidelinie in Deutschland angesprochen: die zwischen Deutschland Ost und Deutschland West, eine Folge der deutschen Teilung über vier Jahrzehnte hinweg.

Gut erkennbar sind diese Unterschiede im Wahlverhalten. So bevorzugen die Wählerinnen und Wähler in den Neuen Bundesländern andere Parteien als sie nach westlichen Erfahrungen eigentlich „müssten": entsprechend ihrer Sozialstruktur – geringer Katholikenanteil, hoher Prozentsatz abhängig Beschäftigter – müsste hier die CDU ziemlich chancenlos sein. Mehr noch: Von Wahl zu Wahl wird in starkem Maße die Parteipräferenz gewechselt. Das bedeutet für die Erklärung von Wahlverhalten: Statt des „Sozialstrukturellen Ansatzes", wie es in den Alten Bundesländern möglich ist, scheint in den Neuen Bundesländern eher der „Ökonomische Ansatz" zur Erklärung von Wahlverhalten geeignet zu sein: Man entscheidet von Fall zu Fall, welche Partei den eigenen Wünschen und Interessen eher zu entsprechen scheint. Wenn sie diesen Erwartungen nicht entsprechen konnte, wird bei der nächsten Wahl die Parteipräferenz gewechselt. Dieses „modernere" Wahlverhalten ist möglich, weil seit der Zeit der DDR gesellschaftliche Bindungen an Großorganisationen wie Kirchen und Gewerkschaften, die den Grund für ein beständigeres Wahlverhalten entsprechend dem Sozialstrukturellen Erklärungsansatz abgaben, nach 40 Jahren DDR weitgehend gekappt sind.

Die Unterschiede zwischen Deutschland Ost und Deutschland West reichen tief in das Wertesystem hinein, einschließlich der sich daraus ergebenden Erwartungen an Politik. So zeigen Umfragen, dass die Demokratiezufriedenheit in den westlichen Bundesländern höher ist als in den östlichen; das betrifft insbesondere die Zufriedenheit mit der real existierenden Demokratie der Bundesrepublik. Hinzu kommt, dass der sozialen Gerechtigkeit in den neuen Bundesländern ein wesentlich höherer Stellenwert zukommt als in den alten Ländern. Vom Staat wird in den Neuen Ländern zudem eine sehr viel aktivere Rolle erwartet, nicht nur, aber auch bei der Herstellung von sozialer Gerechtigkeit, sozialer Sicherheit und wirtschaftlichem Wohlergehen. Es ist ein eher paternalistisches Staatsverständnis, das in den neuen Bundesländern vorherrscht.

Dass von der Bevölkerung die Unterschiede in der politischen Kultur zwischen Neuen und Alten Bundesländern durchaus wahrgenommen werden, ohne dass man unbedingt die Fragen danach bis ins Detail jeweils zu beantworten wüsste, zeigt die üblich gewordene Etikettierung von „Wessis" und „Ossis", die Zugehörigkeit und Identitätszuweisung ausdrückt, Eingrenzung und Abgrenzung.

4 Konsequenzen für das Parteiensystem

Zentral für die Bedeutung politischer Parteien in demokratischen Gesellschaften sind ihre Artikulations- und Organisationsfunktion, ihre Orientierungs- und ihre

Sozialisationsfunktion. Parteien sollen – aus der Sicht des Regierungssystems und seiner Funktionsfähigkeit – den politischen Willensbildungsprozess organisieren und den Entscheidungsprozess effektiv und effizient in Gang halten. Dazu gehören die Auswahl, Befähigung und Bereitstellung des politischen Personals, die Organisation der parlamentarischen Arbeit und der Regierungstätigkeit. Aus der Sicht der Gesellschaft sollen Parteien die Wertvorstellungen und Interessen der verschiedenen Gruppen artikulieren und in das Entscheidungssystem transportieren. Das setzt eine gewisse Bündelungsfunktion voraus, da selbst in weitgehend homogenen Gruppen eine Vielzahl feinerer Unterschiede besteht. Eine Eisenbahnergewerkschaft kann z. B. Lokführer und Schaffner, technisches Personal und Fahrkartenverkäufer umfassen, deren Interessen nicht immer identisch sind.

Die Bündelungs- und Ausgleichsfunktion gilt in verstärktem Maße für Volksparteien. Als das katholische Zentrum im 19. Jahrhundert sich als erste Volkspartei im modernen Sinne auf deutschem Boden etablierte, gehörten zu ihr reiche Grubenbesitzer aus Oberschlesien genau so wie Bergarbeiter im Ruhrgebiet, adelige Großgrundbesitzer in Westfalen, stattliche Großbauern in Niederbayern wie kleine Winzer von Rhein und Mosel. Regionale Interessensunterschiede kommen hinzu. Von daher konnte ein und dieselbe Partei je nach Region auch ein sehr unterschiedliches Profil annehmen, nach politischer Ausrichtung wie nach Mitgliedschaft und Führungspersonal. Das Zentrum im Ruhrgebiet war so z. B. eine ausgesprochen linke Partei, die sich von den Sozialdemokraten eigentlich nur dadurch unterschied, dass die Anhänger der einen an Gott, die anderen an Marx glaubten, ohne dass das wesentlichen Einfluss auf die politische Programmatik und das „operative Geschäft" gehabt hätte. Zugleich war das Zentrum dort durch eigene, christliche Gewerkschaften sozial recht gut abgestützt, mit entsprechenden Wahlerfolgen. Erst nach 1945, als die CDU als Nachfolgerin des Zentrums sich zum protestantischen wirtschaftliberalen Lager öffnete (Symbolfigur Ludwig Erhard), die christlichen Gewerkschaften – als Reaktion auf die gemeinsame Verfolgung im Dritten Reich und im gemeinsam bewerkstelligten Wiederaufbau – zu Gunsten von Einheitsgewerkschaften nicht wieder erstanden, fehlte der neuen christlichen Volkspartei CDU das soziale Profil und der gewerkschaftliche Rückhalt, um die starke Rolle des Zentrums von früher im Ruhrgebiet wieder einnehmen zu können. Der Aufstieg der SPD zur über Jahrzehnte hinweg dominierenden Partei Nordrhein-Westfalens konnte beginnen. – Wo es diese katholischen Arbeitermilieus nicht gab, hatte das Zentrum ganz anders ausgesehen.

Der Sozialstrukturelle Ansatz in der Wahlforschung liefert eigentlich nur *Indikatoren*, aber keine *Erklärungen* für Wahlverhalten, wenn er auf den Zusammenhang von sozialstrukturellen Besonderheiten und Parteipräferenzen verweist: wie hoher Katholikenanteil = Präferenz für die CDU; hoher Anteil protestantischer Arbeiter mit Gewerkschaftsausweis = Präferenz für die SPD. *Warum* der katholische Bevölkerungsanteil vornehmlich CDU wählt – und das umso mehr, je stärker die kirchliche Bindung – und die Arbeiterschaft protestantischer Herkunft traditionell SPD, kann letztlich nur unter Rückgriff auf die Besonderheiten politischer Kultur und die darin eingebetteten historischen Schlüsselerlebnisse von Bevölkerungsgruppen erklärt werden.

Das überkommene Parteiensystem in Deutschland und Europa ist im 19. Jahrhundert mit seinen historischen Besonderheiten entstanden, stellt – entsprechend dem „cleavage-Ansatz" von Stein Rokkan – das Ergebnis eingefrorener Konfliktlinien dar: Zentrum versus Peripherie, Stadt versus Land, Kirche versus säkularer Staat, Kapital versus Arbeit.

Zentrum versus Peripherie als Partei bildendes und das Wahlverhalten bestimmendes Konfliktpotenzial lässt sich in Deutschland nur abgewandelt zur Erklärung heranziehen. Den klassischen Zentrum-Peripherie-Konflikt finden wir in den zentralistischen Staaten Frankreich, Spanien und Italien vor, wo sich das gesamte Leben auf die Hauptstadtregion zu beziehen scheint. In Deutschland jedoch, als „verspäteter Nation", hat sich das Zentrum von den Peripherien her gebildet, ist der Nationalstaat als Bündnis, als Föderation entstanden, wie es der Name Bundesrepublik Deutschland festhält: im 19. Jahrhundert das Bismarck-Reich als ewiges Fürstenbündnis; nach dem staatlichen Zusammenbruch von 1945 von den Ländern her. Dem entsprechend lautete die Präambel des Grundgesetzes (bis zur Deutschen Vereinigung):

„...hat das Deutsche Volk in den Ländern (es folgt deren alphabetische Aufzählung)...dieses Grundgesetz der Bundesrepublik Deutschland beschlossen."

Der Zentrum-Peripherie-Konflikt stellt sich dann in der Geschichte der Bundesrepublik eher als ein Verteilungskampf an Macht zwischen prinzipiell Gleichberechtigten dar, als Versuch, scheinbar unvermeidlichen Zentralisierungstendenzen nach Kräften entgegen zu wirken. Das gilt nicht nur auf staatlicher Ebene, das gilt beispielsweise auch auf der Ebene der Parteien. Eigene Landesparteien von Anfang an wie die CSU unterstreichen das Eigenständigkeitsbewusstsein, sie formulieren zudem den regionalen Machtanspruch, wie ebenfalls die CSU am eindrucksvollsten zeigt; aber auch alle anderen Parteien mit strukturellen Mehrheiten (wie bislang beispielsweise die CDU in Baden-Württemberg, die SPD zeitweilig in Nordrhein-Westfalen). In einem dritten Fall handelt es sich eher um eine unfreiwillige Machtbeschränkung wie bei der PDS, die faktisch eine ostdeutsche Regionalpartei geworden und geblieben ist; in ihr zeigt sich noch am ehesten der Konflikt zwischen Zentrum und Peripherie.

Der Stadt-Land-Konflikt ist in Deutschland ein sehr kleinräumiges Phänomen, auf die jeweilige Landesebene beschränkt, und kann hier außer Betracht bleiben.

Struktur bildend für das deutsche Parteiensystem ist vor allem der Konflikt Staat – Kirche, entstanden aus dem Zusammenprall staatskirchlicher Vorstellungen auf der einen Seite und einer katholischen Kirche auf der anderen, die als Reaktion auf Französische Revolution und daran sich anschließender Säkularisation von geistlichen Herrschaften und Kirchenbesitz „ultramontan" geworden war: strikt auf Autonomie bedacht, kämpferisch formiert und ausgerichtet auf einen „Oberbefehlshaber" im fernen Rom, jenseits der Berge (ultra montes), bestrebt, den katholischen Bevölkerungsteil abgeschottet zu halten gegenüber allen Gefahren, die von Aufklärung und Liberalismus, kurz: von der „Moderne" ausgingen. Dieser Kampf um elementare Werte und Prinzipien war kaum kompromissfähig, von daher rührt seine Unerbittlichkeit. Der katholische Bevölkerungsanteil wurde zu einer Kampfeinheit integriert durch ein umfassendes, sehr modernes Vereinswesen für alle menschlichen Bedürfnisse, Wünsche und Interessen, zudem mit Hilfe einer katholischen Massenpresse, die konkurrierendes Gedankengut auszuschließen suchte. Um in einem sich demokratisierenden modernen Staat die eigenen Interessen durchsetzen zu können, wurde ein eigenes Verbandswesen geschaffen – und eine eigene Partei: das Zentrum, als politischer Arm des Katholizismus zur Beeinflussung und Mitgestaltung des politischen Prozesses. Je früher sich der Konflikt ankündigte, je heftiger er dann tobte, desto früher auch die Gründung dieser Zentrumspartei, früh dem entsprechend in Baden (1869, zunächst als „Katholische Volkspartei") und in Preußen (1871), spät in Württemberg (erst 1895!). Wenn man den gesamten katholischen Bevölkerungsteil schlagkräftig im Zentrum politisch organisieren wollte, musste die Partei über effektive Konfliktregelungs- und Integrationsmechanismen verfügen, die innerparteilich einen fairen Interessensausgleich und nach außen die wirksame Vertretung unterschiedlichster wirtschaftlicher und gesellschaftlicher Anliegen erlaubten und unterschiedlichen regionalen Besonderheiten Rechnung trug. Das ist dem Zentrum als erster Volkspartei in Deutschland gelungen, wobei die Kompromissbereitschaft nur auf dem festen Boden des gemeinsamen Glaubens und „sub specie aeternitatis" möglich war: vor dem Auge Gottes relativieren sich alle Gegensätzlichkeiten.

Als nach dem Ende des Dritten Reiches die konfessionell orientierte Zentrums-Partei nicht wieder erstand, blieb im Wesentlichen nur das gemeinsame Macht(erhaltungs)interesse, das die neuen Volksparteien zusammen hält, was sich auch wiederum besonders gut an der bayerischen CSU ablesen lässt: Je nach Wählersegment muss sie regional-bayerisch (Nieder- und Oberbayern) oder eher deutsch-national (evangelisches Franken, Heimatvertriebene als „viertem Stamm

Bayerns") sein, traditionell-agrarisch oder großstädtisch-modern, konservativ-katholisch oder urban, sozialstaatliche Schutzmacht und subventionsorientierte Bauernpartei oder technologiebesessen und wirtschaftliberal. Letztlich kann das nur gelingen mit Hilfe einer integrierenden Führungsfigur als Landesvater, wie ihn Alfons Goppel, aber auch Franz Josef Strauß verkörperte, der über seinen Tod hinaus als integrierender Mythos erhalten blieb. Jeder Nachfolger muss bestrebt sein, in eine ähnlich integrierende Rolle hinein zu wachsen, wie das auch bei Edmund Stoiber zu beobachten ist.

Für die Parteibildung entlang der Konfliktlinie Kapital – Arbeit blieb angesichts der frühen Ausbildung dieser konfessionellen Sammlungspartei Zentrum, die auch die „soziale Frage" entschieden artikulierte, wenig Raum. Übrig geblieben für eine eigene Arbeiterbewegung mit klassenkämpferischem Anspruch war bis zum Ende der Weimarer Republik nur die Arbeiterschaft protestantischer Herkunft; auf der anderen Seite der Konfliktlinie das protestantische Bürgertum, wirtschaftlich mit unterschiedlichen Interessen sowohl des mittelständischen Gewerbes, der Schwerindustrie mit ihren Schutzzollinteressen, die sich mit den Großagrariern verbünden konnte, als auch der exportorientierten Verbrauchsgüterindustrie, die freihandelsorientiert war. Zu den unterschiedlichen wirtschaftlichen Interessen kamen immer wieder Auseinandersetzungen über Funktion und Reichweite, Konstruktion und Erscheinungsbild des Staates: Dem Wirtschaftsliberalismus stand der Verfassungsliberalismus gegenüber. Von daher war es immer schwer, ein gemeinsames bürgerlich-wirtschaftliches Lager zusammen zu halten, nicht zufällig ist deshalb der deutsche Liberalismus durch ständige Spaltungen gekennzeichnet, konkurrierende Parteien damit immer wieder einladend, sich bei den Liberalen zu bedienen.

5 Konsequenzen für den Politikstil

Über die regional sehr unterschiedlichen Politikstile als Sonderfall regionaler Verhaltensstile ist wissenschaftlich kaum gearbeitet worden. Zu schwer greifbar schienen der Forschung solche Besonderheiten, die freilich sehr wohl sichtbar sind und auch immer wahrgenommen, von den politisch Agierenden auch einkalkuliert werden. Nur essayistisch liegen dazu Beobachtungen vor, nur essayistisch kann hier dieses Thema aufgegriffen werden, im vollen Bewusstsein, dass Sozialwissenschaftler eine mentale Sperre gegenüber jeder Form von Essayismus haben.

Für Verhaltensstile als Teil der politischen Kultur sind die bereits genannten Variablen verantwortlich: sozio-ökonomische Gegebenheiten einschließlich die sie mit bedingenden geografischen Voraussetzungen, ideologisch-religiöse Prägungen, historische Erfahrungen. Solche Prägungen können räumlich sehr differenziert ausfallen. Auf Grund unterschiedlicher ökonomischer Lebensbedingungen unterschieden sich – und unterscheiden sich immer noch – z. B. die Menschen in der oberbayerischen Jachenau von den Bewohnern des nahe gelegenen Isartals, in Lenggries, wo die Kiesböden des Schwemmlandes keine ausreichende Nahrungsgrundlage abgeben konnten. So stellte man sich hier auf die Flößerei ein, die ganz andere Menschen erfolgreich sein lässt. Karl Stieler schreibt vergleichend in den „Wanderungen im Bayerischen Gebirge und Salzkammergut" (von Schmid/Stieler o. J.: 32):

> „Länggries ist weder so idyllisch noch so tugendhaft wie die Jachenau. Schon nach außen genommen sind die Bewohner herkulischer gewachsen, sie sind minder elastisch und weit eher massiv, als in den übrigen Theilen des Gebirgs. Auch die Schlagringe sind doppelt so dick denn anderwärts; und wenn irgendwo ein Haberfeldtreiben ausbricht, dann gehören die Länggrießer Bursche gewiss nicht zu den letzten."

Im Existenzkampf waren an der Isar und in der Flößerei andere Qualifikationen und Eigenschaften gefragt als in der reichen und behäbigen Landwirtschaft der Jachenau. Dem entsprechend wurden sie – positiv wie negativ – jeweils sanktioniert, führten möglicherweise langfristig auch zu einer entsprechenden Selektion.

Ein Beispiel für die Bedeutung einer lokalen politischen Kultur, die sich nach wie vor auf den Politikstil in der Kommunalpolitik auswirkt, stellt die Stadt Isny im württembergischen Allgäu dar, in einer Fallstudie von Sylvia Greiffenhagen mustergültig untersucht (Greiffenhagen 1987). Wohl letztlich im Streit um die Kontrolle über das Wasser hatten sich Kloster und städtische Siedlung, beide baulich eng miteinander verflochten, auch politisch verhakt, so dass Freie Reichsstadt und Klosterherrschaft sich feindlich gegenüber standen; ein Dauerkonflikt, der sich mit dem Übertritt der Stadt zur Reformation auch ideologisch akzentuierte und bis heute baulich sichtbar ist: Die beiden Kirchen, Nicolai evangelisch und gotisch, St. Georg katholisch und barock, stehen sich nur einen Steinwurf weit gegenüber, als Feldzeichen feindlicher Lager, die andererseits aber so eng miteinander verflochten sind, dass der Sieg einer Seite über die andere nicht möglich war, an ihn nicht einmal gedacht werden konnte. Bis auf den heutigen Tag ist Kommunalpolitik in Isny eine vertrackte Angelegenheit: reich an Konflikten, Einigungen fallen schwer, einmal getroffene Übereinkünfte und Entscheidungen werden bei nächster Gelegenheit wieder aufgerollt – all das aber auch verbunden mit einem hohen Maß an Diskussion und Partizipation. Manche Projekte, wie die Festlegung der Trasse für die Umgehungsstraße der vom Verkehr lange arg geplagten Stadt, ziehen sich so über Jahrzehnte hin, auch ein Bürgermeister kann sich hier seines Amtes nie so sicher sein wie anderen Orts. Die Kontinuität solcher Verhaltensmuster trotz Zuzug von außen erklärt Sylvia

Greiffenhagen mit Hilfe der Lerntheorie: So wie man die Sprache, den Dialekt annimmt, übernimmt man auch die ortstypischen Verhaltensmuster.

Untersuchungen zur regionalen politischen Kultur liegen vor zu Hohenlohe (Hampele), Oberschwaben (Wehling), zur Kurpfalz (Rosemarie Wehling), die sehr deutlich den Zusammenhang von ökonomischen Gegebenheiten, konfessioneller Prägung und einem Politikstil deutlich werden lassen, der aus historischen Erfahrungen einschließlich im Umgang mit den jeweils Herrschenden resultiert. Exemplarisch soll hier die regionale politische Kultur des Rheinlands skizziert werden.

Das Rheinland – der Name sagt es bereits – ist durch die Existenz und den Bezug zum Rhein charakterisiert. Flüsse waren vor dem Zeitalter der Eisenbahn, des Flugzeugs und des modernen Straßenbaus die wichtigsten Verkehrswege, vor allem wenn sie groß und mächtig waren, mit einer einigermaßen regelmäßigen Wasserführung, wie es in Deutschland eigentlich nur der Rhein ist. So brachte der Rhein Klimagunst und Hochwasser, Wohlstand und Verderben. Flusstäler schaffen vor allem Schneisen durchs Gebirge, die auch für die Wegführung günstig sind. Beides ist beim Rhein vorzüglich der Fall. Flüsse und Flusstäler sind somit Einfalls- und Durchzugsgebiete, für friedliche Kaufleute genau so wie für Kriegsscharen. Flusstäler sind als Verkehrsadern offen für Ideen und Innovationen: Flüsse bedeuten somit immer auch Einflüsse. Glaubenssysteme und Baudenkmale werden dadurch genau so beeinflusst wie Lebensgewohnheiten, Speisekarten inclusive.

Zugleich schafft der Durchfluss von Menschen aller Art und jeglicher Absicht spezifische Verhaltensstrategien: Flexibilität, Aufnahme- und Anpassungsbereitschaft, Freundlichkeit – eigene Formen des Umgangs mit Fremden und Fremdem. So fragt der Kabarettist Konrad Beikircher:

„Was hat den Rheinländer befähigt, dem Ansturm von draußen standzuhalten? Indem er dem Ansturm von draußen nicht standgehalten hat!"

Vieles ist pure Überlebensstrategie. Wenn von den Rheinländern behauptet wird, sie seien nur in sehr oberflächlicher Weise freundlich, dann lässt sich das aus der Durchgangssituation leicht erklären. Gastfreundschaft wird bis heute groß geschrieben, eben auch, weil sie eine erfolgreiche (Über-)Lebensstrategie war. Auch die sprichwörtliche Lebensfreude oder gar Leichtlebigkeit haben hier ihren Ursprung: Wenn man nicht weiß, was der morgige Tag bringt, will man wenigstens heute noch das Leben genießen.

Toleranz im Alltag war und ist hier ein Überlebensgebot, in jeder Beziehung. Gegenüber den Fremden zeigt man sich offen, ihnen gegenüber wie auch gegenüber den Vertretern der Obrigkeit nutzt man die Umarmungstaktik, deutlich zu sehen, wenn die Närrinnen die Schutzmänner umarmen. Dem durchreisenden Gast mag es passieren, wenn er in der Altstadtkneipe noch ein Bier an der Theke zu trinken beabsichtigt, dass er sofort einbezogen wird: Eine Runde wird geordert und der Spender weist den Wirt an: „Auch für den Herrn dahinten!" Man hat nicht nur ein großes Herz, es kann ja auch nicht schaden, den Fremden freundlich zu stimmen, ihn zu vereinnahmen. Fremde integrieren sich so rasch, die Umarmungstaktik gegenüber Fremden vermag natürlich auch Folgen zu zeitigen, die die Rheinländer zu einem Mischvolk gemacht haben: Das Rheinland als „Völkerkelter", wie Anna Seghers es formuliert hat, in Analogie zum Wein, der hier wächst.

Militärisches ist demgegenüber den Rheinländern fremd, ja suspekt. Brachte doch Militär durchweg Unglück und waren die durchziehenden Kriegsscharen zumeist stärker; beikommen konnte man ihnen allenfalls mit den Waffen des Geistes, mit Worten und Witz, zudem mit Flexibilität und Pragmatismus. Das Preußische, das die neuen Herren Anfang des 19. Jahrhunderts mitbrachten, musste den Rheinländern fremd bleiben: das Militärische, das Ernste, das Disziplinierte und wenig Lebenslustige, das Protestantische. Somit konnte das territorial zersplitterte Rheinland durch den Anschluss an Preußen nicht nur politisch geeinigt werden, es entstand auch eine Bewusstseinsregion – in Abhebung von den neuen preußischen Herren, die so ganz anders waren als man selbst. Clara Viebig schildert in ihrem Roman "Die Wacht am Rhein" (1902 erstmals veröffentlicht) das Aufeinanderprallen von Preußischem und Rheinländischem, und wie es sich im Umfeld der 48er Revolution deutlich in antipreußischen Kundgebungen gegenüber der Garnison Luft macht. Viebig zeigt im gleichen Roman aber auch, wie im Gefolge der durch preußische Truppen herbeigeführten deutschen Einigung die Stimmung zugunsten Preußens sich ändert: Nur allzu gern sah man sich auf der Seite der Sieger der Geschichte.

Der rheinische Karneval karikiert preußischen Drill, militärischen Aufzug, Paradieren und Ordensverleihungen. Wenn die Kölner „Roten Funken" „Stippeföttchen" tanzen, ist das letztlich eine Beleidigung für jegliches militärisches Denken und Empfinden, gleicht fast einer Majestätsbeleidigung. Kein Wunder auch, dass der Rheinländer Konrad Adenauer als erster deutscher Bundeskanzler die Eigenständigkeit des Militärs stark beschränkte, den Primat der Politik sehr energisch betonte.

Die Auseinandersetzung mit dem Fremden, den sich immer wieder verändernden Verhältnissen haben den Rheinländer Pragmatismus gelehrt, Pragmatismus im Alltag allgemein wie auch in der Politik. Prinzipien sind ihm zuwider, Dogmen biegt man sich entsprechend den eigenen Bedürfnissen zurecht, das gilt auch für den rheinischen Katholizismus, der mit Morallehren des fernen Papstes genau so wenig Probleme hat wie mit einem unrheinisch-starr-prinzipienverbohrt daher kommenden Erzbischof, den man im Zweifelsfall auflaufen lässt. Da schätzt man doch den früheren rheinischen Kardinal, der durchaus Verständnis hatte, wenn die frierenden Nachkriegs-Kölner die Kohlenzüge beklauten; ihm zur Ehre nannte man das „fringsen". So lässt man den lieben Gott einen guten Mann sein, sieht ihn als einen verständigen, verzeihenden Gott, der nicht nur die Nöte, sondern auch die Schwächen der Menschen kennt und ihnen die kleinen Freuden des Daseins durchaus gönnt, auch wenn sie nicht immer mit den Zehn Geboten konform gehen sollten. Selbst „schwere Sünden" nach dem offiziellen Verständnis der Kirche werden so zu „lässlichen Sünden" herunter gestuft: „Dä liewe Jott isse nit su".

Konflikte sind dazu da, dass man sie in vernünftiger Weise löst, im Konsens, ohne Beharren auf lebensfeindlichen Prinzipien. So meint der Kölner Kabarettist Jürgen Becker, unter rheinischen Verhältnissen, unter Adenauer als Papst hätte es die Reformation nicht gegeben. Seinen Adenauer lässt Jürgen Becker sagen:

> „Das mit dem Luther und der Reformation wäre mir nicht passiert. Ich hätte mir den Herrn Luther mal kommen lassen und hätte ihm jesacht: `Herr Luther, Sie sind doch ne vernünftije Mensch´".

So fangen Befriedungs- und Aushandlungsprozesse im Rheinland an, zweifellos von oben herab („hätte kommen lassen"), man respektiert den anderen, wenn auch leicht ironisch: „den Herrn Luther…". Man ist entgegenkommend, man spürt den Sprachgestus: vornüber geneigt, herab geneigt, doch dabei eine gemeinsame Basis suchend, Einverständnis erheischend: „Herr Luther, Sie sind doch ne vernünftije Mensch!" Dem muss sich der Mönch auf Absprung stellen, er weiß, was von ihm erwartet wird, dass der andere über Macht verfügt, aber diese ungern einsetzen möchte, lieber auf das Entgegenkommen vertraut.

Entgegenkommen, Konsens, Vernunft im Alltag, Pragmatismus, den anderen nicht zum Feind erklären und nicht unterwerfen, sondern ihn einbeziehen wollen: das sind im Rheinland Grundelemente der Politik. Das sind auch wesentliche Bestandteile dessen, was man den Kölner Klüngel nennt: „man kennt sich und man hilft sich", hat der langjährige Kölner Oberbürgermeister Konrad Adenauer das Prinzip bezeichnet, das den Klüngel ausmacht. Der Klüngel ist parteiübergreifend, bezieht den politischen Konkurrenten mit ein („Man muss auch jönne könne"), unförmlich, lax auch in der dahinter stehenden Moralvorstellung, doch er hilft auch, den Entscheidungsapparat am Laufen zu halten, am Amtsschimmel vorbei. Der Weg ist jedoch auch gefährlich, der Absturz in die pure Korruption nicht weit, wie zahlreiche Kölner Skandale immer wieder zeigen. Dennoch: Der Klüngel ist keine Einzelfallentgleisung, Klüngel ist eine Struktur, die das politische Geschäft erfolgreich sein lässt. Irgendwie lässt sich alles regeln, vernünftig, ohne dass die daran Beteiligten freilich einen Schaden davon hätten...

6 Fazit

Die Vielgestaltigkeit Deutschlands – geografisch, historisch, konfessionell und damit letztlich politisch-kulturell – hat ihre Entsprechung in der Vielzahl sehr unterschiedlicher Einheiten, die heute als Länder konstituierender Bestandteil des föderalen Staates Bundesrepublik Deutschland sind. Beides bedingt sich, beides stützt sich wechselseitig, wodurch der Föderalismus in Deutschland über ein solides Fundament verfügt. Damit ist nicht gesagt, dass die gegenwärtig gegebene Ländergliederung in Deutschland unantastbar sei. Politische Kultur ist ein dynamisches Phänomen, ist selbst Teil von Geschichte. Somit kann politische Kultur sich auch geänderten politischen Strukturen anpassen. Jedoch sollte man bei jeden Neugliederungsprojekt bedenken, dass der entsprechende Art. 29, Abs. 1 des Grundgesetzes auf zweierlei abhebt: auf die ökonomisch-technokratische *und* auf die politisch-kulturelle Sinnhaftigkeit des Vorgehens:

„Das Bundesgebiet kann neu gegliedert werden, um zu gewährleisten, dass die Länder nach Größe und Leistungsfähigkeit die ihnen obliegenden Aufgaben wirksam erfüllen können. Dabei sind die landsmannschaftliche Verbundenheit, die geschichtlichen und kulturellen Zusammenhänge, die wirtschaftliche Zweckmäßigkeit sowie die Erfordernisse der Raumordnung und der Landesplanung zu berücksichtigen."

 Literatur

Blickle, Peter: Deutsche Untertanen. Ein Widerspruch, München 1981
Blickle, Peter (Hrsg.): Politische Kultur in Oberschwaben, Tübingen 1993
Greiffenhagen, Martin/Greiffenhagen, Sylvia (Hrsg.): Handwörterbuch zur politischen Kultur der Bundesrepublik Deutschland, 2. Auflage Wiesbaden 2002
Greiffenhagen, Sylvia: Die politische Kultur Isnys im Allgäu, Kehl 1987
Hampele, Walter: Die politische Kultur Hohenlohes, in: Bauschert, Otto (Hrsg.): Hohenlohe, Stuttgart 1993, S. 141-167
Lipset, Seymour M./Rokkan, Stein: Party Systems and Voter Alignments: Cross-National Perspectives, New York 1967
Rohe, Karl: Politische Kultur und ihre Analyse, in: Historische Zeitschrift 250, 1990, S. 321-346

Rohe, Karl/Kühr, Herbert (Hrsg.): Politik und Gesellschaft im Ruhrgebiet, Königstein/Ts. 1979

Sarcinelli, Ulrich/Falter, Jürgen/Mielke, Gerd/Benzner/Bodo (Hrsg.): Politische Kultur in Rheinland-Pfalz, Mainz 2000

von Schmid, Hermann/Stieler, Karl: Wanderungen im Bayerischen Gebirge und Salzkammergut München o. J., (Faksimile Nachdruck München 1976)

Wehling, Hans-Georg (Hrsg.): Regionale politische Kultur, Stuttgart 1985

Wehling, Hans-Georg (Hrsg.): Oberschwaben, Stuttgart 1995

Wehling, Hans-Georg: Regionale/Lokale politische Kultur, in: Greiffenhagen, Martin/ Greiffenhagen, Sylvia (Hrsg.): Handwörterbuch zur politischen Kultur der Bundesrepublik Deutschland, 2. Auflage Wiesbaden 2002, S. 521-525

Wehling, Hans-Georg: Sonderfall Baden-Württemberg: Länderneugliederung in Deutschland, in: Jahrbuch des Föderalismus 3, 2002, S. 232-241

Wehling, Hans-Georg: Wirkkräftig bis in unsere Tage. Gesellschaftlich-kulturelle Auswirkungen von Säkularisation und Mediatisierung, in: Rudolf, Hans Ulrich (Hrsg.): Alte Klöster – Neue Herren. Die Säkularisation im deutschen Südwesten 1803, Ostfildern 2003, S. 1159-1172

Wehling, Hans-Georg: Politische Kultur, Wahlverhalten und Parteiensystem in Baden-Württemberg, in: Eilfort, Michael (Hrsg.): Parteien in Baden-Württemberg, Stuttgart 2004

Wehling, Hans-Georg: Köln und die politische Kultur des Rheinlands, in: Kustermann, Abraham Peter (Hrsg.): , Stuttgart 2005, S. 173-186

Wehling, Rosemarie: Pfälzer „hiwwe un driwwe". Zur politischen Kultur der Kurpfalz, in: Schweickert, Alexander: Kurpfalz, Stuttgart 1997, S. 141-164

Werner J. Patzelt

Länderparlamentarismus

1 Zur ,Theorie des Länderparlamentarismus'

Welchen Nutzen hat Deutschland eigentlich vom Parlamentarismus in seinen Ländern? Brauchen die Länder vielleicht gar keine parlamentarischen Regierungssysteme, weil es sich bei ihnen nur um symbolisch aufgepeppte Verwaltungsprovinzen handelt?[1] Solche Fragen führen in den Kern der Aufgabe, die Besonderheiten des deutschen Länderparlamentarismus zu erörtern. Eine Gesamtschau lässt sich nun besser denn je angehen: Im jüngst erschienenen Band von Siegfried Mielke und Werner Reutter[2] werden die Länderparlamente – lange vernachlässigt als „Schmuddelkinder" der Parlamentarismusforschung[3] – überaus sorgfältig darstellt und vergleichend analysiert.[4]

Es gibt noch keine „Theorie des Länderparlamentarismus". Darum wird immer nur stückweise sichtbar, was doch insgesamt betrachtet und bedacht werden müsste. Bekannt sind freilich die schon verfügbaren Stücke einer solchen Theorie: Aussagen der Parlamentarismusforschung zu den Strukturen und Funktionen von Vertretungskörperschaften; Einsichten der Föderalismusforschung zu

---

[1] Zu dieser frühen These von Wilhelm Hennis, Theodor Eschenburg und Walter Leisner siehe Schneider, Herbert: Länderparlamentarismus in der Bundesrepublik. Opladen 1979, S. 25.
[2] Mielke, Siegfried / Reutter, Werner, Hrsg.: Länderparlamentarismus in Deutschland, Wiesbaden 2004.
[3] So Hartmann, Jürgen: Geschichte der Politikwissenschaft, Opladen 2003, S. 173.
[4] Im übrigen siehe Mielke, Siegfried: Länderparlamentarismus, Bonn 1971 (=Schriftenreihe der Bundeszentrale für Politische Bildung, Heft 83); Friedrich, Manfred: Landesparlamente in der Bundesrepublik, Opladen 1975; Schneider, Länderparlamentarismus, a.a.O.; Jun, Uwe: Landesparlamente, in: Westphalen, Raban Graf v., Hrsg., Parlamentslehre, München / Wien 1993, S. 489-513; Johne, Roland: Landesparlamentarismus im Zeichen der europäischen Integration. Beteiligungschancen und Handlungsziele der Landtage in der Europapolitik der Länder, Frankfurt/M u .a. 1994; Greß, Franz / Huth, Ronald, Die Landesparlamente. Gesetzgebungsorgane in den deutschen Ländern, Heidelberg 1998; Bovermann, Rainer: Die Landesparlamente. Machtverlust, Funktionswandel und Reform, in: Politische Bildung 35, 2002, S. 62-81. Eine Bestandsaufnahme zur Entwicklung des bundesstaatlichen Rahmenbedingungen des Landesparlamentarismus seit 1990 gibt Thaysen, Uwe: Landesparlamentarismus zwischen deutschem Verbundföderalismus und europäischem Staatenverbund: Lage und Leistung 1990–2005, in: Festschrift zum 15jährigen Bestehen des Thüringer Landtags [im Erscheinen, 2005].

den Politikmustern und Handlungsrestriktionen in Mehrebenensystemen; der Rat, man solle die Landesparlamente nicht am Funktionsprofil eines nationalen Parlaments messen; Theoreme zum Machtverlust der Landtage im Exekutivföderalismus und unitarischen Bundesstaat; Hinweise auf die weiter reduzierte Rolle von Landtagen in der EU; obendrein die Einsicht, dass Föderalismus seit je zu Deutschland gehört und es ihm angemessene Institutionen – darunter die Landesparlamente – darum ganz einfach braucht.[5] Das alles lässt sich bestimmt systematisieren, an etlichen Stellen fruchtbar erweitern und zu einer theoriebildend geordneten Zusammenstellung nützlicher Perspektiven, Konzepte und Theoreme machen.

2 Die Praxis des deutschen Länderparlamentarismus

2.1 Parlamentsfunktionen

Einen guten Blick auf die Praxis erschließt die Untersuchung von Parlamentsfunktionen. Ihr geht es darum, welche Leistungen Parlamente für jenes politische System erbringen, in das sie eingebettet sind.[6] Weil das mögliche Leistungsprofil einer Vertretungskörperschaft vor allem von ihrem institutionellen Typ abhängt und dann erst von jener Ebene im politischen System, auf der sie angesiedelt ist, ist die Sorge gegenstandslos, ein allgemeiner Funktionenkatalog müsse die Eigenart von Landesparlamenten verfehlen. Man braucht es bloß unterlassen, eine bestimmte – etwa vom Bundestag abgeleitete – Ausprägung des Funktionenprofils als ‚richtig', Abweichungen davon aber als defizitär zu betrachten. Im Schrifttum war die Funktionsanalyse denn auch immer der Königsweg bei der Untersuchung von Landesparlamenten. Er erstreckt sich entlang den folgenden Kategorien: Repräsentation (entfaltet als Vernetzung, Responsivitätssicherung,[7] Führungsleistung und Selbstdarstellung der eigenen Repräsentationsleistung), Regierungsbildung, Regierungskontrolle und Gesetzgebung.[8] Nur am Rande sei verwiesen auf die bundespolitische Rekrutierungsfunktion der Landesparlamen-

---

[5] Das Bestehen deutscher Länder – Staaten eigenen Rechts – wird in Art. 79,3 GG verfassungsrechtlich verlangt. Nach Art. 28,1 GG müssen sie auch Parlamente haben.

[6] Vgl. Patzelt, Werner J.: Parlamente und ihre Funktionen, in: ders., Hrsg,: Parlamente und ihre Funktionen. Institutionelle Mechanismen und institutionelles Lernen im Vergleich, Opladen 2003, S. 13-49.

[7] Responsivität meint über eine bloße Widerspiegelung von Ansichten und Wünschen der Bevölkerung hinaus eine inhaltliche Auseinandersetzung mit ihnen sowie – soweit Abgeordnete sich anschließen wollen – auch deren Umsetzung.

[8] Die Aufgabe institutioneller Selbsterhaltung (siehe Patzelt, Parlamente und ihre Funktionen, a.a.O., S. 40-42) wird aus Platzgründen nicht gesondert abgehandelt.

te: Rund 17 % der 1994 amtierenden westdeutschen Bundesparlamentarier waren zuvor Mitglied eines Landtages, und Bundesminister werden vergleichsweise oft aus den Reihen der Ministerpräsidenten oder Minister der Länder gewonnen.[9]

2.1.1 Repräsentation

Im bundesdeutschen Durchschnitt steht ein Landtagsabgeordneter – gleich ob Direkt- oder Listenmandatar – für rund 30.300 Wahlberechtigte, wobei sich die Zahlen zwischen 5.804 Wahlberechtigten in Bremen und 64.981 in Nordrhein-Westfalen bewegen.[10] Unter Einschluss der nicht wahlberechtigten Bevölkerung ist ein deutscher Landtagsabgeordneter – gleich ob Direkt- oder Listenmandatar – im Durchschnitt für rund 42.500 Personen ‚zuständig', ein Bundestagsabgeordneter für rund 135.000 Personen. Das zeigt, dass Landtagsabgeordnete eine zusätzliche Vernetzungsleistung erbringen können. Dabei folgen sie großenteils denselben Anreizen wie ihre Bundestagskollegen: In zwölf von 16 Bundesländern gibt es ein Zwei-Stimmen-Wahlrecht wie auf Bundesebene, das ernsthafte, wenn auch erfolglose, Bewerber um ein Direktmandat zu einer engen persönlichen Verankerung im Wahlkreis anhält. Baden-Württemberg kennt bei Landtagswahlen ohnehin nur Wahlkreiskandidaten. Das Saarland, Bremen und – bislang – Hamburg nutzen allerdings nur Landeslisten, was wegen der kleinräumigen Strukturen dieser Länder engen Bürgerkontakt auch ihrer Abgeordneten nicht hindern muss.[11]

Daten zum Rollenverständnis und zur Wahlkreisbindung aller deutschen Abgeordneten aus dem Jahr 1994 legen wirklich eine besondere Bürgernähe von Landtagsabgeordneten offen.[12] Sie ist zwar in eine auf Landes- und Bundesebene recht einheitliche Abgeordnetenrolle eingebettet. Doch signifikant mehr als Bundestagsabgeordnete meinen Landesparlamentarier, dass sie in erster Linie Vertreter ihrer Region und ihres Wahlkreises zu sein hätten (Mittelwerte: 2.4 vs. 2.6

---

[9] Vgl. Schneider, Herbert: Ministerpräsidenten. Profil eines politischen Amtes im deutschen Föderalismus, Opladen 2001.

[10] Zahlen nach Mielke, Siegfried / Reutter, Werner: Länderparlamentarismus in Deutschland. Eine Bestandsaufnahme, in: dies., Länderparlamentarismus in Deutschland, a.a.O., S. 19-51, hier S. 20.

[11] Vgl. Bovermann, Landesparlamente, a.a.O., S. 64-66, und Patzelt, Werner J.: Constituency work and roles of MPs at the state and federal levels in Germany, in: Journal of Legislative Studies, 2005/6, Special Issue on 'Constituency representation, devolution and additional member systems', hrsg. v. Jonathan Bradbury / Meg Russell [im Erscheinen].

[12] Siehe – auch zu Methodenfragen – ebenda. Im übrigen beziehen sich folgenden Daten nur auf westdeutsche Abgeordnete, da 1994 die Lage von Abgeordneten in den neuen Bundesländern noch ganz untypisch für Deutschland war. Vgl. auch Jun, Landesparlamente, a.a.O., S. 506-508.

auf einer fünfstufigen Einstellungsskala) und dass sie sich über die Lage in ihren Wahlreisen aus mannigfaltigen Quellen gut informieren sollten (1.5 vs. 1.7). Umgekehrt empfinden sie signifikant weniger als ihre Bundestagskollegen, dass sie im Parlament selbst gegen offen bekundete politische Wünsche der Bürger stimmen sollten, wenn sie gute Gründe dafür zu haben glauben (1.6 vs. 1.4), und ebenfalls weniger, dass man als Abgeordneter die Ansichten der Bürger aktiv beeinflussen sollte (2.1 vs. 1.8). Mehr Responsivitätswillen und weniger Führungsbereitschaft bei Streben nach besonderer Bürgernähe: Das ist das besondere Einstellungsprofil von Landesparlamentariern.

Ihm folgt auch die Praxis. Signifikant mehr Landtags- als Bundestagsabgeordnete sind noch Mitglieder von Gemeinde- und Stadträten (40% vs. 20%) und verwenden in Wahlkreiswochen auch mehr Zeit auf deren Sitzungen (durchschnittlich 2.9 vs. 1.2 Stunden). Landesparlamentarier gehören außerdem öfter den Führungsgremien von zivilgesellschaftlichen Vereinigungen auf regionaler Ebene an (40% vs. 30%). Überhaupt pflegen sie anders akzentuierte politische Netzwerke als ihre Bundestagskollegen: Sie erachten Kontakte mit regionalen Verwaltungsbehörden als noch wichtiger für ihre Wahlkreisarbeit (Mittelwerte: 2.4 vs. 2.8 auf einer fünfstufigen Einschätzungsskala) und halten den Einfluss der Kommunalpolitik auf ihr jeweiliges Parlament für größer (2.7 vs. 3.4). Ferner schätzen sie das Zusammenwirken mit Interessengruppen als wichtiger ein für sowohl ihre eigene Arbeit im Parlament (2.1 vs. 2.5) als auch für eine erfolgreiche Politik ihres Parlaments überhaupt (2.5 vs. 2.8). Entsprechend mehr Gewicht messen sie der Vertretung der Interessen gesellschaftlicher Gruppen bei (2.9 vs. 3.1) und verwenden selbst in Parlamentswochen durchschnittlich mehr Zeit auf Kontakte mit Repräsentanten von Interessengruppen (1.1 vs. 0.3 Wochenstunden). Ebenso unterscheiden sich, passend zu den verschiedenen Zuständigkeitsprofilen von Landesparlamenten und Bundestag, auch vielerlei Inhalte der Kommunikation zwischen Abgeordneten und Bürgern: Viel stärker geht es beim Bürgerkontakt von Landesparlamentariern um Kommunalpolitik, Schulen und Berufsausbildung sowie um regionale Planungsfragen.[13] Zweifellos verdichten Deutschlands Landesparlamentarier ganz wesentlich jene Netzwerkstrukturen zwischen Gesellschaft und politischem System, auf denen alle anderen Repräsentationsleistungen aufruhen. Allerdings bleibt dies vielen Deutschen verborgen: Sie halten Landtagsabgeordnete sogar für noch schwerer persönlich zu sprechen als Bundestagsabgeordnete: Leicht sei das, meinen 12% (MdB: 13%), eher schwierig 48% (MdB: 52%), fast unmöglich 25% (MdB: 21%); 15 bzw. 14% haben hierzu keine Meinung.

---

[13] Siehe Patzelt, Constituency work, a.a.O., Tab. 5.

Leider fehlen ähnlich differenzierte Befunde zum tatsächlichen Praktizieren von Responsivität, zur Ausübung politischer Führung und zur auch öffentlich wahrgenommenen Selbstdarstellung solcher Leistungen. Auch die rund 100 materialreichen Tabellen im einschlägigen Band von Mielke und Reutter zeigen zur Repräsentationsleistung der Landesparlamente nur an, dass deren soziale Zusammensetzung ebenso wenig der soziographischen Struktur der Bevölkerung entspricht wie beim Bundestag. Doch das ist weder für die Beurteilung der Repräsentationsleistung von Länderparlamenten zentral noch überhaupt erstaunlich. Erstens wirken die Rekrutierungs- und Selektionsfaktoren politischen Personals auf der Landesebene nicht anders als auf der Bundesebene. Also sorgen sie für recht gleichartige Abweichungen der Zusammensetzung der Parlamente von jener der Gesellschaft. Zweitens ist es ohnehin nicht so, dass Parlamente sozusagen „repräsentative Stichproben" aus der Bevölkerung sein müssten, um ihre in Vernetzung, Responsivität, Führung und Selbstdarstellung bestehende Repräsentationsaufgabe erfüllen zu können. Das Eichmaß deskriptiver Repräsentation gibt nur wertvolle Hinweise auf nötige *Zusatz*anstrengungen bei der Erfüllung der Vernetzungsfunktion.

Zur Responsivitätsleistung der Landtage ist bekannt, dass auch diese aus zwei Gründen sehr reduziert ist: erstens durch die Kompetenzausdünnung der Landespolitik, welche die Bevölkerung umtreibende Themen aus der Bundes- oder Europapolitik im Landtag allenfalls thematisierbar, doch nicht politisch folgenreich behandelbar macht; und zweitens durch die Handlungsdominanz der Landesregierungen im bundesdeutschen Exekutivföderalismus, die ziemlich folgenlos sein lässt, was im Landtag zu einer getroffenen Vereinbarung wohl auch noch gesagt wird. Im Grunde entfaltet sich die größte Responsivitätsleistung der Landtage dahingehend, dass Landtagswahlen von vielen als bundespolitische Nebenwahlen genutzt werden, meist die Bundestagsopposition begünstigen und im Fall eines Mehrheitswechsels im Landesparlament das Agieren der neuen Landesregierung den bundesweiten Gestaltungswünschen der jeweiligen Bundestagsopposition anpassen. Solche Unitarisierung kollidiert dann immer wieder mit den vor allem aufs eigene Land bezogenen Responsivitätsbemühungen.[14]

Auch ohne detaillierte Studien ist ferner davon auszugehen, dass die Landtage im kommunikativen Windschatten des Bundestages stehen und üblicherwei-

---

[14] Zur Gesamtthematik siehe Hough, Daniel / Jeffery, Charlie: Landtagswahlen: Protestwahlen oder Regionalwahlen?, in: Zeitschrift für Parlamentsfragen 34, 2003, S. 79-94, und Decker, Frank / Blumenthal, Julia v.: Die bundespolitische Durchdringung von Landtagswahlen. Eine empirische Analyse von 1970-2001, in: Zeitschrift für Parlamentsfragen 33, 2002, S. 144-165. Vgl. auch Mielke/Reutter, Länderparlamentarismus, S. 29ff.

se noch weniger Aufmerksamkeit auf sich ziehen als dieser.[15] Das hat viel mit den Inhalten der Landtagsarbeit zu tun: Die Kompetenzverteilung zwischen Bund und Ländern zieht nach sich, dass Landesparlamente vor allem Einzelfragen und Detailprobleme behandeln, politische Richtungsdebatten selten sind und bloß Debatten zur Schul-, Umwelt- oder inneren Sicherheitspolitik immer wieder breitere Öffentlichkeit finden.[16]

Zur Funktion kommunikativer politischer Führung ist obendrein festzustellen, dass sie in den überall eingerichteten parlamentarischen Regierungssystemen mit stark profilierten Parteien vor allem von den Inhabern der Regierungs- und Fraktionsführungsämter ausgeübt, von den meisten anderen Abgeordneten aber – auch mangels persönlicher Medienresonanz – ziemlich vernachlässigt wird. Also nimmt die Öffentlichkeit vor allem an der Regierung oder an markanten Parteipolitikern der Opposition jene kommunikative Führungsarbeit wahr, die in einer repräsentativen Demokratie doch auch das Bild des Parlaments und seiner Abgeordneten prägen könnte. Folglich erbringen Landesparlamente eine deutlich geringere Repräsentationsleistung, als ihnen vom Typ ihrer Institution her eigentlich möglich wäre. Darum muss nicht wundern, dass die Landtage ihr Legitimierungspotential für das gesamte Staatswesen nicht ausschöpfen und populäre Zweifel am Nutzen der Landesparlamente bestehen. Nicht nur Gerhard Lehmbruch fand hier Gründe dafür, die „Abschaffung des aufgeblähten und leerlaufenden Länderparlamentarismus" zu fordern.[17]

2.1.2 Regierungsbildung

Zwar sind jene parlamentarischen Regierungssysteme, die in allen Bundesländern eingerichtet wurden, staatsrechtlich und prozedural recht verschieden ausgeformt.[18] Doch der ganz Deutschland prägende Wettbewerb stabiler, starker Parteien samt seiner Begleiterscheinung, der in allen Parlamenten selbstverständlichen Fraktionsdisziplin, hat die institutionellen Unterschiede sehr abgeschliffen. Insgesamt haben die Landesparlamente ihre Aufgabe verlässlich erfüllt, für stabile Regierungen und recht stetige Landespolitik zu sorgen – wenn auch, im Vergleich zur Bundesebene, mit erkennbarer Anfälligkeit für Koalitionszerfall

---

[15] Vgl. die einschlägigen Befunde in Patzelt, Werner J.: Warum verachten die Deutschen ihr Parlament und lieben ihr Verfassungsgericht?, in: Zeitschrift für Parlamentsfragen 36, 2005/4 [im Erscheinen], sowie Marschall, Stefan: Öffentlichkeit und Volksvertretung, Wiesbaden 2002.
[16] Vgl. Jun, Landesparlamente, a.a.O., S. 502.
[17] Zitiert nach Mielke / Reutter, Länderparlamentarismus, a.a.O., S. 38, Anm. 87.
[18] Siehe ebenda, S. 34-38 und 40f; Jun, Landesparlamente, a.a.O., S. 499-501; und Bovermann, Landesparlamente, a.a.O., S. 68-70.

und individuelle Skandale. Allerdings gibt es klare Unterschiede. Die durchschnittliche Amtszeit einer Regierung – gebunden an Wahlperioden von 4 bzw. 5 Jahren – beträgt etwa im Saarland bislang 4,3 Jahre, in Bremen 3,7 Jahre und in Nordrhein-Westfahlen 3,5 Jahre, in Berlin aber nur 2,3 Jahre; die Regierungschefs in Bremen amtierten durchschnittlich über 11 Jahre, in Rheinland-Pfalz 9,3 Jahre, in NRW 8 Jahre; und Baden-Württemberg sowie Rheinland-Pfalz kamen seit Bestehen dieser Länder mit gerade 6 Regierungschefs aus, während Berlin seit 1950 nicht weniger als 13 verschliss. Ähnlich zeichnet sich in den neuen Bundesländern ein markanter Stabilitätsunterschied zwischen Sachsen mit gerade zwei Ministerpräsidenten seit 1990 und Sachsen-Anhalt mit deren fünf ab.[19] Das inzwischen überall vorhandene parlamentarische Selbstauflösungsrecht wurde selten genutzt und hat keineswegs dazu geführt, dass die Länderparlamente einfach auseinander liefen, wenn die Politik in schweres Fahrwasser geriet. Bei der Aufgabe, Regierungen zu bilden und im Amt zu halten, haben die Landtage also eine Stabilitätsleistung erbracht, die selbst in Anbetracht dessen beachtlich ist, dass die Landeskompetenzen ausgedünnt und landespolitischen Streitpunkte dergestalt verringert wurden. Immerhin verblieben wichtige Politikfelder wie die Bildungspolitik oder das Kommunal- und Polizeiwesen im exklusiven Zuständigkeitsbereich der Länder, und obendrein ist die Verwaltungsführung, der durchaus skandalträchtige Kern exekutiven Handelns, weitestgehend Ländersache.

Im übrigen sicherten die Landtage mit ihren immer wieder vom bundespolitischen Koalitionsmuster abweichenden Regierungskonstellationen[20] eine integrativ höchst wünschenswerte Verschränkung von auf Bundesebene konkurrierenden Parteien. Durch Regierungsbeteiligungen der PDS im östlichen Deutschland hielten sie auch solche politischen Kräfte in der Disziplin der Verantwortung, die sich unserem System sonst entfremden könnten. Außerdem praktizierte der Landtag von Sachsen-Anhalt, wenn auch mit wenig politischem Erfolg, zwei Wahlperioden lang jene Variante des parlamentarischen Regierungssystems, bei der nicht eine Koalitionsvereinbarung für eine stabile Regierungsmehrheit sorgt, sondern das Kabinett sich von einer nur informell und intransparent mitregierenden Partei „tolerieren" lässt.[21] Auf solche Weisen legten die Länderparlamente bei der Regierungsbildung eine gewisse Experimentierfreude an den Tag, die nützliche Erfahrungen zeitigte.

---

[19] Ebenda, S. 40f.
[20] Vgl. Kropp, Sabine: Regieren in Koalitionen. Handlungsmuster und Entscheidungsbildung in deutschen Länderregierungen, Wiesbaden 2001, und Mielke/Reutter, Länderparlamentarismus, a.a.O., S. 32.
[21] Siehe Wollkopf-Dittmann, Elrid: Das Magdeburger Modell, in: Roy, Klaus-Bernhard, Hrsg.: Wahlen 2002 in Sachsen-Anhalt, Magdeburg 2002 (Landeszentrale für politische Bildung), S. 31-46.

2.1.3 Gesetzgebung

Populären Vorstellungen zum Trotz, die in Parlamenten in erster Linie Legislativen sehen, lässt sich im parlamentarischen Regierungssystem die politische Leistung eines Parlaments besonders schlecht an seiner Gesetzgebungsfunktion ablesen. Es ist die Regierung, die im Auftrag der Regierungsmehrheit, und idealerweise in enger Zusammenarbeit mit ihr, die Gesetzesvorlagen ausarbeitet. Diese werden im parlamentarischen Beratungs- und Entscheidungsverfahren dann um so weniger verändert, je mehr sich die Regierung vorab zu eigen machte, was ihre Parlamentsmehrheit zu akzeptieren bereit ist.

Der gesetzgeberische Zuständigkeitsbereich der Länderparlamente ist bereits stark verengt und obendrein meist erschöpft, und zwar durch die ausgedehnte Gesetzgebungstätigkeit des Bundes im Bereich der ausschließlichen, konkurrierenden und der Rahmengesetzgebung sowie durch die europäische Integration.[22] Insbesondere das zur Regierungskontrolle so wichtige Recht, das Haushaltsgesetz zu beschließen, ist faktisch verkürzt: 90 bis 95% der Einnahmen und Ausgaben der Länder sind schon vorab gesetzlich festgelegt,[23] während die meisten Einnahmen auch der Länder aus Steuern fließen, die durch Bundesgesetz festgelegt werden. Allerdings legt die mit den gegenwärtigen Finanzierungsschwierigkeiten einhergehende Notwendigkeit, beim Einsparen Schwerpunkte zu setzen, beachtliche Entscheidungsverantwortung in die Hand der Landesparlamente zurück. Die inzwischen in allen Ländern eingeführte Volksgesetzgebung ist im übrigen nirgendwo zu einer ernsthaften Konkurrenz des parlamentarischen Gesetzgebungsverfahrens geworden.[24]

Insgesamt blühte die Gesetzgebungstätigkeit der Landesparlamente nur in den neuen Bundesländern während ihrer ersten, allenfalls noch zweiten Wahlperiode nach der Wiedervereinigung auf: Verfassungen waren zu geben, grundlegende Gesetze für die Ausgestaltung der Länder und für die Regelung ihrer exklusiven Zuständigkeiten zu beschließen.[25] Seit dies geschah, kreist die parlamentarische Gesetzgebungstätigkeit auch dort um Korrekturen, Neuanpassungen oder die Schließung von Gesetzeslücken, die sich entweder wirklich auftun oder aus politischem Gestaltungswillen definiert werden. Auch unter solchen Umständen kann der quantitative Gesetzesausstoß beträchtlich sein: In den alten

---

[22] Vgl. Jun, Landesparlamente, a.a.O., S. 492-499, und Bovermann, Landesparlamente, a.a.O., S. 71-72.
[23] Siehe Mielke/Reutter, Länderparlamentarismus, a.a.O., S. 41.
[24] Siehe – freilich auch zu den wenigen Ausnahmen dieser Regel – die Beiträge zu den einzelnen Bundesländern in Kost, Andreas, Hrsg.: Direkte Demokratie in den deutschen Ländern. Eine Einführung, Wiesbaden 2005.
[25] Vgl. Lieberknecht, Christine / Oberreuter, Heinrich, Hrsg.: Aufbau und Leistung des Parlamentarismus in den neuen Bundesländern, Rheinbreitbach 2001.

Bundesländern verabschiedeten die Landtage von Schleswig-Holstein, Nordrhein-Westfalen und Hessen seit ihrem Bestehen pro Jahr durchschnittlich gut 20, knapp 26 bzw. 27 Gesetze. Der Bundestag freilich kam zwischen 1949 und 2002 auf im Jahr rund 113 Gesetze,[26] was die legislative Nachrangigkeit der Länderparlamente vor Augen führt. Noch deutlicher zeigte sie sich, differenzierte man nach Ausführungs- und Anpassungsgesetzen einerseits und nach gestaltungsorientierten Neuschöpfungen andererseits: Die letzteren sind in der Minderheit. Doch durchaus kommt es fallweise zum innovativen gesetzgeberischen Durchdringen einzelner Politikfelder seitens der Landtage,[27] und es bestehen auch weiterhin, über die Bildungs- und Kulturpolitik hinaus, nennenswerte Spielräume der Landesgesetzgebung bei der Umweltpolitik und beim Wasser- und Abfallrecht. Doch diese Aufzählung zeigt schon auch, dass es sich hier nicht um die zentralen Politikfelder handelt. Im übrigen verdecken die angeführten Durchschnittszahlen legislative Zyklen: Nach einer legislativ besonders aktiven Gründungsphase wird zurückgeschaltet, in politischen Reformzeiten wieder hochgeschaltet, und in Normalzeiten ist die Landesgesetzgebung stark außengesteuert und reaktiv.[28]

2.1.4 Regierungskontrolle

Den Bestand einer Regierung vorausgesetzt, wird darum die Regierungskontrolle zur wichtigsten Aufgabe eines Landesparlaments.[29] Sie ist es von der Sache her, weil in Deutschland der größte Teil der Staatsaufgaben von Landesverwaltungen erledigt wird und darum fast alle Politikfelder im Modus der Exekutivkontrolle parlamentarisch thematisiert werden können. Sie ist es auch aus Gründen institutioneller Funktionslogik. Erstens wird wegen der ausgedünnten Länderkompetenzen nur ein im Vergleich zum Bundestag recht geringer Teil parlamentarischer Arbeitskraft für die Gesetzgebung gebunden, so dass politischer Profilierungswille auf das Feld der Regierungskontrolle verwiesen ist. Zweitens können Oppositionsfraktionen nur über den Umweg massenmedialer Thematisierung und Skandalisierung auf das Regierungshandeln wirksam Einfluss nehmen, was nun aber ernst gemeinte Kontrolltätigkeit verlangt. Drittens werden regierungstragende Fraktionen, falls sie gut beraten und gut geführt sind, solches externe

---

26   Siehe Mielke/Reutter, Länderparlamentarismus, a.a.O., S. 42.
27   Siehe Kalke, Jens: Innovative Landtage. Eine empirische Untersuchung am Beispiel der Drogenpolitik, Wiesbaden 2001.
28   Mielke/Reutter, Länderparlamentarismus, a.a.O., S. 43.
29   So, mit vielen anderen, auch Jun, Landesparlamente, a.a.O., S. 502-506. Vgl. Bovermann, Landesparlamente, a.a.O., S. 72-74.

Kontrollverhalten der Opposition antizipieren und es darum an interner, vor allem über die Arbeitskreise regierungstragender Fraktionen ausgeübter Kontrolle nicht fehlen lassen, um politische Blößen von vornherein zu verhindern. Oppositionelle Kontrolle ist also öffentlich und – zumindest kurzfristig – meist ganz unwirksam, Kontrolle aus den Reihen regierungstragender Fraktionen hingegen meist intern und oft dahingehend wirksam, dass ansonsten kritikanfälliges Handeln von vornherein unterbleibt. Außerdem wirken die gleichen Kontrollinstrumente in den Händen von opponierenden und regierungstragenden Fraktionen unterschiedlich: Durch Große Anfragen etwa versucht die Opposition, das Regierungslager öffentlich zu stellen, während die Regierungsmehrheit sie verwendet, um eigene Leistungen herauszustellen.

Das alles muss bedenken, wer Zahlen zur Nutzung parlamentarischer Kontrollinstrumente analysiert. Nach diesen kann, bei höchst auffälligen Variationen zwischen den Landesparlamenten und im Zeitverlauf, die Kontrolltätigkeit der Landesparlamente quantitativ durchaus mit der des Bundestages mithalten.[30] Zwischen 1969 und 2002 stehen den pro Jahr durchschnittlich 16,4 Großen Anfragen in den Landesparlamenten im Bundestag 24,6 gegenüber, den 451 Kleinen Anfragen in den Landtagen im Bundestag 285, den 13,6 Aktuellen Stunden auf Länderebene 19,4 auf Bundesebene. Allerdings blenden auch diese Durchschnittswerte markante Unterschiede im parlamentarisch verfügbaren Kontrollinstrumentarium aus: von den Varianten der Interpellation bis zu jenen der Normenkontrolle, von der Ausgestaltung des Zitierrechts bis zum Recht der Untersuchungsausschüsse.[31] Am wenigsten folgenreich ist in der Praxis, ob – wie nunmehr meist – in der Verfassung die besondere Rolle der parlamentarischen Opposition verankert ist. Viel wichtiger sind die in den Geschäftsordnungen der Parlamente und in den Arbeitsordnungen der Fraktionen festgelegten Detailregelungen. Das wichtigste Kontrollinstrument allerdings, die Handhabung des Budgetrechts, ist aus den oben erörterten Gründen stumpf geworden.

Im übrigen gibt es eine höchst folgenreiche Kontrolllücke: Es werden weder das Abstimmungsverhalten einer Landesregierung im Bundesrat noch die Festlegungen von Ministern und hohen Ministerialbeamten in den vielfältigen Kooperationsrunden zwischen den Ländern sowie zwischen ihnen und dem Bund parlamentarisch wirksam, oder gar mit der Öffentlichkeit einsichtigen Verfahren kontrolliert.[32] Einesteils gibt es – in der Praxis immer wieder ernstgenommene – juristische Einwendungen dagegen, dass sich Landtage überhaupt mit Themen

---

[30] Siehe Mielke/ Reutter, Länderparlamentarismus, a.a.O., S. 44.
[31] Siehe ebenda, S. 43f.
[32] Siehe auch Jun, Landesparlamente, a.a.O., S. 505f.

befassen, die vom Grundgesetz dem Bundesrat übertragen sind.[33] Andernteils führen Landtagsdebatten über Bundesratsentscheidungen meist zum recht inhaltsarmen, wenn auch oft seitenverkehrten, Nachspielen der im Bundestag längst geführten Auseinandersetzungen. Das kann auch kaum anders sein: Es wäre einfach inopportun, wenn von der regierungstragenden Landtagsmehrheit das von bundespolitischen Erwägungen mitgeprägte Agieren der Landesregierung im Bundesrat öffentlich kritisiert würde. Also wird das meiste Regierungshandeln, das den Rahmen eines Landes übersteigt, durch jenen Vertrauensvorschuss der offenen politischen Debatte entzogen, den im parlamentarischen Regierungssystem die Regierungsmehrheit typischerweise ihrer Regierung gewährt.

Doch was im innerstaatlichen Bereich dank interner Kontrollmechanismen durchaus erträglich ist, lässt sich dort viel schwerer hinnehmen, wo im zwischenstaatlichen Bereich parlamentarisch unkontrolliert Festlegungen getroffen werden, welche das Land anschließend binden. Das ist der Fall bei der Verhandlungsführung der Landesregierungen im Bundesrat, in den Bund-Länder-Beziehungen sowie bei der Willensbildung zwischen den Ländern. Natürlich liegt derlei im Prärogativbereich der Regierungen. Der aber ist keineswegs normativ der parlamentarischen Kontrolle entzogen, sondern allenfalls faktisch. Tatsächlich sind Festlegungen, die beim Zusammenwirken so vieler Akteure – etwa in den derzeit rund 300 Gremien zwischen Bund und Ländern oder in den rund 900 Ausschüssen und „ständigen Konferenzen" zwischen den Ländern[34] – getroffen wurden, kaum mehr zu vernünftigen politischen Kosten rückholbar. Das stellt selbst die regierungstragenden Fraktionen auf Landesebene oft vor vollendete Tatsachen. Auch lassen sich jene Vetomöglichkeiten, die das in solchen Gremien geltende Einstimmigkeitsprinzip grundsätzlich eröffnet, aufgrund wechselseitiger Kooperationserwartungen in politisch vertretbarer Weise nur durch taktisches In-Aussicht-Stellen eines Veto, nicht jedoch durch nacheilendes tatsächliches Blockieren nutzen. Allenfalls letzteres gehört zu den Möglichkeiten eines Landesparlaments, ersteres aber stets zu jenen einer Landesregierung. Im übrigen lässt die Intransparenz des föderalen Intergouvernementalismus sogar Kontrollversuche regierungstragender Fraktionen leicht scheitern, falls nicht die zu kontrollierende Landesregierung ihrerseits zu enger Zusammenarbeit mit parlamen-

---

[33] Nur in Schleswig-Holstein seit 1990 und in Niedersachsen seit 1996 ist es von Verfassungs wegen sogar die Pflicht der Landesregierung, den Landtag über alle Bundesratsangelegenheiten zu unterrichten. Dass die Landesregierungen Stellungnahmen ihrer Landtage beim Agieren im Bundestag immerhin ‚beachten' sollten, war freilich noch in der ‚Lübecker Erklärung' vom 31. 3. 2003 des ‚Konvents der Landesparlamente' bloß eine Forderung; siehe Präsident des Schleswig-Holsteinischen Landtages, Hrsg., Dokumentation: Föderalismuskonvent der deutschen Landesparlamente, Kiel 2003.

[34] Diese Zahlen nannte Bundespräsident Rau auf dem Föderalismuskonvent der deutschen Landesparlamente, dokumentiert in Dokumentation Föderalismuskonvent, a.a.O.

tarischen Experten bereit ist und aus freien Stücken von ihrem Informationsvorsprung abgibt. Darum ist der Befund zur Kontrollfunktion der Landesparlamente ambivalent: Recht gut wird das landesinterne Exekutivhandeln kontrolliert, sehr schlecht aber das Agieren der Landesregierungen in den Arenen von Verbundföderalismus und Neokorporatismus. Hier kann sogar von einer „Entparlamentarisierung" der üblichen Politikmuster gesprochen werden. Allerdings bleibt offen, ob sich die Länderparlamente dagegen mit wirklich allen ihren prozeduralen und rechtlichen Mitteln wehren.

2.2 Parlamentsstrukturen und ihre Funktionslogik

In der aufs Kaiserreich zurückgehenden deutschen Tradition des ‚Arbeitsparlamentarismus'[35] agieren die Länderparlamente bis heute, obwohl ihnen ein Großteil der rein parlamentarischen Arbeit wegen der Ausdünnung der Länderkompetenzen abhanden gekommen ist. So entsteht manches Missverhältnis zwischen Aufwand und Ertrag, welches denn Anlass gibt zur verbreiteten Kritik an der materiellen Ausstattung der Länderparlamente und ihrer Abgeordneten, mitunter auch an der Existenz von Landtagen schlechthin. Außerdem steht die Funktionsweise des in allen Ländern eingerichteten parlamentarischen Regierungssystems quer zu den normativen Erwartungen der Bürgerschaft: Es wird von starken, stabilen und vergleichsweise disziplinierten Parteien getragen, nicht aber von ganz nach eigenem Gusto entscheidenden Abgeordneten; und die wirksame Regierungskontrolle ist zumeist intransparent, die öffentlich sichtbare Regierungskontrolle aber meist unwirksam. Ferner sind die Bürger recht schlecht informiert über das, was außerhalb des Plenarsaals zu den tatsächlich die Parlamentsarbeit tragenden Strukturen der (Länder-) Parlamente gehört: die Fraktionen und ihre – weitgehend unbekannten – Arbeitskreise, weithin auch die Ausschüsse, sowie die Funktionsweise all dessen.[36]

Im übrigen sind die äußeren Strukturen der deutschen Länderparlamente einander – und auch denen des Bundestages – zwar sehr ähnlich. Doch es gibt große Unterschiede in ihrer praktischen Nutzung. Beispielsweise tagte das Plenum des Saarländischen Landtages zwischen 1965 und 1999 nur rund 15 Mal pro Jahr, während das Plenum des Bayerischen Landtags zwischen 1970 und 1990 doppelt so oft zusammentrat. Auch wurden die Ausschüsse des Landtages

---

[35] Zu seiner Entstehung siehe Schönberger, Christian: Die überholte Parlamentarisierung. Einflussgewinn und fehlende Herrschaftsfähigkeit des Reichstags im sich demokratisierenden Kaiserreich, in: Historische Zeitschrift 272, 2001, S. 623-665.
[36] Siehe Patzelt, Werner J.: Ein latenter Verfassungskonflikt? Die Deutschen und ihr parlamentarisches Regierungssystem, in: Politische Vierteljahresschrift 39, 1998, S. 725-757.

von Rheinland-Pfalz zeit seines Bestehens siebenmal häufiger einberufen als sein Plenum, die des Berliner Abgeordnetenhauses aber fünfzehnmal häufiger.[37] Nähere Analysen zeigen, dass derlei Unterschiede auf Tradition, Parlamentsgröße – zwischen 51 Abgeordneten im Saarland und 201 in Nordrhein-Westfalen – sowie auf die Zusammensetzung des jeweiligen Parlaments aus überwiegend Berufs- oder Freizeitpolitikern zurückgehen, im Grunde aber durchaus gleichartige Strukturen und Praxen nur unterschiedlich akzentuieren.

3 Landesparlamentarismus im Mehrebenensystem

3.1 Zur analytischen Perspektive

Zur Praxis des Länderparlamentarismus gehört auch, dass er in ein Mehrebenensystem politischer Gesamtsteuerung eingebettet ist. Solche Einbettung vollzog sich aber nicht auf einem verfassungsgeberischen Reißbrett, sondern in geschichtlichen Abläufen, die durchaus nicht zwangsläufig, sondern zufallsgesteuert (,kontingent') sind, darin aber *pfadabhängig* zum jetzigen Zustand führten.[38] Auch muss im Blick bleiben, dass kaum ein institutionelles Arrangement über längere Zeit unverändert bleibt. Also wird dasjenige, was später aus ihm wurde, ziemlich gute Einblicke darein verschaffen, unter welchen *nachhaltig* wirksamen Prägekräften es zu gegebener Zeit tatsächlich stand, welche sich abzeichnenden Entwicklungen es darum vergeblich abzuwehren versuchte, welche zukunftsträchtigen Entwicklungschancen es faktisch hatte, und welche davon es wie gut nutzte, welche anderen aber ausließ. Außerdem ist es so, dass ergebnisoffene, doch *geordnete* Prozesshaftigkeit nicht nur eine Institution, sondern auch deren Systemumwelt prägt.[39] Also braucht es auch den vergleichenden Blick auf das institutionelle Schicksal der Vorläufer und der entwicklungsmäßig vorauseilenden parlamentarischen Verwandten der deutschen Länderparlamente, desgleichen auf deren externe Herausforderungen, wenn man die Eigentümlichkeiten der gegenwärtigen Landtage gut verstehen will.

---

[37] Siehe Mielke/ Reutter, Länderparlamentarismus, a.a.O., S. 38f.
[38] Vgl. Lehmbruch, Gerhard: Der unitarische Bundesstaat in Deutschland: Pfadabhängigkeit und Wandel, in: Benz, Arthur / ders., Hrsg.: Föderalismus. Analysen in entwicklungsgeschichtlicher und vergleichender Perspektive, PVS-Sonderheft 32, S. 53-110.
[39] Zum hier einschlägigen Ansatz eines evolutionstheoretisch-historischen Institutionalismus siehe Patzelt, Werner J.: Institutionalität und Geschichtlichkeit von Parlamenten, in: ders., Parlamente und ihre Funktionen, a.a.O., S. 50-117.

3.2 Der vergleichende Blick von der Zukunft zur Gegenwart

Den deutschen Länderparlamentarismus wird besonders gut begreifen, wer ihn systematisch mit der Rolle nationaler Parlamente im politischen System der EU vergleicht.[40] Pointiert lässt sich als zentrale Einsicht formulieren: Geht der europäische Integrationsprozess so erfolgreich weiter, wie das seit der Mitte des 19. Jahrhunderts der deutsche tat, so ist die Gegenwart des deutschen Länderparlamentarismus wohl die Zukunft des nationalen Parlamentarismus im Regierungssystem einer weiterentwickelten EU. Jetzt schon sind die legislativen Kompetenzen des Bundestages klar ausgedünnt und geht ein gutes Drittel seiner Gesetzgebung auf europäische Impulse zurück,[41] werden von den Regierungen der EU-Staaten in einer Art ‚europäischem Exekutivföderalismus' Absprachen getroffen, die den Bundestag faktisch binden, und wirken die europäischen Regierungen im Rat der EU, sozusagen im Europäischen Bundesrat, fast ebenso frei von parlamentarischer Mitsprache zusammen wie unsere Landesregierungen im deutschen Bundesrat. So verglichen, zeigen sich die Länderparlamente nicht länger als die benachteiligten ‚kleinen Geschwister' des Bundestages, sondern als Schicksalsgenossen nationaler Parlamente und als unterste Schicht eines ganzen Systems von arbeitsteilig aufeinander bezogenen Vertretungskörperschaften, an dessen Spitze supranationale Parlamente entweder – wie im Fall der EU – bereits stehen oder wenigstens – wie im Fall globalisierter *governance without government* – zu stehen hätten.[42]

3.3 Der vergleichende Blick von der Geschichte zur Gegenwart

Im übrigen ist das Problem einer Selbstbehauptung gliedstaatlicher Vertretungskörperschaften kein neues. Darum lohnt es, sich bei der Analyse zeitgenössischer Probleme aus der Froschperspektive gegenwärtiger Akteure und tagesaktueller Kommentare zu befreien. Beim Blick auf Deutschlands Länderparlamentarismus muss man vor allem die Wasserscheide zwischen 1803, als der Reichsdeputati-

---

[40] Siehe auch Scharpf, Fritz W.: Die Politikverflechtungs-Falle: Europäische Integration und deutscher Föderalismus im Vergleich, in: Politische Vierteljahresschrift 26, 1985, S. 323-356; Maurer, Andreas: National Parliaments on their Ways to Europe: Losers or Latecomers? Baden-Baden 2000; und Dann, Philipp: Parlamente im Exekutivföderalismus. Eine Studie zum föderaler Ordnung und parlamentarischer Demokratie in der Europäischen Union, Berlin/Heidelberg u. a. 2004.
[41] Siehe Töller, Annette E.: Dimensionen der Europäisierung. Das Beispiel des Deutschen Bundestages, in: Zeitschrift für Parlamentsfragen 35, 2004, S. 25-50, hier v.a. S. 33.
[42] Vgl. Marschall, Stefan: Transnationale Repräsentation in Parlamentarischen Versammlungen. Demokratie und Parlamentarismus jenseits des Nationalstaates, Baden-Baden 2005.

onshauptschluss das Ende des ständischen Alten Reiches einleitete, und dem Jahr 1815 analytisch überwinden, als der Artikel 13 der ‚Deutschen Bundesakte' festlegte: „In allen Bundesstaaten wird eine landständische Verfassung stattfinden".

Weil es in den ehemaligen Rheinbundstaaten, französischen Einflusses wegen, Stände der bisherigen Art mit gesonderten Gremien von Adel, Geistlichkeit und ausgewählter Bürgergruppen nicht mehr gab, war diese Formulierung höchst dehnbar. Restaurative Kräfte mochten ableiten, die deutschen Staaten hätten vom ‚fremdländischen Repräsentativsystem' mit seinen irreführenden Grundannahmen von Rechtsgleichheit der Bürger und Volkssouveränität Abstand zu nehmen und allesamt (wieder) ständische Vertretungskörperschaften einzurichten. Doch Liberale dachten daran, nunmehr allenthalben Zwei-Kammer-Systeme zu schaffen, in denen der Machtlage sowie dem Herkommen ein jeweils ständisches ‚Herrenhaus' genügte, ein ‚Abgeordnetenhaus' aber jene Repräsentationsidee aufgriffe, die an der Französischen Revolution so faszinierend war und im britischen ‚House of Commons' eine durch überkommene Verfassungsbräuche obendrein eine aufs Unrevolutionäre eingehegte Form gefunden hatte. Auf dem letzteren Weg, den Deutschlands Verfassungsgeschichte dann in Form von Frühkonstitutionalismus und Frühparlamentarismus einschlug, entstanden die unmittelbaren Vorläufer der heutigen Landtage.[43] Nationaler Parlamentarismus war dabei der Nachzügler: in Gestalt der Frankfurter Nationalversammlung sowie der Reichstage zunächst des Norddeutschen Bundes (1867), dann des Deutschen Reiches (1871).

So bewusst waren sich die seit dem Vormärz entstehenden Volks- und Abgeordnetenhäuser ihrer neuen, auf Wahlen gegründeten Eigenart, dass sie bei der Weitergabe ihres Selbstverständnisses und später beim Rückblick auf ihre Geschichte und Geltungsgeschichte einen dicken Trennstrich zwischen sich und jenen landständischen Versammlungen zogen, von denen sie doch viel mehr erbten als die schon jahrhundertealte Bezeichnung ‚Landtag':[44] nämlich die Aufgaben einer Vernetzung von Bevölkerung und politischem System, der Einforderung von Responsivität seitens der Regierung, des Werbens für getroffene Entscheidungen bei den Repräsentierten, und natürlich Aufgaben der Gesetzgebung sowie der – gerade von den Landständen über das Budgetrecht vollzogenen –

---

[43] Vgl. Kühne, Jörg-Detlef: Volksvertretungen im monarchischen Konstitutionalismus (1814-1918), in: Schneider, Hans-Peter / Zeh, Wolfgang, Hrsg.: Parlamentsrecht und Parlamentspraxis in der Bundesrepublik Deutschland, Berlin 1989, S. 49-100.

[44] Einen solchen Trennstrich zog, Selbstdeutungen der revolutionären französischen Nationalversammlung sich aneignend, auch die Parlamentarismusforschung. Von der Ständeforschung hält sie sich weitestgehend fern, und in Mielke/Reutter, Länderparlamentarismus, a.a.O., erwähnen nur die Beiträge zu Brandenburg und zu Sachsen wenigstens fußnotenartig die ständische Vorgeschichte der behandelten Landtage.

Regierungskontrolle. Das sind genau die Leistungen, nach welchen bis heute jede parlamentarische Funktionsanalyse die deutschen Landtage befragt. Zwar bestanden die Herrenhäuser in den meisten deutschen Staaten als sichtbarer und über lange Zeit noch machtvoller Teil des Ständewesens bis zur Revolution von 1918 fort. Doch seit der Einführung republikanischer Staatsformen in ganz Deutschland wirken sie dem Rückblick nur noch wie abgestorbene Ausläufer einer – bloß vermeintlich! – vorher schon versunkenen Epoche. Als 1998 schließlich der – ohnehin erst 1946 geschaffene – Bayerische Senat als sehr später Nachkömmling einer vom Geburts- ins Berufsständische umgewandelten Repräsentationsidee ständischer Provenienz abgeschafft war, fand sich in allen deutschen Ländern ein von sämtlichen andersartigen Beimengungen befreiter demokratischer Ein-Kammer-Parlamentarismus durchgesetzt.

Doch seit 1871 hatte sich über den gliedstaatlichen Parlamentarismus wirksam das Regierungssystem der Reichsebene gelagert. Auch hatte das – damals fast revolutionäre – allgemeine Männerwahlrecht im kaiserlichen Deutschland ein reichsweites und die Gliedstaaten politisch überwölbendes Parteiensystem herbeizuführen begonnen. Obendrein versuchte Bismarck, den Reichstag über den Bundesrat und das Zusammenwirken mit den gliedstaatlichen Regierungen zu überspielen. Deshalb mag der heutige ‚Exekutivföderalismus' durchaus als ein später Sieg des ersten Reichskanzlers gelten. Jedenfalls wurden seit der Reichsgründung die Regierungen und Parlamente der deutschen Staaten auf den Status faktisch nachgeordneter Institutionen herabgedrückt, ein Prozess, den das nationale Gemeinschafts- und Noterlebnis des Ersten Weltkriegs nur zum Abschluss brachte. Er erzeugte alle jene Merkmale, die seit bundesdeutschen Zeiten als ‚Machtverlust' oder ‚Funktionswandel' der Länderparlamente' abgehandelt werden.[45] Wie ein ‚Goldenes Zeitalter' des Länderparlamentarismus mögen darum jene vergleichsweise wenigen Jahrzehnte des 19. Jahrhunderts wirken, als zwar demokratischer Parlamentarismus noch keineswegs entfaltet war, die deutschen Länderparlamente aber immerhin die Stellung heutiger nationaler Parlamente der EU-Staaten besaßen.

Im Grunde ist aber auch 1871 für die Repräsentationsinstitutionen der deutschen Gliedstaaten nur ein wichtiger Teil jener Problemlage wiedergekehrt, welche für die Landstände bereits im Alten Reich bestand. Insbesondere nach dessen verfassungsrechtlicher Neustrukturierung im Westfälischen Frieden von 1648 waren es nämlich die Landesfürsten, die – über ihre Gesandten – auf dem seit 1663 in Regensburg verstetigten Reichstag um rechtliche, finanzielle und institutionelle Grundzüge der Reichspolitik rangen. Im Inneren aber strebten sie danach, die steuerbewilligende und auf wechselseitige Interessenbündnisse setzen-

---

[45] Vgl. Eicher, Hermann: Der Machtverlust der Landesparlamente. Historischer Rückblick, Bestandsaufnahme, Reformansätze, Berlin 1988.

de Machtstellung ihrer Landstände zu verringern und diese auch vom Recht auf Zugang zur kaiserlichen Rechtsprechung abzuschneiden.[46] Im Kern ging es um die Legalisierung des fürstlichen Absolutismus, in anachronistischer und auf heutige Problemlagen ausgerichteter Sprache also darum, die dominierende politische Gestaltungsmacht der Landesregierungen nach innen und außen zu sichern. Ein kaiserliches Dekret vom Februar 1671 wehrte das allerdings ab, schuf eine bis zum Ende des Alten Reiches haltende Barriere gegen unbeschränkten fürstlichen Absolutismus und „hat seitdem manche Landschaft (= *manchen Landtag*) noch für (= *vor*) übertriebene Steueranlagen und überhaupt für (= *vor*) Despotismus gerettet" – so Johann Stephan Pütter 1786 in seiner Analyse der Verfassung des Reiches.[47]

Nicht nur sicherte diese verfassungspolitische Weichenstellung jenen Weg, der recht bruchlos von den Landständen im Alten Reich über den Frühparlamentarismus im Deutschen Bund bis zum Länderparlamentarismus der Weimarer Republik und der Bundesrepublik Deutschland führt. Sie gab vielmehr auch für weit über hundert Jahre einem Mehrebenensystem politischer Steuerung seine Richtschnur, das zwar – in Samuel Pufendorfs berühmter Formulierung – *monstro simile* sein mochte, doch im Rahmen seiner Ziele durchaus funktionierte und seinen Analytiker gerade heute darauf gut vorbereitet, mit der institutionellen Komplexität des Regierens im Mehrebenensystem der EU zurechtzukommen. Denn zwar waren die Landstände nur kleine, fürs Ganze durchaus vernachlässigbare Mitspieler des gesamten Politikverbundes im Alten Reich. Doch sie konnten von den meisten Landesregierungen nicht ignoriert werden, hatten – wenn auch beschränkten – Einfluss und trugen viel dazu bei, regionales oder gliedstaatliches Zusammengehörigkeitsgefühl sowie Selbstbewusstsein in Geltung zu halten. Außerdem verlangte das so komplizierte Zusammenwirken von Kaiser, Reichstag, Fürsten und Ständen – obendrein verkompliziert durch den wechselseitigen Argwohn des evangelischen und des katholischen Deutschland sowie der um Habsburg, Brandenburg-Preußen oder Frankreich gravitierenden Höfe – langwierige, gutwillige, auf Rechtsförmlichkeit und auf Interessenausgleich setzende Verhandlungen. Bevor dann der alles andere überragende deutsche Dualismus zwischen dem aufgestiegenen Preußen und der angestammten Vormacht Österreich – gipfelnd und entschieden im Krieg von 1866 – zum zentralen Funktionsproblem dieser komplexen Konstruktion wurde, funktionierte ihr Mehrebenensystem erstaunlich gut. In ihm aber wurden wichtige Züge noch des heutigen deutschen Föderalismus präformiert: vom – zumal in Regensburg gepflogenen – Konsensstreben, das in unsere Konkordanzdemokratie gemündet ist, über die

---

[46] Vgl. Schindling, Anton: Die Anfänge des Immerwährenden Reichstags zu Regensburg. Ständevertretung und Staatskunst nach dem Westfälischen Frieden, Mainz 1991, S. 163-175.
[47] Zitiert nach ebenda, S. 171.

Dominanz exekutivischer Politikmuster bis hin zur politischen Kartierung nach A-, B- und sonstigen Ländern, wobei es ganz epochenspezifisch und im übrigen funktional äquivalent ist, ob die Buchstaben die früher so wichtige Konfession oder die heute so wichtige dominierende Regierungspartei eines Landes bezeichnen. Das alles rückt der analytische Blick genau dann in die richtigen Proportionen, wenn er in einer hinlänglich breiten historischen Perspektive unternommen wird.

3.4 Landesparlamentarismus im gegenwärtigen Mehrebenensystem

Ganz in der Tradition der deutschen reichsfürstlich-ständischen Beteiligung an der ‚gesamtstaatlichen' Politik entschied sich der Parlamentarische Rat, als Teil einer Paketlösung, bei der Ausgestaltung des bundesdeutschen Föderalismus für das überkommene Bundesratsmodell anstelle eines – klar dem demokratischen Repräsentationsprinzip entsprechenden – Senatsmodells. Das machte die Landesregierungen, in Sonderheit die Ministerpräsidenten, von Anfang an zu zentralen bundespolitischen Akteuren. Die seither entstandene Lage der Länderparlamente hat vier Merkmale:

Erstens kam es im Verhältnis zwischen Landtagen und Landesregierungen früh schon zu einer ‚Selbstentmachtung' der Parlamente: Man verzichtete auf wirksame Versuche, das bundespolitische Agieren der Landesregierung im Bundesrat und die Zustimmung des Bundesrates zur Abgabe von Landeskompetenzen auf die europäische Ebene wirksam zu kontrollieren. Zwar wurden, etwa im Bayerischen Landtag, die hierin liegenden Gefahren schon zu Beginn der 1950er Jahre erkannt. Parlamentarische Konsequenzen wurden hieraus aber nicht gezogen.

Zweitens lief der Grundkonsens von Eliten wie Bevölkerung von vornherein auf einen ‚unitarischen Föderalismus'[48] zu, aus dem später, in zugespitzter Formulierung, ein ‚verkappter Einheitsstaat' wurde.[49] Gemeinsam waren die Kriegsfolgelasten zu schultern; die meisten Bundesländer – nicht aber Bayern – hatten keine Tradition, die zu einem parlamentarisch zu behauptenden Landespartikularismus hätte führen können; die große Zahl von Flüchtlingen und Vertriebenen, gekennzeichnet durch landsmannschaftliches Zusammengehörigkeitsgefühl und anfangs große Mobilitätsbereitschaft, wirkte in den Ländern – gerade auch in Bayern – partikularistischem Eigenleben klar entgegen; und seit dem Kaiserreich war, gefördert durch das Gemeinschaftserlebnis der beiden schlimmen Kriege, ohnehin ein die Gliedstaaten zusammenschließendes Zusammenge-

---

[48] Siehe Hesse, Konrad, Der unitarische Bundesstaat, Karlsruhe 1962.
[49] So Abromeit, Heidrun: Der verkappte Einheitsstaat, Opladen 1992.

hörigkeitsgefühl der Deutschen entstanden. Das Wirkungsgefüge solcher Unitarisierung wurde abgerundet durch die überwölbende Handlungslogik der bundesweit agierenden Parteiformationen sowie der gesamtstaatlich aktiven Verbände. In diesem Rahmen wurde es zu einer in den Landesparlamenten ganz selbstverständlichen Position, auf einheitliche Lebensverhältnisse im ganzen Bundesgebiet hinzuwirken und die Folgen – gesamtstaatlicher Zentralisierung und enge Bund/Länder-Kooperation – eben zu tragen. Außerdem hoffte man auch parlamentarisch bei der Lösung akuter Probleme stets auf Hilfe durch den Bund oder seitens besser gestellter Bundesländer. Solche Unitarisierung wurde beim Auf- und Ausbau unseres Sozialstaates erst recht zum Konsens von Bürgerschaft und Eliten. Nach der Wiedervereinigung erfuhr sie einen vorerst letzten Aufschwung mit dem höchst ehrgeizigen Ziel, die ostdeutschen Lebensverhältnisse an die westdeutschen anzupassen.

Drittens führte die Funktionslogik des Grundgesetzes zum ‚Exektivföderalismus' und zum ‚kooperativen Föderalismus'.[50] Vor allem taten das die Dialektik von immer mehr zentralisierter Gesetzgebung und weiterhin dezentraler Gesetzesausführung, die Konzentration der Steuergesetzgebung beim Bund sowie die – seit 1969 auch grundgesetzlich verankerte – Mischfinanzierung vieler öffentlicher Aufgaben. Der Bundesrat mit den intensiven Vorbereitungsaktivitäten der Staatskanzleien vor seinen Ausschuss- und Plenarsitzungen wurde zum institutionellen Kristallisationspunkt des kooperativen Föderalismus; die schrittweise Konzentration staatlicher Aufgaben beim Bund ließ das Volumen solcher Kooperation und Politikverflechtung anschwellen; und das Postulat einer – erst nach der Wiedervereinigung zur ‚Gleichwertigkeit' abgeschwächten – Einheitlichkeit der Lebensverhältnisse im Bundesgebiet zog um so umfangreichere Aufgaben der Selbstkoordinierung der Länder nach sich, als es durch zunehmenden Wohlstand möglich wurde, die Bildungs- und Sozialsysteme auszubauen. Den auf Regierungsebene diese Prozesse vorantreibenden Parteien war es durchaus recht, dass die ebenfalls von ihnen dominierten Länderparlamente das alles lieber zustimmend begleiteten als – gouvernementales Handeln dergestalt komplizierend – selbst wirkungsvoll mitgestalteten. Seit es den nationalen Parlamenten auf europäischer Ebene nicht anders geht, sind die rationalen Aspekte dieses Prozesses durchaus ins Bewusstsein getreten, allerdings gemeinsam mit den legitimatorischen Kollateralschäden solcher exekutivischen Effizienzentfaltung. Die Schwächung der Landesparlamente eben durch den Föderalismus wird jedenfalls seit den 1960er Jahren kontinuierlich thematisiert, beklagt und fallweise

---

50 Siehe Leisner, Walter: Schwächung der Landesparlamente durch grundgesetzlichen Föderalismus, in: Die öffentliche Verwaltung 21, 1968, S. 389-296, und Scharpf, Fritz W. / Reissert, Bernd / Schnabel, Fritz: Politikverflechtung: Theorie und Empirie des kooperativen Föderalismus in der Bundesrepublik, Kronberg/Ts. 1976.

mit Reformvorschlägen begleitet.[51] Doch weder nach der Wiedervereinigung noch beim Scheitern der Reformvorschläge der „Kommission von Bundestag und Bundesrat zur Modernisierung der bundesstaatlichen Ordnung" rafften sich die Länderparlamente zum Druck auf zielführende Reformen auf.[52] Immerhin haben sie sich viel stärker als früher in die Diskussionen um eine Rückübertragung von Gesetzgebungskompetenzen auf die Länder eingemischt und sachverständige Enquete-Kommissionen gebildet. Doch letztlich fehlt es ihnen am Mut, wirklich zu einem faktisch risikoreicheren Wettbewerbsföderalismus überzugehen.

Viertens trug der europäische Integrationsprozess dem die Länderparlamente nachrangig machenden Politikgefüge noch eine weitere Schicht auf.[53] Landeskompetenzen im Bereich der Hochschul-, Umwelt- und Regionalpolitik, im Maastrichter Vertrag auch bei Bildung, Forschung und Kultur, wurden vom Bund ohne sonderliche Gegenwehr der Länderparlamente auf die europäische Ebene übertragen. Soweit die Länder in die Europapolitik des Bundes involviert sind, dominieren die Landesregierungen, welche diesbezüglich von den Landtagen nur wenig kontrolliert werden. Dazu trägt auch bei, dass die Fülle der europapolitisch zu verarbeitenden Informationen die Landtage noch mehr überfordert als den Bundestag. Zwar besitzen nunmehr alle Länderparlamente Ausschüsse für Bundes- und Europaangelegenheiten. Doch deren politische Rolle zeitigt – bei allen Unterschieden von Land zu Land – noch geringere Wirkungen, als das analoge Kontrollversuche im Bundestag tun. Im übrigen kann es im Dienst der ohnehin schon problematischen Funktionstüchtigkeit des europäischen Entscheidungssystems gar nicht wünschenswert sein, auch noch die Länderparlamente mit echten Mitwirkungs- oder gar Vetokompetenzen auszustatten. Allerdings finden sich in der – gescheiterten – EU-Verfassung beigegebenen „Protokoll über die Anwendung der Grundsätze der Subsidiarität und der Verhältnismäßigkeit" zielführende Wege aufgezeigt, den für den Weiterbestand nennenswerter Länderkompetenzen wesentlichen Grundsatz der Subsidiarität zu verwirklichen.[54] Solange hier aber kein auch praktiziertes europäisches Verfassungsrecht

---

[51] Siehe mit weiteren Hinweisen Mielke/Reutter, Länderparlamentarismus, a.a.O., S. 22f.
[52] Siehe Thaysen, Uwe: Die Konventsbewegung zur Föderalismusreform in Deutschland: ein letztes Hurra der Landesparlaments zu Beginn des 21. Jahrhunderts?, in: Zeitschrift für Parlamentsfragen 35, 2004, S. 513-540, und Schöning, Jürgen: Der Föderalismuskonvent der deutschen Landesparlamente am 31. März 2003 in Lübeck. In: Zeitschrift für Gesetzgebung 18, 2003, S. 166-176.
[53] Siehe u.a. Johne, Landesparlamentarismus, a.a.O.; ders.. Die deutschen Landtage im Entscheidungsprozess der Europäischen Union. Mitwirkung im inneuropäischen Mehrebenensystem. Baden-Baden 2000; sowie Mielke/Reutter, Länderparlamentarismus, a.a.O., S. 23-26.
[54] Die konkreten Bestimmungen zu Bereichen ‚ausschließlicher EU-Zuständigkeit', ‚geteilter Zuständigkeiten' und der ‚Unterstützungs-, Koordinierungs- und Ergänzungsmaßnahmen' geben freilich keinen Anlass zur Hoffnung, der Grundsatz der Subsidiarität im System der EU

geschaffen ist, kann es gar nicht anders sein, als dass die Länderparlamente zu den institutionellen Verlierern des europäischen Integrationsprozesses und der ihn begleitenden Politikverflechtung gehören.[55] Abgerundet wird solcher Niedergang landesparlamentarischer Gestaltungsmöglichkeiten durch die Prozesse der Globalisierung: Wenn schon mittlere Nationalstaaten sich gegen deren wirtschaftliche Folgen nicht wehren können, schaffen das ihre Gliedstaaten und deren Parlamente erst recht nicht.

4 Vom Wert des deutschen Länderparlamentarismus

Die wesentliche Leistung unserer Länderparlamente ist es, dem Regierungssystem eine zusätzliche, umfangreich in die Gesellschaft vernetzte sowie durch demokratische Willensbildung beeinflussbare Ebene politischer Responsivitätsentfaltung, Mitsteuerung und politischer Führung bereitzustellen, aus der obendrein handlungsfähige und ziemlich stabile gliedstaatliche Regierungen hervorzugehen pflegen. Kernfunktionen der Länderparlamente sind somit Repräsentation und Regierungsbildung. Die eigenständigen Gestaltungsmöglichkeiten der Länderparlamente sind zwar recht begrenzt: einesteils durch Kompetenzausdünnung auf Landesebene, der – innerhalb der EU – auch eine auf Bundesebene gefolgt ist; andernteils durch den exekutiv dominierten Verbundföderalismus. Das macht im Alltagsgeschäft die Gesetzgebung der Landesparlamente gegenüber ihrer Regierungs- und Verwaltungskontrolle klar nachrangig. Deren gute innerstaatliche Erfüllung sichert wiederum ein höheres Niveau ‚guten Regierens', als man es andernfalls erwarten dürfte. Im Übrigen gäbe es in Deutschland viel weniger Chancen auf politische Partizipation und einen kleineren Pool professionellen politischen Personals, wenn die Länderparlamente sowie die sie umgebenden Partei- und Verbandsstrukturen fehlten.

Doch bestimmt ist unser Länderparlamentarismus weniger leistungsfähig, als er es im Anschluss an Föderalismusreformen sein könnte. Sie müssten dafür sorgen, dass es wieder nennenswerte Spielräume selbständigen Agierens der Länder gäbe. Durch Entflechtung der Kompetenzen und Finanzen von Bund und

---

werde den Gestaltungsspielraum der deutschen Bundesländern und ihrer Parlamente wieder erweitern.

[55] Das wurde denn auch seit langem erkannt; vgl. Kisker, Gunter: Die bundesstaatliche Ordnung vor den Herausforderungen der europäischen Integration 1945 -1990, in: Huhn, Jochen / Witt, Peter, Hrsg.: Föderalismus in Deutschland. Traditionen und gegenwärtige Probleme, Baden-Baden 1992.

Ländern[56] sowie dank Durchsetzung des Subsidiaritätsprinzips in der EU könnte das gelingen. Vielleicht sollte man auch den Zuschnitt und die Anzahl unserer Länder verändern. Keine Vorteile brächte es wohl, würde man die parlamentarischen Regierungssysteme und das uns vertraute Politikmuster des Parteienwettbewerbs in den Ländern beseitigen. Bleibt es hier beim alten, so dürften Landtagswahlen zwar auch weiterhin als kommentierende Nebenwahlen zur Bundespolitik benutzt werden, solange es die ganze Nation überwölbende Parteien gibt, die – mit unterschiedlichen Rollen – in Bund und Ländern Regierungs- oder Oppositionsverantwortung tragen. Doch das widerspiegelt nur, was Deutschland nun einmal ist: ein gut integriertes Staatswesen mit dezentral agierenden Gliedstaaten, das obendrein von einem nur teilweise beeinflussbaren supranationalen Obersystem mitregiert wird.

---

[56] Vgl. Jun, Uwe: Reformoptionen der politischen Akteure im deutschen Föderalismus: Mehr Länderautonomie und mehr Wettbewerb als Ausweg aus der Politikverflechtungsfalle?, in: Zeitschrift für Parlamentsfragen 35, 2004, S. 559-581.

Klaus-Eckart Gebauer

Landesregierungen

1 Die politische Dimension

Die verfassungsrechtliche Grundentscheidung des Parlamentarischen Rates für ein föderales Regierungs- und Verwaltungssystem war nicht ohne Risiko. Sie war ein Vertrauensvorschuss in die Leistungsfähigkeit der Länder: in ihre administrative Stärke, vor allem aber in die politische Kompetenz ihrer Verfassungsorgane, originär staatlicher Verantwortung gerecht zu werden. Die Landesregierungen haben die politische Dimension dieser Rollenzuweisung wahrgenommen – im doppelten Sinne des Wortes: Sie haben sie frühzeitig erkannt, und sie haben die Funktion ausgefüllt.

Es waren nicht „Zaunkönige" (so seinerzeit Schumacher und Adenauer über die Ministerpräsidenten; Morsey 1999: 42), sondern selbstbewusste Regierungschefs ihrer Landesregierungen, die zu Beginn unserer Nachkriegsgeschichte Vertretern der Alliierten wie auch der sich langsam entwickelnden „Bundesebene" mit eigenen Vorstellungen begegneten, die die Pläne des Kanzlers für ein Bundesfernsehen durchkreuzten und die auf dem Weg in ein zusammenwachsendes Europa und ein wieder vereinigtes Deutschland unverwechselbare verfassungspolitische und verfassungsrechtliche Akzente setzten.

Gemeinsam mit den Landesparlamenten wurden in den Aufbaujahren im Westen – und zeitversetzt dann in den neuen Bundesländern – wesentliche Lebensbereiche wie Schul- und Hochschulwesen, Innere Sicherheit, Medienrecht und Kommunalverfassung in Landesautonomie gestaltet und bis heute fortgeschrieben, Verwaltungs- und Justizbehörden eingerichtet und modernisiert aufgebaut. Zum unverwechselbaren Profil des deutschen Föderalismus gehört zugleich die Mitwirkung der Länder bei der Gesetzgebung und Verwaltung des Bundes und in Angelegenheiten der Europäischen Union. Mitglieder der Landesregierungen bilden den Bundesrat. Gesetzentwürfe der Bundesregierung gehen erst mit seiner Stellungnahme zum Bundestag, ein Großteil der Gesetze kann selbst bei Mehrheiten im Bundestag ohne Zustimmung des Bundesrates nicht in Kraft treten. Der Bundesrat – über die Landesregierungen – muss zahlreichen Verordnungen der Bundesregierung zustimmen, ist nach strikten Verfahrensabsprachen in den europäischen Beratungs- und Entscheidungsprozess eingebunden, besitzt das Recht zur Gesetzesinitiative und macht vielfältig von der Möglichkeit Gebrauch, in Entschließungsanträgen jedes politische Thema aufzuwerfen und Positionen abzustecken. In den Bundesratsausschüssen, denen Landesminister vorsitzen, begegnen sich Bundes- und Landesebene mit Sachverstand und gegenseitiger Wertschätzung.

In vierteljährlichen Konferenzen der Regierungschefs der Länder (Martens 2003) – halbjährlich auch mit dem Bundeskanzler – werden aktuelle Politikfelder der Landespolitik, aber auch der Zusammenarbeit zwischen Bund, Ländern und Europa behandelt.

Das Wechselspiel der politischen Akteure zwischen Bundesrat und Ministerpräsidenten- bzw. Fachministerkonferenzen gehört zu den faszinierenden Erlebnissen von Politikvorbereitung und Politikbeobachtung im politischadministrativen System der Bundesrepublik Deutschland – ein Phänomen, um das die Landesregierungen von Gouverneuren ausländischer „States", Kantone oder Bundesländer beneidet werden (Gebauer 1995: 85). Überdies ist es ein nicht zu unterschätzender Beitrag zur politischen Kultur in Deutschland, dass man im Abstand von wenigen Wochen in allen Landeshauptstädten dazu aufgerufen ist, sich mit den aktuellen Gesetzgebungsvorhaben auf Bundesebene politisch auseinander zu setzen (Kiesinger, zit. bei Herles 1989: 181).

Zur politischen Dimension gehört, dass die politischen Eliten in den Ländern (Schneider 2001) durchweg in ihrer Partei eine Führungsfunktion auf Bundesebene wahrnehmen und seit Kurt Georg Kiesinger alle Bundeskanzler zuvor ein Landeskabinett geführt oder diesem angehört haben. Dies gilt seit drei Jahrzehnten auch für den jeweiligen Herausforderer bei Bundestagswahlen (bis auf Angela Merkel). Naturgemäß sind alle Bundesratspräsidenten – protokollarisch die „Nr. 2" nach dem Bundespräsidenten – zugleich Regierungschef eines Landes, ein Blick auf die Ämter von Bundespräsident und Bundesverfassungsgerichtspräsident zeigt, dass auch Wege dorthin über ein Landeskabinett geführt haben.

Landesregierungen sind gesuchte Gesprächspartner, Termine mit Repräsentanten von Unternehmer- und Arbeitnehmerseite, mit Kirchen, mit Regierungen nicht nur benachbarter Bundesländer, sondern auch benachbarter auswärtiger Staaten gehören zum Regierungsalltag. Je mehr sich die Kontakte in alle Welt von der klassischen Diplomatie auf eine politikfeldorientierte, unmittelbare Zusammenarbeit hin entwickeln, umso selbstverständlicher werden Außenbeziehungen bis zu auf Dauer angelegten Partnerschaften. Wenn Regierungsmitglieder wie auch Parlamentarier aus verschiedenen Regionen Europas und der Welt zusammenwirken, dann ist das längst einer der konkreten Bausteine am gemeinsamen Haus einer „Weltinnenpolitik".

Ungeachtet aller gebotenen Reformüberlegungen wird auch in der aktuellen Föderalismusdebatte die Grundstruktur unserer bundesstaatlichen Ordnung mit verfassungsrechtlich eigenständigen, handlungsstarken Ländern nicht in Frage gestellt. Denn die Leitideen von Föderalismus, Subsidiarität und Regionalismus reichen weit über ein bloßes Bestandsinteresse von Landesparlamenten und -regierungen hinaus. Sie sind Ausdruck eines bestimmten Politikverständnisses, eines Glaubens an die Kreativität lebendiger Vielfalt, aber auch einer Behutsamkeit im Umgang mit der Macht, mit deren Hilfe Deutschland nicht zuletzt den Prozess seiner Wiedervereinigung innen- und außenpolitisch leichter bewältigt hat – und mit deren Hilfe auch die Europäische Union sich trotz administrativer Erschwernisse leichter tun wird, den Interessen von weit über 400 Millionen Menschen in unterschiedlichen Staaten und Regionen gerecht zu werden.

An anderer Stelle dieses Bandes wird näher dargelegt, dass und wie im Laufe der Jahrzehnte der im Grundgesetz angelegte „Mehrebenenverbund" Erscheinungsformen mit sich gebracht hat, die verfassungspolitisch kritisiert werden. Solche Vorwürfe zielen von einer nicht mehr überschaubaren Verflechtung politischer Verantwortung, zu geringer Transparenz der Beratungsprozesse und systembedingten Verzögerungen in Bundes- und EU-Angelegenheiten bis zu strukturellen Defiziten in der Finanzverfassung, einschließlich der Leistungsfähigkeit einzelner Bundesländer. Unbestritten hat zudem die Entwicklung von einem legislativen „Kompetenzföderalismus" zu einem exekutiven „Beteiligungsföderalismus" (d. h. weniger Landesgesetzgebung, dafür mehr Zustimmungsgesetze im Bundesrat) eine Gewichtsverlagerung nach sich gezogen. Um dem zumindest teilweise entgegenzuwirken, sind zwischenzeitlich in fast allen Ländern Regelungen getroffen worden, nach denen die Landesregierungen in wichtigen Staatsvertrags-, Bundesrats- und EU-Angelegenheiten ihre Parlamente frühzeitig in den Informationsprozess einbeziehen (Gebauer 2004).

2 Landesregierung als kollegiales Verfassungsorgan

Soweit das Grundgesetz Regelungen zur föderalen Kompetenzordnung trifft, ist ganz allgemein vom Bund und den Ländern die Rede. Die Landesregierungen als Verfassungsorgane werden maßgeblich in den Artikeln 51 Abs. 1 (Zusammensetzung des Bundesrates), 80 Abs. 1 (Ermächtigung zum Erlass von Rechtsverordnungen) und 93 Abs. 1 (Verfahren vor dem Bundesverfassungsgericht) angesprochen. In den Verfassungen der 16 Länder finden sich eigene Abschnitte bzw. Unterabschnitte, in denen Kompetenzen und Konstituierung, Zusammenarbeit untereinander und mit dem Landtag sowie Fragen von Rücktritt und Misstrauensvotum geregelt werden. Gerade im Bereich der Staatsorganisation gibt das

Grundgesetz den Landesverfassungen große Gestaltungsfreiheit, weil darin der Staatscharakter der deutschen Länder zum Ausdruck kommt. Schon die Begriffe variieren: Landesregierung, Staatsregierung, Senat, Regierung.
Dieser Beitrag muss sich auf Grundzüge und ausgewählte Hinweise beschränken. Er sieht deshalb davon ab, die Vielzahl landesrechtlicher Besonderheiten darzulegen, zumal jetzt aktuelle Publikationen zum Verfassungsrecht aller Landesregierungen mit umfassenden Literaturhinweisen vorliegen (Niedobitek 2004/Pestalozza 2005: Rn. 198-217). Zur Vertiefung soll daher generell auf diese Schriften, in Einzelfragen ergänzend auf den vom Verfasser mit bearbeiteten Kommentar zur Verfassung Rheinland-Pfalz Bezug genommen werden; dort finden sich auch Querverweise zum Bundesrecht (Grimm/Caesar 2001, nachstehend zit. Komm. Rh-Pf).
Die Landesregierung als kollegiales Verfassungsorgan tritt politisch in Erscheinung

- in der Interaktion mit dem Parlament (2.1.)
- als allwöchentlich tagendes Entscheidungsgremium (Kabinett) (2.2.), dessen Zuständigkeiten von der Ressortverantwortung des einzelnen Ministers und von der Richtlinienkompetenz des Regierungschefs abzugrenzen sind (2.3.).

2.1 *Landesregierung und Parlament*

Ein durchaus eigenes Profil im vorgenannten Sinne zeigen gerade jene Normen, die das Verhältnis der Verfassungsorgane Parlament und Regierung zueinander regeln. Dies muss gerade hier bei der Heranziehung von Literatur und Rechtsprechung zum Grundgesetz oder zu jeweils anderen Landesverfassungen im Auge behalten werden.
Alle Landesverfassungen haben sich für das Grundmodell des parlamentarischen Regierungssystems und damit gegen ein Präsidialsystem entschieden. Daher bedürfen alle Landesregierungen – wenn auch in unterschiedlicher Ausgestaltung – des Vertrauens ihrer Parlamente. Gemeinsamkeit besteht nur insoweit, als überall der Regierungschef vom Parlament zu wählen ist – bei abweichender Gestaltungsfreiheit, was die Zusammensetzung seiner Regierung angeht. In einigen Ländern können auch Staatssekretäre zu Kabinettsmitgliedern ernannt werden (Niedobitek 2004: 358, 360). Außer in Bremen und Hamburg gehen die Landesverfassungen davon aus, dass Ministerpräsident und Minister weiterhin Abgeordnete sein können. Nach Art. 52 Abs. 1 NRWVerf. muss der Regierungschef sogar „aus der Mitte" des Landtags gewählt werden. Am Beginn steht somit

grundsätzlich die „Kreationsfunktion" des Parlaments. Ist aber eine Regierung einmal im Amt, so kommt ihr innerhalb der verfassungsrechtlichen Zuständigkeit eine dem Parlament gegenüber eigenständige Position als Verfassungsorgan zu. Beide sind „Organe des Volkswillens" (so ausdrücklich die Verfassung von Rheinland-Pfalz, s. Überschrift des II. Abschnitts). Eine rechtliche Suprematie der Legislative etwa in Form eines allgemeinen Parlamentsvorbehaltes gibt es nicht (Komm. Rh-Pf Art. 98 Rn. 4); konsequenterweise wird daher auch so genannten schlichten Parlamentsbeschlüssen eine politische, nicht aber eine juristisch bindende Wirkung eingeräumt. Aufgrund des unmittelbaren Verfassungsauftrages wird von den Regierungen zudem ein so genannter Kernbereich autonomer Willensbildung in Anspruch genommen, der sich dem Kontrollanspruch des Parlaments entzieht (Komm. Rh-Pf Art. 98 Rn. 11).

Im parlamentarischen Regierungssystem stehen sich allerdings Parlament und Regierung nicht nur „gegenüber", sondern sind bei der Gestaltung der Landespolitik vielfältig miteinander verschränkt – zumal Regierung und Mehrheitsfraktion(en). Dabei ist die Regierung dasjenige Organ, das in erster Linie zum fortlaufenden aktiven Handeln berufen ist. Zugleich aber ist und bleibt sie auf das Vertrauen des Landtags angewiesen, der sie ja nicht nur zu wählen oder zu bestätigen hat, sondern über die Gesetzgebungs- und Haushaltskompetenzen entscheidenden Anteil an der politischen Gesamtverantwortung ausübt – ohne dass es des Rechtsinstituts einer Art „Staatsleitung zur gesamten Hand" im Sinne einer die unterschiedlichen Zuständigkeiten gleichsam überlagernden Gesamtwillensbildung bedarf (Komm. Rh-Pf Art. 98 Rn. 7 ff). Beide Organe sind gehalten, sich der gemeinsamen Legitimation und Verpflichtung bewusst zu sein und sich um eine konstruktive interorganfreundliche Zusammenarbeit zu bemühen. Typischer Ausdruck ist die oben erwähnte, zunächst in Briefwechseln, später in Verfassungsnormen, Gesetzen oder Vereinbarungen verankerte Vorabinformationspflicht der Regierung. Hier wird von der Prämisse ausgegangen, dass die Parlamente zur verantwortlichen Wahrnehmung ihrer Kompetenzen auf Informationen angewiesen sein können, über die zu einem bestimmten Zeitpunkt zunächst nur die Regierung verfügt, die aber möglicherweise den Landtag präjudizieren (Komm. Rh-Pf Art. 98, Rn. 8, 11; Art. 105 Rn. 13; Gebauer: 2004). – Die Gestaltungsfreiheit der Landesebene zeigt sich auch im Umgang mit Vertrauensfrage und Misstrauensvotum. Hier weichen einzelne Landesverfassungen erheblich vom Grundgesetz ab (Niedobitek 2004: 368 ff; Komm. Rh-Pf Art. 99 Rn. 5 ff).

2.2 Landesregierung als Entscheidungsgremium (Kabinett)

Während einzelne Landesverfassungen die Zuständigkeiten des Kollegialorgans Kabinett in einer Art Generalnorm aufführen (vgl. etwa Art. 49 Abs. 2 BaWü-Verf.; Art. 76 Abs. 2 ThürVerf.), werden in anderen Ländern die Kompetenzen gleichsam vorausgesetzt. Der Bestand der Kabinettsfunktionen ergibt sich dann aus der Gesamtheit aller einschlägigen Verfassungsbestimmungen. Schlüsselfunktionen sind die Entscheidungen über Gesetzesinitiativen und Rechtsverordnungen, über die Einbringung des Haushalts, das Stimmverhalten im Bundesrat, den Abschluss von Staatsverträgen oder einen Antrag auf Normenkontrolle (Komm. Rh-Pf Art. 105 Rn. 1). Wie auf der Bundesebene hat in allen Ländern die jeweilige Geschäftsordnung der Regierung einen hohen Aussagewert.

Die typische Funktion des Kollegialorgans manifestiert sich in der Kabinettssitzung. In allen Landeshauptstädten treten zum Wochenbeginn die Kabinette zusammen. Neben den stimmberechtigten Mitgliedern nehmen daran (soweit nicht im Ministerrang mit beratender Stimme) der Chef der Staatskanzlei und der Bevollmächtigte für Bundes- und Europaangelegenheiten teil. Darüber hinaus gibt es keine einheitliche Praxis. So sind etwa nach § 10 Abs. 4 der Geschäftsordnung der Landesregierung Rheinland-Pfalz der Sprecher der Landesregierung, der Leiter der Kabinettsabteilung der Staatskanzlei und ein Protokollführer anwesend. Andere Personen werden vom Ministerpräsidenten im Einzelfall zugelassen; er kann zu bestimmten Tagesordnungspunkten die Anwesenheit auf Minister beschränken. Traditionell ist z. B. in Rheinland-Pfalz die Teilnahme des bzw. der Vorsitzenden der Regierungsfraktion(en). Da sie von allen Beteiligten informatorisch verstanden wird, bestehen dagegen keine durchgreifenden rechtlichen Bedenken (Komm. Rh-Pf Art. 105 Rn. 7). In anderen Landesregierungen ist der Kreis der Anwesenden entweder enger oder – zumal was Staatssekretäre und Abteilungsleiter angeht – erheblich weiter gezogen.

Die Dauer der Kabinettssitzungen und die Intensität der Protokollierung sind unterschiedlich. Auch wenn zum Abschluss über jeden Tagesordnungspunkt abgestimmt wird, sind die Beschlussvorschläge in der Regel weitgehend vorgeklärt. Mehrheitsentscheidungen bilden die Ausnahme. In einigen Landesverfassungen kommt dem Ministerpräsidenten bei Stimmengleichheit das ausschlaggebende Votum zu (z.B. Art. 54 Abs. 1 S. 2 BayVerf; Art. 105, Abs. 1 S. 2 Rh-PfVerf.). Wird allerdings anlässlich der Regierungsbildung eine Koalitionsvereinbarung geschlossen, so findet sich darin regelmäßig eine Modifikation des Mehrheitsprinzips: Man kommt überein, dass ein Koalitionspartner in einer für ihn wesentlichen Frage nicht überstimmt werden darf. Damit wird nicht das Mehrheitsprinzip außer Kraft gesetzt, sondern man vereinbart lediglich eine

Verfahrenshürde: Auf Antrag einer Seite (Berufung auf die Koalitionsklausel) kommt es erst gar nicht zur Abstimmung.

Die maßgebliche Rolle bei der Vorbereitung der Ministerratsitzungen fällt dem Chef der Staatskanzlei zu, der durch seinen Apparat, insbesondere die so genannte Kabinettsabteilung, dabei unterstützt wird. Der Chef der Staatskanzlei lädt zu den Sitzungen ein, stellt auf der Grundlage vorliegender Ministerratsvorlagen mit Zustimmung des Ministerpräsidenten die Tagesordnung zusammen und leitet die Staatssekretärskonferenz, in der zu jedem Tagesordnungspunkt eine Beschlussempfehlung verabschiedet wird. Kabinettsvorlagen, die nicht zwischen den Ministerien abgestimmt sind, werden vom Chef der Staatskanzlei in der Regel nicht terminiert. Dieses Steuerungsinstrument läuft indessen leer, wo – insbesondere in Bundesratsangelegenheiten – Termine vorgegeben sind. Angesichts der Vielzahl von Beratungspunkten und der fortgesetzten Flut von Änderungsanträgen aus den verschiedenen Landesregierungen steht eine Kabinettsvorbereitung in Bundesratsangelegenheiten unter besonderem Druck. Daher ist die Staatskanzlei bemüht, durch obligatorische Vorbesprechungen der Bundesratsreferenten aus den Ressorts und der Landesvertretung eine von allen getragene Stimmliste zu sämtlichen Abstimmungsziffern – regelmäßig in dreistelliger Höhe – vorzulegen. Bleiben Differenzen oder sind Beratungsgegenstände von besonderer politischer Bedeutung, so kommt es im Ministerrat zum Einzelaufruf und entsprechender Abstimmung. Zeichnen sich nicht einschätzbare Entwicklungen für die Zeit zwischen Kabinettsberatung und Bundesratsplenum ab (in der Regel am nachfolgenden Freitag), dann hilft zumeist eine Vollmacht an den Ministerpräsidenten bzw. an den federführenden Minister, in enger Abstimmung mit einem festgelegten Kreis von Regierungsmitgliedern das Stimmverhalten stellvertretend für das Gesamtkabinett erst kurz vor der Plenarsitzung festzulegen (Komm. Rh-Pf Art. 105, Rn. 12 ff). Kommt eine einheitliche Position erkennbar nicht zu Stande, können nach einer Entscheidung des Bundesverfassungsgerichts aus dem Jahr 2002 die Stimmen der Landesregierung im Plenum nicht berücksichtigt werden (BVerfGE 106, 310 [335]). Die Konstellation, dass sich ein Regierungschef im Bundesratsplenum auf eine ihm mehrheitlich von seinem Kabinett erteilte Vollmacht zur Stimmführung beruft (wenn auch gegebenenfalls unter Verletzung einer entsprechenden Koalitionsklausel), ist in dem genannten Verfahren nicht abschließend behandelt worden.

Der Koordinationsbedarf steigt, wenn die politischen Mehrheitsverhältnisse auf Bundes- und auf Landesebene voneinander abweichen. Besonders brisant wird die Situation, wenn in einer Koalition auf Landesebene die Partei eines Partners im Bund an der Regierung beteiligt ist, die andere Partei aber im Bundestag auf den Oppositionsbänken sitzt. Auch wenn die Entscheidungen der Landesregierung in Bundesratsangelegenheiten sich in erster Linie an den Interessen des Landes ausrichten sollen und wollen, bleiben parteipolitische Affinitäten eine Realität. Von daher mag es verständlich sein, dass die Vorbereitung von Plenarsitzungen des Bundesrates in derart „gemischten" Koalitionen bei zuweilen knapp 100 Tagesordnungspunkten auch als die „Hohe Schule von Koordination und Entscheidungsvorbereitung" bezeichnet wird. Als eine Art Ventil sehen inzwischen die meisten Koalitionsvereinbarungen eine in der Geschäftsordnung des Bundesrates nicht geregelte, aber auch nicht ausgeschlossene Enthaltung vor. Von dem 1996 in einem Koalitionsvertrag vorgesehenen Losverfahren bei Dissenspunkten (Rheinland-Pfalz zwischen SPD und FDP) ist entgegen hartnäckig fortbestehenden Vermutungen niemals Gebrauch gemacht worden. Die Landesregierung hatte sich bereits vor dem ersten Anwendungsfall darauf verständigt, eine Stimmenthaltung im Bundesrat nicht als Dissenstatbestand, sondern als Konsens (jedenfalls über das Verfahren) einzustufen – und damit das Losverfahren erst gar nicht in Gang zu setzen (Komm. Rh-Pf Art. 105 Rn. 12 sowie ausführlich Kropp 2001: 136 ff, 144 ff).

Da die teilweise vorgesehenen „Koalitionsausschüsse" angesichts der sich schnell wandelnden Entscheidungssituationen zumal in Bundesratsangelegenheiten nicht immer schnell genug reagieren können, kommt dem „Koalitionsfrühstück" zwischen dem Ministerpräsidenten und dem Repräsentanten seines Regierungspartners am Morgen der Kabinettsitzung eine besondere Bedeutung zu.

2.3 Abgrenzung zu Ressortprinzip und Richtlinienkompetenz

Die kollegiale Gesamtverantwortung der Landesregierung steht in engem verfassungsrechtlichem Verbund mit dem *Ressortprinzip* und der *Richtlinienkompetenz*. Jeder Minister hat im *Geschäftsbereich seines Ressorts* grundsätzlich das Entscheidungsrecht in politischer, fachlicher, organisatorischer und personeller Hinsicht, soweit nicht politische oder rechtliche Vorgaben entgegenstehen. Diese können sich neben Kabinettsverantwortung und Richtlinienkompetenz aus gesetzlichen Mitbeteiligungspflichten, aber auch aus der Geschäftsordnung oder sonstigen Verfahrensabsprachen ergeben (Niedobitek 2004: 364). Über Fachministerkonferenzen ergeben sich Chancen landesübergreifender Mitgestaltung (Komm. Rh-Pf Art. 104, Rn. 15); allerdings gewinnt angesichts der wachsenden Verflechtung zwischen allen Politikfeldern und zwischen den Regierungsebenen eine rechtzeitige Vorabstimmung besonderes Gewicht. – Nach einzelnen Landesverfassungen ist der Minister – anders als auf Bundesebene – „unter eigener Verantwortung" dem Parlament für die Leitung seines Geschäftsbereiches verantwortlich (Art. 51 Abs. 1 BayVerf; Art. 104 Abs. 1 S. 2 Rh-PfVerf.). Ihm kann gegebenenfalls unabhängig vom Regierungschef das Vertrauen entzogen werden, und es gibt den parlamentarischen Vorbehalt bei einer Entlassung auch einzelner Kabinettsmitglieder (Komm. Rh-Pf Art. 98 Rn. 19; Art. 99 Rn. 7; Art. 104 Rn. 16).

Ein weiterer Schlüsselbegriff ist die *Richtlinienkompetenz* (Niedobitek 2004: 364 ff). Diese hat sich bis heute allen Bemühungen um eine abschließende Interpretation entzogen und sollte auch künftig zu den bewusst offenen Begriffen gehören, um ihrer Scharnierfunktion zwischen Verfassungsrecht und Politik gerecht zu werden. Im Kern geht es darum, dem Regierungschef die Möglichkeit zu geben, das politische Profil seiner Regierung zu prägen und „Kurs zu halten" (Komm. Rh -Pf Art. 104, Rn. 4). Ausdruck dieser Richtlinienkompetenz ist zunächst die programmatische Regierungserklärung zu Beginn einer Wahlperiode. Die Richtlinienkompetenz schließt nicht aus, dass der Regierungschef dabei eine Reihe wichtiger Einflussfaktoren berücksichtigt, um die Unterstützung seiner Politik abzusichern. Er wird die zentralen Wahlkampfaussagen der Regierungspartei(en) aufnehmen und er wird die Kernelemente einer vorausgehenden Koalitionsvereinbarung widerspiegeln. Dabei bleibt zu berücksichtigen, dass er in der Regel maßgeblich am Aushandeln der Koalitionsvereinbarung beteiligt war (Vorwirkung der Richtlinienkompetenz). Verfassungsrechtlich bleibt der Ministerpräsident frei, in seiner Regierungserklärung wie auch in der weiteren Regierungsarbeit von einer Koalitionsvereinbarung abzuweichen. Überlegungen zur Einklagbarkeit von Koalitionsverträgen sind rein theoretischer Natur; es geht allein um die Frage der politischen Belastbarkeit einer Koalition (Komm. Rh-Pf Art. 104, Rn. 6).

Abgrenzungsprobleme über den Umfang der Richtlinienkompetenz ergeben sich möglicherweise zwischen Regierungschef und Ressortminister. Dabei muss unbeschadet jeder notwendig differenzierenden Lösung im Einzelfall deutlich bleiben, dass es um eine Führungsentscheidung geht und sich der Regierungschef nicht schlicht an die Stelle des zuständigen Ministers setzt. Während zu diesem Thema in der Literatur verschiedene Beispiele zusammengetragen werden, finden sich in den Verfassungstexten keine, in den Kommentaren zum Landesverfassungsrecht nur wenige Anhaltspunkte, um ein anderes mögliches Spannungsverhältnis aufzulösen – nämlich jenes zwischen Richtlinienkompetenz und Kollegialprinzip (Komm. Rh-Pf Art. 104, Rn. 8 ff; Schneider 2001: 222-226). Auch hier wird man nicht einfach von einem Selbsteintritts- oder Ersetzungsrecht des Regierungschefs in Bezug auf Kabinettsbeschlüsse ausgehen, wohl aber von einem rechtlich verbürgten Führungsanspruch, den es – unter Zuhilfenahme entsprechender Verfahrensvorschriften, insbesondere in der Geschäftsordnung – politisch durchzusetzen gilt. Im Wesentlichen wird es sich darum handeln, im Vorfeld mit den einzelnen Ministern Gespräche zu führen und notfalls in Wahrnehmung der verfahrensrechtlichen Leitungskompetenz dafür zu sorgen, dass eine förmliche Kabinettsentscheidung in einer bestimmten Situation erst gar nicht herbeigeführt wird. Nicht zuletzt im Hinblick auf eine reibungslose Steuerung in solchen gegebenenfalls brisanten Situationen wird in den Geschäftsordnungen die Pflicht zu einer möglichst frühzeitigen Vorabinformation von Regierungschef und Regierungszentrale festgelegt (Komm. Rh-Pf Art. 104, Rn. 12-14).

3 Regierung als Organisation: Der Ressortszuschnitt

Die ersten Konturen einer neuen Regierungspolitik zeigen sich in Spekulationen über Personal- und Organisationsentscheidungen. Wegfall oder Zusammenlegung von Ressorts, Verselbstständigung oder Neuzuschnitt von Fachbereichen sind politische Signale. Kann man z. B. dadurch einen besonderen Akzent setzen, dass für ein bestimmtes Politikfeld (z. B. Frauenfragen) ein eigenes, wenn auch kleines, Ressort eingerichtet wird oder soll dieses Thema besser einem „starken" Ministerium mit zugeordnet werden? Soll man immanente Konfliktsituationen etwa zwischen Umwelt und Verkehr oder zwischen Unternehmern und Arbeitnehmern auf unterschiedliche Ressortchefs verteilen oder sie bündeln, z. B. in einem Ministerium für Umwelt und Verkehr oder in einem Ministerium für Wirtschaft und Arbeit? Brauchen nicht die gegensätzlichen Interessenvertreter doch vielleicht einen eigenen Ansprechpartner an der Spitze eines Ressorts? Die Kombination von „harten" (Polizei) und eher „weichen" Themen (Sport) in den Innenministerien ist eine verbreitete Praxis. Ein von der Sache her reizvoller Ansatz war die seinerzeitige Verbindung von Umwelt und Gesundheit in Rheinland-Pfalz unter Umweltminister Töpfer, als man damit das breit interessierende Thema Gesundheit mit dem noch eher spröden Umweltschutz kombinieren wollte (Derlien 1996; Frank 1996/1997; Busse 1999; zu verfassungsrechtliche Vorgaben vgl. Niedobitek 2004: 363; Komm. Rh-Pf Art. 105, Rn. 18)

Nach dem Stand vom Juni 2005 findet sich nachfolgend der Ressortszuschnitt in den 16 Landesregierungen (in den Regierungszentralen gibt es zum Teil neben den Ministerpräsidenten auch Minister in der Funktion als Chef der Staatskanzlei, als Bevollmächtigter für Bundes und/oder Europaangelegenheiten bzw. für Sonderaufgaben); vieles ist ähnlich, interessant sind die Unterschiede.

Mit dem notwendigen Vorbehalt – etwa im Hinblick auf unterschiedliche Aufgaben- und Organisationsstrukturen in Flächen- und Stadtstaaten oder eventuelle Änderungen durch Nachträge – werden als Orientierungsdaten die im jeweiligen Haushaltsgesetz für 2005 veranschlagten Ansätze gerundet angefügt (zum Vergleich: Bundeshaushalt 2005: rd. 254,3 Mrd. €).

Baden-Württemberg
Ministerpräsident, Staatsministerium / Innenministerium / Ministerium für Kultus, Jugend und Sport / Ministerium für Wissenschaft, Forschung und Kunst / Justizministerium / Finanzministerium / Wirtschaftsministerium / Ministerium für Ernährung und Ländlichen Raum / Ministerium für Arbeit und Soziales / Umweltministerium
Haushaltsansatz 2005: rd. 30,9 Mrd. €

Bayern
Ministerpräsident, Staatskanzlei / Staatsministerium des Innern / Staatsministerium der Justiz / Staatsministerium für Wissenschaft, Forschung und Kunst / Staatsministerium für Unterricht und Kultus / Staatsministerium der Finanzen / Staatsministerium für Wirtschaft, Infrastruktur, Verkehr und Technologie / Staatsministerium für Umwelt, Gesundheit und Verbraucherschutz / Staatsministerium für Landwirtschaft und Forsten / Staatsministerium für Arbeit und Sozialordnung, Familie und Frauen
Haushaltsansatz 2005: rd. 34,6 Mrd. €

Berlin
Regierender Bürgermeister, Senatskanzlei / Senatsverwaltung für Bildung, Jugend und Sport / Senatsverwaltung für Finanzen / Senatsverwaltung für Gesundheit, Soziales und Verbraucherschutz / Senatsverwaltung für Justiz / Senatsverwaltung für Inneres / Senatsverwaltung für Stadtentwicklung / Senatsverwaltung für Wirtschaft, Arbeit und Frauen / Senatsverwaltung für Wissenschaft, Forschung und Kultur
Haushaltsansatz 2005: rd. 21,1 Mrd. €

Brandenburg
Ministerpräsident, Staatskanzlei / Ministerium des Innern / Ministerium der Justiz / Ministerium der Finanzen / Ministerium für Wirtschaft / Ministerium für Infrastruktur und Raumordnung / Ministerium für Bildung, Jugend und Sport / Ministerium für Wissenschaft, Forschung und Kultur / Ministerium für Arbeit, Soziales, Gesundheit und Familie / Ministerium für ländliche Entwicklung, Umwelt und Verbraucherschutz
Haushaltsansatz 2005: rd. 10,0 Mrd. €

Bremen
Bürgermeister als Präsident des Senats, Senatskanzlei (zugleich Senator für kirchliche Angelegenheiten; Senator für Justiz und Verfassung) / Bürgermeister (Senator für Wirtschaft und Häfen; Senator für Kultur) / Senator für Inneres und

Sport / Senator für Bildung und Wissenschaft / Senator für Arbeit, Frauen, Gesundheit, Jugend und Soziales/Senator für Bau, Umwelt und Verkehr / Senator für Finanzen
Haushaltsansatz 2005: rd. 3,6 Mrd. €

Hamburg
Erster Bürgermeister, Senatskanzlei / Behörde für Wirtschaft und Arbeit / Behörde für Stadtentwicklung und Umwelt / Behörde für Inneres / Kulturbehörde / Justizbehörde / Behörde für Bildung und Sport / Behörde für Wissenschaft und Gesundheit / Behörde für Soziales und Familie / Finanzbehörde
Haushaltsansatz 2005: rd. 9,8 Mrd. €

Hessen
Ministerpräsident, Staatskanzlei / Ministerium des Innern und für Sport / Ministerium der Finanzen / Ministerium der Justiz / Kultusministerium / Ministerium für Wissenschaft und Kunst / Ministerium für Wirtschaft, Verkehr und Landesentwicklung / Ministerium für Umwelt, ländlichen Raum und Verbraucherschutz / Sozialministerium
Haushaltsansatz 2005: rd. 21,1 Mrd. €

Mecklenburg-Vorpommern
Ministerpräsident, Staatskanzlei / Innenministerium / Justizministerium / Finanzministerium / Wirtschaftsministerium / Ministerium für Ernährung, Landwirtschaft, Forsten und Fischerei / Ministerium für Bildung, Wissenschaft und Kultur / Ministerium für Arbeit, Bau und Landesentwicklung / Sozialministerium / Umweltministerium
Haushaltsansatz 2005: rd. 7,0 Mrd. €

Niedersachsen
Ministerpräsident, Staatskanzlei / Ministerium für Inneres und Sport / Finanzministerium / Ministerium für Soziales, Frauen, Familie und Gesundheit / Ministerium für Wissenschaft und Kultur / Kultusministerium / Ministerium für Wirtschaft, Arbeit und Verkehr / Ministerium für den ländlichen Raum, Ernährung, Landwirtschaft und Verbraucherschutz / Justizministerium / Umweltministerium
Haushaltsansatz 2005: rd. 21,7 Mrd. €

Nordrhein-Westfalen
Ministerpräsident, Staatskanzlei / Finanzministerium / Innenministerium / Justizministerium / Ministerium für Wirtschaft und Arbeit / Ministerium für Gesundheit, Soziales, Frauen und Familie / Ministerium für Schule, Jugend und

Kinder / Ministerium für Wissenschaft und Forschung / Ministerium für Städtebau und Wohnen, Kultur und Sport / Ministerium für Umwelt und Naturschutz, Landwirtschaft und Verbraucherschutz / Ministerium für Verkehr, Energie und Landesplanung
Haushaltsansatz 2005: rd. 47,3 Mrd. €

Rheinland-Pfalz
Ministerpräsident, Staatskanzlei /Ministerium für Wirtschaft, Verkehr, Landwirtschaft und Weinbau / Ministerium des Innern und für Sport / Ministerium der Finanzen / Ministerium der Justiz / Ministerium für Arbeit, Soziales, Familie und Gesundheit / Ministerium für Bildung, Frauen und Jugend / Ministerium für Wissenschaft, Weiterbildung, Forschung und Kultur / Ministerium für Umwelt und Forsten
Haushaltsansatz 2005: rd. 15,9 Mrd. €

Saarland
Ministerpräsident, Staatskanzlei / Ministerium der Finanzen / Ministerium für Inneres, Familie, Frauen und Sport / Ministerium für Wirtschaft und Arbeit / Ministerium für Justiz, Gesundheit und Soziales / Ministerium für Bildung, Kultur und Wissenschaft / Ministerium für Umwelt
Haushaltsansatz 2005: rd. 3,3 Mrd. €

Sachsen
Ministerpräsident, Staatskanzlei / Staatsministerium für Umwelt und Landwirtschaft / Staatsministerium für Soziales / Staatsministerium der Justiz / Staatsministerium der Finanzen / Staatsministerium für Kultus/Staatsministerium für Wissenschaft und Kunst / Staatsministerium für Wirtschaft und Arbeit / Staatsministerium des Innern
Haushaltsansatz 2005: rd. 16,6 Mrd. €

Sachsen-Anhalt
Ministerpräsident, Staatskanzlei / Ministerium des Innern / Ministerium der Justiz / Ministerium der Finanzen / Ministerium für Gesundheit und Soziales / Kultusministerium / Ministerium für Wirtschaft und Arbeit / Ministerium für Bau und Verkehr / Ministerium für Landwirtschaft und Umwelt
Haushaltsansatz 2005: rd. 10,2 Mrd. €

Schleswig-Holstein
Ministerpräsident, Staatskanzlei / Ministerium für Justiz, Arbeit und Europa / Ministerium für Bildung und Frauen / Innenministerium/Ministerium für Land-

wirtschaft, Umwelt und ländliche Räume / Finanzministerium / Ministerium für Wissenschaft, Wirtschaft und Verkehr / Ministerium für Soziales, Gesundheit, Familie, Jugend und Senioren
Haushaltsansatz 2005: rd. 10,8 Mrd. €

Thüringen
Ministerpräsident, Staatskanzlei / Finanzministerium / Kultusministerium / Innenministerium / Ministerium für Landwirtschaft, Naturschutz und Umwelt / Ministerium für Bau und Verkehr/Justizministerium / Ministerium für Soziales, Familie und Gesundheit / Ministerium für Wirtschaft, Technologie und Arbeit
Haushaltsansatz 2005: rd. 9,4 Mrd. €

4 Regierung als Kommunikations- und Entscheidungssystem

Regierung ist aber nicht nur Norm- und Organisationssystem, sondern auch Kommunikations- und Entscheidungssystem. Eine Regierung hat den Auftrag, zum richtigen Zeitpunkt politisch und fachlich tragfähige Entscheidungen zu treffen und diese der Öffentlichkeit zu vermitteln. Im Kern geht es um Sach- und Personalentscheidungen, da aber die meisten Vorhaben nur im Verbund mit anderen Akteuren zu erreichen sind, gewinnen Verfahrensentscheidungen immer stärker an Gewicht (Gebauer 1998: 464, 468 m.w.N). So wird die Leistung einer Regierung – auch auf Landesebene – mehr und mehr davon bestimmt sein, wie es ihr gelingt, ein verlässliches und lernfähiges Kommunikations- und Entscheidungssystem vorzuhalten: zur Gewinnung, Verarbeitung und Vermittlung von Informationen. Dabei geht es um Fachwissen, aber es geht auch darum, Erwartungshaltungen zu erkennen und die Folgen der eigenen Entscheidung verlässlich abzuschätzen (Böhret 1990; Bräunlein 2004). In diesem Begriffspaar vom Kommunikations- und Entscheidungssystem sind wichtige Teilfunktionen enthalten, die von der Regierungslehre (vgl. dazu etwa von Bandemer/Wewer 1989; Böhret/Wewer 1993; Murswieck 1996; Hesse/Ellwein 1997; Schuppert 2003: 345-425; als Einführung jetzt vor allem auch Korte/Fröhlich 2004) herausgearbeitet werden: Planung und Koordination, Führung, ebenso Kontrolle – weil diese über Informations-Rückkopplung gegebenenfalls zu neuer Entscheidung führt.

Regieren heißt somit im Kern: Verantwortliches Entscheiden – als Verfassungsauftrag an Regierungschef, Ressortminister und an das Kollegialorgan Regierung. Die professionelle Vor- und Nachbereitung solcher Entscheidungen ist Aufgabe der Ministerialbürokratie, der typischen Schnittstelle von Politik und Verwaltung. Hinzu tritt für die Kabinettsmitglieder der politische Rat aus Parteien und Fraktionen sowie – offenbar zunehmend – die Beiziehung externen Sachverstandes (Murswieck 1994) in Form von Kommissionen, Runden Tischen oder sonstigen Gremien. Informations- und flankierende Legitimationsbeschaffung gehen dabei ineinander über – eine Tendenz, die je nach Ausgestaltung sowohl den Beratungsauftrag der Administration als auch den Legitimationsauftrag der Parlamente berühren kann.

5 Trends: Reformdebatte, „good governance" und „Neue Staatswissenschaft"

Neben der Bewältigung der eigenen landespolitischen Vorhaben und einer nicht selten prononcierten Mitsprache bei großen und/oder aktuellen bundespolitischen Problemen sehen sich auch Landesregierungen und führende Landespolitiker immer mehr mit „grundsätzlichen" Fragen konfrontiert, die Anlass geben, sich mit der Rollenverteilung von Staat und Gesellschaft und somit der eigenen Funktion auseinander zu setzen. Erinnert sei an die schon erwähnte Föderalismusdebatte (der ja im Kern die Frage nach der Leistungsfähigkeit unseres Mehrebenensystems sowie aller seiner Glieder und deren Organe zugrunde liegt), an die Diskussionen zu Wertordnung, Staatsaufgaben (Stichwort: Gewährleistungsstaat) und gesellschaftlicher Verantwortung (vgl. als ein Gemeinschaftswerk von Politikern aus mehreren Ländern etwa Vogel 1996) sowie die Konzepte zur Modernisierung von Regierung und Verwaltung (Konzendorf 1998; vgl. für den Bund www.staat-modern.de sowie die entsprechenden Homepages der Landesregierungen). Die Bedeutung eines an einheitlichen Grundstrukturen ausgerichteten Öffentlichen Dienstes in Bund und Ländern für das reibungslose Funktionieren von Regierung und Verwaltung im Mehrebenensystem ist manchem Beobachter im ersten Jahrzehnt nach der Wiedervereinigung sehr bewusst geworden; das sollte bei den Reform- und Regionalisierungsdebatten nicht aus dem Blick verloren werden.

Alle Regierungen in Bund und Ländern müssen auch ihre Rolle finden innerhalb einer weltweit angestoßenen „Governance"-Debatte, bei der nach der richtigen Steuerung (good governance) im Verbund von Government, Markt und so genanntem Dritten Sektor (also insbesondere den nicht-staatlichen Organisationen) gefragt wird (König 2002; Schuppert 2003: 395-414). Im Rahmen eines Forschungsvorhabens „Regieren in der vorgeschrittenen Moderne" gehen derzeit in einem Arbeitskreis „Regieren zu Beginn des 21. Jahrhunderts" vierzehn in für die Regierungslehre relevanten Disziplinen ausgewiesene Wissenschaftler ebenso vielen Schlüsselfragen des Regierens nach – unter Einbeziehen von Regierungs- und Verwaltungspraktikern. Die Ergebnisse sollen Ende 2006 vorliegen;

sie werden abgerundet durch eine Studie über das „Regieren als politisches Management und als öffentliche Governance" (Forschungsinstitut 2004: 20-22). Unter dem Aspekt „Regierung" ist schließlich die Wiederbelebung des klassischen Begriffs der „Staatswissenschaft" von Interesse. Schuppert hat unlängst den Anlauf unternommen, die Teilelemente Regierungslehre, Verwaltungslehre und Rechtsetzungslehre zu einer Staatsfunktionenlehre zu verknüpfen (Schuppert 2003: 345-627) und diese wiederum in das Konzept einer „Neuen Staatswissenschaft" (Voßkuhle 2001: 502-503) einzubringen. Diese „Neue Staatswissenschaft" – so Schuppert (2003: 43,51) – will keine der bestehenden Disziplinen einebnende, überwölbende Wissenschaft werden. Aber sie könnte – vielleicht wie eine neu definierte „Verwaltungswissenschaft" für die multidisziplinären Verwaltungswissenschaften (Gebauer 1998: 588) – tatsächlich eine integrierende Kommunikations-, Transfer- und Orientierungsfunktion erhalten für die fächerübergreifenden Forschungsansätze, die nach wie vor geboten sind, um die „wirklichen Zusammenhänge" allen Regierungshandelns – auch auf Landesebene – wissenschaftlich zu erschließen.

Literatur

von Bandemer, Stephan/Wewer, Göttrik (Hrsg.) (1989): Regierungssystem und Regierungslehre. Opladen.
Böhret, Carl (1990): Folgen. Entwurf für eine aktive Politik gegen schleichende Katastrophen. Opladen.
Böhret, Carl/Wewer, Göttrik (Hrsg.) (1993): Regieren im 21. Jahrhundert – zwischen Globalisierung und Regionalisierung. Festschrift für Hans-Hermann Hartwich zum 65. Geburtstag. Opladen.
Bräunlein, Tobias (2004): Integration der Gesetzesfolgenabschätzung ins Politisch-Administrative System der Bundesrepublik Deutschland. Beiträge zur Politikwissenschaft Bd. 86. Frankfurt.
Busse, Volker (1999): Regierungsbildung aus organisatorischer Sicht. In: DÖV 1999 (313-322)
Derlien, Hans-Ulrich (1996), Zur Logik und Politik des Ressortzuschnitts. In: Verwaltungsarchiv 87. (548-580)
Forschungsinstitut für öffentliche Verwaltung bei der Deutschen Hochschule für Verwaltungswissenschaften Speyer (Hrsg.) (2004): Arbeitsplan 2005 und Forschungsprogramm 2005-2009. Speyer.
Frank, Martin (1996/1997): Aufbau der Landesverwaltung. In: Klaus König/Heinrich Siedentopf (Hrsg): Öffentliche Verwaltung in Deutschland. Baden-Baden (145-163).

Gebauer, Klaus-Eckart (1995): Interessenregelung im föderalistischen System. In: Klein, Eckart u. a. (Hrsg.): Grundrechte, soziale Ordnung und Verfassungsgerichtsbarkeit. Festschrift für Ernst Benda zum 70. Geburtstag. Heidelberg (67-90).

Gebauer, Klaus-Eckart (1998a): Regierungskommunikation. In: Otfried Jarren/Ulrich Sarcinelli/Ulrich Saxer (Hrsg.): Politische Kommunikation in der demokratischen Gesellschaft. Opladen/Wiesbaden(464-472).

Gebauer, Klaus-Eckart (1998b): Grenzüberschreitung „als Beruf" – Künftige Anforderungen an Verwaltung und Verwaltungswissenschaft. In: Werner Jann/Klaus König/Christine Landfried/Peter Wordelmann (Hrsg.): Politik und Verwaltung auf dem Weg in die transindustrielle Gesellschaft. Carl Böhret zum 65. Geburtstag. Baden-Baden (575-593).

Gebauer, Klaus-Eckart (2004): Verfassungsergänzende Vereinbarungen zwischen Parlament und Regierung. In: Arthur Benz/Heinrich Siedentopf/Karl-Peter Sommermann (Hrsg.): Institutionenwandel in Regierung und Verwaltung. Festschrift für Klaus König zum 70. Geburtstag. Berlin (341-353).

Grimm, Christoph/Caesar, Peter (Hrsg.): 2001: Verfassung für Rheinland-Pfalz. Baden-Baden (zit. Komm. Rh-Pf).

Herles, Helmut (1989): Das Parlament der Regierenden. Bonn.

Hesse, Joachim Jens/Ellwein, Thomas (1997): Das Regierungssystem der Bundesrepublik Deutschland. 8. Aufl. Opladen/Wiesbaden (2 Bände).

König, Klaus (2002): Regieren als politisches Management und als öffentliche Governance. In: Klaus König: Verwaltete Regierung. Köln/Berlin/Bonn/München (3-10).

Konzendorf, Götz (unter Mitarbeit von Tobias Bräunlein) (1998): Verwaltungsmodernisierung in den Ländern. Speyerer Forschungsberichte 187.

Korte, Karl-Rudolf/Fröhlich, Manuel (2004): Politik und Regieren in Deutschland. Strukturen, Prozesse, Entscheidungen. Paderborn

Kropp, Sabine (2001): Regierung in Koalitionen. Wiesbaden

Martens, Rolf (2003): Die Ministerpräsidentenkonferenzen. Würzburg: Ergon.

Moderner Staat – Moderne Verwaltung (Programm der Bundesregierung: unter www.staat-modern.de)

Morsey, Rudolf (1999): Die Rolle der Ministerpräsidenten bei der Entstehung der Bundesrepublik Deutschland 1948/1949. In: Bundesrat (Hrsg.): 50 Jahre Herrenchiemseer Verfassungskonvent – zur Struktur des deutschen Föderalismus. Opladen. (35-54).

Murswieck, Axel (Hrsg.) (1994): Regieren und Politikberatung. Opladen.

Murswieck, Axel (Hrsg.) (1996): Regieren in den neuen Bundesländern. Institutionen und Politik. Opladen.

Niedobitek, Matthias (2004): Die Landesregierung in den Verfassungen der deutschen Länder. In: Arthur Benz/Heinrich Siedentopf/Karl Peter Sommermann (Hrsg.): Institutionenwandel in Regierung und Verwaltung. Festschrift für Klaus König zum 70. Geburtstag. Berlin (355-370).

Pestalozza, Christian (2005): Verfassungen der deutschen Bundesländer. 8. Auflage. München.

Schneider, Herbert (2001): Ministerpräsidenten. Profil eines politischen Amtes im deutschen Föderalismus. Opladen.

Schuppert, Gunnar Folke (2000): Verwaltungswissenschaft. Baden-Baden.
Schuppert, Gunnar Folke (2003): Staatswissenschaft. Baden-Baden.
Vogel, Bernhard (Hrsg.) (1986): Wie wir leben wollen. Grundzüge einer Politik für morgen. Mit Beiträgen von Alois Glück, Friedrich Kronenberg, Werner Remmers, Erwin Teufel. Stuttgart.
Voßkuhle, Andreas (2001): Der „Dienstleistungsstaat". Über Nutzen und Gefahren von Staatsbildern. In: Der Staat 40 (495-523)

Peter März

Ministerpräsidenten[1]

1 Demokratische Landesherren im Bundesstaat

Ministerpräsidenten kennt man – auch über die eigenen Landesgrenzen hinweg. Anders die Ministerinnen und Minister in den Landeskabinetten. Obwohl nicht Spitzenbeamte, sondern Politiker, die sogar, wenn Themen aus der Zuständigkeit der Länderpolitik berührt sind, den Gesamtstaat beim Ministerrat der Europäischen Union vertreten können, sind Landesminister oft selbst zu Hause relativ unbekannt. Ausnahmen, wie in den 70er und 80er Jahren der Bayerische Kultusminister Hans Maier, wie in den 90er Jahren der Nordrhein-Westfälische Wirtschaftsminister Wolfgang Clement, bestätigen eher die Regel. Länderpremiers wie Franz Josef Strauß und Edmund Stoiber in Bayern, Lothar Späth in Baden-Württemberg, Johannes Rau in Nordrhein-Westfalen, Kurt Biedenkopf in Sachsen, Bernhard Vogel in Thüringen, Willy Brandt in Berlin und Oskar Lafontaine im so kleinen Saarland kennt bzw. kannte doch zu ihrer Zeit jedes Kind in Deutschland. Ministerpräsidenten sind somit etwas Besonderes, sie können sich Image und Nimbus verschaffen, sie haben auch in Zeiten von Demokratisierung tatsächlich viel von Landesherren, die dazu über Grenzen hinweg agieren und in Erscheinung treten, die administrieren und repräsentieren, auf die sogar in ganz seltenen Ausnahmefällen wie unter Alfons Goppel 1962-1978 in Bayern so etwas wie monarchischer Glanz im republikanischen Staat fällt.

---

[1] Dem Autor möge nachgesehen werden, dass er, nach seiner persönlichen Kenntnis und Verortung, im folgenden Beitrag durchaus überproportional auf bayerische Beispiele eingeht. Eine gleichmäßige Berücksichtigung aller 16 deutschen Länder wäre für diesen Beitrag ohnehin nicht möglich gewesen. Im Übrigen scheint das Beispiel Bayern vielfach besonders ergiebig und geeignet, sowohl Allgemeines als auch Besonderes zu kondensieren.
Zeitlicher Abschluss der Darstellung ist wesentlich Anfang Juni 2005, also das Vorfeld der Bundestagswahl vom 18. September dieses Jahres. Sich danach ergebende Änderungen konnten nur noch punktuell berücksichtigt werden.

2 Ministerpräsidenten als (auch) Staatspräsidenten

Mit dieser knappen Skizze ist bereits ein wesentliches Charakteristikum benannt: Ministerpräsidenten sind eben auch Staatsoberhäupter, sie stehen über das hinaus, was in Staatskanzlei, Regierung und Landtag verhandelt wird, für ihr Land. In keinem der 16 deutschen Länder gibt es die Duplizität von Staatsoberhaupt und Regierungschef in zwei Personen. Das Ende der Monarchien in Deutschland 1918 brachte weitgehend auch das Ende von Staatsoberhäuptern auf der zweiten staatlichen Ebene, mag es auch, wie in Baden und Württemberg während der Zwischenkriegszeit, die Titulatur Staatspräsident für den Ministerpräsidenten gegeben haben.[2] Diese Tradition bestand hier auch noch vor der Gründung des fusionierten Südweststaates 1952 mit „Staatspräsidenten" wie Lorenz Bock 1947/48 und in der Folgezeit Gebhard Müller 1948-1952 in Württemberg-Hohenzollern und Leo Wohleb 1946-1952 in Baden.

Es kann dabei gleichwohl nicht überraschen, dass gerade in solchen Ländern, deren historisch gewachsenes Eigenprofil vielfach ein Spannungsverhältnis mit der nationalstaatlichen Ebene provozierte, die Frage nach einem eigenen Staatspräsidenten immer wieder ventiliert wurde:

In Bayern, das sich ohnehin durch den unitarischen Charakter der Weimarer Reichsverfassung mediatisiert sah, hatten Rechte und bürgerliche Mitte 1923 und 1924 (fehlgeschlagener Volksentscheid) vergebliche Anläufe zur Institutionalisierung einer derartigen Figur unternommen. Nachgerade berühmt wurde dann die Auseinandersetzung um den bayerischen Staatspräsidenten in der verfassungsgebenden Bayerischen Landesversammlung, die Anfang September 1946 kulminierte.[3]

In der entscheidenden Abstimmung unterlagen die Befürworter eines eigenen weiß-blauen Staatsoberhauptes denkbar knapp mit 84 zu 85 Stimmen.[4]

---

[2] Vgl. Herbert Schneider: Ministerpräsidenten. Profil eines politischen Amtes im deutschen Föderalismus, Opladen 2001 S. 48.

[3] Darstellung nach Barbara Fait: Demokratische Erneuerung unter dem Sternenbanner. Amerikanische Kontrolle und Verfassungsgebung in Bayern 1946, Düsseldorf 1998, S. 288 ff.

[4] Auch heute noch interessant im Hinblick auf die innerbayerischen Konstellationen ist die Verteilung von Zustimmung und Ablehnung: Gegen den Staatspräsidenten stimmten die unitarisch eingestellten Kleinparteien FDP und KPD, für ihn einige wenige Föderalisten aus der SPD-Fraktion unter der Führung des zeitweiligen Ministerpräsidenten Wilhelm Hoegner, ferner das Gros der CSU-Fraktion. Aus Letzterer zeigte sich lediglich eine Minderheit um den eher national orientierten Parteigründer Josef Müller ablehnend. Die eigentlichen Verfassungszuständigkeiten des vorgesehenen Staatspräsidenten waren, von Notzeiten abgesehen, eher gering. Formal standen ihm in der geplanten Form die Ernennung und Entlassung des Ministerpräsidenten und der weiteren Angehörigen der Staatsregierung zu, die jedoch der Zustimmung des Landtages bedurften. Konstitutiv sicher problematisch wäre die Festlegung gewesen,

Der Wegfall eines eigenen Staatsoberhauptes, dessen Installierung am ehesten noch in Bayern bevorstand (s. o.), stärkte und stärkt naturgemäß die Funktion des Ministerpräsidenten, auch im vergleichenden Blick auf den Bund. Ministerpräsidenten agieren so in Deutschland unabhängig von einem präsidialen Übervater, was ihnen gewiss auch dann zustatten kommt, wenn man von den formal bescheidenen Kompetenzen des Bundespräsidenten gegenüber dem Kanzler ausgeht. Dem Ministerpräsidenten hingegen bleibt aber jedenfalls die Abhängigkeit von einer Staatsnotarkompetenz nach Art des Bundespräsidenten erspart, die im konkreten Fall, wie die Geschichte der Bundesrepublik zeigt, für Kanzler durchaus lästig werden kann. Ein Beispiel dafür ist die erkennbar reservierte Haltung von Bundespräsident Carstens 1982/83, der Herbeiführung einer negativ zu beantwortenden Vertrauensfrage (Art. 86 GG) zuzustimmen, damit die seit Oktober 1982 amtierende Bundesregierung Kohl sich durch vorzeitige Bundestagswahlen eine neue Legitimationsgrundlage verschaffen konnte.

Nicht geringzuschätzen sind aber auch die Repräsentativfunktionen, die Ministerpräsidenten als sozusagen Staatsoberhäuptern im Nebenamt zuwachsen: Sie stehen z.B. im Mittelpunkt der großen Festlichkeiten, die überregional den Jahreskalender in der Republik bestimmen, von den Bayreuther Festspielen bis zur Kieler Woche.

3 Zum Ministerpräsidenten als Verfassungsfigur wie Inhaber realer Macht

Um zunächst exemplarisch Bayern zu nehmen: Die rechtliche Stellung des Ministerpräsidenten ist hier im Vierten Abschnitt der Bayerischen Verfassung (Die Staatsregierung) wesentlich in den Artikeln 44 bis 49, 51 und 52 geregelt. Auch wenn sich die verfassungsrechtliche Position der deutschen Länderpremiers in den letzten Jahren angenähert hat, bleibt doch Bayern das Beispiel für einen überdurchschnittlich starken Ministerpräsidenten.[5]

Diese Position gründet vor allem auf drei Faktoren:

Zunächst auf der unklaren Formulierung hinsichtlich eines gebotenen Rücktritts des Ministerpräsidenten, „wenn die politischen Verhältnisse ein vertrauensvolles Zusammenarbeiten zwischen ihm und dem Landtag unmöglich machen." (Art. 44 Abs. 3 BV).

---

[5] Staatspräsident und Staatsregierung übten „die vollziehende Gewalt nach Maßgabe dieser Verfassung" aus.
Vgl. Schneider, Ministerpräsidenten S. 50 ff. Verfassungen der deutschen Bundesländer mit dem Grundgesetz, Einführung von Christian Pestalozza, München[8] 2005.

In den anderen Ländern gilt im Regelfall ein konstruktives Misstrauensvotum (Abwahl durch Wahl eines Nachfolgers wie auf Bundesebene). Per Saldo dürfte sich hier allerdings zur genannten Festlegung in der Bayerischen Verfassung kein erheblicher Unterschied mehr ergeben, denn die historische Erfahrung hat auch in Bayern gelehrt, dass Ministerpräsidenten Rücktritte selbst ohne eigentlichen Wechsel der Regierungsmehrheiten im Landtag letztlich dann doch vornehmen müssen, wenn sie über keine wirkliche Steuerungsfähigkeit mehr verfügen bzw. ihnen die Mehrheit entgleitet. Ein Beispiel in Bayern ist das Ende der so genannten „Vierer-Koalition", der einzigen Regierung im Land ohne Beteiligung der CSU von 1954 bis 1957, nachdem die CSU bei der Bundestagswahl des Jahres 1957 in Bayern 57,2 Prozent erreicht hatte, und dann insbesondere Bayernpartei und GB/BHE Absetzbewegungen eingeleitet hatten. Ministerpräsident Hoegner (SPD) erklärte darauf seinen Rücktritt. Zweites Exempel ist die Entwicklung 1993, als auch CSU-intern mit der so genannten Amigo-Affäre als Anlass Druck auf den glücklosen, möglicherweise einer Wahlniederlage bei der Landtagswahl 1994 entgegen treibenden Ministerpräsidenten Max Streibl entstanden war, dem dieser sich schließlich nicht mehr entziehen konnte. Am 27. Mai 1993 legte er, politisch vereinsamt, aber ohne formale Berufung auf Regelungen in der Verfassung, das Amt nieder. Am folgenden Tag wählte der Landtag dann Edmund Stoiber zum Ministerpräsidenten, der sich parteiintern, gestützt auf sein starkes Gewicht in der Landtagsfraktion, gegen den Rivalen, den Parteivorsitzenden und Bundesfinanzminister Theo Waigel, durchgesetzt hatte.[6]

Das Resultat des Machtkampfes zwischen Edmund Stoiber und Theo Waigel um die Nachfolge Max Streibls zeigte im Übrigen, auch in bemerkenswerter Analogie zu den verschiedenen Entscheidungskonstellationen in Baden-Württemberg, welch herausragende Bedeutung Landtagsfraktionen der stärksten Regierungspartei für die Bestellung des Ministerpräsidenten zukommt: So war in Stuttgart signifikant, dass sich mehrfach jeweils der Chef der CDU-Fraktion beim Ringen um das Amt des Regierungschefs durchsetzte, wie Lothar Späth 1978 gegen den Rivalen Manfred Rommel, der ursprünglich aus der Ministerialbürokratie gekommen war und zum Stuttgarter Oberbürgermeister avanciert war, und 1991 Erwin Teufel. Zwar ging das Votum für den Nachfolger Erwin Teufels, den Fraktionsvorsitzenden Günther Oettinger (Ministerpräsident seit April 2005), wesentlich auf einen Mitgliederentscheid der südwestdeutschen CDU im

---

[6] Zur Vierer-Koalition 1954-1957 in Bayern wie insbesondere zur deren Ende Bernhard Taubenberger: Licht übers Land. Die bayerische Vierer-Koalition 1954-1957, München 2002, insbesondere Seite 98ff. Karl-Ulrich Gelberg: Vom Kriegsende bis zum Ausgang der Ära Goppel (1945-1978), in: Handbuch der Bayerischen Geschichte. Vierter Band. Das neue Bayern von 1800 bis zur Gegenwart, erster Teilband Staat und Politik, Neuausgabe München 2003, S. 817 ff. Ders. für die Folgezeit, zum Rücktritt Max Streibls 1993, ebd. S. 990 f.

Spätherbst 2004 zurück. Oettinger hatte sich in einem parteiinternen, die Mitglieder mobilisierenden Wahlkampf gegen die Konkurrentin, Kultusministerin Schavan, durchgesetzt. Da er aber der bei dieser Kampagne insbesondere von den ihm als Fraktionsvorsitzenden zugewachsenen Potentialen profitieren konnte, bestätigte sich das Gewicht dieser Funktion ein weiteres Mal. Ein abweichendes Muster gilt vielfach vor allem für die ab 1990 oft kurzfristig und hektisch vorgenommene Auswahl von Regierungschefs in den neuen Ländern, insbesondere dann, wenn nach kompromottierenden Anfangsentwicklungen sehr schnell Aushilfen gefunden werden mussten. Klassisches Beispiel dafür war insbesondere die im Kanzleramt und damit auf gesamtstaatlicher CDU-Ebene Anfang 1992 getroffene Entscheidung, den ehemaligen rheinland-pfälzischen Ministerpräsidenten Bernhard Vogel als Nachfolger von Josef Duchac an der Regierungsspitze in Thüringen zu installieren. In bereits ‚verfestigten' Ländern wäre ein derartiges, weitgehend außengesteuertes Drehbuch schwer vorstellbar.

Der zweite zentrale Punkt für die 'Macht' des Ministerpräsidenten ist eine Prärogative bei der Auswahl der Kabinettsmitglieder. Allerdings ist diese Prärogative keineswegs uneingeschränkt: So bestimmt, was die rechtliche Seite angeht, z.B. Art. 45 der Bayerischen Verfassung, dass der Ministerpräsident „mit Zustimmung des Landtags die Staatsminister und die Staatssekretäre" (in Bayern gleichfalls als Politiker Kabinettsmitglieder) beruft. Insofern ergibt sich auch eine Diskrepanz zum Grundgesetz (Art. 64 Abs. 1GG), das hier lediglich noch dem Bundespräsidenten[7] in Form der formellen Ausfertigung die Notarfunktion zuerkennt, während das Parlament, der Bundestag, überhaupt keine formale Rolle spielt, sondern nur als Ort der Eidesleistung dient. Wie in Bayern ist in den meisten Flächenländern die Zustimmung des Landtags zur Bestellung der einzelnen Minister erforderlich; in Hessen besteht eine Anzeigepflicht gegenüber dem Parlament, in Nordrhein-Westfalen und Thüringen sind die Landtage dabei verfassungsrechtlich nicht beteiligt. Noch anders liegen die Dinge in den Stadtstaaten Berlin und Bremen, in denen die Regierungsmitglieder, die Senatoren, ein-

---

[7] Der Fall einer Weigerung des Staatsoberhauptes, einem Kanzlervervotum zur Bestellung eines Kabinettsmitgliedes die Zustimmung zu geben, ist außerordentlich selten. Bekannt ist der zeitweilige auf im Ergebnis vergebliche Widerstand von Bundespräsident Lübke dagegen, nach der Bundestagswahl 1965 im zweiten Kabinett Ludwig Erhard Gerhard Schröder wiederum zum Bundesaußenminister zu ernennen. Ursache war vor allem eine von Lübke unterstellte, nicht hinnehmbare Unzuverlässigkeit Schröders hinsichtlich einer die Rechtspositionen der Bundesrepublik wahrenden Berlin- und Deutschlandpolitik. Vgl. Rudolf Morsey: Heinrich Lübke. Eine politische Biographie, München, Wien, Zürich 1996, S. 472 ff, und Torsten Oppelland: Gerhard Schröder (1910-1989). Politik zwischen Staat, Partei und Konfession, Düsseldorf 2002, S 651 ff. Siehe auch Herzog in Maunz/Dürig, Kommentar zum Grundgesetz Art. 64 GG, der in Teil bb) dem Bundespräsidenten eben kein politisches Ermessen bei der Ernennung der Kabinettsmitglieder auf Bundesebene zuweist.

zeln von den Stadtparlamenten gewählt und abgewählt werden können.[8] Auch bei der Auswahl der Regierungsmitglieder sind freilich die genuinen politischen Faktoren bedeutungsvoller als die formalen.

Die politischen Einschränkungen des Ministerpräsidenten bei der Auswahl wie beim Ausscheiden seiner Kabinettsmitglieder resultieren einmal bei Koalitionsregierungen auf Länderebene aus den Vorgaben des bzw. der Koalitionspartner. Diese lassen sich nur schwer, wenn überhaupt überwinden. Nimmt man das Beispiel Baden-Württemberg, so ist ganz offenkundig, dass das Ausscheiden von Wirtschaftsminister Döring (FDP) im Jahr 2004 wegen problematischer Zusammenarbeit mit einem Meinungsforschungsinstitut (Spendenproblematik) in erster Linie internen Drucks aus der eigenen Partei bedurfte. Analog durch die eigene Partei gefestigt erschien die Position der Minister von Bündnis 90/Die Grünen im Düsseldorfer Kabinett Höhn und Vesper bis zum dortigen Regierungswechsel durch den Erfolg von CDU und FDP bei der Landtagswahl vom 22. Mai 2005. Mochte insbesondere Umweltministerin Höhn vielfach das Missfallen von Ministerpräsident Steinbrück gefunden haben (ökologische Prinzipienpolitik versus ökonomische Standortsicherung), so fand er in seiner Amtszeit doch kein Mittel, sie aus dem Kabinett zu entfernen. In der Großen Koalition in Schleswig-Holstein (Kabinett Carstensen/CDU) profiliert sich Innenminister Stegner (SPD) als eindeutiger Widerpart des Ministerpräsidenten mit der offenkundigen Intention, als dessen Herausforderer in Erscheinung zu treten. Besonders eklatant ist der Fall Mecklenburg-Vorpommern, wo der PDS-Minister Holter trotz Beanstandungen von Projektfinanzierungen in seinem Haus mit erheblicher politischer Kontaminierung nicht zur Disposition des SPD-Ministerpräsidenten Ringstorff stand. Das gegenteilige Extrembeispiel für einen Minister (bzw. hier Senator), der sich menschlich und politisch geradezu idealtypisch skandalös verhält und ohne weiteres Federlesen über Parteigrenzen hinweg von seinem Regierungschef entlassen wird, gab im Jahr 2003 der Hamburger Innensenator Ronald Schill (Partei Rechtsstaatliche Offensive). Er hatte offenkundig versucht, auf den Regierungschef, Bürgermeister Ole von Beust, erpresserischen Druck auszuüben. Ein derartiger Extremfall gehört freilich nicht zum normalen Geschäftsablauf in der Republik und findet sein publizistisch adäquates Echo eher in der Boulevard- und Regenbogenpresse als in der fachlichen Analyse.

Schrankenlos können Regierungschefs freilich auch dann nicht bei der Auswahl ihrer Kabinettsmitglieder vorgehen, wenn ihre Partei im Landesparlament über eine absolute Mehrheit verfügt. Es gilt, den Proporz von Parteigliede-

---

[8] Schneider, Ministerpräsidenten S. 54. Art. 56, Berliner Verfassung; Art. 107 Abs. 2 bremische Verfassung. Die Hamburger Verfassung sieht in Art. 34 Abs. 2 dagegen seit 1996 Berufung und Entlassung der Senatoren durch den Ersten Bürgermeister mit Bestätigung durch die Bürgerschaft vor.

rungen und Verbänden, eine gewisse Geschlechtersymmetrie, konfessionelle Gesichtspunkte und den Reflex regionaler Vielfalt zu beachten. Unter den genannten Kriterien hat über die letzten Jahrzehnte sozusagen spiegelverkehrt das Kriterium konfessionelle Verortung an Bedeutung eingebüßt, jenes des Geschlechterproporzes deutlich zugelegt. Als im Zusammenhang mit der Kanzlerkandidatur des bayerischen Ministerpräsidenten Edmund Stoiber im Jahr 2002 die üblichen publizistischen Betrachtungen hinsichtlich seiner Nachfolge in der Münchner Staatskanzlei bei einem Wahlerfolg angestellt wurden, wurde nahezu selbstverständlich der Innenminister und stellvertretende Ministerpräsident Günther Beckstein, Mitglied der Synode der evangelischen Landeskirche in Bayern, als Nachfolgekandidat aus der ersten Reihe genannt. Analog galt für Stoibers vorgesehenen Werdegang vom Herbst 2005 im Bundeskabinett; dass Beckstein – neben seinem Wettbewerber Erwin Huber – wieder als Nachfolger im Amt des Ministerpräsidenten gehandelt wurde. Dass Beckstein der in Bayern minoritären Konfession angehört, die in der Nachkriegszeit bis dahin nie bis ins Ministerpräsidentenamt vorgedrungen war, spielte dabei offenkundig keine Rolle (mehr). Hingegen ist ein Kabinett ohne Ministerinnen heute in Deutschland nirgendwo mehr denkbar. Signifikant war in Bayern die Berufung von drei Ministerinnen nach der Landtagswahl 2003 (Kultusministerin Hohlmeier – im April 2005 zurückgetreten –, Sozialministerin Stewens, Justizministerin Merk), auch als politisch-optische Demonstration gedacht. Wichtigstes Kriterium in Bayern wie wohl auch in einer Reihe anderer deutscher Länder ist eine möglichst ausgewogene Abbildung der Landesteile im Kabinett. In Verbindung mit dem Gebot, die Regierungsmitglieder weitgehend aus dem Landtag zu rekrutieren – Außenberufungen sind zwar möglich[9], sollten aber nicht eskalieren – stellen sich dann freilich auch Fragen, inwieweit Amt und Person möglichst ideal aufeinander bezogen werden können. Die bayerische landsmannschaftliche Dreiteilung in Altbayern, Franken und Schwaben, ergänzt durch die relative Sonderstellung der Oberpfälzer als im allgemeinen Bewusstsein altbayerischer Spezialfaktor sowie der Münchner und der Sudetendeutschen, Letztere seit den 50er Jahren offiziell zum vierten bayerischen Stamm avanciert, kompliziert diese Topographie. Allgemein zeigt sich seit einiger Zeit, dass eine spezielle Repräsentanz des Bereiches der Vertriebenen in Kabinetten, auf christdemokratischer wie auf sozialdemokratischer Basis, kaum mehr angezeigt ist. Landsmannschaftliche Proporzgesichts-

---

[9] Die im Nachhinein wohl erfolgreichste Berufung eines Ministers von außerhalb in die Bayerische Staatsregierung war die des Münchner Ordinarius für politische Wissenschaften Hans Maier 1970 zum Kultusminister. Maier, der in der Zeit des präsidialen Regierungsstils von Ministerpräsident Alfons Goppel (bis 1978) großen Entfaltungsspielraum hatte, stand zu dessen Nachfolger Franz Josef Strauß in einem Verhältnis mehr oder weniger friedlicher Koexistenz und schied dann 1986 aus dem Kabinett aus, nachdem ihm Strauß nur noch einen auf Wissenschaft und Kunst halbierten Geschäftsbereich angeboten hatte.

punkte sind in allen Teilen Deutschlands zu beachten, ob zwischen Mecklenburgern und Vorpommern im Nordosten, den Landesteilen Schleswig und Holstein im Nordwesten, Rheinländern und Westfalen in Nordrhein-Westfalen und nicht zuletzt Badenern und Württembergern in Baden-Württemberg. Unterhalb solcher Grobgliederungen ist noch die eigentliche politisch-topographische Mikroebene mit ihren jeweiligen historischen Verortungen zu sehen. So ist das bayerische Franken alles andere als eine kompakte Einheit. Es zerfällt in drei Regierungsbezirke, ferner die Metropole Nürnberg, einen Ballungsraum und strukturschwache, dünn besiedelte Gebiete in Oberfranken wie in Westmittelfranken, den bis 1920 thüringischen Bereich des früheren Großherzogtums Coburg, die Traditionsbestände der evangelischen hohenzollernschen Markgrafschaften Ansbach und Bayreuth, die im klassisch-katholischen Milieu wurzelnden Regionen der früheren Hochstifte Bamberg und Würzburg und schließlich den Bereich des westlichen Spessarts einschließlich Aschaffenburgs, der in enger historischer Verbindung zum früheren Kurerzbistum Mainz und in sozioökonomischer Verbindung zum Rhein-Main-Ballungsraum steht. Und selbst der hier skizzierten Fragmentierung haftet noch ein deutlich vergröberndes Moment an, so fehlen die früheren kleineren Reichsstädte.

Vielfach eher als durch Personen können Ministerpräsidenten, um einen dritten Faktor zu nennen, Akzente durch die Gestaltung der Geschäftsbereiche (Ministerien) setzen. Hier sind sie von den üblichen Rivalitäten zwischen konkurrierenden Akteuren besser verschont und zugleich in der Lage, Schwerpunktbildungen anzuzeigen und Zukunftsfähigkeit zu demonstrieren. „Zukunftsfähigkeit" selbst ist zwar mehr ein Begriff aus dem Wortschatz der letzten Jahre; gleichwohl lag etwa die Einrichtung eines Umweltministeriums 1970 in Bayern, bis heute in der offiziösen Zeitgeschichte des Landes stolz als das erste Umweltministerium überhaupt gefeiert, bereits ganz auf der Linie einer derartigen Politik. Konnte man 1970 mit einem Umweltministerium in der Reformeuphorie der noch jungen sozial- liberalen Bundesregierung (seit 1969) gegen Bonn selbst Punkte machen, so bewies etwa Ministerpräsident Stoiber in der zurückliegenden Legislaturperiode (1998-2003) des Bayerischen Landtags Sensus für die Einschätzung von Problemhaushalten im Land, als er nach dem Ausbruch der BSE-Krise ein eigenes bayerisches Verbraucherschutzministerium installierte. Entsprechend der Linie verstärkter Spar- und Konzentrationspolitik auf klassische politische Bereiche überstand dann dieses Verbraucherschutzministerium die Regierungsneubildung des Jahres 2003 nicht mehr. Die drei klassischen Ministerien von Länderregierungen stehen einmal für die Materie Finanzen als materielle Voraussetzung von Regierungshandeln, ferner für die im deutschen Bundesstaat verbliebenen beiden wesentlichen Länderzuständigkeiten Inneres (Polizei und Kommunen) und Bildung (teilweise geteilt in die Bereiche Schule und Hochschule bzw. Wissenschaft). Ein vierter Bereich, wie auch immer zugeordnet, darf heute gleichfalls als axiomatisch gelten: Der Bereich Bundes- und Europapolitik. Rein formal ergibt sich die Notwendigkeit einer bundespolitischen Kapazität, wenn man sich nicht wie in der frühen Nachkriegszeit mit Spitzenbeamten als zuständigen Beauftragten begnügt, aus den Länderkompetenzen im Bundesrat wie aus der Koordinierung der weiteren Bund-Länder-Gremien, beginnend bei den Ministerpräsidentenkonferenzen. (Dazu im Einzelnen s. u.). Seit Ende der 70er Jahre des letzten Jahrhunderts haben sich die Länder als zweites Feld ihrer „Außenpolitik" die Europapolitik erschlossen. Auch hier behalten sich die Ministerpräsidenten über eigene Minister für diese Materien hinaus in aller Regel die zentrale Steuerung selbst vor. Ausgangspunkt war die Erkenntnis, dass die Verlagerung von nationalen Zuständigkeiten auf die Ebene der europäischen Integration unweigerlich, etwa in den Bereichen Medien und Regionalförderung, in Länderzuständigkeiten nach der grundgesetzlichen Ordnung eingriff. Seit Ende der 80er Jahre wurde dazu ein breites Spektrum an Instrumenten einer Europapolitik der Länder installiert, beginnend bei eigenen Vertretungen in Brüssel, über die Mitwirkung im EU-Ausschuss der Regionen (AdR) bis hin zum möglichen Auftreten von Länderministern im europäischen Ministerrat und zur weitgehenden Konsultationspflicht des Bundes bei seiner Europapolitik gegenüber den Ländern.

Im konkreten Politikvollzug gibt es hier naturgemäß eine Vielzahl an Unterschieden: Die drei großen, wirtschaftsstarken Flächenländer Nordrhein-Westfalen, Bayern und Baden-Württemberg betrachten sich mittlerweile als europapolitische Akteure von Rang, verfügen auf der Ebene ihrer Ministerialbürokratien über umfassende Europaabteilungen mit außerordentlicher juristischer Kompetenz – so etwa die fast legendäre Europaabteilung der Bayerischen Staatskanzlei – und wagen auf diesem Gebiet durchaus auch den Konflikt mit der nationalen Spitze in Berlin, wie immer auch im Einzelnen formal die Zuständigkeiten geregelt sind. Konsequent wehren sie sich auch gegen jede Rückführung ihrer in Art. 23 GG verankerten europapolitischen Kompetenzen.

In Bayern ist derzeit (Stand Juni 2006) innerhalb der Staatsregierung Staatsminister Sinner für die Leitung der Staatskanzlei, Staatsministerin Müller für die Bundes- und Europaangelegenheiten zuständig. Gleichwohl kann es doch keinen Zweifel daran geben, dass die Ministerpräsidenten sich jeweils selbst als die eigentlichen Herren des Verfahrens in der „Außenpolitik" ihres Landes gegenüber dem Bund wie auf der europäischen Ebene betrachten.

4 Politikgestaltung zwischen Staatskanzlei und Ministerien

Zum konstitutiven Hausgut der Ministerpräsidenten in den deutschen Flächenländern gehört die Richtlinienkompetenz durch den Ministerpräsidenten (im Falle Bayerns Art. 47 Abs. 2 BV, im Falle Nordrhein-Westfalens Art. 55 Abs. 1 Landesverfassung). Insofern handelt es sich hier eben nicht um Kollegialregierungen mit einem Regierungschef als zeremoniellem „primus inter pares". In den Stadtstaaten ist bzw. war hier die verfassungsmäßige Stellung der Bürgermeister zuvor schwächer. Es lag bzw. es liegt aber auch vor allem an deren persönlichem Gewicht, ob sie Regierungszeiten inhaltlich prägen oder nicht. Die Richtlinienkompetenz steht selbstverständlich (wie auch im Falle des Bundeskanzlers) in einem naturgegebenen Spannungsverhältnis zur selbstständigen und eigenverantwortlichen Führung der jeweiligen Geschäftsbereiche durch die Minister. (Im bayerischen Falle Art. 51 Abs. 1 BV, Nordrhein-Westfalen Art. 55 Abs. 2 Landesverfassung). Wie dieses Spannungsverhältnis im realen politischen Prozess bewältigt wird, hängt im Wesentlichen nicht an den normativen Vorgaben, sondern an den politischen Kapazitäten der jeweiligen Akteure, in gewissem Maße auch an der Stärke ihres administrativen Unterbaus. Das Beispiel für eine eher generöse, den Ressorts viel Spielraum gebende Interpretation der Richtlinienkompetenz gab offenkundig der bis 2005 letzte CDU-Ministerpräsident in Düsseldorf (1958-1966) Franz Meyers.[10]

In Bayern ist die Staatskanzlei nach dem Wortlaut der Verfassung zwar nur eine den Ministerpräsidenten und die Tätigkeit der Staatsregierung in Gänze unterstützende Behörde; alle Beobachter der Szene sind sich gleichwohl darin einig, dass ihr Stellenwert für das konkrete Regierungshandeln und damit für die konkrete Ausfüllung der Richtlinienkompetenz außerordentlich hoch ist. Das ergibt sich einmal aus der für die Staatskanzlei getroffenen Auswahl von unbestrittenen Spitzenbeamten, zweitens aus der Zuweisung auch inhaltlicher politischer Materien wie etwa über lange Zeit Medienpolitik und drittens aus einer sehr engen, die Ausführung der Vorgaben überwachenden Kommunikation mit den Ministerien. Solches „Controlling" findet seinen Niederschlag auf verschiedene Weise:

Zum einen überwachen „Staatskanzleien in teilweise sehr ‚nachhaltig' anmutender Manier die Ausführung der Inhalte von Regierungserklärungen wie der weiteren Vorgaben der Ministerpräsidenten.[11]

---

[10] Vgl. Stefan Marx: Franz Meyers 1908-2002. Eine politische Biographie, Essen 2003, S. 212 ff. mit Hinweis auf Ressortprinzip und Kollegialprinzip im Kabinett als gegenseitige Faktoren.
[11] Vgl. dazu die instruktive Darstellung von Dirk Metz (Sprecher der hessischen Landesregierung): Kommunikationsstrategien in Hessen. Controlling als politisches Management in der Hessischen Landesregierung, in: Information und Entscheidung. Kommunikationsmanagement

Dabei sind Staatskanzleien insbesondere in der Anfangsphase nach einem Regierungswechsel besonders bestrebt, funktional überzeugend und möglichst umfassend die Entwicklung von Problemlagen wie das Leistungsprofil der Ministerien zu überwachen. Ein gutes Beispiel gibt dafür der Regierungswechsel 1999 in Hessen hin zu einer Koalition von CDU und FDP unter Ministerpräsident Roland Koch.

Kochs Biograph Hajo Schumacher beschreibt diesen Beginn unter der Überschrift „'Nach Süden' – Koch dreht Hessen um".[12] Diese politische (Neu)orientierung wurde in Wiesbaden durch den Apparat der Staatskanzlei von Anfang an voll mitgetragen – und dies trotz nicht weniger Mitarbeiter, die in Kontinuität zur SPD-geführten Vorgängerregierung standen. Dass es vor allem aus einem naturgegebenen unterschiedlichen Rollenverständnis – Gesamtkoordination versus Ressortautonomie – immer wieder zumindest potenzielle Konflikte zwischen Behörde des Regierungschefs und den Ministerien gibt, liegt in der Logik der Gesamtabläufe. Eine „gute Staatskanzlei" wird die Möglichkeit solcher Konflikte durchaus in Rechnung stellen und um ein elastisches Führen bemüht sein, bei dem Problemlagen und deren Definitionen, potenzielle Lösungswege und Sprachregelungen bereits auf den unteren administrativen Ebenen verzahnt werden. Ein gerade in diesem Bereich sehr wichtiger Punkt ist die Steuerung der Tagesordnung von Kabinettssitzungen, die sich in der Konsequenz auch auf die Dramaturgie der Vorlagen aus den Ministerien für die einzelnen Tagesordnungspunkte erstreckt. So müssen in Bayern Ministerratsvorlagen für die Kabinettssitzungen frühzeitig angemeldet, Abstimmungen mit der Regierungsfraktion im Landtag, der CSU-Landesgruppe im Deutschen Bundestag und allen anderen, mit dem einschlägigen Thema befassten Landesministerien durchgeführt und in die Vorlage eingearbeitet werden (notwendig sind ferner auch Vergleiche mit der Regelung des jeweiligen Themas in den anderen deutschen Ländern, wie ggf. auf Bundesebene). Die Staatskanzlei begnügt sich dann nicht nur damit, dass das betreffende Thema auf einem hohen konsensualen Niveau in die Ministerratssitzung eingebracht wird. Sie gibt ihrerseits dem Ministerpräsidenten eine schriftliche Stellungnahme an die Hand, die unter Umständen auch den Beschlussvorschlag des federführenden Ressorts variiert. Aus dem in der Staatskanzlei geführten Protokoll der Ministerratssitzung ergeben sich dann die weiteren Vorgaben zur Behandlung des Themas. Oft wird es dabei das Bestreben

---

der politischen Führung, hg. von Gerhard Hirscher und Karl-Rudolf Korte, Wiesbaden 2003, S. 138 ff.

[12] Hajo Schumacher: Roland Koch. Verehrt und verachtet, Frankfurt/Main 2004, S. 159 ff. Koch unternahm seine ersten Antrittsbesuche bewusst nicht in Mainz und Düsseldorf mit ihren SPD-Premiers, sondern in München und Stuttgart, um eine klassische süddeutsche Schwerpunktverlagerung auf Themen wie leistungsorientierte Bildung, Technologietransfer und innere Sicherheit öffentlichkeitswirksam zu demonstrieren.

der Staatskanzlei sein, finanziell weniger aufwändige Lösungswege nahe zu legen. Nach den persönlichen Erfahrungen des Autors in der Landeszentrale für politische Bildungsarbeit/Staatsministerium für Unterricht und Kultus in Bayern sind bei finanzwirksamen Projekten im geschichtspolitischen Bereich, etwa Dokumentationszentren, nahezu stets das Innenministerium mit seinem in Bayern Teil Oberste Baubehörde, das Wissenschaftsministerium und das Finanzministerium, welches naturgemäß im Gesamtspiel den restriktiven Part übernimmt, zu berücksichtigen. Konkretes Beispiel waren hier die bayerischen Leistungen für das Dokumentationszentrum Reichsparteitagsgelände Nürnberg, das am 4. November 2001 eröffnet wurde und an dessen baulichen Investitionen sich der Freistaat Bayern zu einem Drittel beteiligt hatte. Dazu waren zwei Beschlüsse des bayerischen Ministerrates notwendig, für die jeweils, unter der zentralen Steuerung durch die Staatskanzlei, die genannte Quadriga von vier Ministerien (federführend Kultusministerium) koordiniert werden musste. Hinzuzunehmen ist die Abstimmung mit dem Bund, der sich hier auf gleich hohem finanziellem Niveau beteiligte. Das genannte Beispiel macht vielleicht ansatzweise deutlich, welch komplexe Koordinationsleistungen unterhalb der politischen Spitze im Vorfeld von Kabinettsentscheidungen unabdingbar sind.

In besonders sensiblen Bereichen, etwa im Staats-Kirchenverhältnis oder beim Umgang mit belasteten Themen deutscher Zeitgeschichte, kann zudem die politische Intention dahin gehen, eine Regelung zu erreichen, die nicht nur durch die Regierung und ihre Mehrheit im Parlament, sondern durch die Gesamtheit der Kräfte im Landtag getragen wird. Ein Beispiel für ein solches politisches Resultat ist das am 1. Januar 2003 in Kraft getretene „Gesetz über die Errichtung der Stiftung Bayerische Gedenkstätten".[13]

Über den Gesetzentwurf, der dem Landtag zugeleitet worden war, war es auf Antrag der SPD am 10. Oktober 2002 zu einer Anhörung im Bildungsausschuss des Bayerischen Landtages gekommen. Dabei wurde Kritik daran geübt, dass im künftigen Stiftungsrat der neuen Einrichtung, die für die namhaften bayerischen KZ-Gedenkstätten Dachau und Flossenbürg zuständig ist, mit zwei Personen zu wenige Vertreter des Bereiches der Zeitzeugen und Opfer aus der Zeit der NS- Diktatur vorgesehen seien. Natürlich hätte das Gesetz mit Mehrheit auch in der bis dahin vorliegenden Form im Bayerischen Landtag verabschiedet werden können. Die Konsequenz wäre freilich eine für die Regierung sehr unangenehme mediale Aufmerksamkeit in einem denkbar sensiblen Bereich gewesen. Womöglich wären in der weiteren Berichterstattung sachlich gar nicht begründete Verbindungen zu anderen Fragen des Umgangs mit der nationalsozialistischen

---

[13] Bayerisches Gesetz- und Verordnungsblatt, Nr. 29 vom 31.12.2002, S. 931 ff.

Vergangenheit hergestellt worden. Weiter war klar erkennbar, dass die Staatskanzlei eine möglichst konfliktfreie Einbindung der Opfer und Überlebenden in das Gesamtprojekt der Stiftung wünschte. Im Resultat kam es dann zu einer engen Kooperation zwischen der Kultusbürokratie und Vertretern aller drei Landtagsfraktionen aus Regierungs- und Oppositionslager, an deren Ende ein Kompromiss in Gestalt der Erhöhung der Zahl der ehemaligen Häftlinge im Stiftungsrat auf drei stand. Das Gesetz wurde dann vom Bayerischen Landtag Ende 2002 einstimmig verabschiedet. Dieses Beispiel macht auch deutlich, dass Ministerpräsidenten und Staatskanzleien sich durchaus auch über unmittelbare Parteigrenzen und Bindungen hinaus als Sachwalter von einer Art Landesgesamtinteresse verstehen.

5 Typologien von Ministerpräsidenten, insbesondere am bayerischen Beispiel

Grundsätzlich ist die Abstimmung zwischen Ministerpräsident und Ministern bzw. Staatskanzlei und Ministerien ein zentrales, naturgemäß potentiell konfliktbeladenes Thema, das je nach Kräfteverhältnissen, Materien und Gesamtkonstellationen dekliniert wird. In Bayern verkörpern hier etwa die Ministerpräsidenten Goppel (1962-1978)[14] und Stoiber (seit 1993) deutlich erkennbar unterschiedliche Regierungsstile. Das liegt freilich nicht nur an Personen, sondern in hohem Maße ebenso an den Zeitumständen:

Ministerpräsident Goppel ließ einzelnen Kabinettsmitgliedern außerordentlichen Handlungsspielraum. Nicht zu Unrecht wurde vielfach von einer sehr langen Leine gesprochen. Zugleich fiel in seine Amtszeit freilich auch die Chance zu umfangreichen Neuregelungen politischer Materien, die einzelnen Ministern Gelegenheit gaben, zu brillieren, aber ebenso Kritik und Konflikte auf sich zu ziehen: Goppels Kultusminister Hans Maier musste einen Mittelweg zwischen den allgemeinen, sich teilweise überstürzenden Reformentwicklungen im Bildungsbereich des deutschen Bundesstaates jener Jahre insgesamt und dem in Bayern zugleich vielfach vorhandenen Bildungskonservativismus gehen. War seine Schulpolitik den SPD-Ländern nicht „progressiv" genug, insbesondere blieb in Bayern die Gesamtschule immer „draußen vor der Tür", so ging zahlreichen CSU-Politikern die Bildungspolitik der Ära Maier in tatsächlicher oder vermeintlicher Anpassung an den Zeitgeist bereits viel zu weit. Ein Ministerpräsident, der sich hier zurück hielt, vermied es auch, unnötige Pfeile auf sich zu

---

[14] Zu Goppel vgl. Claudia Friemberger: Alfons Goppel: Vom Kommunalpolitiker zum „Bayerischen Ministerpräsidenten", München 2001, insbesondere Abschnitt „Das repräsentative Staatsoberhaupt", S. 186 ff.

ziehen. Einen zweiten Bereich, der damals in Bayern ebenso perspektivreich wie konfliktbeladen war, stellten die kommunalen Gebietsreformen auf der Ebene der Gemeinden und Landkreise dar. Hier profilierte sich Innenminister Bruno Merk, der in der Tat eine innerbayerische Flurbereinigung durchführte, die ihre Parallele wohl nur in der Ära Montgelas zu Beginn des 19. Jahrhunderts findet. Kehrseite der Medaille war freilich, dass die Reduzierung der Gemeinden und Landkreise wie die „Rückkreisung" früherer kreisfreier Städte als jetzt nur noch „Große Kreisstädte" in die Landkreise zahlreiche Mandatare ihre Funktionen kostete, lokalen Identitäten den Boden entzog und in der Folge vielerlei Verdruss auch auf der kommunalen CSU-Ebene aufbaute, der dem Parteivorsitzenden Franz Josef Strauß auf eine sehr wirkungsmächtige Weise nahebracht wurde. Goppel pendelte auch dieses Konfliktfeld weitgehend aus, indem Innenminister Merk, der die Auseinandersetzung nicht scheute, sie unmittelbar selbst mit der frustrierten Parteibasis wie mit dem Parteivorsitzenden führte bzw. führen musste.

Damit ist zudem ein struktureller Gegensatz zur aktuellen Konstellation in Bayern deutlich geworden: Ministerpräsident Stoiber ist seit Anfang 1999 zugleich Vorsitzender der CSU, so dass im Blick auf die hier gegebene Personalunion eine mehr oder weniger sorgsam auspendelnde bzw. konfliktdämmende Abstimmung zwischen verschiedenen Akteuren im exekutiven wie im parteipolitischen Spitzenamt nicht mehr stattfinden kann. Hinzu kommt, politisch-inhaltlich gesehen, dass der Reformbedarf zu Beginn des 21. Jahrhunderts nicht mehr expansiver, sondern eher restriktiv-verschlankender Natur ist. Die Chance für einzelne Kabinettsmitglieder, sich in Zeiten schrumpfender Spielräume zu profilieren, ist deshalb tendenziell eindeutig reduziert. Vieles deutet darauf hin, dass zentraler Einspar- und Umbaubedarf eher durch hierarchisierte und in der Ausführung sehr unmittelbar überwachte Vorgaben erfüllt werden kann.

Trotz dieser unterschiedlichen strukturellen Vorgaben wird es freilich schwerlich einen Zweifel daran geben können, dass auch persönlich-typologisch Alfons Goppel und Edmund Stoiber geradezu idealtypisch gegensätzliche Interpretationen des Ministerpräsidentenamtes verkörpern.

Eine sozusagen mittlere Linie zwischen beiden scheint der Ministerpräsidenten Helmut Kohl als Landespremier in Mainz vor seinem Wechsel als Vorsitzender der CDU/CSU-Bundestagsfraktion 1976 nach Bonn verkörpert zu haben. Kohl war zum einen, nach seiner ganzen Sozialisation, idealtypischer Beherrscher des Parteiapparates; zum anderen gab er inhaltlich wohl dezidiertere Reformvorgaben als etwa Alfons Goppel, ließ sie aber dann von seinen Ressortministern wie Heiner Geißler für Soziales und Bernhard Vogel für Bildung sehr eigenständig ausführen und gab dem Ganzen schließlich das Bild eines Reformmodells Rheinland-Pfalz, das auch seinen Ambitionen auf Bundesebene zustatten kommen sollte.[15]

Einen wieder ganz anderen Typus verkörperte schließlich der Ministerpräsident Franz Josef Strauß, 1978 als gestandener Bundespolitiker, von Misstrauen gegenüber Staatsregierung und bayerischer Bürokratie nicht frei, in die Staatskanzlei eingezogen. Etwas mehr als sechs Jahre zuvor hatte Franz Josef Strauß mit seinem ganzen persönlichen und argumentativen Gewicht den Ministerrat und damit auch den widerstrebenden Ministerpräsidenten Alfons Goppel dahin gebracht, beim Bundesverfassungsgericht ein Normenkontrollverfahren gegen den Grundlagenvertrag zwischen Bundesrepublik und DDR anzustrengen. Der Grundlagenvertrag, so war die Position von Strauß und großen Teilen der CDU/CSU-Bundestagsfraktion – mit diesem main stream argumentierte er dabei dann auch innerbayerisch – ‚unterhöhle die gemeinsame deutsche Staatsangehörigkeit und den Wiedervereinigungsanspruch des Grundgesetzes. In der Staatsregierung gab es freilich auch Kräfte, die, bei aller Kritik an der Deutschlandpolitik der sozial-liberalen Koalition in Bonn, in der ganzen Thematik primär eine reine Bundesangelegenheit und durch eine etwaige Klage unnötig das Bund-Länder-Verhältnis belastet sahen. Am Ende beschloss die Staatsregierung mit knapper Mehrheit, acht zu sechs Stimmen, den Gang zum höchsten deutschen Gericht. Zweifellos haben wir es hier mit einem klassischen Beispiel für eine erfolgreiche außengeleitete Intervention der Parteiseite gegenüber der administrativ-exekutiven Komponente zu tun.[16]

Als dann in der Person von Strauß diese offensiv-politische Komponente selbst 1978 in die Staatskanzlei einzog, hatte dies für Amtsverständnis und Regierungspolitik unweigerliche Folgewirkungen:

Die erste Konsequenz war die Politisierung von Regierungsarbeit und Staatskanzlei. Die Ministerratssitzungen begannen von nun an mit einer allgemeinen politischen Aussprache, in der Staatskanzlei wurde eine zweite Grundsatzabteilung (neben der Abteilung ‚Richtlinien' mit den Spiegelreferaten zu den Ministerien) unter der Bezeichnung „Grundsatzfragen und grenzüberschreitende Zusammenarbeit" eingerichtet. Der hier installierte Apparat leistete dann auch, jedenfalls teilweise, die administrative Arbeit im Dreieck mit Bundeskanzleramt und DDR-Führung in Ost-Berlin bei der Vergabe von zwei Milliarden-Krediten an die DDR und im Gegenzug der Durchsetzung von Erleichterungen im innerdeutschen Verhältnis durch bessere Bedingungen an der innerdeutschen Grenze und intensivierte Familienzusammenführung. Diese spezifische Komponente innerdeutscher Politik aus Bayern kennzeichnete die letzten Regierungs- und Le-

---

[15] Vergleiche Klaus Dreher: Helmut Kohl. Leben mit Macht, Stuttgart 1998, S. 106 ff.
[16] Vgl. Dieter Blumenwitz: Die Christlich-Soziale Union und die Deutsche Frage in: Geschichte einer Volkspartei. 50 Jahre CSU, hg. von der Hanns-Seidel-Stiftung. S. 333 ff.

bensjahre von Franz Josef Strauß im Zeitraum 1983-1988. Die zuständige Abteilung in der Bayerischen Staatskanzlei amtierte damals wie eine Art zweites innerdeutsches Ministerium. Bundeskanzler Helmut Kohl, der im schwierigen Spannungsverhältnis zum Bayerischen Ministerpräsidenten stand, konzedierte ihm und seinem Apparat geschickt eine profilierte Rolle in der Deutschlandpolitik und eröffnete ihm so ein prominentes, aber auch schwieriges Aktionsfeld.[17] Mit der hier gegebenen Konstellation war einerseits das alte Konfliktmuster in der Union zwischen einer eher deutschlandpolitisch „rechten" CSU und einer eher „weicheren" linken CDU überholt. Strauß selbst – und das barg für ihn Risiken wie Chancen – konnte nun einerseits von rechts als angeblich nicht mehr verlässlicher Kalter Krieger attackiert werden. Parteipolitische Konsequenz war damals u.a. das Entstehen der Partei „Die Republikaner" in Bayern. Positiv war aber zugleich, dass Strauß nun an der Schnittstelle von Politik und Wirtschaft deutschlandpolitisch die Rolle auszufüllen vermochte, nach der er immer gestrebt hatte, nämlich die Rolle des tatsächlich operativ handelnden Akteurs. Und im Übrigen stand diese Politik nur im vermeintlichen Gegensatz zur von Strauß inaugurierten Anfechtung des Grundlagenvertrages gut ein Jahrzehnt zuvor: Nicht nur hatte es inzwischen Rollentausch und Regierungswechsel in Bonn gegeben; vor allem hatte Strauß sich stets durch die Fähigkeit ausgezeichnet, rechtlich fundierte Grundsatzpositionen und pragmatische do ut des-Politik in friedlicher Koexistenz zu vereinen.

Das zweite hier zu nennende Moment resultierte aus dem bei Strauß tief eingewurzelten Misstrauen gegenüber konkretem Verwaltungshandeln. Insofern verstand sich der Ministerpräsident Strauß seit 1978 auch als erster Ombudsmann der bayerischen Bevölkerung gegenüber ihrer eigenen Verwaltung. In der Staatskanzlei wurde eine Eingabenstelle eingerichtet, an die sich die Bürger mit Kritik und Beschwerden wandten und deren Zeugnisse von Strauß gerne in Kabinettssitzungen einzelnen Ministern förmlich als Beleg für Fehlverhalten bzw. Probleme in ihrem Geschäftsbereich unter die Nase gerieben wurden.[18]

Geradezu als weiß-blauer Gegentypus zu Strauß sei abschließend aus der bayerischen Zeitgeschichte die Figur des Ministerpräsidenten Hans Ehard (1946-1954 und 1960-1962) gezeichnet. Erhard verkörperte in geradezu idealtypischer Weise den Staatsmann im unmittelbaren Wortsinne wie den schwachen, gleich-

---

[17] Vgl. Karl-Rudolf Korte: Deutschlandpolitik in Helmut Kohls Kanzlerschaft. Regierungsstil und Entscheidungen 1982-1989, Stuttgart 1998, insbesondere Abschnitt „Pragmatische Kooperation: Die Bürgschaft für den Milliardenkredit und die Einbindung von Strauß", S. 161 ff.

[18] Vgl. Gelberg, in Handbuch der Bayerischen Geschichte, a.a.O., S. 962: „Häufig konfrontierte er sie (die Staatsminister, P.M.) auch mit Einzelproblemen aus ihrem Ressort, die über die Eingabenstelle an ihn herangetragen wurden. Hinter diesem Vorgehen wird die im Grunde oppositionelle Haltung des Regierungschefs gegenüber der von ihm geleiteten Verwaltung erkennbar".

wohl als Koordinator in einer für die CSU förmlich existenziellen Krisensituation unabdingbaren Parteimann.[19]

Aus Bamberg und damit aus der katholischen Hemisphäre Frankens stammend, war Ehard schon in dieser Kombination vorzüglich zu gesamtbayerischer Integration geeignet. Er stand für die Mehrheitskonfession im Freistaat wie zugleich für jenen Stamm im weiß-blauen Gesamtstaat, der erst am Beginn des 19. Jahrhunderts dem neu formierten Gemeinwesen hinzugefügt worden war und sich bei allen administrativen Domänen, die sich seine Vertreter über die Zeit in München anzueignen verstanden hatten, doch vielfach als eine Art Stiefkind im Land betrachtete. Ehard, Spitzenjurist, in der Zwischenkriegszeit Ministerialbeamter auf Reichs- wie auf bayerischer Ebene, verkörperte nun die ideale staatsbayerische Führungspersönlichkeit. In einer zentralen Formierungsphase deutscher Staatlichkeit erwarb er sich, im kritischen Reflex auf die unitarische Zeit der Weimarer Republik, wesentliche Verdienste bei der Austarierung des neuen innerdeutschen Föderalismus und insbesondere bei der Stärkung der Länderpositionen. Ministerpräsident wurde er als eine Art deus ex machina in einer Krisensituation der CSU: Obwohl die Partei im ersten Bayerischen Nachkriegslandtag Ende 1946 mit einer deutlichen absoluten Mehrheit ausgestattet worden war, gelang es ihr mangels innerparteilicher Disziplin nicht, den offiziellen Kandidaten für das Amt des Regierungschefs, den Parteivorsitzenden Josef Müller im Landesparlament durchzubringen: Müller, gleichfalls aus Franken stammend, verkörperte den liberalen, nationalen und interkonfessionellen Neubeginn des bürgerlichen Lagers, während der föderalistische Flügel in der damaligen CSU um den späteren Bundesfinanzminister Hans Schäffer und den langjährigen bayerischen Kultusminister Alois Hundhammer die dezidiert katholisch-föderale, in Teilen wohl konföderale Linie der alten Bayerischen Volkspartei aus der Zwischenkriegszeit verfocht. Ehard, nun als Kompromisskandidat nach dem Scheitern Müllers gewählt, setzte zunächst in einer für die frühe Nachkriegszeit typischen Manier die Große Koalition mit der SPD auch in München fort, jene Linie der Bündelung möglichst aller demokratischen Kräfte in Regierungsverantwortung, der zugleich der Wert parlamentarischer Opposition in diesen frühen Anfangs- und Lernjahren wohl noch nicht hinreichend bewusst war. Ähnliches gilt für die Anfänge in Nordrhein-Westfalen unter dem aus dem linken CDU-Flügel stammenden Ministerpräsidenten Karl Arnold oder auch für das in den hansischen Stadtstaaten typische „Bündnis von Kaufleuten und Arbeiterschaft", an

---

[19] Vgl. zu Ehard insbesondere Karl-Ulrich Gelberg: Hans Ehard. Die föderalistische Politik des Bayerischen Ministerpräsidenten 1946-1954, Düsseldorf 1992. Ferner Peter Jakob Kock: Bayerns Weg in die Bundesrepublik, München ² 1988.

dessen Spitze in Bremen während der ersten zwei Nachkriegsjahrzehnte das sozialdemokratische Urgestein Wilhelm Kaisen stand.[20]

Bayerischer Staatsmann war Ehard auch und vor allem insofern, als er das spezifisch deutsche Problem der doppelten Staatlichkeit von Gesamtstaats- und Länderebene aus einer persönlichen wie professionellen Anschauung seit der Zeit des Kaiserreiches bestens beherrschte und nun alles daran setzte, den Ländern, fernab von allen Separationstendenzen, ein Maximum an Eigenspielraum wie an Einflussnahme auf die Gesamtstaatsebene zu sichern. Zeigte die von ihm inaugurierte Münchner Ministerpräsidentenkonferenz vom Juni 1947 in erster Linie noch den eigenständigen Koordinierungsbedarf der (west)deutschen Länder, nachdem die Länderpremiers aus der sowjetischen Besatzungszone wegen Nichtberücksichtigung ihrer Tagesordnungswünsche abgereist waren, so wies die bayerische Einladung zum Verfassungskonvent auf Herrenchiemsee für August 1948 bereits auf die stete Einflussnahme der Münchner Staatskanzlei hin, die den konstitutiven Grundlagen des künftigen Weststaates galt. Als dann der Parlamentarische Rat seine Arbeit aufnahm, war Bayern das einzige Land, das – wachsam und misstrauisch – mit einer eigenen Verbindungsstelle in Bonn das Geschehen genauestens und stets interventionsbereit verfolgte.[21]

Vor allem gelang es Ehard im Herbst 1948 wie im Februar 1949, den sozialdemokratischen Innenminister im Düsseldorfer Kabinett, Walter Menzel, bei der Gestaltung der zweiten Kammer auf parlamentarischer Ebene für die Bundesratslösung und gegen die von Konrad Adenauer favorisierte Senatslösung nach amerikanischem Vorbild zu gewinnen. Damit wurde, wenn auch in stark abgeschwächter Form, jenes Muster aus den konstitutiven Verhältnissen des Bismarck-Reiches wieder aufgenommen, das den Länder-Exekutiven zumindest formal starken Einfluss auf die Reichspolitik gegeben und so 1871 vor allem bayerischen Intentionen entsprochen hatte. Denn auch in der neuen Bundesrepublik würden nunmehr nicht in den Ländern von der Bevölkerung gewählte Senatoren, sondern Länderminister nach Weisung ihrer Kabinette Stellung beziehen und votieren.[22]

---

[20] Vgl. Karl-Ludwig Sommer: Wilhelm Kaisen. Eine politische Biographie, Bonn 2000, insbesondere S. 233.

[21] Vgl. für den Verfassungskonvent: Weichenstellung für Deutschland. Der Verfassungskonvent von Herrenchiemsee, hg. von Peter März und Heinrich Oberreuter, München 1999.

[22] Konrad Adenauer hatte die Senatslösung deshalb favorisiert, weil er für die künftige Bundesrepublik von einer Vielzahl sozialdemokratisch regierter Länder und damit von einem SPD-Übergewicht in einem Exekutiv-Bundesrat ausging. Dagegen sollten unabhängige Senatoren einen parlamentarischen Neubeginn auf der Ebene der zweiten Kammer verkörpern. Zum Vergleich der föderalen Verhältnisse im Bismarck-Reich wie in der Weimarer Republik Heiko Holste: Der deutsche Bundesstaat im Wandel (1867-1933), München 2002.

Auf Ehard geht auch jene geschickte Steuerung in der dramatischen Sitzung des Bayerischen Landtages vom 19./20. Mai 1949 zurück, als zwischen der Skylla apodiktischer Hinnahme und der Charybdis einer Ablehnung des Grundgesetzes ein Weg gefunden werden musste, der auch den radikal-föderalistischen Flügel der CSU, welcher seinerseits inzwischen unter den Druck der neu gegründeten Bayernpartei geraten war, integrieren konnte. Insbesondere im Blick auf die Regelungen der Finanzverfassung erschien das Grundgesetz in Bayern weithin immer noch viel zu unitarisch. Die salomonische, im übrigen Deutschland bis heute viel belächelte, gleichwohl staatsmännisch kluge Lösung war, das Grundgesetz zunächst, der Mehrheitsstimmung folgend, durch das Landesparlament ablehnen, in einem zweiten Schritt aber seine auch bayerische Akzeptanz für den Fall zusichern zu lassen, dass ihm mindestens zwei Drittel der beteiligten Länder zustimmen würden. Dieses Drehbuch ging voll auf.

So stark Ehard als Anwalt gesamtbayerischer staatlicher Interessen war, so schwach war er als Parteivorsitzender. Er übernahm die Parteiführung notgedrungen in der größten Krise der CSU 1949 von Josef Müller. Der Zerfleischungsprozess der beiden schon genannten Flügel in der Partei war bis dahin nicht klärend ausgetragen worden; nun entstand in Gestalt der Bayernpartei eine radikal-föderalistische Konkurrenz mit starken, zeitweise sogar dominanten Hochburgen in den altbayerischen Bereichen. Gefährlich war für die CSU insbesondere, dass die Bayernpartei im Blick auf ihren Funktionärskörper wie ihr Wählermilieu weitgehend Fleisch vom eigenen Fleisch war. Die Folge waren förmlich Wahlkatastrophen. Bei der Bundestagswahl 1949 erreichte die CSU im Land heute kaum vorstellbare 29,2 Prozent. Bei der Landtagswahl im Folgejahr ging sie gegenüber dem Ergebnis von 1946 um nahezu 25 Prozentpunkte auf nur noch 27,4 Prozent zurück, wurde zum bisher einzigen Mal in der Nachkriegsgeschichte nach Stimmenzahlen von der SPD überholt und konnte das Amt des Ministerpräsidenten nur deshalb „retten", weil ihre Mandatszahl trotzdem geringfügig über der der SPD lag. Nicht nur waren die Wahlergebnisse schlecht; der ganze Parteiapparat unterlag in diesen Jahren einer starken Auszehrung; zudem war die Politik interkonfessioneller Integration, die die liberalen, evangelischen, fränkischen und nationalen Milieus an die Partei heranführen sollte, in dieser Zeit durch enorme Rückschläge gekennzeichnet. Ehard besaß gegen all diese Entwicklungen weder Rezepte noch hat man auch nur den Eindruck, dass sie ihn ganz unmittelbar persönlich herausgefordert hätten. So bedurfte es einer neuen Generation an Führungspersönlichkeiten mit Modernisierungsambitionen wie einem Sensus für die unmittelbare Parteientwicklung um den Parteivorsitzenden (ab 1955) und Ministerpräsidenten (ab 1957) Hanns Seidel, wie dessen Nachfolger im Parteivorsitz (ab 1961) Franz Josef Strauß, um die CSU innerlich zu kräftigen sowie zu neuerlicher und verstärkter Integration und zum Absorbieren anderer kleiner bürgerlicher Parteien zu befähigen.

6 Kanzlerdemokratie und Ministerpräsidenten: Vergleich und Wechselbeziehungen

Naturgemäß liegt es nahe, Amt- und Amtsverständnis vom Ministerpräsidenten im Vergleich mit den das Kanzleramt kennzeichnenden Faktoren zu bewerten. Den Vergleich legen zwei Gründe nahe:

Zum einen gibt es zwischen Spitzenämtern wie Spitzenkandidaturen auf nationaler und auf Länderebene in Deutschland einen steten Personenaustausch. Aktivitäten und Erfahrungen auf einer Ebene müssen somit entweder Kompetenzen auch für das Agieren auf der anderen Ebene vermitteln, oder doch zumindest beim wahlberechtigten Publikum einen derartigen Anschein nahe legen.[23]

Zum anderen bietet es sich förmlich an, den Vergleich auch stärker auf inhaltliche Faktoren bezogen durchzuführen. Als gültig für die Kanzlerdemokratie (zunächst west)deutscher Prägung gelten weitgehend nach wie vor die von Karlheinz Niclauß herausgearbeiteten Faktoren:

- Dominanz des Kanzlerprinzips über Ressortprinzip und Kabinettsprinzip,
- Kanzlerbonus im Regierungslager und beim Gros der Wähler,
- Personalisierung der Auseinandersetzung zwischen Amtsinhaber und oppositionellem Kanzlerkandidaten,
- enge Verbindung zwischen Amt des Kanzlers und Führung der größten Regierungspartei,
- Definition von regierungstragendem und regierungsbekämpfenden Lager,
- Profilierung durch die Außenpolitik.[24]

Für die unmittelbare Vergangenheit könnte man noch Faktoren aus der Regierungspraxis von Gerhard Schröder seit 1998 hinzunehmen: stark situatives, punktuelles Agieren und eine sog. „Räterepublik", die auf das medial zu optimierende Aufbereiten von Sachverhalten durch vielerlei Kommissionen, an den

---

[23] Zu diesem Mechanismus, auf den im Folgenden noch eingegangen wird, vgl. Peter März: An der Spitze der Macht. Kanzlerschaften und Wettbewerber in Deutschland. München² 2003. Zum Apparat des Kanzleramtes in der historischen Entwicklung Thomas Knoll: Das Bundeskanzleramt. Organisation und Funktion von 1949-1999, Wiesbaden 2004.

[24] Zusammenstellung nach Karlheinz Niclauß: Kanzlerdemokratie. Bonner Regierungspraxis von Adenauer bis Kohl, Stuttgart 1988.

eigentlich konstitutiv zuständigen Organen, insbesondere Kabinett und Parlament vorbei, abstellt.

Schon der Blick nur auf die Kriterien von Niclauß zeigt, dass sie für die Länderebene eine immerhin beachtliche, aber eben zugleich nur begrenzte Tauglichkeit entfalten:

Substantieller Führungsanspruch im Kabinett und Landesvaterbonus im eigenen territorialen Bereich treffen vielfach (s.o.) auch auf Ministerpräsidenten zu. Das gilt in analoger Weise – umgekehrt – auch für Diadochenkämpfe, wenn Regierungshandeln erodiert anmutet. Und selbst wenn die Akteure sich in ihren Persönlichkeitsbildern gravierend unterscheiden, so kann man vielleicht zum Beispiel doch eine Parallele ziehen zwischen der Ablösung von Konrad Adenauer durch Ludwig Erhard 1963 auf Bundesebene, seit rund einem Jahrfünft friktionsreich in Bundestagsfraktion, Partei und Medien vorbereitet, und auf Landesebene dem Ende der Regierungszeit von Johannes Rau in Düsseldorf 1998, der durch den immer ungeduldiger gewordenen Wirtschaftsminister Wolfgang Clement ersetzt wurde. In beiden Fällen trifft wohl auch die Parallele zu, dass der Parteiapparat sich vom jeweiligen Nachfolger eine insbesondere ökonomisch effizientere Politik versprach, was dann im Falle Erhards eher aus Mangel an Fähigkeit zur politischen Gesamtkoordination nicht zum Tragen kommen konnte und auch im Falle Clements bei aller punktuellen Aktivität nicht so recht eintraf. Clement selbst wechselte dann bei der Regierungsneubildung 2002, nach einer nur kurzen Ministerpräsidentenzeit in Nordrhein-Westfalen, als ‚Superminister' für Wirtschaft und Arbeit in die Bundespolitik und schied mit dem Ende der rot-grünen Bundesregierung im Spätherbst 2005 aus dem Bundeskabinett[25] aus.

Weniger als auf Bundesebene dürfte in den Landeshauptstädten die Duellsituation zwischen Regierungschef und Oppositionsführer im Landtag ausgeprägt sein. Gegen das gesamte Arsenal von exekutiven und (s.o.) präsidialen Faktoren einschließlich Außenbeziehungen des Regierungschefs kommen Fraktionsvorsitzende der größten Oppositionspartei, seien sie zugleich auch Landesvorsitzende ihrer Partei, noch erkennbar schwerer an denn Oppositionschefs in Bonn bzw. Berlin. Ein Grund mag sein, dass der Bedeutungsverlust der Landesparlamente gegenüber den Landesregierungen erheblich größer ist als die publizistisch-mediale Differenz zwischen Bundesregierung und Bundestag. So spricht Gerd Mielke weitgehend zu Recht von der absolut „dominierenden Rolle" der Ministerpräsidenten sowohl im politischen Prozess auf Landesebene selbst als auch vor allem bei der Wahrnehmung durch die Öffentlichkeit. „Hier fallen die Unterschiede zur Bundespolitik auf. Die bundespolitische Bühne ist von einer großen

---

[25] Zu Erhards Scheitern als Regierungschef Volker Henschel: Ludwig Erhard. Ein Politikerleben, München 1996, S. 417 ff. und die Beiträge in: Ludwig Erhard und seine Politik, hg. vom Haus der Geschichte der Bundesrepublik Deutschland, Bonn 1997.

Zahl bekannter Figuren aus dem Regierungs- und Oppositionslager besetzt. Der Bundeskanzler ist durchweg von einer ganzen Reihe ebenfalls populärer Spitzenpolitiker umgeben, die ihm bisweilen an Bekanntheit mindestens stark nahe kommen. Im Gegensatz hierzu beherrscht ein Ministerpräsident die landespolitische Szene völlig unangefochten und seine Bekanntheit wird selbst von lange gedienten Ministern oder Oppositionspolitikern auch nicht annähernd erreicht."[26] Auch wenn diese Analyse aus der Werkstatt der Rheinland-Pfälzischen Staatskanzlei ein wenig überzogen anmuten mag, – so zogen die Landesväterboni ja auch nicht (mehr) bei den Landtagswahlen am 20. Februar 2005 in Schleswig-Holstein (Niederlage von Heide Simonis) und am 22. Mai 2005 in Nordrhein-Westfalen (Niederlage von Peer Steinbrück) -, entspricht sie doch zweifellos sehr weitgehend der historischen Erfahrung: Dominante und populäre, den Regierungschef zumindest potenziell in den Schatten stellende Minister bzw. Figuren aus der eigenen Partei im Bund wie Ludwig Erhard gegenüber Konrad Adenauer, Karl Schiller als zeitweiliger Superminister für Wirtschaft und Finanzen gegenüber Willy Brandt, Wolfgang Schäuble als Unionsfraktionsvorsitzender und innenpolitischer Gesamtkoordinator in der zweiten Hälfte der Ära Kohl und Oskar Lafontaine als Finanzminister und SPD-Vorsitzender in den ersten Monaten der Kanzlerschaft Gerhard Schröders verkörpern eine Form von starkem zweiten Mann, die auf Landesebene sehr viel seltener zu finden ist. Eine Ausnahme könnte der derzeitige SPD-Innenminister Stegner in Kiel sein.

Zutreffend ist wohl auch die Beobachtung, dass es in den Landeshauptstädten insgesamt medial sehr viel moderater und gemächlicher zugeht als auf dem Berliner Parkett. Man denke nur an die Sendungen der beiden öffentlich-rechtlichen Starmoderatorinnen Sabine Christiansen, am Sonntagabend in der ARD, und Maybrit Illner, am Donnerstagabend im ZDF. Beide Damen haben keine Probleme, für ihre Runden die jeweils führenden Akteure und Stichwortgeber der verschiedenen Lager zu gewinnen, mitunter zwar auch aus den Landeshauptstädten, dann aber in der Rolle nationaler Prominenz, eine Liga, die eben nur ein kleiner Teil der Landespolitiker erreicht. Ein ähnliches Politikmarketing ist für die reine Landespolitik völlig undenkbar. Man wird hier vor allem zwischen Landeshauptstädten, in denen Matadore mit nationalem Anspruch amtieren, und solchen mit eher regionaler Bescheidung unterscheiden müssen. Dabei wird keineswegs nur nach großen und kleinen Ländern sortiert. So lange im Saarland Oskar Lafontaine als Ministerpräsident amtierte, von 1985 bis 1998, war er zugleich stets Unruhestifter und SPD-Matador aus der ersten Reihe, dazu seit November 1995, als er auf dem Mannheimer SPD-Parteitag seinen Vorgänger Rudolf Scharping in einer Kampfabstimmung gestürzt hatte, selbst Parteivor-

---

[26] Gerd Mielke: Politische Planung in der Staatskanzlei Rheinland-Pfalz. Ein Werkstattbericht, in: Information und Entscheidung, S. 122-137, hier S. 126.

sitzender. So war Saarbrücken in dieser Zeit zwar gewiss nie ein Ort nationaler Medienkonzentration, aber doch ein Platz, auf den Kameras und Mikrofone, mit viel Kaffeesatzleserei im Hintergrund, gerichtet waren. Eine gewisse Parallele scheint bzw. schien Wiesbaden zu sein, wo sich der seit 1999 amtierende CDU-Ministerpräsident Roland Koch in der zweiten Linie hinter Edmund Stoiber für die CSU und Angela Merkel für die CDU als potenzieller Kanzlerkandidat der Union in Stellung zu bringen suchte. Zuletzt wurden solche Ambitionen ansatzweise greifbar, als Koch im Dezember 2004 offenkundig einen Kompromiss der Föderalismuskommission von Bundestag und Bundesrat zur Reform der bundesstaatlichen Ordnung im Grundgesetz konsequent mit verhinderte. Die nationale Rolle als Mitakteur von Bundespolitik im Bundesrat, die es (gegen eine stärkere Trennung der Materien) jedenfalls damals noch zu erhalten galt, spielte hier wohl eine beträchtliche Rolle. Hingegen gibt es stets eine ganze Reihe von Ländern, in denen die persönlichen und situativen Faktoren den Spitzenakteur vollständig oder doch weitgehend in der Rolle des reinen Landespolitikers verharren lassen. Derzeitige Beispiele dafür scheinen Sachsen-Anhalt und Mecklenburg-Vorpommern zu sein. Ob und wie sich der noch relativ neue Ministerpräsident in Kiel Peter Harry Carstensen, dazu noch an der Spitze einer womöglich fragilen Großen Koalition, auch im weiteren Bundesgebiet südlich der Elbe zu profilieren vermag, bleibt abzuwarten.

Mitunter verstärken auch Ministerpräsidenten ihr bundespolitisches Gewicht, nachdem sie lange eher nur regional gewirkt hatten. Ein Beispiel ist der Regierungschef Kurt Beck (SPD) in Mainz, zugleich lange stellvertretender SPD-Bundesvorsitzender, seit Anfang 2006 Parteivorsitzender, dessen koordinierende und kommunikative Fähigkeiten ihm schon in der Krise der rot-grünen Bundesregierung seit Frühjahr 2005 zu stärkerer bundespolitischer Präsenz verholfen hatten. Jetzt regiert er als parteipolitischer Gegenspieler auf Augenhöhe zur Bundeskanzlerin Merkel. Bei den 16 deutschen Regierungschefs auf Länderebene kann somit durchaus von einer Zweiklassengesellschaft mit weiteren Abstufungen und oft überraschenden, auch situativ begründeten Wendungen gesprochen werden. Zwar sind sie alle Teilnehmer der Ministerpräsidentenkonferenzen, alle agieren im Bundesrat und alle haben Rederecht im Bundestag; aber auf nationaler Ebene profilieren sich eben vor allem jene, die weitere Ambitionen haben und bzw. oder an exponierter Stelle in der Führung ihrer Partei stehen. Dabei erwächst „Profilierung" vielfach aus einer Mischung von Unterstützung und Opposition mit jeweils sehr unterschiedlichen Dosierungen. In der Großen Koalition seit Herbst 2005 gilt grundsätzlich für Union wie SPD das Postulat, Individualität auf der Landesebene zu zeigen und doch nicht querulatorisch zu erscheinen. Aus dem Unionslager kann man in die Champions League der nationalen Politik naturgemäß Edmund Stoiber zählen, profiliert in seiner Rolle zusätzlich durch das unbestreitbare bayerische Sonderbewusstsein im deutschen Bundesstaat, wie sehr es auch immer instrumentalisiert sein mag. [27] Durch den Vorsitz der CSU als Bundespartei – insofern ist hier die strukturelle Parallele auch zu Franz Josef Strauß und seiner Amtszeit in München von 1978 bis 1988 unverkennbar – gewinnt Stoiber zusätzliches Gewicht.

Ferner sind zu nennen Roland Koch sowie, obwohl erst seit 2003 im Amt, bereits sehr schnell profiliert und bemerkenswert im Ranking aufgestiegen Christian Wulff in Hannover. Unter den ostdeutschen CDU-Ministerpräsidenten hat offenkundig der auch erst seit 2003 in Erfurt amtierende Dieter Althaus ungemein schnell an Statur gewonnen und, für viele Beobachter unerwartet, unterhalb der genannten Champions League eine Art Zwischenposition erreicht.

Dass die SPD derzeit mit Ausnahme Kurt Becks mit Matadoren vergleichbaren Kalibers in den von ihr besetzten Staatskanzleien nicht so recht aufzuwarten vermag, liegt nicht nur an den Personen, sondern ist auch konstellationsbedingt: Ministerpräsidenten aus früheren Oppositionsländern, in Relation zum Berliner Regierungsbündnis, konnten sich naturgemäß leichter als eigene Parteifreunde in der nationalen Politik profilieren und über Bundesrat und Vermittlungsausschuss Bundeskanzler wie Bundesregierung unter Druck setzen. Die Sozialdemokraten amtieren mittlerweile (Stand 2006) auf Bundesebene seit acht Jahren in Regierungsfunktion mit einem akkumuliertem Vorrat an Verantwortlichkeiten; oppositionellen Aversionen fehlt dafür sehr weitgehend die Grundlage. Hingegen stellt sich für ihre Exponenten die Frage eines limitierten Konfliktkurses zu Profilierungszwecken unter dem Obdach der seit Spätherbst 2005 amtierenden Großen Koalition. Aus der SPD ist für eindeutige Oppositionslagen die Blockadestrategie (Verhinderung einer Steuerreform) Oskar Lafontaines in den 90er Jahren gegen die Regierung Kohl das Paradebeispiel. Bemerkenswert ist ferner, dass die sozialdemokratischen Regierungschefs im mit Abstand größten Land, in Nordrhein-Westfalen, bis zum Ende der SPD-Regierungen in Düsseldorf 2005 keineswegs selbstverständlich auch erstrangige SPD-Akteure waren. Die Größe des Landes entscheidet also keineswegs über das Standing seines Regierungschefs in der Bundespolitik. Johannes Rau trat zwar (s.u.) 1987 als Kanzlerkandidat gegen Helmut Kohl an, aber dies war doch eher ein wenig aussichtsreiches und durch große Abstimmungsprobleme im SPD-Management (Konflikt zwischen Bonn und Düsseldorf in der SPD) frühzeitig zum Scheitern verurteiltes Unternehmen.[28]

---

[27] Vgl. dazu Peter März: Bayern im Gesamtstaat. Unsystematische Überlegungen zu einer alten Beziehung, in: Identität und politische Kultur, hg. von Andreas Dornheim und Sylvia Greiffenhagen, Stuttgart 2003, S. 213-229.
[28] Vgl. März, Kanzlerschaften S. 249 ff.

Weder Rau (Amtszeit 1978-1998) noch Heinz Kühn (1966 bis 1978) noch Wolfgang Clement (1998-2002) und Peer Steinbrück (2002 bis 2005) waren, obwohl an der Spitze eines Landes mit mittlerweile 18 Millionen Einwohnern, absolute Topakteure in der SPD. Die 2005 ihrer Mehrheit verlustig gegangene und ausgeschiedene schleswig-holsteinische Ministerpräsidentin Heide Simonis stand eher bei Beginn ihrer Amtszeit 1993 auf dem Sprung zu einem derartigen Tabellenplatz, konnte diese informelle Position aber nicht stabilisieren. Matthias Platzek, Ministerpräsident in Potsdam, war 2005/2006 kurzzeitig SPD-Bundesvorsitzender und schien schon Anwärter für eine Kanzlerkandidatur 2009 zu werden, bevor ihn persönliche Gründe, wohl auch Überforderung in der Parteifunktion, zum Rückzug aus dem Parteiamt zwangen. Nach seinem Wahlsieg vom 18. Sept. 2006 scheint sich der Berliner Regierende Bürgermeister Klaus Wowereit hinter Kurt Beck auf Platz 2 dieser SPD-internen Tabelle etabliert zu haben.

Die Profilierung durch Außenpolitik scheint auf der gesamten Zeitachse seit Beginn der Bundesrepublik die zentrale Domäne des Bundeskanzlers zu sein. Das gilt oft weniger für den konkreten Politikvollzug, hier konnte sich etwa Hans Dietrich Genscher über die Jahre neben Helmut Schmidt und Helmut Kohl wirksam und oft im kalkulierten Konflikt behaupten, als für große symbolhafte Gesten, die sich in den nationalen Bilderhaushalt einprägen und mit wahlentscheidend wirken: Nimmt man die Deutschlandpolitik bis 1989 – formal ja keine Außenpolitik – hinzu, dann gibt es eine ganze Reihe solcher Schlüsselszenen: Konrad Adenauer 1953 auf dem Ehrenfriedhof von Arlington bei Washington und 1955 in Moskau mit dem Nimbus, die letzten Kriegsgefangenen nach Hause gebracht zu haben, 1962 mit Präsident Charles de Gaulle in der Kathedrale von Reims, Willy Brandt beim Treffen mit Ministerpräsident Stoph am 19. März 1970 in Erfurt, spontane Ovationen entgegen nehmend, und ein gutes halbes Jahr später beim Kniefall in Warschau anlässlich der Kranzniederlegung für die Opfer des Ghetto-Aufstandes im Zusammenhang mit der Unterzeichung des deutsch-polnischen Vertrages, schließlich Helmut Kohl beim Händedruck mit dem französischen Präsidenten Mitterand am 23. September 1984 auf dem Schlachtfeld von Verdun und gut sieben Jahre später, am 19. Dezember 1989, bei seiner Rede vor der Frauenkirche in Dresden. Allerdings waren dies sämtlich auch Szenen, die aus den Gesamtzusammenhängen deutscher Zeitgeschichte resultierten; die ‚Mühen der Ebene' nach 1990 boten hier auch Kanzlern ersichtlich weniger Stoff. Freilich verfügen sie nach wie vor zumindest über die Disposition für ‚nationale' Szenen (mit innerdeutschen und außerdeutschen Standorten), wie durch Bundeskanzler Schröder bei seinen Auftritten in den vom Elbehochwasser 2002 betroffenen Regionen praktiziert, ferner auch bei den von ihm medial geschickt ins Werk gesetzten Hilfsaktionen für die Opfer der Flut von Ende 2004 im Indischen Ozean. Hier konnte, ähnlich wie bei der NOK-Entscheidung für Leipzig als deutschen Olympia-Bewerber für 2012 im März 2003, gesamtdeutsch-solidarische Verbundenheit in stark emotionalisierter Weise beschworen bzw. instrumentalisiert werden. Ministerpräsidenten, denen ja funktional naturgemäß die Aura der nationalen Ebene abgeht, haben hier wenig bzw. vergleichbar stets nur in ihrem regionalen Umfeld gegen zu halten, wie etwa der sächsische Premier Milbradt gleichfalls beim Elbehochwasser 2002. Und Unions-Kanzlerkandidat Stoiber musste damals vor Ort schmerzlich erfahren, dass ihm eben ein ‚nationaler' Amtsbonus mit prestigeträchtigen Interventionsmöglichkeiten (Einsatz der Bundeswehr u.s.w.) noch fehlte.

Der hier geschilderte Gesamtzusammenhang bedeutet freilich nicht, dass nicht auch Ministerpräsidenten die Spezifik ihrer Außenbeziehungen in ganz eigener Weise instrumentalisieren und zur Geltung bringen könnten.

Sie definieren sich vor allem auch als Treuhänder ihres Landes und füllen diese Rolle gerne durch Exkursionen nicht nur mit der üblichen administrativen Gefolgschaft, sondern auch mit Spitzenmanagern aus ihrem Territorium aus, entweder in solche Räume, die wie Ostasien und Kalifornien als technologisch führend und beispielgebend gelten – von hier aus kann man auch medial an das eigene Umfeld appellieren, den Globalisierungsdruck ernsthaft wahrzunehmen und ökonomisch effizienter zu arbeiten. Gleichzeitig kann man bei solchen Gelegenheiten das eigene Land als in Forschung, Entwicklung und Produktion doch adäquat gegenüber den Gastgebern darstellen. Die zweite Richtung geht in Regionen, die aufzuholen haben und sich daher als Investitionsstandorte der heimischen Wirtschaft anbieten. Seit dem Fall des Eisernen Vorhanges 1989/1990 hat sich dieser Trend deutlich verstärkt. Es liegt auf der Hand, dass vor allem die drei wirtschaftsstarken Länder Bayern (mit den außereuropäischen Partnerregionen Quebec in Kanada und Shandong in China wie mit der Ukraine), Baden-Württemberg und Nordrhein-Westfalen, das sein Wirtschaftsprofil mehrfach in Moskau vorführte, gerne diese Form der Selbstdarstellung mit dem Regierungschef an der Spitze wählen. Auch hier deutet sich somit so etwas wie ein Ranking der deutschen Länder untereinander an.

Ein weiteres Feld ist die Kooperation mit der regionalen, unmittelbaren europäischen Nachbarschaft, im Falle Bayerns etwa im Alpen-Adriabereich und mit Ungarn; die bayerischen Beziehungen zum Nachbarn Tschechien hingegen sind bei allen strukturellen Entwicklungen nach wie vor durch die Vertreibungsproblematik und damit das Konfliktfeld (Beneš-Dekrete, Enteignungen) der tschechischen Seite mit den Sudetendeutschen belastet. Hier zeigt sich, dass, wie auch auf Bundesebene, innen- und außenpolitische Faktoren in ein Spannungsverhältnis zueinander geraten können. ‚Außenpolitik' ist naturgemäß auch das Standing des jeweilgen Landes bei der Europäischen Integration, wie innerdeutsch in Berlin, wo die neu errichteten Vertretungen der Länder auch architektonisch so etwas wie Botschaftscharakter demonstrieren sollen. Im Grunde wird hier, wohl nicht allen Protagonisten bewusst, eine Linie staatenbündischer Politik aus der Zeit des Frankfurter Bundestages im Deutschen Bund von 1815 bis 1866 und des Bismarckreiches nach 1871 mit weiter bestehender innerdeutscher Länderdiplomatie fortgesetzt. Das schon apostrophierte Rederecht im Bundestag der Ministerpräsidenten und Kabinettsmitglieder aus den Ländern wird allerdings nur selten routinemäßig, sondern meist konstellationsbedingt wahrgenommen – entweder dann, wenn es z.B. in der Finanzpolitik oder wie 2003 in der Frage der deutschen Irakpolitik zu zentralen Auseinandersetzungen kommt, bei denen oppositionelle Länderpremiers auch als Parteipolitiker gefragt sind, oder in gesteigerter Form dann, wenn sie dem Kanzler als Herausforderer gegenübertreten wie 1998 Gerhard Schröder im Wettbewerb mit Helmut Kohl und 2002 Edmund Stoiber im Wettbewerb nunmehr mit Gerhard Schröder.

Der Bogen administrativer Tätigkeiten von Ministerpräsidenten dürfte kaum weniger weit als der des Bundeskanzlers bzw. der Bundeskanzlerin gespannt sein. Allerdings geben die Endpunkte ein unterschiedliches Bild. Ministerpräsidenten müssen, im Gegensatz zum Kanzler, auch die kommunale Ebene pflegen; sie haben selbst in den großen Ländern den Ehrgeiz, in nicht zu langen Zeitabständen sämtliche Landkreise und kreisfreien Städte zu besuchen, sie eröffnen große kommunale Anlagen wie Krankenhäuser, im Ausnahmefall wohl sogar eine kommunale Umgehungsstraße. Haben Kommunen ungewöhnlich große Finanzsorgen wie etwa 2002 im bayerischen Fall das unterfränkische Würzburg, dann eröffnet sich ihren Repräsentanten unter Umständen der Weg unmittelbar ins Amtszimmer des Ministerpräsidenten. Es gehört somit auch zu Klugheit und taktischem Geschick eines Länderpremiers, sich auf die Vielzahl der Probleme wie der Darstellungschancen auf kommunaler Ebene derart intensiv einzulassen, dass ihm zwar noch Basisbezug attestiert wird, ihm aber nicht zugleich kritisch die Diagnose Verzettelung gestellt werden kann.

7 Parteiakteur und/oder Landesvater

Ferner muss ein Ministerpräsident, um die anderen Seiten des Spektrums zu markieren, nicht nur auf bundespolitischer und auch auf europäischer Ebene mit agieren, sondern vor allem auch um den Zustand seiner parteipolitischen Hausmacht besorgt sein. Vielfach sind Ministerpräsidenten auch Parteichefs ihrer Ländergliederungen – gegenteilig verhält es sich nur in den Stadtstaaten, wo der jeweilige Bürgermeister bzw. Regierende Bürgermeister als eine Art Stadtpräsident im Regelfall nicht zugleich der eigenen Landespartei vorsteht. Wie sensibel die Rolle als Landesvorsitzender sein kann, zeigte sich im Jahr 2003 am Beispiel des baden-württembergischen Ministerpräsidenten Erwin Teufel. Dieser erzielte bei der Neuwahl als Landesvorsitzender der CDU ein als schwach empfundenes Ergebnis von rd. 70 % der Delegiertenstimmen – hier schlug insbesondere auch die Kritik an seinen durchgreifenden Vorstellungen zur Verwaltungsreform unmittelbar auf das Stimmungsbild an der parteipolitischen Basis durch. Damit war auch die Bahn zu einer Entwicklung geebnet, die im Jahre 2004 zur Resignation Teufels als Regierungschef führte. Nach langem Widerstreben musste er für das Folgejahr seinen Rücktritt in Aussicht stellen. Für die CDU-Ministerpräsidenten Peter Müller in Saarbrücken, Christian Wulff in Hannover, Roland Koch in Wiesbaden und Jürgen Rüttgers in Düsseldorf gehört der Vorsitz der Landespartei eindeutig zu den als axiomatisch angesehenen Grundlagen ihrer politischen Position. Einen Sonderfall stellte in dieser Hinsicht für einige Zeit Nordrhein-Westfalen dar: Hier bestimmt Art. 52 Abs. 1 der Landesverfassung („Der Landtag wählt aus seiner Mitte in geheimer Wahl den Ministerpräsidenten"), dass der Regierungschef ein Parlamentsmandat inne haben muss. Da nach dem Wechsel von Wolfgang Clement im Herbst 2002 ins Berliner Bundeskabinett der mit einem Landtagsmandat nicht ausgestattete SPD-Landesvorsitzende Harald Schartau, amtierender Sozialminister, diese Bedingung eben nicht erfüllte, musste Finanzminister Peer Steinbrück, jedenfalls zunächst technokratisch wirkend und nicht die Nestwärme aus der Partei verströmend, Regierungschef werden. Für Clement selbst dürfte es in den Jahren zuvor ein gutes Stück Machtdefizit bedeutet haben, dass ihm der Durchbruch zur Personalunion von Regierungschef und Parteivorsitzendem im Lande nicht gelang: Vielmehr war in Düsseldorf 1998-2002 ein Duopol installiert, das an die Ämterteilung zwischen Helmut Schmidt (Bundeskanzler 1974 bis 1982) und Willy Brandt (SPD-Vorsitzender bis 1987) auf gesamtstaatlicher Ebene erinnerte. Die damaligen parteipolitischen Führungsfiguren in der nordrhein-westfälischen SPD, zudem mit enger Anbindung an den Gewerkschaftsbereich, zunächst Franz Müntefering und dann Harald Schartau, entsprachen zweifellos Milieu und Traditionen der SPD an Rhein und Ruhr mehr als der um Modernisierung und teilweise auch Deregulierung bemühte Wolfgang Clement. Wie im Falle der Ämterteilung zwischen Schmidt und Brandt zwei Jahrzehnte zuvor hatte sich auch für die SPD in Düsseldorf die Frage gestellt, ob es klüger war, die unterschiedlichen Rollen von Regierungs- und Parteichef auf zwei Personen zu übertragen oder einer Konzentration auf eine Figur den Vorzug zu geben. Für die erste Alternative sprach und spricht jedenfalls, dass Funktionärskörper und Parteikultur der SPD so eher eine eigene Spitzenvertretung gewannen und damit in die Mühsal von Konsensfindung emotional besser integriert werden konnten. Zugleich war die Parallele zur 2004 eingetretenen Machtteilung zwischen Bundeskanzler Schröder und dem neuen, dann schon im Folgejahr zurückgetretenen SPD-Parteivorsitzenden Müntefering überdeutlich. Derlei Diversifizierungen bedeuten freilich auch unweigerlich für die Spitzenpersonen im Staatsamt einen Machtverlust. Auf der Länderebene ist auch deshalb die Personalunion das eindeutig beliebtere Modell.

Unter sehr spezifischen Bedingungen kann freilich auch viel für die andere Lösung sprechen. So hatte sich in Bayern in der Ära von Alfons Goppel von 1962 bis 1978 die so wohl gar nicht konzipierte, sondern durch die habituelle Praxis bestimmte Aufgabenteilung zwischen einem eher präsidialen Ministerpräsidenten und einem in Aktion und Rhetorik vorpreschenden Parteivorsitzenden Franz Josef Strauß (s.o.) bewährt. Goppel gewann, zumal bei der Rekordlandtagswahl 1974 mit 62,1%, auch Wähler, die ein eher polarisierender Regierungschef schwerlich angezogen hätte. Nach Strauß' Tod 1988 wurden die beiden Spitzenämter für die CSU wieder getrennt: Mit Theo Waigel wurde wiederum, wenn auch in der persönlichen Darstellung anders interpretiert, das Modell eines in der Bundeshauptstadt amtierenden Parteivorsitzenden gewählt, während die Ministerpräsidenten Max Streibl bis 1993, Edmund Stoiber in der Folge, der Intention nach die Partei wohl eher informell darstellen sollten. Allerdings hatte Max Streibl für sich das innerhalb der CSU äußerst bedeutsame Amt des Vorsitzenden des größten Parteibezirks Oberbayern behalten; Edmund Stoiber, der lange die Programmkommission der Partei geführt und ihr Innenleben als früherer Generalsekretär kennen gelernt hatte, blieb tatsächlich weiterhin eine zentrale Größe in der CSU, bis er dann 1999 den Parteivorsitz übernahm. Seitdem ist Stoibers Rolle als der CSU-Spitzenakteur unbestritten.

Wichtig ist, dass Ministerpräsidenten in ihrer Funktion als Parteiakteure den Kontakt zu den Verbänden der Partei finden und halten, innerhalb der Unionsparteien hier an erster Stelle der Jungen Union, um so auch die eigene Kommunikations- und Innovationsfähigkeit unter Beweis zu stellen. Hier hatte etwa Max Streibl während seiner Regierungszeit große Probleme. Das andere ist die möglichst ausgeprägte Nähe zu den regionalen Gliederungen in der Partei. Freilich wird hier kein Ministerpräsident agieren können, ohne in Konflikten der Landesteile untereinander einmal doch eindeutige Positionen zu ergreifen und damit in anderen innerparteilichen Lagern Verdruss zu erzeugen. Zugleich dürfte es die ganz seltene Ausnahme bleiben, dass ein Ministerpräsident, wenn landespolitisch Daten und Performance stimmen, trotzdem und so zusagen mutwillig gestürzt wird, weil Unmut bzw. Übermut in der eigenen Partei um sich greifen. So ist das Ende der Amtszeit von Bernhard Vogel als Regierungschef 1988 in Mainz wohl ein Unikat in der deutschen Nachkriegsgeschichte und alles andere als normgebend: Vogel wurde Opfer einer innerparteilichen Fronde um den CDU-Politiker und Umweltminister im Land Hans-Otto Wilhelm, der ihm ohne Not in einer Kampfabstimmung am 12. November 1988 die Funktion des Parteivorsitzenden nahm, was Vogel wiederum zur schlüssigen Konsequenz des Rücktritts auch vom Amt des Ministerpräsidenten drei Wochen später veranlasste. Das ganze Unternehmen war Paradebeispiel für eine ohne Sensus und Blick für Klima und Milieu im Lande angezettelte innerparteiliche Intrige, die für die Union zum GAU an Rhein und Mosel wurde. Nutznießer war die SPD. Sie profitierte davon, dass die neu geführte CDU ohne Bindung zum bürgerlichen Lager im Land dastand und übernahm in Person von Rudolf Scharping eineinhalb Jahre später erstmals die Staatskanzlei in Mainz.

Die Ministerpräsidenten der Nachkriegszeit haben sich vielfach sehr viel stärker als die der Gegenwart in hohem Maße als über der eigenen Partei stehende, patriarchalisch gütige Landesväter interpretiert, denen es um gemeinsamen Aufbau, Integration disparater Bevölkerungsgruppen, an erster Stelle der Heimatvertriebenen, und insgesamt um ein harmonisches Politikmodell zu tun war. Dieses Bild gehört wohl auch in jene Übergangszeit, als die frühe Bundesrepublik noch deutlich durch Muster herkömmlichen deutschen Staatsverständnisses mit fürsorglichen Landesherren an der Spitze geprägt war. Unter den spezifischen bayerischen Bedingungen steht auch das geschilderte Beispiel von Hans Ehard für diese Tradition. Offenkundig, und diese These sei hier gewagt, bedurfte das Land auch einer derartigen Übergangsphase, in der das Neue erst einmal formal eingeübt wurde, bis die zunächst noch ungewohnten Muster von Wettbewerb, Kommunikation, Agenda-Setting und (tatsächlicher oder vermeintlicher) Transparenz auch wirklich vermittelt sein konnten.[29]

Trotz dieses nun eingetretenen Wandels ist der Landesvatercharakter des Ministerpräsidenten immer noch deutlich ausgeprägter als der des Bundeskanzlers. Helmut Schmidt genoss in seiner Amtszeit von 1974 bis 1982 Respekt, war aber schon nach seinem managerhaft ausgerichteten Auftreten kein Landesvater, Helmut Kohl wurde es als Kanzler trotz langer Regierungsdauer im Westen Deutschlands kaum, phasenweise wohl aber im Osten. Gerhard Schröder konnte es nach seinem ganzen Habitus wohl nicht werden, allenfalls eine Art kumpelhafter Bonhomie ausstrahlen und Angela Merkel eignet sich gewiss nicht als „Landesmutter". In den Ländern sind vermutlich vor allem solche Ministerpräsidenten „Landesväter", also Identifikationsfaktoren mit hoher auch emotionaler Bindewirkung, die wenig Ambitionen zeigen, aktiv und mit eigenen Ansprüchen in der Berliner Politik mitzuspielen: Das traf bzw. trifft auf Kurt Böhmer in Magdeburg, Henning Scherf in Bremen – der auch den klassischen Weg vom Parteipolitiker auf den Flügeln zum Integrationsregierungschef in der Mitte vollzogen hat – und in seiner Amtszeit bis 2002 Kurt Biedenkopf in Dresden zu. Auch Edmund Stoiber mag, obwohl alles andere als geruhsam-patriarchalisch

---

[29] Zu diesem Prozess aus sozialhistorischer Sicht Axel Schildt: Ankunft im Westen, Ein Essay zur Erfolgsgeschichte der Bundesrepublik, Frankfurt a. Main 1999.

und auch nicht in Distanz zur Bundespolitik zumindest partiell Landesvaterimage für sich in Anspruch nehmen können: Er verkörpert für viele bayerisches Eigenbewusstsein gegenüber dem übrigen Deutschland und den Anspruch bayerischer Spitzenstellungen in den verschiedensten Bereichen messbaren Politikerfolges.

Bundeskanzler sind naturgemäß auch formal schon deshalb kaum Landesväter, weil ihnen (s.o.) präsidiale Rollen weitgehend abgehen. Zugleich zeichnet sich das Bundeskanzleramt nach wie vor durch eine Reihe von Funktionen aus, die es eben doch gravierend vom Aufgabenspektrum der Ministerpräsidenten unterscheidet.

Das betrifft neben der schon genannten eher symbolhaften Außenpolitik den Bereich der klassischen Außenpolitik, insbesondere der Sicherheitspolitik mit dem seit der zweiten Hälfte der neunziger Jahre immer wichtiger gewordenen Aufgabenfeld militärischer Interventionen – ein Thema, das für die frühe Bundesrepublik noch völlig undenkbar gewesen wäre. Auch die zentralen Fragen der ökonomischen und sozialen Existenzsicherung sind bzw. scheinen nach wie vor nationalstaatlich geregelt. Allerdings stellt sich die Frage, ob Bundeskanzler hier nicht zunehmend als Kaiser ohne Kleider amtieren (müssen). Das betrifft einmal die wachsenden Abhängigkeiten von der Europäischen Union, zum anderen auch die zahlreichen Vetopositionen, über die hier die anderen Akteure im Bundesstaat verfügen. Geradezu symbolhaft für diese Entwicklung war die kurz vor Weihnachten 2003 im Vermittlungsausschuss vom Bundestag und Bundesrat herbeigeführte Einigung über eine vorgezogene Steuerreform mit zahlreichen weiteren Regelungen (Erleichterungen beim Kündigungsschutz), die insgesamt zur ökonomischen Beweglichkeit Deutschlands beitragen sollten. Am Ende agierte hier ein Quartett aus den beiden Unionsparteichefs Merkel und Stoiber sowie, auf der SPD-Seite, Bundeskanzler Schröder und dem Fraktionsvorsitzenden Müntefering. Nicht der Kanzler, sondern eine Art Lenkungsausschuss im kleinsten Kreis bzw. nationales ‚Direktorium' schien hier die Entscheidungen zu treffen. Ob der Kanzler selbst wiederum eine derartige Entwicklung für sich doch als eindeutigen Spitzenakteur medial und kommunikativ umzuinterpretieren vermochte, ist die daraus abzuleitende, zentrale Frage. Ob in der seit November 2005 amtierenden Bundesregierung der verabredete Koalitionsausschuss die Kanzlerin zur „prima inter pares" degradiert, lässt sich noch nicht übersehen, erscheint aber eher unwahrscheinlich.

8 Rochaden zwischen den staatlichen Ebenen im Bundesstaat

Trotz der genannten Unterschiede bleibt im deutschen Modell ein spezifischer Bezug zwischen Bundeskanzler und Ministerpräsidenten. Beide Seiten sehen sich offenkundig als eine Art Führungsclub aus einem plus 16 Mitgliedern und – dies ist der zentrale Befund – das Amt des Ministerpräsidenten scheint für das des Kanzler bzw. Kanzlerkandidaten in besonderer Weise zu prädestinieren. Dieser Befund gilt mit einer erstaunlichen Verbindlichkeit für die Bundesrepublik nach den ersten eineinhalb Jahrzehnten ihrer Existenz, also seit den 60er Jahren. Umgekehrt ist natürlich die Frage zu stellen, warum es sich in den Anfängen der Nachkriegszeit anders verhielt.[30]

Grundsätzlich muss man davon ausgehen, dass ein adäquates Politikerangebot aus den Ländern für die Bundesebene zwei Voraussetzungen hatte: Einmal konstitutiv eine entsprechend wieder etablierte Staatlichkeit der Länder mit eigenen Zuständigkeiten und ausgeformten Verfassungsorganen wie Mitwirkung an der Gesamtstaatspolitik, zum anderen entsprechende Lernprozesse auf Seiten der Akteure. Die Weimarer Republik konnte dieses Muster noch nicht kennen, da Länderpremiers im vorausgegangenen Kaiserreich allenfalls als administrative Figuren in späteren Zeiten Reichskanzler werden konnten, wie die vorherigen bayerischen Ministerpräsidenten Fürst Chlodwig Hohenlohe-Schillingsfürst und Graf Hertling, die 1894-1900 bzw. 1917/18 Reichskanzler (und damit zugleich preußische Ministerpräsidenten) waren. Es gab also noch keine derartige, demokratische Tradition.

Die Weimarer Republik selbst war dann in der politischen Bedeutung auf der Länderebene zu schwach ausgeprägt und in ihrer zeitlichen Existenz zu kurz, um aus sich ein entsprechendes Reservoir zu schaffen. Die Vielzahl der kleinen Länder (z.B. Oldenburg, Lippe-Detmold etc.) im Reich konnte mit ihren politischen Apparaten vielfach de facto nur Verwaltungsaufgaben erfüllen, die Mitsprache der Länder über den Reichsrat an der nationalen Politik war sehr viel schwächer ausgeprägt als die über den Bundesrat nach 1949 und wurde vor allem von den Länderbürokratien, weniger von den politischen Spitzen, ausgefüllt. Das zweitgrößte deutsche Land schließlich, Bayern, stand vielfach in einer geradezu antagonistischen Haltung zum Gesamtstaat. So fehlte es an verbindenden Handlungsfeldern und Materien, aus denen sich ein gemeinsames Reservoir an politischen Führungskräften für die beiden staatlichen Ebenen hätte rekrutieren können. Dabei ist insbesondere noch auf den Fall Preußen zu verweisen, auf jenes Land, das rund 60 Prozent der Fläche und der Einwohnerzahl des Reiches umfasste und dessen politische Führungen mit dem langjährigen Ministerpräsi-

---

[30] Zu Einzelheiten vgl. März, Kanzlerschaften.

denten Otto Braun (SPD) an der Spitze zwar zumindest phasenweise bereit waren, sich mit der Reichsebene zu koordinieren[31], sich aber keineswegs als Personalreservoir für diese sahen.

Auch in den Anfängen der Bundesrepublik standen noch keine gelernten Länderpremiers für Aufgaben auf der nationalen Ebene zur Verfügung. Konrad Adenauer, der erste Bundeskanzler, war als langjähriger Kölner Oberbürgermeister (1917-1933), als Mitglied und dann Präsident des preußischen Staatsrates und als führende Figur der Zentrumspartei im Rheinland allerdings immerhin schon eine Kapazität mit wichtigen Erfahrungen an der Schnittstelle von regionaler und gesamtstaatlicher Politik gewesen. Seine ersten sozialdemokratischen Gegenspieler als Kanzlerkandidaten, Kurt Schumacher 1949 und Erich Ollenhauer 1953 wie 1957, kamen hingegen, bei all ihren persönlichen Verdiensten aus Widerstand (Schumacher) und Exil (Ollenhauer) nach ihrer politischen Sozialisation doch ‚nur' aus den Bereichen Journalismus, parlamentarische Mandate (Schumacher im Württembergischen Landtag und im Reichstag) und Funktionärsarbeit. Mit Willy Brandt, Kanzlerkandidat 1961 gegen Konrad Adenauer und, gestützt auf eine breitere Mannschaft, 1965 gegen Ludwig Erhard, griff die SPD dann erstmals und auf lange Sicht durchaus erfolgreich auf das Angebot aus der anderen staatlichen Ebene zurück: Brandt war 1957 Regierender Bürgermeister in Berlin geworden. Allerdings ist auch sein Beispiel noch kein wirklich normgebendes: Denn Brandt war nicht irgendein Regierungschef. In der Zeit des Kalten Krieges, des Chrustschow-Ultimatums von 1958 („Freie Stadt Berlin") und des Baues der Mauer in der Stadt 1961, verkörperte er neben dem Bundeskanzler die zweite Spitzenfigur in der nationalen Politik, die, fast noch eindeutiger als der Patriarch Adenauer im Bonner Palais Schaumburg, für westdeutsche und West-Berliner Abwehrhaltung gegen die kommunistischen Ambitionen im Kalten Krieg und für gute Beziehungen zu den USA stand. Insofern war er alles andere als Länderpremier in der Provinz.

Mit Kurt Georg Kiesinger als Kanzler der Großen Koalition seit Dezember 1966 wurde dann erstmals ein unmittelbar zuvor amtierender Ministerpräsident – Kiesinger hatte seit 1958 in Stuttgart residiert – Regierungschef in Bonn. Dieses Muster setzte sich seitdem nahezu ungebrochen fort:

---

[31] Insgesamt galt die preußische gegenüber der Reichsregierung, zumal in den Zeiten bürgerlicher Kabinette mit deutschnationaler Beteiligung auf Reichsebene nach 1924, als „linker" und im Sinne einer streitbaren Demokratie verlässlicher. Unter Anderem gelang es den preußischen SPD-Innenministern, insbesondere Carl Severing, über die Jahre zunehmend, demokratisch verlässliche Landräte zu installieren. Auch das Verhältnis der preußischen Regierung mit ihrem eigenen umfassenden Polizeiapparat gegenüber der Reichswehr war vielfach gespannt. Vgl. Hagen Schulze: Otto Braun oder Preußens demokratische Sendung. Eine Biografie, Frankfurt a. M. u.a. 1977.

Kiesinger unterlag 1969 äußert knapp einer sich dann formierenden sozialliberalen Koalition aus SPD und FDP mit Willy Brandt an der Spitze. Bei der vorgezogenen Bundestagswahl 1972 stellte die Union mit dem CDU-Vorsitzenden und zugleich Fraktions-Vorsitzenden im Bundestag Rainer Barzel letztmals bis zur Kanzlerkandidatur Merkels 2005 dem amtierenden Kanzler einen reinen Bundespolitiker entgegen. 1976 trat der rheinland-pfälzische Ministerpräsident Helmut Kohl gegen den seit 1974 amtierenden Bundeskanzler und früheren Hamburger Innensenator (1961 bis 1965) Helmut Schmidt an, 1980 musste sich Helmut Schmidt des Bayerischen Ministerpräsidenten Franz Josef Strauß erwehren, nach dem Ende der sozialliberalen Koalition hatte sich der neue Bundeskanzler Helmut Kohl 1983 mit dem SPD-Vorsitzenden Hans-Jochen Vogel auseinandersetzen, der in seiner politischen Biographie 1960 bis 1972 Münchner Oberbürgermeister und kurzfristig auch Regierender Bürgermeister in Berlin gewesen war; die weiteren Gegner Helmut Kohls waren 1987 der nordrhein-westfälische Ministerpräsident Johannes Rau, 1990 der saarländische Premier Oskar Lafontaine, 1994 dessen rheinland-pfälzischer Nachbar Rudolf Scharping und schließlich 1998 der niedersächsische Ministerpräsident Gerhard Schröder, der Kohl nach 16 Jahren aus dem Bundeskanzleramt verdrängte. Vier Jahre später antwortete die Union nach einer Absprache zwischen ihren beiden Parteivorsitzenden (Wolfratshausener Frühstück von Anfang Januar 2002) mit der Nominierung des Bayerischen Ministerpräsidenten Edmund Stoiber, der während der Kampagne zur Bundestagswahl lange in Führung gelegen war, am Ende knapp unterlag, in seinem Stammland Bayern aber 60 % erreichte und damit die These bestätigte, dass amtierende Ministerpräsidenten als Kanzlerkandidaten in ihren Heimatländern ein besonderes Maß an Genugtuung und Stolz zu mobilisieren vermögen.

Freilich sei zugleich vor der Annahme gewarnt, dass der hier beschriebene Mechanismus so etwas wie eine definitive Gesetzmäßigkeit darstelle. Ministerpräsidenten haben einen Bonus, der sich aus ihrer politischen Sozialisation, aus ihrem administrativen und exekutiven Ansehen, aus ihren Profilierungsmöglichkeiten und nicht zuletzt aus ihrem Verfügen über einen Apparat ergibt, der deutliche Parallelen zum Bundeskanzleramt aufweist: Auch Staatskanzleien verfügen über Spiegelreferate zu den einzelnen Ministerien, besitzen umfangreiche Stäbe zur Politikkonzipierung und Redenerstellung, begutachten und diagnostizieren stetig das mediale und kommunikative Umfeld. Nur durch ein derartiges Bündel an Faktoren lässt sich auch erklären, dass etwa der niedersächsische Ministerpräsident Christian Wulff, über lange Zeiten als Oppositionsführer in Hannover eher im Abseits der deutschen Politik, nach wenigen Monaten im Regierungsamt bereits als langfristige Alternative für ein nationales Spitzenamt gesehen wurde. Freilich kann durchaus auch die Kombination von Partei- und Fraktionsvorsitz nach wie vor den Weg zu Kanzlerkandidatur und Kanzlerschaft ebnen. Angela Merkel, von der hier derzeit naturgemäß an erster die Stelle die Rede ist, hatte es wohlweislich auch abgelehnt, auf Überlegungen zur Nachfolge im Amt des sächsischen Ministerpräsidenten nach dem Ausscheiden von Kurt Biedenkopf einzugehen. Ein solcher Weg hätte für sie, zumal ohne ihm wirklich innewohnende politische Plausibilität und regionale Verwurzelung, zum Umweg ohne Wiederkehr in der nationalen Politik werden können. So erschient ihre Kanzlerkandidatur, aus Partei und Bundestagsfraktion heraus, 2005 gegen Gerhard Schröder sehr plausibel entwickelt und begründet. Individuelle Konstellationen behalten, wie ihr Beispiel zeigt, ein ganz eigenes Gewicht.

Die Bedeutung des Ministerpräsidentenamtes zeigt sich freilich neuerdings nicht nur in seiner Rolle als mobile Reserve für Kanzlerkandidaturen und Kanzlerschaften. Das Berliner Kabinett Schröder wurde im Jahr 2002 in überraschender Weise mit vorherigen Ministerpräsidenten aufgefüllt: Hans Eichel, 1999 als Ministerpräsident in Wiesbaden abgewählt, war schon zuvor Finanzminister geworden. Nun wurden Wolfgang Clement als nordrhein-westfälischer Ministerpräsident zum Bundesminister für Wirtschaft und Arbeit und völlig überraschend der frühere Potsdamer Ministerpräsident Manfred Stolpe zum Bundesminister für Verkehr ernannt. Bei Bildung der Großen Koalition 2005 wurde der in Düsseldorf abgewählte Ministerpräsident Peer Steinbrück an Stelle Hans Eichels Finanzminister. Vielfach suchen umgekehrt Bundespolitiker den Weg in eine Staatskanzlei. Offenkundig ist die Gesamtverantwortung als Ministerpräsident vielfach verlockender als das Subordinationsverhältnis in der Bundesregierung. So setzte Bundesfinanzminister Theo Waigel 1993 viel daran, Nachfolger von Max Streibl in Bayern zu werden. Dieses Muster verstärkt sich, wenn auf der Bundesebene wenig Aussicht auf ein exekutives Amt besteht, da die eigene Partei hier in der Opposition festgezurrt erscheint. Beispiel für ein derartiges Verhalten ist Gerhard Stoltenberg (CDU), der bereits 1965 bis 1969 Erfahrungen als Bundesbildungsminister gesammelt hatte, mit dem Regierungswechsel 1969 zum einfachen Oppositionsabgeordneten im Bundestag mutierte und dann, auf dem Höhepunkt der sozialliberalen Erfolgsbahn, 1971 als Ministerpräsident zurück in sein Heimatland nach Kiel ging. In analoger Konstellation, aber noch deutlich prominenter agierte Franz Josef Strauß: 1953 bis 1962 wie 1966 bis 1969 war er Bundesminister gewesen, konnte dann in der Opposition „nur" als exponierter Unionsabgeordneter wie CSU-Parteivorsitzender wirken und erreichte erst nach 9 Jahren, 1978, mit dem Amt des Bayerischen Ministerpräsidenten wieder eine exekutive Funktion. Nach dem Regierungswechsel im Bund 1998 versuchte sich der ausgeschiedene Verteidigungsminister Volker Rühe (CDU) als Spitzenkandidat in Schleswig-Holstein, scheiterte jedoch im Jahr 2000 an den Fernwirkungen des Spendenskandals um Helmut Kohl.

Spitzenkandidaturen von der Bundesebene aus können auch eine eher instrumentelle Funktion aufweisen: Sie können ohne wirkliche Siegeserwartung dazu dienen, das eigene Standing im Heimatland zu verstärken, um so mittel- und langfristig die politische Karriere weiter voran zu bringen. Ein Beispiel für diese Strategie war die Kandidatur der SPD-Bundestagsabgeordneten und Landesvorsitzenden Ute Vogt im Jahr 2001 gegen Ministerpräsident Teufel in Baden-Württemberg, 2006 erfolglos gegen Ministerpräsident Oettinger wiederholt.

9   Schluss: Erst zählt die Person, dann das Amt

Ministerpräsidenten gehören, das zeigt das hier entfaltete Bild, zum Spitzenbereich der politischen Klasse in Deutschland. Sie haben Gestaltungsmacht, wirken auf verschiedenen Ebenen, können Gefolgschaften aufbauen, Mitarbeiter belohnen, in expansiven wie in restriktiven Zeiten Prioritäten setzen und aus einem weiten Feld von Möglichkeiten ihr ganz eigenes Arsenal an Instrumenten zusammenstellen. In Europa bietet diese zweite Ebene im Gesamtstaat wohl nirgendwo so ausgeprägte Möglichkeiten, sich im eigenen Bereich wie mit Ambitionen auf andere Ebenen zu profilieren, wie in Deutschland. Dabei zeigt gerade der vergleichende Blick auf den südlichen Nachbarn Österreich, dass es keineswegs nur auf die formalen, konstitutiv geregelten Faktoren ankommt:

Der österreichische Föderalismus leitet sich zwar wie der deutsche zu einem guten Teil aus der gemeinsamen Vergangenheit im Heiligen Römischen Reich deutscher Nation bis 1806 bzw. im Deutschen Bund bis 1866 ab; im Hinblick auf die konkreten Zuständigkeiten der Länderebene ergibt sich allerdings ein deutlich divergierendes Bild. In den Bereichen Mitsprache an der Gesamtstaatspolitik, Bildung, Verwaltung, innere Sicherheit bewegen sich die deutschen Länder auf einem ganz anderen Niveau eigenverantwortlichen Handelns. Gleichwohl gibt es auch in den österreichischen Ländern eine Reihe von „Landeshauptmännern" (analoger Terminus zum Ministerpräsidenten in Deutschland), die über ein herkömmliches Landesvaterimage hinaus enormen Einfluss in der gesamtstaatlichen Politik besitzen und insgesamt als erstrangige Akteure gezählt werden: Das gilt auf der bürgerlichen Seite (ÖVP) für Landeshauptmann Erwin Pröll in Niederösterreich, auf der sozialdemokratischen Seite für den Wiener Bürgermeister (Wien ist wie Berlin, Hamburg und Bremen in Deutschland Kommune und zugleich Land) Michael Häupl. Beide haben enormes Gewicht in ihren Parteien und dürften – wie in Deutschland – auf einer virtuellen Tabelle jedenfalls vor „durchschnittlichen" Ministern in den jeweiligen Bundesregierungen liegen: Es „kann in Österreich (bestenfalls) von einem Vollzugsföderalismus gesprochen werden. Allerdings kompensieren die Länder ihre relativ schwache staatsrechtliche Stellung durch eine starke Verankerung im Bewusstsein der Bevölkerung. Als Identifikationsobjekt hat sich in besonderem Maße der Landeshauptmann herauskristallisiert. Daraus resultiert nun wiederum ein relativ hoher politischer Einfluss des Landeshauptmannes auch auf der Bundesebene."[32] Das Beispiel zeigt, dass die rein verfassungsmäßigen Voraussetzungen das Eine sind, die politische Gebrauchsanwendung das Andere ist. Man kann auch bei ungünstigeren konstitutiven Rahmenbedingungen, wie in Österreich gegeben, sehr viel aus dem regionalen Spitzenamt machen.

Wenden wir den Blick zurück nach Deutschland, so zeigt dies, dass es auch unter vielfach festgezurrt anmutenden strukturellen Bedingungen für Ministerpräsidenten eine große Bandbreite personaler Möglichkeiten gibt, damit verbunden freilich zugleich die Eventualität, aus dem Amt nicht das zu machen, was es eigentlich hergibt. Scheitern und Erfolg liegen auch hier vor allem an der Person selbst.

---

[32] Peter Bussjäger: Österreich: Der „zentralistischste aller Bundesstaaten"?, in: revue d´Allemagne et des pays de langue allemande, 35, Nr. 3 2003, S. 357-372, hier S. 365 f.

Michael Zerr

Staatskanzleien

1 Funktionen von Staatskanzleien

Wenn von Landespolitik in Deutschland[1] die Rede ist, dann spielt neben den Landesparlamenten und den Landesregierungen die jeweilige Staatskanzlei eine (häufig) so gewichtige Rolle, dass es gerechtfertigt erscheint, den Staatskanzleien einen eigenen Beitrag zu widmen.

Allerdings kann die Institution „Staatskanzlei" nicht ohne ihre Dienstleistungsfunktion für die Regierung und ihre Zuordnung zum jeweiligen Regierungschef verstanden werden. Insofern ist es folgerichtig, den Beitrag über Staatskanzleien der Darstellung über die Landesregierungen[2] und Ministerpräsidenten[3] anzuschließen. Viele Spezifika der Funktion, Organisation, Arbeitsweise und Kultur von Staatskanzleien sind auf diese Zuordnung zurückzuführen oder doch wesentlich von ihr beeinflusst. Andererseits gilt aber auch, dass Staatskanzleien im politischen System der Länder (und der Bundesrepublik insgesamt) an der Schnittstelle von Politik und Verwaltung einen eigenständigen Beitrag leisten, der über das Amt des Ministerpräsidenten hinausweist.

Die oben[4] näher beschriebenen Prinzipien des Regierungshandelns, nämlich die Richtlinienkompetenz des Ministerpräsidenten, das Ressortprinzip und das Kabinettsprinzip sind dabei wichtige Determinanten für Funktion und Arbeitsweise einer Staatskanzlei.

1.1 Funktionen auf Landesebene

Um die Richtlinien der Politik zu bestimmen, ist ein Ministerpräsident auf Unterstützung durch Mitarbeiter angewiesen, die in der Lage sind, das politisch

---

[1] Hans-Georg Wehling (Hrsg.): Die deutschen Länder : Geschichte, Politik, Wirtschaft, Wiesbaden 3. Auflage 2004
[2] Hierzu Gebauer, Klaus-E:, oben S.
[3] Hierzu März, Peter: oben S.
[4] im Beitrag von Gebauer, Klaus-E: oben S.

Gewünschte in Programme und Entscheidungen umzusetzen oder jedenfalls dafür Sorge zu tragen, dass es durch Dritte umgesetzt wird.

Zur Kompetenz des Ministerpräsidenten gehört aber auch die Aufgabe, den Vorsitz in der Regierung zu führen und ihre Geschäfte zu leiten. Dabei handelt es sich um eine klassische Führungs- und Managementaufgabe. Die Staatskanzlei unterstützt den Ministerpräsidenten darin, indem sie Führungsinstrumente bereitstellt und in der Vorbereitung, Durchführung und Kontrolle unterstützend tätig wird.

Andererseits beschränkt das *Ressortprinzip* zugleich die Möglichkeit des Ministerpräsidenten, in die Verantwortlichkeit der einzelnen Fachminister hineinzuregieren. Zwischen diesem Verfassungsprinzip aller deutschen Länder und der Verfassungswirklichkeit in den jeweiligen Bundesländern besteht ein natürliches Spannungsverhältnis, das je nach politischer und persönlicher Konstellation unterschiedlich stark ausgeprägt ist. So werden beispielsweise Koalitionsregierungen (besonders in der Variante der „Großen Koalition") sehr viel stärker über die Einhaltung des Ressortprinzips wachen als Regierungen, die (z. T. über Jahrzehnte hinweg) allein von einer Partei gestellt werden. Keinesfalls aber darf die Staatskanzlei zu einer Art Oberministerium werden, das alle Entscheidungen an sich zieht und die Fachministerien zu Zuarbeitern degradiert.

Schließlich ergeben sich auch aus dem *Kabinettsprinzip* wesentliche Aufgaben der Staatskanzlei. So beschließt die Landesregierung nicht nur über Fragen von grundsätzlicher oder weittragender Bedeutung, sondern auch über Meinungsverschiedenheiten zwischen verschiedenen Ressorts. Die daraus resultierende Koordinationsfunktion, der Prozess der Entscheidungsvorbereitung, Konsensfindung und die Kontrolle der Umsetzung sind ebenfalls wesentliche Bestandteile der Arbeit in Staatskanzleien.

Daneben unterstützt die Staatskanzlei den Ministerpräsidenten und die Landesregierung insgesamt in ihrem *Verhältnis zu anderen Organen* des Landes und namentlich zum Landesparlament. So hat die Landesregierung nach den Landesverfassungen die Möglichkeit, Gesetzesvorlagen ins Parlament einzubringen. Beschlossene Gesetze werden durch den Ministerpräsidenten ausgefertigt und unterzeichnet. Die Mitglieder der Regierung haben zu den Sitzungen des Landesparlaments Zutritt und können umgekehrt vom Parlament zur Anwesenheit gezwungen werden. Die Landesparlamente ihrerseits haben eine Fülle von Einsichts-, Auskunfts-, Unterrichtungs- und Kontrollrechten gegenüber der Regierung. Für all diese Themen bedarf es einer Koordination und eines Ansprechpartners innerhalb der Regierung. In aller Regel nimmt die jeweilige Staatskanzlei diese unterstützende und koordinierende Funktion war. Aber auch zu anderen Organen des Landes, etwa zu den Gerichten und insbesondere den Verfassungsgerichten oder Staatsgerichtshöfen des Landes gibt es Beziehungen, deren Koordination häufig in den Staatskanzleien wahrgenommen wird.

1.2 Funktionen auf Bundesebene

Zugleich nimmt die Staatskanzlei wesentliche Funktionen des Landes auf Bundesebene wahr. Dabei ist zu unterscheiden:

- die Wahrnehmung von Interessen des Landes gegenüber dem Bund,
- die Mitwirkung des Landes an der Bundesgesetzgebung über den Bundesrat und
- die Koordination der Länder untereinander, die maßgeblich durch die Staatskanzlei geprägt und gestaltet wird.

Gegenüber dem Bund geht es insbesondere um die *Vertretung von Landesinteressen*, um den Finanzausgleich, um Gemeinschaftsaufgaben und um Bundesvorhaben, die das jeweilige Land besonders betreffen. In all diesen Fragen nehmen die Länder teils in institutioneller Form, teils auf informellem Wege ihre Interessen wahr und haben zu diesem Zweck häufig auch eigene *Vertretungen in Berlin* eingerichtet. In der Regel sind diese Vertretungen und ihre Repräsentanten den Staatskanzleien zugeordnet. Selbst in den Fällen, in denen es einen eigenen Bundesratsminister innerhalb der Landesregierung gibt, ist dieser häufig der Staatskanzlei zugeordnet und greift für seine Arbeit auf Organisation und Personal der Staatskanzlei zurück.

Ähnliches gilt für die Mitwirkung des Landes an der Bundesgesetzgebung über den *Bundesrat*. Auch hier koordiniert die Staatskanzlei die Willensbildung innerhalb der Landesregierung und stellt die einheitliche Stimmabgabe im Bundesrat sicher[5]. Gleichzeitig wirken die Staatskanzlei und ihre Mitarbeiter auch auf Bundesebene an der Willens- und Konsensbildung der Länder im Hinblick auf anstehende Bundesratsentscheidungen mit. Dazu existieren halbinstitutionalisierte Abstimmungsgremien, etwa der so genannten A-Länder und B-Länder, also der von SPD- bzw. CDU-geführten Landesregierungen, in denen das Stimmverhalten auch über Landesgrenzen hinweg ausgelotet und ggf. abgestimmt wird.

Schließlich nehmen die Staatskanzleien auch vorbereitende, unterstützende und koordinierende Funktionen in der *Abstimmung der Länder untereinander* wahr. Dies gilt sowohl für Themen, die alle Länder gleichermaßen betreffen,

---

[5] von unrühmlichen Ausnahmen abgesehen

etwa in Fragen der Kultus- und Bildungspolitik, der Medienpolitik und des Rundfunkstaatsvertrages, als auch für Themen, die das bilaterale Verhältnis von Ländern untereinander betreffen. Gerade in diesen Fragen gilt das oben Gesagte zum Konflikt zwischen Ressortprinzip und Leitungskompetenz des Ministerpräsidenten in besonderer Weise. Gerade weil viele für die Länder wesentliche Entscheidungen auf Bundesebene oder in der Koordination der Länder getroffen werden, ist die Versuchung für die Staatskanzleien groß, diese Entscheidungen bzw. Abstimmungen an sich zu ziehen. Andererseits gebietet es das Ressortprinzip, Entscheidungen, auch soweit sie im Rahmen der Mitwirkung des Landes auf der nächst höheren Ebene getroffen werden, im Wesentlichen bei den Fachministerien zu belassen.

1.3 Funktionen auf europäischer Ebene

Schließlich haben die Staatskanzleien mit der zunehmenden europäischen Integration mehr und mehr auch Aufgaben auf der europäischen Ebene übernommen. Auch hier ist die Einrichtung von *Landesvertretungen in Brüssel* nur sichtbarer Ausdruck einer bereits zuvor eingetretenen Entwicklung. Häufig sind auch diese Vertretungen der jeweiligen Staatskanzlei zugeordnet. Im Wesentlichen geht es dabei um die Wahrnehmung der jeweiligen Landesinteressen etwa bei EU- Subventionsprogrammen, aber auch gegenüber der Kommission, wenn es umgekehrt um das Verbot unzulässiger Beihilfen durch ein Land etwa an ein Unternehmen dieses Landes geht. Daneben geht es aber auch um die Vertretung des spezifisch deutschen Föderalismusmodells gegenüber Zentralisierungsbestrebungen, um die Mitwirkung an Gemeinschaftsvorhaben und um die Beeinflussung der EU-Gesetzgebung, soweit sie (wie häufig) die Zuständigkeit oder die Interessen der Länder berührt.

2 Binnendifferenzierung von Staatskanzleien

2.1 Spiegelreferate

Um diese Aufgaben wahrnehmen zu können haben sich alle Staatskanzleien eine innere Organisation gegeben, die spezielle Aufgaben einzelnen Abteilungen und insbesondere Referaten, den so genannten Spiegelreferaten zuweist.

Das tragende Organisationsprinzip in Staatskanzleien ist – bei aller Unterschiedlichkeit im Einzelnen – die Aufteilung der von der Staatskanzlei zu erbringenden Leistungen in thematisch zusammengehörende Themenkomplexe und deren lückenlose Zuordnung zu Organisationseinheiten. Die kleinste selbständige Organisationseinheit ist das Referat. Dieses umfasst zumeist mehrere Sachbearbeiter. Es kommt aber auch vor, dass ein Referat nur aus einem Mitarbeiter (dem Referatsleiter) besteht, was mit dem Vorteil verbunden ist, diesem eine vergleichsweise gute Besoldung geben zu können.

Das Referat ist also die „Basiseinheit" der Arbeit in Staatskanzleien. Die Referate orientieren sich in ihrem Zuschnitt und Aufgabenbereich an der Aufteilung der Regierung in verschiedene Ressorts. Jedem Ressort wird ein Referat (gewissermaßen spiegelbildlich – daher der Name Spiegelreferat) innerhalb der Staatskanzlei zugeordnet, das in einer „Scharnierfunktion" die Arbeit des Ressorts begleitet, für den Ministerpräsidenten und die Landesregierung aufbereitet und kommentiert und umgekehrt dafür Sorge trägt, dass die Absichten, Wünsche und Aufträge der Regierung oder des Ministerpräsidenten in den Ministerien bekannt sind und aufgegriffen werden. Damit ist die Aufteilung der Staatskanzlei in Referate genau wie die Aufteilung der Regierung in Ministerien ein Versuch, die Komplexität der Außenwelt durch eine Binnendifferenzierung für das politische Subsystem zu reduzieren.

Die (grundsätzliche) Einteilung der Staatskanzlei in Spiegelreferate ist mit einer Reihe von Vorteilen verbunden[6]. So ist zunächst einmal sichergestellt, dass prinzipiell alle Themen eindeutig einer weiterbearbeitenden Einheit zugeordnet werden können. Zugleich sind die Kommunikationswege eindeutig. Durch die klare Zuordnung von Referat zu Ressort entstehen dauerhafte Kommunikationsbeziehungen, die (potentiell) das Vertrauen zwischen Referatsleiter und Mitarbeitern einerseits und zugeordnetem Ministerium andererseits erhöhen und so auch informelle Arbeitsweisen (also: notwendige Abkürzungen im bürokratisch überformten Alltag des administrativen Handelns) ermöglichen. Schließlich lassen sich auch Verantwortlichkeiten klarer identifizieren, und zwar sowohl zukunftsorientiert (wer kümmert sich um ein neues Problem) als auch vergangenheits- bzw. rechenschaftsorientiert (wer hätte sich darum kümmern sollen).

Andererseits wirft die Einteilung in Spiegelreferate auch eine Reihe von Fragen und Problemen auf, auf die die Staatskanzleien interessanterweise regelmäßig mit weiterer Binnendifferenzierung reagiert haben. So birgt die an der Tagesarbeit der Ressorts orientierte Arbeitsweise der Spiegelreferate die Gefahr einer Kurzfristorientierung zur Bewältigung aktueller Krisen und Probleme in sich und damit die Vernachlässigung einer der wesentlichen Aufgaben der Regierungszentrale, nämlich: die Richtlinien der Politik zu bestimmen und damit der Landespolitik Ziel und Richtung zu geben. Die Umsetzung politischer Wünsche und Vorstellungen in Regierungsprogramme wurde deshalb bereits in den

---

[6] Häußer, Otto: Die Staatskanzleien der Länder, Baden-Baden 1995, S. 90

sechziger und siebziger Jahren des vergangenen Jahrhunderts zunächst ausdifferenzierten *Planungsstäben* oder *Planungsgruppen* übertragen. Allerdings wurde in der Folgezeit auch hier ein Bedarf an Spezialisierung auf einzelne Themenfelder deutlich, so dass im Laufe der Zeit jedenfalls in einer größeren Zahl von Bundesländern die Planungsstäbe sich ihrerseits wieder in mehrere Referate ausdifferenzierten und zu einer eigenen Abteilung ausgebaut wurden.

2.2 Abteilungen

Das Entstehen von Abteilungen als einer Zwischenebene zwischen Referaten einerseits und Amtspitze andererseits wird hier also gedeutet als Versuch, die an der Ressortaufteilung orientierte Einteilung der Staatskanzlei in Referate durch eine an Phasen oder Ebenen des politischen Prozesses orientierte Einteilung zu ergänzen. Dies gilt nicht nur für die Differenzierung zwischen tagesaktueller Landespolitik einerseits und langfristiger Planung andererseits, sondern – mit der zunehmenden Bedeutung bundespolitischer Fragen für die Länder und der Tendenz zur Verflechtung im föderalen Bundesstaat – auch für die Unterscheidung von Landespolitik und Bundespolitik. Die Antwort hierauf war regelmäßig die Ausdifferenzierung eigener Referate, die sich schwerpunktmäßig mit bundespolitischen Fragen befassen. Auch diese Referate wurden im Wege der zunehmenden thematischen Spezialisierung auf einzelne Politikfelder zu Spiegelreferaten ausgebaut und häufig zu eigenen (Bundes-)Abteilungen zusammengefasst.

Teilweise wurden diese Abteilungen organisatorisch soweit verselbständigt, dass sie nicht nur einem eigenen Abteilungsleiter unterstehen, sondern (trotz der andauernden Zuordnung zur Staatskanzlei) an ihrer Spitze überdies ein eigener Staatssekretär oder Minister als Repräsentant des Landes in Berlin steht. Ähnliches gilt in einer Reihe von Fällen auch für die europäische Ebene, wobei teilweise Bundesebene und europäische Ebene zusammengefasst sind und teilweise auch hier wieder eigene Strukturen geschaffen wurden.

Grundsätzlich ist die Abteilungsebene auch geeignet, Koordinationsprobleme zwischen verschiedenen Spiegelreferaten zu lösen, die etwa dadurch entstehen, dass die Spiegelreferenten sich durch die große sachliche Nähe zu „ihrem" Ressort als dessen Interessenvertreter innerhalb der Staatskanzlei gegenüber den anderen Spiegelreferenten verstehen.

Nicht unterschlagen werden soll an dieser Stelle, dass es daneben Abteilungen gibt, die sich mit den *originären Zuständigkeiten der Staatskanzlei* befassen, wozu neben der Binnenorganisation (Organisation, Personal, IT, Haushalt) auch Themen wie „Orden und Ehren", Gnadensachen, Empfänge und sonstige mit der

Präsidialfunktion des Ministerpräsidenten zusammenhängende Aufgaben (wie z.B. die Ausfertigung und Verkündung von Gesetzen) gehören.

Außerdem haben alle Staatskanzleien in mehr oder minder großem Umfang von ihrer Befugnis Gebrauch gemacht, bestimmte thematisch abgegrenzte inhaltliche *Aufgabenbereiche an sich zu ziehen.* Dazu gehören vor allem Fragen der Medienpolitik, aber auch der Verwaltungsreform, der politischen Bildung, des öffentlichen Dienstrechts, der Aus- und Fortbildung, sowie die Beziehung zu den deutschen und ausländischen Streitkräften.

Und schließlich haben alle Staatskanzleien eigene *Pressestellen* mit einem Regierungssprecher an der Spitze, die ebenfalls häufig als Abteilungen organisiert sind. Auch dabei gibt es Spielarten, wonach in einem Fall der Pressesprecher als Abteilungsleiter fungiert, in einem anderen Fall Staatssekretärsrang mit einer eigenen Abteilung zur Unterstützung hat und in einem dritten Fall Kopf einer direkt beim Ministerpräsidenten angesiedelten Stabsstelle ist.

Dass die Organisationsform in Abteilungen ihrerseits Koordinationsprobleme aufwirft, ergibt sich nicht nur aus einer teilweise vorhandenen Zuordnung zu unterschiedlichen Staatssekretären oder Ministern, sondern auch aus der Tatsache, dass es danach zu jedem inhaltlichen Themenbereich mehrere Spiegelreferate gibt, die je nach landespolitischem, bundespolitischem, europapolitischem oder planerisch-konzeptionellem Schwerpunkt durchaus auch unterschiedliche Auffassungen, Interessen und Prioritäten vertreten können. Die Staatskanzleien reagieren darauf mit mehr oder weniger formalisierten *Abteilungsleiter-Runden (AL)*, in denen sich die Abteilungsleiter treffen und – zumeist unter dem Vorsitz oder der Moderation des Amtschefs – versuchen, zu einem Konsens, einer einheitlichen Sprachregelung, einem Kompromiss, einer Verfahrensweise oder sogar einer Entscheidung zu kommen.

2.3 Stäbe

Eine andere Reaktion auf Abstimmungsprobleme oder Konflikte zwischen verschiedenen Spiegelreferaten war der Versuch, die Koordinatoren ihrerseits zu koordinieren und dafür unmittelbar beim Ministerpräsidenten oder Amtschef zusätzliche Stäbe oder *Zentralstellen* neu einzurichten. Teilweise haben allerdings auch diese Stäbe oder Zentralstellen ihrerseits schon wieder Spezialisten für bestimmte Themen ausgebildet.

Aber auch eine gegenläufige Entwicklung ist spätestens seit Mitte der neunziger Jahre unverkennbar. So werden, nicht zuletzt auch unter dem Diktat knapper Kassen zunehmend wieder einzelne Abteilungen (etwa Planung und Landespolitik oder Landes- und Bundespolitik) zusammengelegt. Durch die (formelle)

Streichung ganzer Abteilungen kann nicht zuletzt der Nachweis erbracht oder doch der Eindruck erweckt werden, die Staatskanzlei gehe beim Abbau von Verwaltungskapazitäten mit gutem Beispiel voran. Allerdings werden dadurch bestimmte Aspekte, die mit der Ausdifferenzierung von Abteilungen bezweckt wurden, wie etwa die Langfristorientierung durch eine eigene Grundsatzabteilung, wieder in den Hintergrund treten.

2.4 Der Chef der Staatskanzlei

Eine bedeutende Funktion bei der Koordination der widerstrebenden Interessen, der Moderation der Konflikte, der Prioritätensetzung und Entscheidungsvorbereitung und der Beratung des Ministerpräsidenten kommt dem „Chef der Staatskanzlei" zu. Dabei hängt die Interpretation dieses Amtes, das Ausfüllen der Rolle ganz wesentlich von dem jeweils individuellen Amtsverständnis des Amtsinhabers ebenso ab wie von den Rahmenbedingungen, die eine spezifische Art der Interpretation zulassen oder verhindern. So gibt es Persönlichkeiten, wie den heutigen Bundeswirtschaftsminister und früheren Ministerpräsidenten von Nordrhein-Westfalen, Wolfgang Clement, der in seiner Zeit als Chef der nordrhein-westfälischen Staatskanzlei (1989 – 1995) diese Aufgabe so extensiv ausgelegt hat, dass er – neben dem eher präsidentiellen – Johannes Rau zu einer Art Nebenministerpräsident wurde. Häufiger allerdings ist der Typ des effizienten Verwaltungsmanagers, der mit hoher Sensibilität für sich entwickelnde Problem- und Krisenherde möglichst im Vorfeld alle Stolpersteine unauffällig aus dem Weg räumt. Damit einher geht die Fähigkeit, möglichst viele Konflikte in einem frühen Stadium des Entscheidungsprozesses auszuräumen oder zu entschärfen, um der Regierung die Konzentration auf das Wesentliche zu ermöglichen. Auch die Fähigkeit, dem Ministerpräsidenten als einer seiner wenigen persönlichen Vertrauten ein ungeschminktes Bild der Wirklichkeit zu vermitteln, gehört zu den wesentlichen Aufgaben des Chefs der Staatskanzlei, wobei anzumerken ist, dass diese Aufgabe je nach Naturell des Amtsinhabers und des Ministerpräsidenten (und häufig auch in Abhängigkeit von der Amtsdauer des Ministerpräsidenten) mehr oder weniger gut erfüllt wird. Gute Amtschefs haben es immer wieder verstanden, eine Rolle einzunehmen, die als das moderne Äquivalent des klassischen „Hofnarren" beschrieben werden kann, was allerdings voraussetzt, dass der Amtschef selbst nicht als Konkurrenz zu anderen Mitspielern am Machtspiel auftritt oder verstanden wird.

Da Staatskanzleien immer auch Kristallisationspunkte von Macht und damit auch Machtverschiebungen sind, andererseits aber die Administration und der sie repräsentierende Amtschef auf Kontinuität angelegt ist, spielt daneben die Fähigkeit, sich persönlich bis zur Selbstverleugnung zurückzunehmen und wechselnden Machthabern zu dienen oder Mitspielern am Machtspiel zuzuarbeiten, eine große Rolle. Dies gilt umso mehr, als mittlerweile in nahezu allen Staatskanzleien zusätzliche Minister und Staatssekretäre für besondere Aufgaben oder ohne Ressort, für Bundes- und Europa-Angelegenheiten oder für Medienpolitik Einzug gehalten haben. „Überleben" wird unter diesen Bedingungen zur persönlichen Leistung, wenn nicht gar zum Glücksfall.

2.5 Staatssekretäre und Minister in der Staatskanzlei

Dagegen haben Staatssekretäre und Minister, die der Staatskanzlei zugeordnet sind, eine durchaus ambivalente Rolle. Einerseits befinden sie sich nahe am Zentrum der Macht und der Entscheidungen und können, wenn sie das Ohr des Ministerpräsidenten haben und sein Vertrauen genießen, wesentlichen Einfluss auf die Landespolitik nehmen. Außerdem können sie ihr Amt als Übungsfeld und Sprungbrett für ein anderes Ressort oder gar für das Amt als Ministerpräsident nutzen. Andererseits sind sie, wenn ihnen nicht zugleich die Rolle des Amtschefs oder des Vertreters des Landes beim Bund übertragen ist, gewissermaßen Könige ohne Land, an denen die Berichtswege mehr oder weniger vorbeilaufen und die in den Augen der meisten Mitarbeiter der Staatskanzlei eher lästige Anhängsel sind. Da sie ganz auf das Wohlwollen des Ministerpräsidenten angewiesen sind bleibt ihnen wenig Möglichkeit zur eigenen Profilierung, so dass sie sich immer aufs Neue gegen den Verdacht wehren müssen, letztlich nichts anderes als hoch bezahlte Assistenten zu sein.

2.6 Assistenten/Persönliche Referenten

Neben den genannten Funktionen soll auch die Rolle der Assistenten oder persönlichen Referenten für die Arbeit einer Staatskanzlei nicht unerwähnt bleiben. Da sie selbst jederzeit Zugang zum Ministerpräsidenten, Minister, Staatssekretär oder Amtschef haben, nehmen sie eine Art Türwächterfunktion wahr. Indem sie außerdem in gewissen Grenzen darüber entscheiden, wer wann, wie schnell, wie oft und wie lang Zugang zum Machthaber bekommt und welche Informationen den Amtsinhaber erreichen, wächst ihnen in vielen Fällen eine Bedeutung zu, die weder ihrer Berufserfahrung noch ihrer sonstigen Stellung in der Organisation entspricht.

Die Versuchung, die Funktion des persönlichen Referenten, die sich in der Spannbreite zwischen persönlichem Berater und Kofferträger des Amtsinhabers bewegt, auf Kosten der anderen Mitarbeiter zu überspannen, ist nicht von der Hand zu weisen. Nicht Jedem gelingt es, sich ständig bewusst zu bleiben, dass der Hermelin, der ihn wärmt, nicht sein eigener ist. Die Folgen, wenn der jeweilige Chef aus welchen Gründen auch immer abhanden kommt, sind häufig bitter.

2.7 Sekretariate

Eine nicht zu unterschätzende Bedeutung kommt auch den Sekretariaten zu. Auch sie nehmen in vielen Fällen eine Türwächterrolle oder eben auch Türöffnerrolle wahr. Häufig entwickelt sich zwischen den Führungsspitzen einer Staatskanzlei und der zugehörigen Sekretärin ein ganz besonderes Vertrauensverhältnis, das weit über die klassische Funktion eines Sekretariats hinausgeht. Sofern dieses Verhältnis gut ist, trägt es ganz wesentlich zur Effektivität und Effizienz der Arbeit des Ministerpräsidenten und seiner Führungsmannschaft bei.

Andererseits kann die Hoheit über die Termine auch zu einer zunehmend selektiven Auswahl der Gesprächspartner beitragen und damit der ohnehin vorhandenen Tendenz zur Vereinsamung bei zunehmender Amtsdauer Vorschub leisten. Wegen der Verknüpfung der beruflichen Schicksale sind Sekretariate (ebenso wie Assistenten) häufig auch nicht sehr unvoreingenommen in der Bewertung von Risiken für den Amtsinhaber und der Einschätzung von Stimmungslagen. Dass dies im Hinblick auf die Dramaturgie von Rücktritten[7] eine nicht unerhebliche Bedeutung hat, sei als These formuliert, deren genauere Untersuchung allerdings den Rahmen dieses Beitrages sprengen würde.

2.8 Die „Lage"

Tendenzen der Isolierung lassen sich auch ausmachen, wenn sich der Regierungschef nur noch mit einem kleinen Kreis ausgewählter Berater umgibt, denen er vertraut. Insbesondere in Spätphasen einer Amtszeit sind solche „Küchenkabinette" nicht unüblich. Auch wenn die dahinter stehende Motivation, sich den bürokratischen Zwängen, den Mühen des Konsensbildungsprozesses, den höfischen Eitelkeiten und Ränkespielen, den Bedenkenträgern und Opportunisten zu entziehen, aus Sicht des jeweiligen Ministerpräsidenten durchaus verständlich ist, führt dies doch dazu, dass der Apparat einer Staatskanzlei ohne Transmission auf Hochtouren läuft, während der Machthaber ohne die Möglichkeiten und Ressourcen der Administration, ohne das Prozedere der Konfliktformulierung,

---

[7] Zach, Manfred: Monrepos oder Die Kälte der Macht, 8. Aufl. 2001, S. 129 – 156 und 468 - 493

Kompromisssuche und Integration unterschiedlicher Interessen mehr und mehr auf sich allein gestellt ist. Häufig sind die Teilnehmer der morgendlichen Lagebesprechung (kurz: die „Lage" genannt) der Keim eines solchen „Küchenkabinetts".

3 Die Abläufe in Staatskanzleien

Mit der „Lage" ist zugleich ein Phänomen beschrieben, dass für Organisationen allgemein und für Staatskanzleien insbesondere typisch ist, nämlich den graduellen, kontinuierlichen Übergang von der Ablauf- zur Aufbauorganisation. Mehr als in anderen Institutionen entstehen hier häufig zunächst informelle Abläufe, Beziehungen und Gesprächskreise, die im Wege zunehmender Formalisierung „verfestigt" und dann ab einem bestimmten Punkt als Organisationseinheiten in die Bürokratie integriert (oder von ihr absorbiert) werden[8].

Gerade in Staatskanzleien mit ihrer Dichotomie zwischen personengebundenem Stab von Vertrauten des Machthabers einerseits und personenunabhängiger, auf Dauer angelegter Bürokratie andererseits ist dieses Phänomen besonders ausgeprägt.

3.1 Von der politischen Meinungsbildung zum Regierungsprogramm

So wirken Staatskanzleien bereits in einer frühen, noch wenig formalisierten Phase bei der Umsetzung der politischen Zielvorstellungen des Ministerpräsidenten, der Regierung und der sie tragenden Parteien in Regierungsprogramme mit. Dabei kommen die wesentlichen Anstöße für politische Ziele regelmäßig aus den Parteien oder von den politischen Repräsentanten selbst, die häufig in einer Doppelfunktion auch die Parteispitzen bilden.

Unverkennbar ist jedoch, dass es sich auch hierbei nicht um eine Einbahnstraße handelt, sondern dass umgekehrt auch in Staatskanzleien und dort insbesondere in den Grundsatz- und Planungsabteilungen oder -stäben politische Visionen entwickelt werden, die anschließend vom Ministerpräsidenten aufgegriffen und ggf. zum Gegenstand von innerparteilichen Debatten gemacht werden. Staatskanzleien haben daher durchaus auch die Funktion, Themen zu initiieren und „agenda-setting" zu betreiben.

Die Nähe zur (Partei-) Politik dieser Planungseinheiten in Staatskanzleien drückt sich häufig darin aus, dass deren Mitarbeiter ihrerseits häufig eine innere

---

[8] König, Klaus: Staatskanzleien. Funktionen und Organisation, Opladen 1993, S. 43

Verbundenheit zu den Zielen der Regierungspartei(en) haben und nicht selten auch in ihrer beruflichen Biographie zwischen Partei- und Regierungszentrale wechseln. Wenngleich damit die reibungslose Umsetzung der politischen Vorstellungen des Machthabers in den Regierungsalltag sicherlich gefördert wird, darf andererseits die Gefahr einer Verquickung von Staat und Partei und des Missbrauchs von öffentlichen Ämtern und Geldern für Parteizwecke zulasten der jeweiligen Opposition nicht verschwiegen werden. Andererseits gibt es durchaus auch Ministerpräsidenten, die gerade in diesen Funktionen Wert auf Querdenker und Quereinsteiger legen.

Schließlich soll auch nicht unerwähnt bleiben, dass die frühzeitige Einbindung der Administration in die Formulierung von Zielvorstellungen und Regierungsprogrammen die Tendenz begünstigt, das politisch Wünschenswerte von vornherein unter dem Gesichtspunkt des Machbaren zu filtern. Je nach Standpunkt kann darin im Hinblick auf die Vermeidung unrealistischer Erwartungen ein Vorteil oder unter dem Gesichtspunkt des Mangels an kühnen Entwürfen und Veränderungen ein Nachteil gesehen werden.

Ein Instrument bei der Umsetzung politischer Zielvorstellungen in Regierungsprogramme ist im Fall von Koalitionsregierungen nicht zuletzt die zwischen den Regierungsparteien ausgehandelte Koalitionsvereinbarung. Zunächst ist dies eine Angelegenheit der jeweiligen Koalitionsparteien und der entsprechenden Partei- und Fraktionsspitzen. Da die Koalitionsvereinbarung allerdings die Grundlage für die späteren Initiativen der Regierung ist und bei Streit oder Zweifelsfragen zur Legitimation des jeweiligen Standpunktes herangezogen zu werden pflegt, ist es aus Sicht der Staatskanzlei und ihrer Mitarbeiter auch hierbei eine spannende Frage, inwieweit es der Administration gelingt, an der Vorbereitung und Formulierung der Koalitionsvereinbarung beteiligt zu sein. Ich selbst konnte in den neunziger Jahren in einer Staatskanzlei beobachten, wie intensiv diese darum gekämpft hat, wenigstens in der Funktion des Protokollanten und Justitiars an den Gesprächen der Partei- und Fraktionschefs beteiligt zu sein. Nicht weiter verwunderlich ist es nach dem Gesagten, dass dieser Protokollant vor jeder Sitzung der Koalitionäre mit einer Fülle von Vermerken und Hintergrundinformationen der Fachabteilungen zu dem anstehenden Thema ausgerüstet war und dass bei der nächtlichen Formulierung des Protokolls und der Verhandlungsergebnisse nahezu die gesamte Staatskanzlei am „Feinschliff" beteiligt war.

Ein weiterer Schritt auf dem Weg von der politischen Zielsetzung zur Umsetzung in konkretes Regierungshandeln ist die Regierungserklärung zu Beginn einer Legislaturperiode. Auch wenn aus dieser Erklärung keine justitiablen Ansprüche hergeleitet werden können, so gibt sie doch über die Vorstellungen, Pläne und Vorhaben der Regierung Auskunft und löst damit eine faktische Bindungswirkung und bei Zielverfehlung einen Rechtfertigungszwang aus. Dies kann – insbesondere in Zeiten kritischer Medienbegleitung – von großer politischer Bedeutung sein. Zugleich können sich in späteren Phasen des Regierungsalltags der Ministerpräsident und die Staatskanzlei gegenüber den Fachressorts immer wieder darauf berufen, dass bestimmte Themen oder Arbeitsschwerpunkte so in der (abgestimmten) Regierungserklärung angekündigt wurden und daher jetzt auch umgesetzt werden müssen.

Um das Geschäft der politischen Steuerung zu erleichtern, wird eine Staatskanzlei daher versuchen, die Inhalte der Regierungserklärung im Vorfeld mit den Fachressorts abzustimmen, um deren Bindung zu erzielen, dabei so konkret zu sein, dass die Ressorts in die Pflicht genommen werden, aber zugleich vermeiden, den Regierungschef mit unnötigen Festlegungen einer späteren Rechtfertigungs-Notwendigkeit auszusetzen. Zugleich werden die Ressorts und die zuständigen Minister versuchen, im Rahmen der Regierungserklärung Themen unterzubringen, die den Ministerpräsidenten in ihrem Sinne auf bestimmte Prioritäten festlegen. Der Staatskanzlei kommt insofern sowohl eine koordinierende als auch eine führungsunterstützende wie eine präventive Rolle zu.

In ähnlicher Weise, wie dies mit der Regierungserklärung für die Legislaturperiode geschieht, erfolgt mit der Aufstellung des Haushalts eine Festlegung der Prioritäten für das Budgetjahr (oder auch die nächsten zwei Haushaltsjahre). Allerdings entfaltet der Haushaltsplan durch seine Gesetzesform gegenüber der Regierungserklärung zusätzliche formelle Bindungswirkungen. Auch hier ist es Aufgabe der Staatskanzlei, dafür zu sorgen, dass die politischen Ziele in konkretes Regierungshandeln umgesetzt werden und dass die hierfür notwendige Allokation von Ressourcen stattfindet. Da es sich bei der Verteilung beschränkter Mittel in der Regel um Prioritätenkonflikte handelt, besteht die Aufgabe der Staatskanzlei hierbei unter anderem darin, diese Konflikte zu moderieren, den Entscheidern die Konflikte bewusst zu machen und ein Verfahren zu gewährleisten, das den Austrag der Konflikte möglich macht, ohne die Regierung insgesamt zu schwächen.

3.2 Arbeitspläne und Aufträge an Ministerien als Führungsinstrument

Unterhalb der Wahrnehmungsschwelle von Regierungserklärungen und Haushaltsplänen gibt es in der Tagesarbeit von Regierungen und deren Unterstützung durch die Fachressorts in der Regel Arbeitspläne, in denen mehr oder weniger detailliert aufgeführt ist, welche Themen von den einzelnen Ressorts aufgegriffen, bearbeitet, erledigt oder für eine spätere Befassung des Kabinetts zu einem bestimmten Zeitpunkt vorbereitet werden sollen. Aufgabe der Staatskanzlei ist es dabei einerseits bei der Aufstellung dieser Pläne mitzuwirken, um sicherzustellen, dass die Ziele der Regierung sich darin auch widerspiegeln und andererseits dafür Sorge zu tragen, dass die sich daraus ergebenden Arbeitsaufträge an die Ressorts auch erfüllt werden.

Dies darf aber nicht dahingehend missverstanden werden, dass die einzelnen Ministerien lediglich eine Aufgabenerledigung nach Weisungen der Staatskanzlei vornehmen würden. Vielmehr ergreifen die Ministerien in vielen Fällen von sich aus die Initiative und bringen Themen zur Entscheidung des Kabinetts. Der weitaus größte Teil aller Aufgaben wird ohnedies im Rahmen des Ressortprinzips selbständig von den Ressorts bearbeitet und entschieden, ohne dass es hierzu einer Entscheidungsfindung durch die Regierung bedarf. Gleichwohl kommt es auch in solchen Fällen immer wieder zu Konflikten (etwa Kompetenz- oder Ressourcenkonflikten), so dass auch hier eine moderierende und integrierende Rolle der Staatskanzlei notwendig ist.

Eine Form dieser Abstimmung sind interministerielle Arbeitsgruppen, in denen versucht wird, zwischen den verschiedenen Ressortinteressen einen Konsens herbeizuführen, oder – wenn dies nicht gelingt – jedenfalls alles Unstreitige vorab abzuschichten und den Konflikt auf wenige Kernthemen zu reduzieren, über die dann auf Minister- oder Regierungsebene entschieden werden kann.

Zugleich ist es Aufgabe dieser Arbeitsgruppen, die Streitfrage so aufzubereiten, dass die Vor- und Nachteile jeder Entscheidungsalternative, die Interessenskonstellationen und die politischen Implikationen deutlich werden. Aufgabe der Staatskanzlei ist es in diesen Fällen teils, die Federführung in diesen Arbeitsgruppen zu übernehmen und dabei im Sinne der Moderation und Integration einen Ausgleich der unterschiedlichen Interessen zu suchen, teils auch als Radar und Frühwarnsystem für den Ministerpräsidenten zu dienen und diesen frühzeitig über sich anbahnende Konfliktherde oder Problemkreise zu informieren.

3.3 Kabinettsvorlagen

Wird schließlich ein Konflikt dem Kabinett zur Entscheidung vorgelegt, so erfolgt dies in der Regel durch eine so genannte Kabinettsvorlage, in der das federführende Ministerium den Sachverhalt erläutert, die unterschiedlichen Standpunkte darlegt und einen Entscheidungsvorschlag unterbreitet. Gelegentlich werden zu ein und demselben Thema auch Kabinettsvorlagen unterschiedlicher Ressorts eingebracht. Die Staatskanzlei entscheidet darüber, ob und wann solche Kabinettsvorlagen auf die Tagesordnung der Kabinettssitzung genommen werden, in welcher Reihenfolge dies geschieht und ob vor einer Befassung des Kabinetts weitere Abstimmungen oder Klärungen notwendig sind. Umgekehrt nimmt die Staatskanzlei Kabinettsvorlagen allerdings nicht nur entgegen, sondern fordert ihrerseits die Ressorts auf, solche Kabinettsvorlagen zu erstellen, wenn sie einen Bedarf dafür erkennt. Dies ist außer in den genannten Konfliktsituationen durchaus auch dann der Fall, wenn die Staatskanzlei in einem Thema aktuellen Handlungsbedarf sieht, wenn die öffentliche Diskussion eine Beratung im Kabinett sinnvoll erscheinen lässt, wenn der Ministerpräsident ein Thema besetzen möchte oder wenn die Ressorts im Rahmen der Arbeitsplanung der Regierung zu einem bestimmten Zeitpunkt über den Stand der Umsetzung berichten sollen.

Es bedarf keiner näheren Erläuterung, dass die Hoheit über die Tagesordnung eines der Instrumente ist, mit denen die Staatskanzlei ihren Einfluss gegenüber den Ressorts sichert, sei es, dass sie die Ressorts zwingt, bestimmte Konflikte zur Entscheidung zu stellen, sei es, dass die Ressorts unter dem Druck einer anstehenden Kabinettsberatung Themen vorantreiben oder sei es (wie dies häufig der Fall ist), dass die Staatskanzlei den Ressorts in ihren (Termin-) Wünschen entgegenkommt, dafür aber an anderer Stelle mit Entgegenkommen rechnen kann.

Dies gilt auch generell: Eine Staatskanzlei wird im Regelfall umso effektiver in der Erreichung ihrer Ziele sein, je weniger sie sich auf die Rolle eines „Büttels" des Ministerpräsidenten oder der Landesregierung reduzieren lässt, sondern zugleich auch die Rolle des Fürsprechers der Ressorts gegenüber der Politik und des ehrlichen Maklers einnimmt.

3.4 Die Vorkonferenz

Eine Situation, in der es auf diese Rolle in besonderer Weise ankommt, ist die so genannte Vorkonferenz oder auch das „Vorkabinett". Darunter versteht man ein Treffen des Chefs der Staatskanzlei mit den Amtschefs der einzelnen Ministerien, das regelmäßig ein bis zwei Werktage vor der eigentlichen Kabinettssitzung stattfindet. Da die Kabinettssitzungen der meisten Landesregierungen (nicht zuletzt im Hinblick auf die anschließende Pressekonferenz), aber auch wegen notwendiger Abstimmungen zu aktuellen bundespolitischen Themen in der Regel Montags oder Dienstags anberaumt werden, findet die Vorkonferenz meist Freitags statt. Dies lässt zudem Raum für notwendig werdende Zusatzklärungen oder Abstimmungsgespräche übers Wochenende.

Das Besondere der Vorkonferenz ist, dass sie mit der gleichen Tagesordnung und den gleichen Kabinettsvorlagen stattfindet wie die zwei Tage später anberaumte Kabinettssitzung. Die Amtschefs haben in Mappen, die der Tagesordnung entsprechend durchnummeriert sind, die Unterlagen ihrer Minister dabei, in denen zu jedem Tagesordnungspunkt die entsprechende Kabinettsvorlage eingelegt ist. Zusätzlich liegen in der Mappe des Chefs der Staatskanzlei so genannte Kabinettsvermerke der verschiedenen Spiegelreferate der Staatskanzlei, in denen der Streitstand dargestellt wird und mögliche Konsenslinien vorgezeichnet werden. Häufig hat der Chef der Staatskanzlei in intensiven Vorgesprächen mit seinen Mitarbeitern oder auch in individuellen Vorgesprächen mit einzelnen Amtschefs die Möglichkeit eines Kompromisses ausgelotet.

Mehr noch: Das Vorkabinett findet regelmäßig auch in den gleichen Räumlichkeiten wie die Kabinettssitzung rund um den Kabinettstisch statt und die Amtschefs nehmen auch die gleiche stets festgelegte Sitzordnung ein, die auch ihre Minister zwei Tage später einzunehmen haben. An kleinen Katzentischchen dahinter sitzen an der Wand die Abteilungsleiter der Staatskanzlei (und ggf. ein mit der Kabinettsvorbereitung befasster Mitarbeiter des Chefs der Staatskanzlei) und betätigen sich als Stichwortgeber oder Bote. Einem Nicht-Eingeweihten würde das Ganze erscheinen müssen wie die Generalprobe zu einer zwei Tage später stattfindenden Inszenierung, bei der die Hauptdarsteller sich allerdings durch die zweite Besetzung vertreten lassen.

In manchmal zähem Ringen wird nun ein letztes Mal versucht, einen Konsens zwischen den verschiedenen Ressorts herbeizuführen und in einen gemeinsamen Beschlussvorschlag der Vorkonferenz zu erarbeiten. Dabei wird häufig an Worten gedrechselt und mit viel Einfühlungsvermögen, Überzeugungskraft und Formulierungsgeschick nach einer Lösung gesucht, die alle Beteiligten zufrieden stellt (oder zumindest gleich unzufrieden sein lässt). Der Mitarbeiter des Chefs der Staatskanzlei protokolliert die Formulierungen, lässt sie noch während der Konsenssuche schreiben und legt sie den Amtschefs erneut zur weiteren Bearbeitung vor – manchmal in mehreren Arbeitsgängen. So füllen sich am Ende dieser Vorkonferenz die einzelnen Fächer der Kabinettsmappen nach und nach mit Beschlussvorschlägen der Vorkonferenz. Bleibt ein Punkt streitig, so wird dies vermerkt, wobei auch die Möglichkeit besteht, einen Beschluss mehrheitlich zu fassen und die abweichende Meinung eines Ressorts am Ende gesondert zu vermerken. Ziel ist es allerdings, zu möglichst vielen Punkten einen Konsens aller Amtschefs zu erzielen. Gelingt dies und gibt es auch sonst nicht ausnahmsweise Gründe für eine Aussprache unter den Mitgliedern der Regierung, dann wird der entsprechende Punkt „pauschal gestellt", was eigens vermerkt und durch ein kleines „p" hinter dem entsprechenden Tagesordnungspunkt auf der Tagesordnung gekennzeichnet wird.

3.5 Die Kabinettssitzung

In der Kabinettssitzung werden dann diese Punkte „pauschal" beschlossen. Dies bedeutet, das Kabinett folgt ohne weitere Besprechung, gewissermaßen durch Handauflegen, dem Beschlussvorschlag der Amtschefs. Dadurch gewinnen die Mitglieder des Kabinetts Zeit, die wirklich streitigen Themen ausgiebig zu diskutieren und sich mit den politischen Grundfragen zu befassen. Zusätzlich gibt es regelmäßig in Kabinettssitzungen so genannte „mündliche Berichte" einzelner Minister zu aktuellen Themen, etwa zur aktuellen Wirtschaftslage, zu einer speziellen innenpolitischen Thematik oder zur Haushaltssituation des Landes. Solche mündlichen Berichte folgen häufig nicht streng der Kompetenzzuweisung zwischen Bund und Ländern und geben damit den Politikern die Möglichkeit, auch zu aktuellen bundespolitischen Fragen Stellung zu beziehen.

Dies ist nicht zuletzt im Hinblick auf die anschließende Verkündung der Ergebnisse im Rahmen einer Landespressekonferenz wichtig. Denn sie gibt dem Regierungschef die Gelegenheit, wöchentlich mit den Ergebnissen der Kabinettssitzung vor die Landespresse zu treten und damit sehr viel stärker in der Öffentlichkeit präsent zu sein, als dies dem Oppositionsführer je möglich wäre.

Die Problematik ist freilich, dass trotz des oben beschriebenen fein ausgeklügelten Entscheidungsprozesses der schleichende Kompetenzverlust der Länder, die haushaltspolitischen Zwänge, die bürokratischen und politischen Verkrustungen und Blockaden und eine gewisse Phantasielosigkeit dazu führen, dass häufig gar keine wirklich wegweisenden landespolitischen Entscheidungen anstehen. Wenn – wie der Verfasser selbst erlebt hat – mehrere Kabinettssitzungen mit der zwischen Landwirtschaftsressort und Umweltressort umstrittenen „Abschussquote für Rabenvögel" befasst sind, so könnte man geneigt sein, anzunehmen, dass der prozedurale Aufwand in einem gewissen Missverhältnis zum eigentlichen Entscheidungsinhalt steht. In dieser Situation liefern mündliche Kabinettsberichte einzelner Minister zu bundespolitischen Themen einen probaten Ausweg aus der landespolitischen Nachrichtenflaute, da diese auch zum Gegenstand der nachfolgenden Pressekonferenz gemacht werden können.

Der Vollständigkeit halber soll angemerkt werden, dass eine Situation relativer Langeweile durchaus auch ein Instrument sein kann, um die wirklich wichtigen Entscheidungen entweder außerhalb des Kabinetts zu fällen oder zu einem späteren Zeitpunkt unter einem entsprechenden Zeitdruck auf die Tagesordnung zu setzen und damit die Wahrscheinlichkeit einer Einigung oder Durchsetzbarkeit zu erhöhen. Insgesamt lässt sich sagen, dass das Spiel mit unterschiedlichen Geschwindigkeiten, mit Tempowechseln und der Taktung der verschiedenen Abstimmungsschritte zu den Machtmitteln und Ressourcen einer gut funktionierenden Staatskanzlei gehört.

Dies gilt in gleicher Weise für die Entscheidungsprozesse der Länder auf Bundesebene, wo Abstimmungsgespräche der Bundesratsreferenten den Besprechungen der politischen Vertreter der A- und B-Länder vorangehen: Die Amtschefs der Staatskanzleien treffen sich regelmäßig zur Konferenz der Chefs der Staatskanzleien (CdS); dies dient (ähnlich dem Vorkabinett) der Vorbereitung der darauf folgenden Ministerpräsidentenkonferenz (MPK).

4 Die Inszenierung von Macht

Gleichwohl bleibt meines Erachtens das Faktum, dass Staatskanzleien, wie Landesregierungen insgesamt, nicht von dem häufig zu beobachtenden Phänomen verschont bleiben, dass der relative Verlust an Macht und Bedeutung durch ein Übermaß an symbolischer und ritueller Inszenierung von Macht kompensiert wird.

Hierfür eignen sich insbesondere all jene Funktionen, die dem Ministerpräsidenten nicht in seiner Eigenschaft als Regierungschef, sondern als Staatsoberhaupt zugeordnet sind. Genau hierin wird die oben beschriebene Besonderheit des deutschen Föderalismus sichtbar, wonach die Länder nicht etwa Verwaltungseinheiten sind, sondern Staatsqualität besitzen. Dies kommt zunächst in den Symbolen des Landes, wie der Landesfahne und dem Landeswappen, zum Ausdruck. Hier wachen Mitarbeiter der Staatskanzlei mit Argus-Augen darüber, dass mit diesen Symbolen kein Missbrauch betrieben wird und niemand ohne ausdrückliche Erlaubnis diese Symbole verwendet.

Weniger offensichtlich sind andere Symbole der Macht, etwa die verschiedenen Gebäude, in denen in den jeweiligen Bundesländern die Staatskanzlei residiert (oder – je nach Geschmack – untergebracht ist). Es macht schon einen Unterschied, ob es sich dabei um einen technokratischen Verwaltungsbau (Saarbrücken), eine ehemalige preußische Kadettenanstalt (Potsdam), ein Barockensemble (Erfurt), ein „Altes Zeughaus" im Renaissancestil (Mainz), ein ehemaliges Grandhotel (Wiesbaden), ein neobarockes Schloss, einen innovativen Glaspalast in der Form eines Stadttores (Düsseldorf) oder ein „Villa-le" in guter Wohnlage (Stuttgart) handelt. Zugleich zeigen die jeweiligen Ministerpräsidenten auch gerne, welchen Anspruch sie mit „ihrem" Gebäude zum Ausdruck bringen wollen.

Dabei sind auch Aus- oder Erweiterungspläne von Staatskanzleien immer ein Politikum, signalisieren sie doch symbolisch einen Machtzuwachs des Ministerpräsidenten und geben der jeweiligen Opposition Munition, gegen die aufgeblähte Bürokratie zu Felde zu ziehen. Dies wird im einen Falle hingenommen wie etwa in Nordrhein-Westfalen oder Hessen, während es im anderen Falle eher verschämt kaschiert wird, wie etwa in Baden-Württemberg. Dort saßen etwa ein Drittel der Mitarbeiter über zweieinhalb Jahrzehnte in ursprünglich nur als kurzfristiges Provisorium im Park errichteten Bauarbeiterbaracken, weil kein Ministerpräsident den zahlenmäßigen Zuwachs seiner Staatskanzlei nach außen zeigen wollte.

Die Symbolik wird ergänzt durch entsprechende Rituale, etwa wenn die Minister zu den wöchentlichen Kabinettssitzungen in ihren Wagen vorfahren und (beispielsweise in einer Rotunde) vor dem Haupteingang die Wagentür aufgerissen wird, oder wenn Besucher über einen roten Teppich den Weg zum Büro des Ministerpräsidenten finden und unter historischen Gobelins auf ihren Gesprächstermin warten. Auch die Zahl der Türen und Vorzimmer, durch die ein Besucher geleitet wird, die Zahl der Fenster in den Räumen, die Lage der Räume und ihre Nähe zum Arbeitszimmer des Ministerpräsidenten und vielerlei mehr symbolisiert Macht oder nähe zur Macht und ist zugleich Gegenstand vielfältiger Binnenpolitik.

Äußere Anlässe für die Inszenierung von Macht bieten regelmäßig Empfänge, wie etwa der Neujahrsempfang des Ministerpräsidenten und Staatsbesuche. Nicht zufällig sind in einigen Staatskanzleien die zuständigen Mitarbeiter für Fragen des Protokolls, für Ehrungen und Orden und die Mitarbeiter, die mit internationalen Fragen und der Vorbereitung von Auslandsreisen betraut sind, in einer organisatorischen Einheit zusammengefasst. Auch die Auslandsreise selbst, die selbstverständlich auch inhaltliche Aspekte hat (wie z.B. die Anbahnung von Wirtschaftskontakten) bietet daneben ebenso wie der Besuch eines ausländischen Staatsgastes im jeweiligen Bundesland die Chance, den Ministerpräsidenten als weltläufigen Staatsmann zu inszenieren.

Die mitreisenden Journalisten sorgen im Zweifelsfall ähnlich wie die Landespressekonferenz dafür, dass diese Inszenierung über den engeren Kreis der politisch aktiven Bevölkerung wahrgenommen wird. Wie wichtig diese Fragen genommen werden, zeigt sich nicht zuletzt daran, dass im Falle ihres Misslingens ausgesprochene Sensibilitäten geweckt und Komplikationen ausgelöst werden und dass dies – manchmal mehr als die eine oder andere inhaltliche Frage – nicht selten zum (Kantinen-) Gespräch unter Mitarbeitern wird.

5   Formelle und informelle Wirklichkeit

Damit wird deutlich, dass es in Staatskanzleien neben der formellen, in Verfassung, Geschäftsordnungen und Organigrammen vorgezeichneten Wirklichkeit immer auch eine zweite Ebene der informellen Wirklichkeit gibt[9]. Zwar ist das kein Spezifikum von Staatskanzleien, sondern in allen Organisationen und Institutionen mehr oder weniger stark ausgeprägt, doch scheinen Staatskanzleien aus mancherlei Gründen hierfür ein besonders gutes Beispiel zu sein. So führt insbesondere die Dichotomie von bürokratischen, auf Kontinuität angelegten Elementen und eher persönlich-charismatischen Führungspersönlichkeiten, die Vertrauen schenken und persönliche Loyalität erwarten, offenbar zu einer ganz eigenen Kultur. Aus dem Aufeinanderprallen von Brüchen, wie sie mit jedem Wechsel im Amt des Ministerpräsidenten und erst Recht der Regierungspartei entstehen, und den Beharrungskräften einer Administration, deren Mitglieder in der Regel als Lebenszeitbeamte beruflich abgesichert sind, entstehen offenbar Reibungsflächen, die ausreichend Stoff für Klatsch, Tratsch und Gerüchte bilden.

Daneben sind es aber auch die persönlichen Charaktereigenschaften und Naturelle der Mitarbeiter in Staatskanzleien selbst, die zu einer ganz eigenen Organisationskultur führen. Mit einem überproportional hohen Anteil aus Mitarbeitern des höheren Dienstes fehlt der Staatskanzlei häufig ein Element der Bodenständigkeit und des Pragmatismus, das anderen Behörden eigen ist.

Darüber hinaus sind es häufig besonders ehrgeizige Mitarbeiter, die an anderer Stelle durch ihren überdurchschnittlichen Einsatz aufgefallen sind und für die die Staatskanzlei ein Karrieresprungbrett werden kann. In diesem Zusammenhang ist einerseits zu berücksichtigen, dass die Diskontinuität von Wahlperioden, die Orientierung der zeitlichen Abfolge von Themen innerhalb einer Wahlperiode und die Ungewissheit über die Zeit nach der Wahl jedenfalls im Unbewussten und Unausgesprochenen auch die mentalen Modelle der Mitarbeiter über ihre Arbeit und deren zeitliche Dauer prägt. Nicht zuletzt gibt es in Staatskanzleien mehr als anderswo Beispiele für besonders erfolgreiche Senkrechtstarter, die als Vorbild für ehrgeizige Nachwuchsbeamte dienen. Dies alles mag dazu führen, dass die Mitarbeiter in Staatskanzleien sich selbst unter einen außerordentlichen Erwartungsdruck setzen, der durch die Anforderungen der Politik, die zeitliche Beanspruchung und die Nähe zur Macht noch gefördert wird.

So ist die Fluktuation in Staatskanzleien traditionell eher hoch. Ein positiver Effekt hiervon ist sicherlich, dass Staatskanzleien als Rekrutierungsinstrument für spätere Führungskräfte in der Ministerialverwaltung eingesetzt werden und die (ehemaligen) Mitarbeiter auch über die Ressortgrenzen hinweg ein informelles Netzwerk bilden, das bei der Lösungs- und Konsenssuche hilfreich ist. Andererseits führt die ausgeprägte Orientierung an Karriereinteressen leicht zu Frust und Enttäuschungen, die auf die eine oder andere Weise kompensiert werden. Die berufliche Nähe zur Macht, die professionelle Beschäftigung mit Strategie

---

[9] König, Klaus: Staatskanzleien. Funktionen und Organisation, Opladen 1993, S. 43 f.

und vor allem Taktik können so auch zu einer ausgeprägten Binnenpolitik führen, in der persönliche Intrigen, Ranküne und Machtkämpfe unter den Mitarbeitern und Führungspersönlichkeiten einer Staatskanzlei eine nicht unerhebliche Rolle spielen[10]. Manche Information, die der Presse zugespielt wurde, und manches „Leck" mag hierauf zurückzuführen sein.

6 Von Innen nach Außen und von Außen nach Innen

In gewissem Umfang ist dies vermutlich unvermeidlich. Gefährlich wird es aber, wenn die Staatskanzlei wegen einer übermäßigen Binnenorientierung die wichtige Funktion ihrer Außenorientierung vernachlässigt. So ist es Aufgabe einer Staatskanzlei, die Öffentlichkeit über Pläne und Vorhaben der Regierung zu informieren und dem Regierungschef die Möglichkeit der Erläuterung seiner Regierungsarbeit zu eröffnen. Neben den vielfältigen Kontakten zu Presse und Medien, die von der Staatskanzlei eingefädelt, vorbereitet und begleitet werden, sind es vor allem die Reden des Ministerpräsidenten, mit denen Akzente gesetzt werden können. Auch deren inhaltliche und stilistische Vorbereitung gehört zu den Pflichten einer Staatskanzlei. In ähnlicher Weise dienen auswärtige Kabinettstermine der Darstellung der Regierungspolitik. Zugleich tragen sie dazu bei, die Wahrnehmung der Regierung und ihrer Mitglieder für spezielle Themen, etwa regionale Unterschiede zu schärfen.

Vor-Ort-Termine durch den Ministerpräsidenten und seine leitenden Mitarbeiter tragen – trotz des unumgänglichen Filters unter dem solche Besuche häufig stattfinden – in vielen Fällen zur Erweiterung des Horizonts, zur Wahrnehmung neuer Gesichtspunkte und zur Veränderung des Blickwinkels bei. In ähnlicher Weise ist die Teilnahme an Kongressen und Symposien geeignet, die eigene Sichtweise vertreten zu müssen, wenn nicht gar zu überprüfen oder – im besten Falle – zu hinterfragen. Die Staatskanzlei berät den Ministerpräsidenten in der Auswahl seiner Termine und übernimmt die Vorbereitung.

Die meisten Ministerpräsidenten lassen sich darüber hinaus von einer Reihe von Kommissionen, Expertenkreisen und Beratern zu einzelnen Themen zuarbeiten. Auch hier nimmt die Staatskanzlei eine unterstützende Rolle wahr. Zugleich nehmen Mitarbeiter der Staatskanzlei selbst Termine mit Repräsentanten gesellschaftlicher Gruppen und Strömungen wahr, um sich ein möglichst frühzeitiges und umfassendes Bild über bestehende oder entstehende Konflikt- und Problemlagen zu machen. So gehört es nicht zuletzt zu den Aufgaben einer Staatskanzlei, sensibel auf Umwelteinflüsse zu reagieren, schwache Signale frühzeitig wahrzu-

---

[10]   Zach, Manfred: Monrepos oder Die Kälte der Macht, 8. Aufl. 2001

nehmen und für den Ministerpräsidenten als eine Art Frühwarn-Radar zu fungieren.

Dies wird nur gelingen, wenn die Staatskanzlei nicht überwiegend mit sich selbst und der Verteidigung oder Veränderung von internen Machtpositionen beschäftigt ist. Gefragt sind vielmehr grundsätzliche Offenheit oder sogar Neugier gegenüber neuen Ideen und die Bereitschaft, sich immer wieder mit Realitäten außerhalb des politisch-administrativen Getriebes auseinanderzusetzen.

Erfolg oder Scheitern von Ministerpräsidenten, so meine These, hängen in erheblichem Maße davon ab, wie gut eine Staatskanzlei diese Aufgabe erfüllt.

Michael Eilfort

Landes-Parteien: Anders, nicht verschieden.

1 Fragestellungen

Publikationen über das deutsche Parteiensystem und jeden nur denkbaren Einzelaspekt füllen ganze Bibliotheken: Definitionen und Funktionsbeschreibungen von Parteien (auf Bundesebene), Beiträge über ihre Finanzierung, Eliten, Mitglieder und gesellschaftliche Verankerung finden sich zuhauf. Auch Kommunalpolitik und ihre Akteure sind intensiver und umfassender beleuchtet worden. Landesparteien und Landespolitik dagegen scheinen für die Wissenschaft nur am Rand eine Rolle zu spielen. Zusammenfassende Beiträge sind rar, Teil-Aspekte finden sich meist im Rahmen von Beiträgen über einzelne Landtagswahlen oder Schriften über einzelne Bundesländer, deren Besonderheiten und politische Kultur.

Einen besonderen Rang nimmt in jüngerer Zeit jedoch die Betrachtung politischer Parteien aus dem Blickwinkel der Organisationsforschung ein (beispielhaft Schmid/Zolleis 2005). Sie hat die Unüberschaubarkeit und den Variantenreichtum des Untersuchungsobjekts in das Bewusstsein und den Grundwiderspruch auf den Punkt gebracht, der Parteien vor allem in einem föderalen Staat innewohnt: „Zum einen gelten Parteien als (relativ homogene) strategische Akteure, die auf flexibler und komplexer werdende Wählermärkte reagieren müssen, zum anderen sind Parteien aber hochkomplexe, mit unterschiedlichsten Mitgliederinteressen ausgestattete Einrichtungen, in denen mikropolitische Grabenkriege an der Tagesordnung sind" (Bogumil/Schmid 2001: 78). „Die moderne Parteiorganisation unterliegt somit dem Spannungsbogen zwischen Strategie und Anarchie" (Schmid/Zolleis 2005: 10).

Die hilfreiche Organisationsforschung ist immer noch relativ stark an formalen Strukturen und formalisierten Abläufen ausgerichtet, weitaus weniger als ältere Ansätze, aber per definitionem. Die überaus bedeutsamen, wenn nicht entscheidenden informellen Abläufe und Einflüsse, dabei insbesondere das Gewicht einzelner Personen und persönlicher Beziehungen, neudeutsch Netzwerke, sowie des „Nasenfaktors" werden immer noch unterschätzt, eignen sich allerdings auch nur begrenzt zumindest für empirische Untersuchungen.

Was nun macht Landesparteien ganz allgemein aus? Kann von parteipolitischen Besonderheiten in und maßgeblichen Impulsen aus den Ländern für das deutsche Parteiensystem gesprochen werden oder stellen die Länder, ihre Parlamente und Regierungen parteipolitisch nur ein verkleinertes Abbild der Bundesrepublik dar? Ist das Zusammenwirken bzw. die Konkurrenz der Parteien in einzelnen Bundesländern demnach eher als originäres Parteiensystem oder eher als nur regionaltypisch ausgeprägte Parteienlandschaft zu beschreiben? Wie selbständig und frei sind Landesparteien, welche Funktionen erfüllen sie? Hat Landespolitik grundsätzlich einen eigenen Charakter oder besteht dieser, wenn ja, eher aus der Summe jeweiliger regionaler und lokaler politischer Traditionen, Einstellungen und Verhaltensweisen?

2 Funktionen von Parteien – Besonderheiten auf Landesebene

Nach landläufiger Definition sind Parteien auf Dauer angelegte Gruppen von gleich Gesinnten, die zum einen um gesellschaftlichen Einfluss bemüht sind, um die politische Willensbildung in ihrem Sinn zu unterstützen und die zum anderen auf staatlicher Ebene vornehmlich in Wahlen um Macht ringen, um gemeinsame politische Vorstellungen zu verwirklichen. Sie werden als Volks-, Massen-, Programm-, Kader-, Honoratioren-, Klientel-, Weltanschauungs-, Funktions- oder gar Allerweltsparteien klassifiziert.

Nach dem Zweiten Weltkrieg erhielten die Parteien in der Bundesrepublik erstmalig in Deutschland den Status als Verfassungsorgan. Ihr hervorgehobener, privilegierter Rang als Mittler zwischen Staat und Gesellschaft wurde in Artikel 21 des Grundgesetzes festgeschrieben: „Die Parteien wirken an der politischen Willensbildung mit". Näher ausgeführt wurden die Aufgaben der Parteien auf Bundesebene im Parteiengesetz, sie werden in der Regel in fünf zentralen Funktionen zusammengefasst: Transmissions- bzw. Artikulations-, Repräsentations- und Integrationsfunktion, Sozialisationsfunktion, Legitimationsfunktion, Regierungs- bzw. Machtausübungsfunktion, Rekrutierungsfunktion.

Den Regelungen des Grundgesetzes entsprechende und vergleichbare Bestimmungen zu den politischen Parteien finden sich in den meisten Landesverfassungen. Natürlich gilt vom Gebot innerparteilicher Demokratie bis hin zu den Grundregeln der Parteienfinanzierung alles, was für die Bundesparteien vorgeschrieben ist, auch für deren Gliederungen auf Landes-, Bezirks-, Kreis- und Ortsebene. Vielleicht liegt darin, dass die Subsysteme auf den ersten Blick genau die oberste Ebene wiederzuspiegeln scheinen, ein Grund für das geringe systematische Interesse besonders für die Landesparteien. In Wahrheit fallen schon beim Betrachten der Funktionen bzw. Aufgaben der Parteien Unterschiede zwischen der Bundes- und Landesebene auf, die vor allem auf strukturell voneinander abweichenden Rahmenbedingungen und Anforderungen, weniger auf verschiedenen gesetzlichen Regelungen, jeweiligen administrativ-fiskalischen Handhabungen oder unterschiedlich ausgeprägten politischen Kulturen beruhen.

Dies beginnt bei der Transmissionsfunktion: Die Parteien sollen Überzeugungen und Anliegen aus der Bevölkerung aufnehmen und in den politischen Prozess einspeisen, sie dafür artikulieren und aggregieren, also bündeln und ausgleichen. Logischerweise fällt vor allem der erste Teil dieser Aufgabe umso leichter, je kleiner ihr Bezugsrahmen ist. Volksparteien tun sich wesentlich schwerer damit, die breiteren und unterschiedlicheren Interessen ihrer Mitglieder und Wähler erkennbar und mit für letztere befriedigenden Resultaten aufzunehmen als kleinere Parteien, ebenso ist für Bundesparteien diese Aufgabe eine anspruchsvollere als für Landesparteien. SPD- und CDU-Landesgliederungen in Hamburg oder Bremen werden sich nachhaltiger als die Landesverbände im Saarland für alles Maritime begeistern, also für Werft-Arbeitsplatz-Subventionen, Sicherheitsbestimmungen beim Schiffsverkehr oder Fischfang, und damit schnell eine Identität zwischen Regionalpartei und Wahlvolk herstellen. Die CSU in Bayern wird ebenso wie die FDP in Hessen am wenigstens Probleme damit haben, kraftvoll ein Ende aller Kohlesubventionen zu fordern. Der hessischen CDU mag dies vor Jahren ebenfalls noch leicht gefallen sein; wegen der Unionsregierungen im Saarland und nach 2005 auch in Nordrhein-Westfalen erschwert sie damit inzwischen der Bundespartei die Arbeit und muss einkalkulieren, an anderer Stelle ihrerseits von Positionen anderer Landesverbände oder der Bundespartei – z.B., wenn es um den Bankenplatz Frankfurt und Finanzmarktanliegen geht – in Schwierigkeiten gebracht zu werden.

Insoweit ist die Transmissionsfunktion unterschiedlich ausgeprägt, Bundes- und Landesebene, vergleichbar die lokale Ebene, ergänzen sich aber insgesamt: Landesparteien vermögen sichtbarer zu artikulieren und zu repräsentieren, Bundesparteien am Ende besser zu bündeln. Diese Art von Arbeitsteilung wird von den politischen Akteuren auch sehr gezielt gehandhabt: Ministerpräsidenten oder Oppositionsführer in Landtagen können durch öffentliche Äußerungen den Einsatz für bestimmte regionale Interessen dokumentieren und wissen doch zugleich, dass auf anderer Ebene diese relativiert und in ein größeres Ganzes eingebettet werden müssen.

Dieser Ausgleich ist für das politische System von großer Bedeutung und er funktioniert: Dies zeigt sich darin, dass noch keiner ausgeprägten Landespartei oder Wählervereinigung bundespolitische Wahlerfolge gelungen sind, und sich trotz durchaus vorhandener Überlegungen z.B. bei der CDU Baden-Württemberg in den 1970er Jahren und 1989 (Grotz 2004:65) noch keine Landesgliederung selbständig gemacht hat – auch bei der Vertretung regionaler Anliegen bestehen offensichtlich größere Erfolgschancen als Teil einer im doppelten Sinn integrierenden Einheit denn als Sonderling.

Die Sozialisations- bzw. Mobilisierungsfunktion auch in der Form des Beitrags zur politischen Willensbildung erfüllen regionale und lokale Parteigliederungen in besonderer Weise. Hier sind die Bundesparteien eher Damen ohne Unterleib, politikfähig, aber nicht lebensfähig und vor allem nicht (wahl-)kampfbereit. Zwar hat die deutliche Verkleinerung der Parteiapparate in den letzten Jahren die Landesgeschäftsstellen zum Teil noch stärker betroffen als die Zentralen der Bundesparteien. Doch selbst bei Bundestags- und Europawahlkämpfen, wenn die Musik in Berlin gemacht wird, wird sie in starkem Maß von den Landesparteien und dort besonders von lokalen Parteigliederungen gespielt, die am besten die Lage vor Ort kennen. Wahlkampfslogans sind das eine, das Kleben und Aufstellen von Plakaten, das Verteilen von Prospekten und die Stände in Fußgängerzonen das andere. Und bei allem Interesse für immer effektiver inszenierte Auftritte von Kanzlerkandidaten in überfüllten Messehallen oder auf Marktplätzen: Politikvermittlung und -werbung ist vor allem persönliche Diskussion und Überzeugungsarbeit. Das gilt für die inhaltliche Seite, also die parteipolitische Orientierung Einzelner wie zunehmend für die Entscheidung, wählen zu gehen – oder nicht. Auch wenn über die Medien, vornehmlich bis fast ausschließlich, die Bundespolitik und die Bundespolitiker oder Landespolitiker allenfalls zu bundespolitischen Themen wahrgenommen werden: Soweit die Bürger Politiker persönlich kennen und unmittelbar wahrnehmen, geschieht dies auf lokaler und dann auf Landesebene. Auch für Parteimitglieder beginnt das eigene Erleben, die erste Prägung erst im Ort oder der Stadt, dann im Land.

Landes- und Lokal-Parteien sind ebenfalls diejenigen, die besonders effizient, weil eben auch durch persönliche Begegnung, die Legitimationsfunktion politischer Parteien erfüllen, also für Akzeptanz und Unterstützung politischer Entscheidungen sorgen. Sie erst tragen die auf Bundespartei- und/oder Regierungsebene getroffenen Beschlüsse und ihre Begründungen in die Fläche. Genauso können sie in besonders glaubwürdiger Weise Verständnis für die meist notwendigen Kompromisse wecken, weil sie vorher die möglicherweise abweichenden Interessen eines Landes oder einer Kommune vernehmbar eingebracht haben. Sollten Landesparteien Bundesbeschlüsse trotz professioneller Inszenierung – stoppelbärtige oder zerzauste Akteure mit tiefen Augenrändern treten nachts um 3h vor laufende Kameras und verkünden, warum es nach langem Ringen nur so und nicht anders enden konnte – nicht mittragen können oder Landesinteressen besonders profiliert wahrnehmen wollen, bleibt ihnen nur der offene Dissens zur Bundespartei. Auf dieser Klaviatur sollten Landespolitiker allerdings nur moderat spielen: in Landtagswahlkämpfen besteht auf höherer

Ebene durchaus Verständnis für dissonante Töne aus der Provinz, in normalen Zeiten allerdings weniger – gern schlägt das Pendel dann zu ihren Lasten zurück. Eine herausragende Rolle innerhalb der Parteien bzw. ihrer Organisationsebenen kommt den Landesparteien bezüglich der Rekrutierungsfunktion politischer Parteien zu. Nur die Erfüllung der Aufgabe, für die verschiedensten Wahlämter in Regierungen, Verwaltungen und Parlamenten ausreichend geeignetes Personal anbieten zu können, begründet langfristig die inzwischen in Deutschland fast monopolartige Stellung der Parteien bei der politischen Willensbildung. Unabhängig von der ständigen Diskussion über das angeblich immer schlechtere politische Personal und den sicher zu hohen Anteil von Angehörigen des Öffentlichen Dienstes daran: Den Löwenanteil bei der Mitgliedergewinnung leisten gewiss die Kreisverbände der Parteien, die wichtigste Stütze bei der Rekrutierung und Qualifikation politischer Führungskräfte sind indes die Landesverbände. Diese Ebene stellt nicht nur den Bezugspunkt für die Landespolitik dar, dort hat man quasi „von Amts wegen" – die Länder sind erster Ansprechpartner und institutioneller Rahmen der Kommunen – auch ein Auge auf das kommunale Geschehen und Personal. Vor allem aber kommt ein Großteil der bedeutenden Bundespolitiker aus der Landespolitik und hat dort prägende Erfahrungen in oder als Vertreter von Landesparteien gesammelt. Wie sehr die Landesparteien Kaderschmiede der Bundespolitik sind, zeigt ein Blick auf die Bundestagswahlen in den 30 Jahren zwischen 1976 und 2005: Sieben Mal war der Spitzenkandidat der jeweiligen großen Oppositionspartei im Bundestag Ministerpräsident und Vorsitzender einer Landespartei, von Helmut Kohl 1976 bis Edmund Stoiber 2002. Nur zweimal, 1983 mit Hans Jochen Vogel und 2005 mit Angela Merkel, forderte ein ausgesprochener Bundespolitiker den jeweiligen Kanzler heraus. Die deutschen Regierungschefs selbst hatten seit Kurt Georg Kiesinger – mit Ausnahme Helmut Schmidts, der „nur" den Posten des Hamburger Innensenators vorzuweisen hatte und zuletzt Angela Merkel – alle Exekutiverfahrung an der Spitze einer Landesregierung gesammelt. Ähnlich verhält es sich bei der ältesten und größten deutschen Partei, der SPD: Von neun Bundesvorsitzenden der Partei nach Willy Brandts Rückzug 1987 kamen sechs – Björn Engholm, Johannes Rau, Rudolf Scharping, Oskar Lafontaine, Mathias Platzeck und Kurt Beck – als Ministerpräsidenten und Landesparteivorsitzende aus der Landespolitik; ein weiterer, Gerhard Schröder, mit nur geringem Zeitverzug ebenso. Mit Hans Jochen Vogel und Franz Müntefering waren nur zwei länger gediente Bundespolitiker darunter.

Der Rekrutierungsweg verläuft im Regelfall vom Land in den Bund, selten umgekehrt. Zumindest für diejenigen, die im Bund oben angekommen sind, führt fast nie ein Weg zurück, sieht man vom Sonderfall Mathias Platzeck ab. Weniger einseitig ist dagegen die Fluktuation z.B. zwischen Landesparteien und Bundespolitikern aus der zweiten oder dritten Reihe, z.B. Bundestagsabgeordneten, die ja ohnehin über den von ihnen vertretenen Wahlkreis und über die Landesgruppe innerhalb ihrer Bundestagsfraktion einen stärkeren Landesbezug nie verlieren: So wurde die Bundespolitiker Richard von Weizsäcker Regierender Bürgermeister in Berlin, ein Amt, das knapp 30 Jahre später sein früherer Mitarbeiter Friedbert Pflüger ebenfalls anstrebt. Ähnlich wurde der frühere Bundestagsabgeordnete Gerhard Schröder zunächst Oppositionsführer in Hannover, dann Ministerpräsident; die Bundestagsabgeordneten der SPD Dieter Spöri und Ute Vogt Spitzenkandidaten bei Landtagswahlen in Baden-Württemberg.

Schließlich zur Regierungsbildungs- oder auch Herrschaftsfunktion: Sieht man vom Sonderfall Bundesrat ab, erfüllen die Parteien auf Landesebene die genau gleiche Aufgabe wie ihre Bundesorganisationen in Berlin – einschließlich der Pflicht, bei entsprechendem Wählerwillen die Opposition zu stellen. Der Unterschied liegt vornehmlich darin, dass dies auf wesentlich niedrigerem Niveau öffentlicher Aufmerksamkeit wie Aufgeregtheit geschieht. Einen gewissen Beitrag zur Regierungsbildungsfunktion im Bund leisten Landesparteien allerdings durch die Herstellung eines breiteren Angebots strategischer Optionen. Die unterschiedlichen Regierungsformationen, die in den Ländern auftreten, können – je nach Erfolg – für Berlin gegebenenfalls beispielgebend oder abschreckend sein. Insofern könnte in Arbeit und Wirken von Landesparteien für das Parteiensystem im Bund nicht nur das zentrale Personalreservoir, sondern auch wichtiges Innovationspotential liegen – vorausgesetzt, sie haben oder nehmen sich den Spielraum gegenüber den in derartigen Fällen oft reservierten Parteizentralen. Sind also Landesparteien-Konstellationen eher Motor oder eher Abbild der Parteien im Bund? Oder keines von beiden?

3 Entwicklung des Parteiensystems in Bund und Ländern: Das Beispiel Baden-Württemberg

In welchem Maß politische Veränderungen in den Ländern Anstöße für neue Entwicklungen auch im Bund sein können, zeigten die Ergebnisse der nordrhein-westfälischen Landtagswahl im Mai 2005. Allerdings war die dort siegreiche Kombination aus CDU und FDP als solche nichts Neues, allenfalls ein Zeichen innerhalb des bürgerlichen Lagers für den angestrebten Ausgang der vorgezogenen Bundestagswahl im gleichen Jahr.

Die neuartigen Konstellationen der letzten Jahre haben auf Bundesebene wenig bewirkt bzw. konnten dort kaum Triebkräfte entwickeln, weil sie zu sehr Spiegel besonderer regionaler Verhältnisse und damit auch nicht übertragbar waren: Das gilt für Reinhard Höppners (SPD) von der PDS nach 1994 geduldete rot-grüne Minderheitsregierung ebenso wie für die Beteiligung der Schill-Partei an der Hamburger Landesregierung gemeinsam mit CDU und FDP im Jahr 2001. Hätte Heide Simonis in Schleswig-Holstein im Frühjahr 2005 in einem von vier Wahlgängen die erwartete Mehrheit aus SPD, Grünen und Südschlewigschem Wählerverband erhalten, wäre dem bundespolitisch ebenfalls keinerlei Signalwirkung zugekommen – wie es stattdessen das Scheitern der amtierenden Ministerpräsidentin dann gehabt hat. Im Falle Magdeburgs und Hamburgs haben die jeweiligen Bundesparteien von SPD und CDU die neuen Bündnisse, für die sie von der jeweils anderen Seite angegriffen wurden – wer erinnert sich nicht an die „Rote-Socken-Kampagne" der Union im Bundestagswahlkampf 1994 – weder gutgeheißen noch entschlossen und tatkräftig verhindert. Insofern haben Landesparteien einigen Spielraum, soweit keine ernsthaften bundespolitischen Auswirkungen zu fürchten sind. Eine rechnerisch mögliche schwarz-grüne Verbindung in Baden-Württemberg nach der Landtagswahl 2006 wäre da wesentlich interessanter gewesen. Aufschlussreich war allemal, dass ihr Zustandekommen weniger an Einsprüchen von Bundespolitikern der Union scheiterte als an deren Basis im Land.

Wie nun verhält es sich jenseits von Regierungsbildungen mit den Parteienkonstellationen insgesamt im Bund und in den Ländern? So wenig die Landesparteien nur als Subsysteme der Bundesparteien zu verstehen sind, so wenig sind Parteienlandschaften in den Ländern nur Subsysteme des Parteiensystems im Bund, weit jenseits des Sonderfalls der CSU in Bayern. Dazu kommt: Die Landesparteien waren nach dem Zweiten Weltkrieg und noch vor der Gründung der Bundesrepublik zuerst da, sie standen gewissermaßen Pate für das sich aus ihnen heraus entwickelnde und sie später dominierende Parteiensystem im Bund. Am Beispiel Baden-Württembergs sollen die Entwicklungsphasen und die Bezüge zwischen der Entwicklung von Bundes- und Landesparteien widergespiegelt werden.

Erste, singuläre Phase war die demokratische „Gründerzeit" nach dem Zweiten Weltkrieg. Im neuen Südweststaat wurde die CDU 1952 auf Anhieb führende Kraft, gefolgt von der SPD und einer starken liberalen Partei. Der Gesamtdeutsche Block/Bund der Heimatvertriebenen und Entrechteten (GB/BHE) erreichte ein beachtliches Ergebnis und wurde wie im Bund und in anderen Ländern auf lange Jahre fester Bestandteil von Regierungsbündnissen. Die KPD war mit vier Abgeordneten und als einzige Oppositionspartei im ersten baden-württembergischen Landtag vertreten. Während sich bei der ersten Bundesregierung ab 1949 schon das Muster der „Kleinen Koalition" zeigte, standen dem in 35 Landesregierungen zwischen 1946 und 1955 zehn Große Koalitionen und elf Allparteien-Regierungen, eine davon im Südwesten, gegenüber (Decker 2004: 6).

Die KPD war das erste Opfer der zweiten Phase nicht nur baden-württembergischer Parteienentwicklung von 1956 bis 1964, die sich – insbesondere im

Bund – vor allem als Konzentrationsprozess erwies. Im März 1956 nahmen anlässlich der Wahl zum 2. Landtag die Wähler das Verbot der KPD durch das Bundesverfassungsgericht im August 1956 gewissermaßen durch eine politische Entscheidung vorweg. Die eher bescheidene elektorale Konkursmasse dürfte in den Folgejahren am ehesten bei der SPD angekommen sein, die bei der Landtagswahl 1960 deutlich hinzugewann, aus der vorherigen Allparteienregierung aber ausscheiden musste. Für den Gesamtdeutschen Block/Bund der Heimatvertriebenen und Entrechteten, 1961 umbenannt in Gesamtdeutsche Partei (GDP), folgte das Ende parlamentarischer Präsenz und damit auch der Regierungsbeteiligung in Stuttgart mit der Landtagswahl 1964. Vornehmlich die CDU hatte sich manchen politischen Schwerpunkt des GB/BHE zu Eigen gemacht und nicht nur die entsprechenden, zudem eher katholischen, Wählergruppen, sondern auch Abgeordnete integriert. Der Konzentrationsprozess war damit abgeschlossen; wie im Bund war auch hier ein Drei-Parteien-Parlament entstanden. Die relativ starke FDP/DVP konnte sich den Koalitionspartner aussuchen, votierte aber in Baden-Württemberg, anders als dann 1969 in Bonn, klar für die deutlichere Mehrheit und die stärkere Union.

Auf den doppelten Sonderfall 1968 – Einzug der NPD in den Landtag und Bildung einer großen Koalition – folgte bis1976 als dritte Phase die Konsolidierung der Konkurrenz von nur drei im Landtag vertretenen Parteien. Die Nationaldemokraten, die 1968 durchaus im bundespolitischen Protest-Trend in das Parlament gelangt waren, wussten 1972 um die Aussichtslosigkeit einer neuen Bewerbung und riefen mit Hinweis auf die Ostpolitik Willy Brandts zur Wahl der CDU auf, wo auch der größere Teil ihrer Wähler angekommen sein dürfte. Für die Südwest-Union bedeuteten die 70er Jahre eine Konsolidierung auf hohem Niveau – sie mauserte sich zu einer Art „Baden-Württemberg-Partei" mit starken absoluten Mehrheiten.

Eine neue Phase auch baden-württembergischer Politik hatte sich bereits vor der Landtagswahl 1980 durch das Aufkommen der Bürgerinitiativbewegung abgezeichnet. Die auf dieser Basis neu gegründeten Grünen zogen bereits im Frühjahr 1980 in Stuttgart in das Landesparlament ein, zum erstenmal in einem Flächenland. Da die PDS (und spätere „Linke") im Jahr 1990 als Sonderfall zu bewerten ist und zudem ihren Weg wenige Wochen nach Herstellung der Deutschen Einheit gleich im Bundestag begann, sind die Grünen die bislang einzige aus den Ländern gekommene, über Erfolge von Landesparteien groß gewordene und dann schließlich fest im bundesdeutschen Parteiensystem etablierte Kraft und damit ein Beleg für das grundsätzliche Innovationspotential der regionalen politischen Ebene.

Schwerer lassen sich offensichtlich Erfolge in den Kommunen auf die nächsthöhere Ebene übertragen. So sind die Versuche der Freien Wähler in Baden-Württemberg, für den Landtag zu kandidieren, nie über das Diskussionsstadium hinaus gekommen. Ein entsprechender Versuch der Freien Wähler in Bayern ist bei der letzten Landtagswahl gescheitert – trotz der Mandatsstärke der Freien Wähler in Baden-Württemberg und Bayern auf der kommunalen Ebene von jeweils rund 40 Prozent.

Es begann eine bis 1992 andauernde Zeit der „bipolaren Quadrille": Die sozialliberale Koalition in Bonn war schon lange kein Herzensbündnis mehr, auch dort dokumentierte dann die Wende 1982 eine Lagerbildung, die sich zumindest tendenziell dadurch auszeichnete, dass Wählerbewegungen eher innerhalb der Lager als zwischen ihnen stattfanden. Für Baden-Württemberg dürfte dies, bei aller Vorsicht, mehr als für andere Länder oder den Bund gelten: Seit 1976 haben CDU und SPD bei Landtagswahlen, mit nur einer Ausnahme im Jahr 1996, stets im „Gleichschritt" Prozentanteile verloren oder gewonnen, verlief die Kurve der Volksparteien also grob parallel.

Die 1990er Jahre als fünfte Phase der Parteienentwicklung in Baden-Württemberg schienen besonders geprägt von dem, was die Forschung als „de-alignment" beschreibt. Gemeint ist die Auflösung traditioneller und eher fester Parteibindungen und, als deren Ergebnis, ein flexibleres Wahlverhalten, die wachsenden Neigungen zur Wahlenthaltung oder Wahl von Protestparteien eingeschlossen. Die Landtagswahl 1992 fiel in eine Hochphase so genannter „Politikverdrossenheit", dazu kamen eine veritable Wirtschaftskrise und der von großen Teilen der Bevölkerung als gravierendes Problem empfundene Missbrauch des Asylrechts. 1992 entfielen auf „Republikaner" und Sonstige zusammen über 15 Prozent der Stimmen, 1996 dann noch knapp 12 Prozent. So kann man wohl beide Wahlgänge, 1992 und 1996, als Ohrfeigen insbesondere für die beiden großen Volksparteien bezeichnen, die sich als „Hauptleidtragende" dabei abwechselten. Vergleichbare Einzelfälle in anderen Ländern – erst STATT-Partei, dann Schill in Hamburg, die DVU 1998 in Sachsen-Anhalt oder zuvor in Bremen – waren aber genauso wenig beispielgebend für den Bund: Die Neigung zur Protestwahl ist auf Bundesebene stark begrenzt. Insgesamt wurde in den Ländern aber in den 1990er Jahren die Bildung von Mehrheitskoalitionen nach gewohnter Manier schwieriger: „Existierten in der Hochzeit der Stabilität in den siebziger Jahren gerade mal drei Regierungsformate, so waren es von 1990 bis 2004 bereits zwölf" (Decker 2004: 7).

Mit den Landtagswahlen 2001 und 2006 – die „Republikaner" fielen unter die Kategorie der „Sonstigen" – wurde dann eine Trendwende sichtbar. In Baden-Württemberg kam es zur Konsolidierung des in Jahrzehnten geprägten, parteipolitischen „Gesichts" des Landes, auf Bundesebene setzte sich dagegen die Fragmentierung fort – mit der Folge, dass nach der Bundestagswahl 2005 eine

„normale" kleine Koalition nicht mehr möglich war und vom Wähler die Elefantenhochzeit erzwungen wurde.

Im Ergebnis kann man für Baden-Württemberg wie genauso für andere Bundesländer kaum von einem eigenständigen Parteiensystem sprechen – darunter müsste man doch eher eine sich dauerhaft und auch oberhalb der kommunalen Ebene als singulär darstellende Parteienkonstellation verstehen. Die Uhren ticken also im Takt des Bundes – und doch anders. Die baden-württembergische Parteienlandschaft zeichnet sich wie die entsprechende Ebene in anderen Bundesländern durch einige Besonderheiten aus. Im Fall des deutschen Südwestens gilt das zum einen, mehr als andernorts, für das besondere Kräfteverhältnis zwischen den vier auch im Bund etablierten Parteien, für die Ausrichtung der Landesparteien und ihr Verhalten untereinander. Es betrifft zum anderen die grundsätzlich eher niedrige Wahlbeteiligung, die wohl etwas höhere Neigung zu gelegentlichem rechtspopulistischen, wenn nicht rechtsextremen Protestwahlverhalten. Eine Sonderstellung nimmt Bayern ein, mit der CSU als Regionalpartei mit bundespolitischem Anspruch. Für Schleswig-Holstein ist die Besonderheit der dänischsprachigen Minderheit zu nennen. Für die neuen Länder im Osten kennzeichnend ist auf die relativ starke Stellung der PDS/Linke zu verweisen, die hier auch so etwas wie eine Regionalpartei ist.

Zur Beschreibung und Analyse der unterschiedlich ausgeprägter Parteienlandschaften in den Ländern gehört auch die Differenzierung zwischen den Landesgliederungen einzelner Bundesparteien: So können die Landes-Grünen in Baden-Württemberg als ausgeprägt realpolitisch, wenn nicht gar bürgerlich, charakterisiert werden, während sie z.B. in Hamburg zu ausgeprägter Sympathie für früher als „fundamentalistisch" definierten Einstellungen neigen.

In allen Ländern aber entsprechen grundsätzlich nicht nur die Phasen der Entwicklung des Parteiensystems, sondern genauso allgemeinere Trends – wie bis in die 1970er Jahre erst der Anstieg und dann die Abnahme politischen Interesses, parteipolitischen Engagements und der Wahlbeteiligung – weitgehend den jeweiligen bundespolitischen Linien.

Das gilt auch für Regierungsbildungen. Sie folgten mehr den bundespolitischen Weichenstellungen als dass sie ihrerseits beispielgebend wirken. Erneut am Beispiel des Südweststaats: Das Signal für das Ende der kurzen Amtszeit des liberalen Ministerpräsidenten Reinhold Maier 1953 lag im Ergebnis der Bundestagswahl im gleichen Jahr. Bundespolitisch logische Folgewirkungen waren genauso – soweit die Parteizugehörigkeiten von Bundeskanzler und Ministerpräsident übereinstimmten – die baden-württembergischen Regierungskoalitionen 1964 (christlich-liberal), 1968 (Große Koalition) und 1996 (erneut christlich-liberal).

4 Landes(regierungs-)parteien in bundespolitischer Opposition

Kam jedoch der Bundeskanzler nicht aus dem gleichen politischen Lager wie der baden-württembergische Ministerpräsident und arbeiteten ihre Parteien nicht auf mindestens einer der beiden Ebenen zusammen, erwies sich das Land bzw. seine Regierung weniger als Abbild oder bevorzugter Partner denn als Gegenüber des Bundes. Die inhaltlich klarsten, öffentlich am besten wahrnehmbaren wie auch bundespolitisch chancenlosesten Impulse kamen aus Baden-Württemberg vor allem dann, wenn dessen Landesregierung parteipolitisch in Opposition zur jeweiligen Bundesregierung stand. Dies gilt für die Zeiträume von 1972 bis 1982 und 1998 bis 2005. Gleiches lässt sich z.B. für die Rolle Nordrhein-Westfalens sagen, dessen die Landesregierung tragenden Parteien zwischen 1982 und 1998 im Bund wesentlich sichtbarer auftraten als davor und danach.

In solchen Phasen verfügt jede Landesregierung, deren führende Partei im Bund die Oppositionsbänke drückt, über ausnehmend große Handlungsspielräume für inhaltliche Profilierung, auch über Erfolge im eigenen Land mit „Modellcharakter", für die klare Verlautbarung eigener Interessen und entsprechende Initiativen im Bundesrat – Rücksichtnahmen auf die Bundesregierung sind nicht notwendig und die Disziplinierungsmittel der oppositionellen Bundespartei begrenzt. Da dem entsprechenden Landesverband weder mit einer Herabstufung der Dringlichkeit von Straßenbauprojekten, mit der Aufgabe von Bundeswehrstandorten oder der Streichung von Ministerbesuchen wirkungsvoll gedroht werden kann, trifft eine häufig benutzte Beschreibung des regionalen Aufbaus von Bundesparteien so nicht zu: „Gebietliche Aufgliederung der Partei mit gewissen Kompetenzen der nachgeordneten Verbände, allerdings starkes Durchgriffsrecht gegen dissentierende Teilverbände möglich." (von Alemann 2000: 128). Besonders in der Zeit zwischen 2000 und 2002 zeigte sich beispielhaft die relative Machtlosigkeit der damaligen Unionsführung gegenüber den Landesparteien: Das Unions-Debakel im Bundesrat im Sommer 2000, als bei der Abstimmung über den Steuerreformvorschlag der Bundesregierung und des Bundestages die Länder Berlin, Bremen und Brandenburg plötzlich für das Projekt votierten – und später vom Bund besondere Vergünstigungen dafür erhielten – ist unvergessen.

Machtlos war auch die Bundes-CDU bei der Ausrufung des bayerischen Ministerpräsidenten Edmund Stoiber zum Kanzlerkandidaten 2002: Sie war Anfang 2002 nur formal Resultat auch einer Entscheidung der von Angela Merkel geführten Bundes-Partei CDU und ihrer Spitzengremien, auch keine der von Friedrich Merz geführten CDU/CSU-Bundestagsfraktion, sondern Ergebnis eines Vorpreschens einiger Landesparteien bzw. Landesparteichefs und Ministerpräsidenten.

Ungeachtet auch aller „Bundesrats-Frühstücks-Termine", in deren Rahmen die CDU- und Unionsfraktionsvorsitzende Merkel nach der Bundestagswahl 2002 eine Koordination der politischen Arbeit der wachsenden Zahl unionsregierter Länder anstrebte, verfügten die Landesparteien über einen erheblichen Freiraum zur Interessenartikulation und Selbstdarstellung, der je nach Persönlichkeit der Landesvorsitzenden eher mehr als weniger genutzt wurde. Dieses Spielfeld ist für die von CDU und CSU gestellten Länderregierungschefs und im Regelfall auch Vorsitzenden der Landesparteien deutlich kleiner geworden, seit sich in Berlin eine Bundeskanzlerin aus der eigenen Partei bewegt, Gefolgschaft einfordert und Disziplinierungsmechanismen nutzen kann.

In der Folge davon sind landespolitische Initiativen weniger wahrnehmbar, dafür ist auf der anderen Seite ihre mögliche politische Wirkung und Effizienz umso größer. Denn für regierende Landesparteien in Opposition zur Bundestagsmehrheit gilt: Erstens zeigen selbst bei einer gegebenen Bundesratsmehrheit andere Länder gleicher „Couleur" selten Neigung, sich zum Anwalt der Interessen eines bestimmten Landes gegenüber der Bundesregierung zu machen. Und zweitens dürfte der Bundesrat ohnehin überschätzt werden, besonders, wenn die dortige Mehrheit eine andere ist als die im Deutschen Bundestag. Da mochte bis 2005 die hessische oder niedersächsische Landesvertretung in Berlin noch so geschickt die Positionen der „B-Länder", also der unionsgeführten Landesregierungen zusammenführen – die gestalterische Kraft des Bundesrats ist eher gering und dann mehr reaktiv und im Detail liegend. Aus „schlechten", vom Bundestag verabschiedeten Gesetzestexten kann die Länderkammer durch nachträgliche Ablehnung und Verhandlung mit großer Mühe „weniger schlechte" machen oder diese ganz blockieren, aber kaum gegen die Bundestagsmehrheit Politik definieren. Wo aber die Grundrichtung aus Sicht einer Bundesratsmehrheit falsch ist, wird die Möglichkeit der Detailkorrektur zum schwachen Trost. Gesetzentwürfe und Planungen der Bundesregierung kann man eben am besten in einer frühen Entwicklungsphase auf eher diskretem Wege durch vertrauensvolle Zusammenarbeit und zu möglichst gegenseitigem Nutzen mit"steuern". Naturgemäß ist dabei der Einfluss einer „oppositionellen" Landesregierung eng begrenzt, was sich auch schmerzhaft konkret im Land bemerkbar zu machen vermag.

Zur Beruhigung der Dauer-Diskussion um den angeblichen Missbrauch des Bundesrats als parteipolitisches Instrument ist überdies anzumerken: Sofern man davon überhaupt sprechen kann, ging es zumindest eher um Landes(regierungs-)parteipolitik als um Bundesparteipolitik. Natürlich haben sowohl CDU/CSU wie SPD schon versucht, aus der Rolle der Bundestagsopposition heraus über den Bundesrat zu erreichen oder zu blockieren, was sie im Bundestag nicht durchsetzen oder verhindern konnten. Viele gescheiterte Versuche – Brandenburg 1992 oder Berlin und andere 2000 – zeigten, dass „dies freilich nur dann erfolgversprechend ist, wenn keine strukturellen oder föderalen Landesinteressen dagegen sprechen" (Leunig 2004: 38). Solange man nicht das naiv-falsche Bild eines Interessendualismus zwischen Landesinteressen und Interessen der Landesregierungsparteien malt, kann man den Akteuren im Bundesrat durchaus realistisches und auch im Sinne des Geistes der Verfassung konformes Verhalten unterstellen.

Für eine Landesregierung, deren führende Partei im Bundestag der Opposition angehört, entsteht ein wirklich positiver Effekt dieser Konstellation, der so genannte „systematische Oppositionseffekt": Wer auf der Bundesebene, die von der Bevölkerung nun einmal als die wichtigste wahrgenommen wird, in der Regierungsverantwortung steht, macht fast zwangsläufig Fehler, enttäuscht Erwartungen, muss Kompromisse suchen. Die grundsätzliche Folge: Die größte der die Bundesregierung tragenden Parteien kann bei Landtags- und Kommunalwahlen ihre möglichen Wähler weniger gut motivieren als die Opposition im Bund, die von der dann geringeren Wahlbeteiligung mit prozentualen Gewinnen profitiert – ohne dabei zwangsläufig die eigenen Stimmen zu mehren. Bis 1969 nutzten eher bürgerliche Wähler regionale und kommunale Urnengänge zum Protest, danach gewann bis 1982 und wieder ab 1998 tendenziell die Union dazu, dort, wo die Beteiligung sank.

Politische Impulse von Landesregierungen und den sie tragenden Landesparteien waren und sind bundespolitisch in der Sache dann am ehesten erfolgreich, wenn sie auf eine parteipolitisch wohl gesonnene Bundesregierung stoßen. Die Profilierung als Landespartei ist dagegen einfacher gegen Berlin und in politischer Opposition zur dortigen Regierungsmehrheit. Das gilt inhaltlich wie auch personell.

Auf die Idee, durch sein Wahlverhalten die Mehrheit im Land der Mehrheit im Bund anzupassen, ist der bundesdeutsche Wähler bisher höchst selten gekommen – eher im Gegenteil, was nicht nur mit dem Oppositionseffekt zu tun hat: Gerade das Ergebnis der Landtagswahlen 2001 wie 2006 zeigte am Beispiel der Union, dass die Wähler sehr wohl die Leistungsbilanz einer Landesregierung und der hinter ihr stehenden Landespartei zu bewerten wissen – gegebenenfalls auch im Kontrast zum Bild, das die ihr zuzuordnende Bundesparteispitze abgibt oder zur Arbeit der Bundesregierung.

5 Eine etwas andere Welt: die Bedeutung unterschiedlicher regionaler politischer Kultur

Die Einflüsse regionaler politischer Kultur machen vor keinem Bundesland, vor keinem Wählersegment und keiner Partei Halt. Und bei aller Vorsicht gegenüber Generalisierungen scheint doch im Fall des baden-württembergischen Beispiels tendenziell zu gelten: Die Landesgliederungen von CDU, SPD, FDP und Bündnis90/Die Grünen agieren pragmatischer bzw. realpolitischer als die jeweiligen Bundesparteien, betonen etwas mehr als diese den zweiten Teil des Begriffs „soziale Marktwirtschaft", haben eher die Leistungsgerechtigkeit statt der Verteilungsgerechtigkeit im Auge und sind vielleicht sogar im Wortsinn konservativer und (Pflicht-)wertorientierter als die „linkeren", „progressiveren" Parteigliederungen anderer Regionen.

Dazu kommt: Ungeachtet der naturgemäß gelegentlich auch harten landespolitischen Schlagabtausche scheint den Parteien insbesondere, aber nicht nur, in Baden-Württemberg im Umgang miteinander, einschließlich im Landtag, irgendwie manche Schärfe und missionarische Parteipolitisierung abzugehen, die besonders auf Bundesebene häufiger zu beobachten sind.

Lange wurde die These vertreten, dass die eher verwaltungsbezogene Länderpolitik der parteipolitischen Auseinandersetzung weitgehend entzogen sei, es gebe „keinen christdemokratischen Straßenbau und keine sozialdemokratische Wasserwirtschaft" (Hennis, nach Decker 2004: 4). Das ist sicher zu einfach, wie Decker mit der stark ideologisierten Schulpolitik oder sehr wohl unterschiedlichen Profilen in der Arbeitsmarkt- und Strukturpolitik belegt. Überdies kann man auch die Wasserwirtschaft von Staats wegen oder privatwirtschaftlich organisieren ... Dennoch ist die parteipolitische Durchdringung auf Landesebene geringer, geraten inhaltliche Auseinandersetzungen in und zwischen Landesparteien vielleicht etwas weniger schnell zu Glaubensfragen. Zudem kennt man sich auch persönlich besser auf den kleineren Landesbühnen, das nimmt weitere Schärfe aus der politischen Auseinandersetzung.

Ein landestypischer baden-württembergischer Grund mag in der verbindenden und prägenden Zusammenarbeit aller auf kommunaler Ebene liegen, wo als Folge auch der Besonderheiten der baden-württembergischen Gemeindeordnung ganz unaufgeregt und ohne schrille Begleitmusik spektakulärer „Koalitionsdiskussionen" z.B. in der Landeshauptstadt Stuttgart alle vier Landtagsparteien mindestens einen Beigeordneten stellen. Schließlich mag die doch relative Beschaulichkeit der Landespolitik auf die im Vergleich zu anderen Parteigliederungen eher gemäßigte Ausrichtung der Landesverbände von CDU, SPD, FDP und Grünen zurückzuführen sein. Vielleicht ist diese wie das zuvor Genannte auch Folge von und vorauseilende Anpassung an das Harmoniebedürfnis der Schwaben und ausgleichende politische Kultur des Südwestens.

Politische Zuspitzung kommt in allen Ländern eher aus der Bundespolitik – und beileibe nicht nur in (Bundestags-)Wahlzeiten. Unschwer ist dies auch an den Themen vieler aktueller Debatten in Landesparlamenten abzulesen, denen Würze und Medieninteresse zu verleihen bemühte Fraktionsgeschäftsführer oft durch das „Herunterbrechen" bundespolitischen Streits auf die Landesebene versucht sind – mit der Folge oft künstlich wirkender Landtagsdebatten.

6 Wirken und Wirkung von Landesparteien im Bund

Präsenz, Auftreten und Wirkung einer Landespartei und ihrer Vertreter auf Bundesebene hängen weniger von der Schönheit der jeweiligen Landschaft und nur in Grenzen von der Größe und Einwohnerzahl des repräsentierten Landes ab als vielmehr maßgeblich von den dort von ihr erzielten politischen Erfolgen, allem voran ihren Wahlergebnissen. Es macht einen Unterschied, ob man anderen Landesparteien und der Bundesspitze gegenüber mit stolz geschwellter Brust auftritt oder mit eher hängenden Schultern herumläuft, weil an den Montagen nach Wahlsonntagen bei den Präsidiums- und Vorstandssitzungen der Bundesparteien meist Niederlagen zu erklären sind. Tendenziell neigen Regierungs- wie Oppositionsstrukturen dazu, sich selbst zu verfestigen – die eine Seite mit dem ganzen auf Selbsterhaltung ausgerichteten Machtapparat, die andere letztlich zum Warten auf Fehler der Exekutive verurteilt und zugleich mit den grundsätzlichen oppositionellen Disziplinproblemen beschäftigt. Macht eine Regierungspartei keine gravierenden Fehler und gelingt ihr eine regelmäßige Erneuerung an der Spitze oder in der Breite – und sei es erzwungen wie im Falle der Regierungschefs in Stuttgart 1978, 1991 und 2005 –, hat sie entscheidende Trümpfe in der Hand.

Allzumenschliche gruppendynamische Prozesse gelten auch unter Spitzenpolitikern, Parlamentariern und „Parteisoldaten": Sie wollen lieber einer starken Mannschaft angehören oder verbunden sein, als einer vermeintlichen „Gurkentruppe" zugerechnet werden. Und so sind die Südwest-CDU oder auch die baden-württembergischen Liberalen und Grünen eben innerhalb ihrer Bundesparteien gefragtere Ansprechpartner, wenn es gilt, (Bundes-)Personal auszuwählen, neue inhaltliche Vorstöße zu wagen oder auf Bundesparteitagen taktische Bündnisse zur Wahl von Personen oder zur Mehrheitsfindung für inhaltliche Initiativen zu schmieden. Für die Landes-SPD, die im Bund freundlich akzeptiert, aber in entscheidenden Fragen doch eher übergangen wird, gilt das weniger.

Eine ausnehmend starke Landespartei ist die CDU Baden-Württembergs, die seit 1953 ununterbrochen den Ministerpräsidenten stellt – das kann nicht einmal die CSU vorweisen. „Wir in Baden-Württemberg" – wer einen ihre alten, aber nicht überholten Wahlkampfslogans hört, denkt automatisch an die CDU, auch darin drückt sich die gelungene Selbststilisierung zur „Baden-Württemberg-Partei" aus. Mit Ausnahme der Bundestagswahl 1961, als man genau auf dem Unionsergebnis an Zweitstimmen lag, war sie bei jeder Bundestagswahl seit 1953 deutlich stärker als das bundesweite Gesamtergebnis von CDU und CSU!

Aufgrund der Bevölkerungszahl des Landes wie der Wahlerfolge der Landes-CDU ist die CDU-Landesgruppe Baden-Württemberg innerhalb der Unionsfraktion im Deutschen Bundestag traditionell die zweitstärkste Landesgruppe – nach der Landesgruppe Nordrhein-Westfalen, deren Stärke in etwas größerem Maße aus der Bevölkerungszahl resultiert. Die Wahl-Erfolge der Landespartei äußerten sich in Bonn und äußern sich in Berlin fast regelmäßig in einer weit überdurchschnittlichen Personalrekrutierung für Bundesregierungen und Fraktionsführungen, mit einer kaum mehr für möglich gehaltenen Steigerung 2005.

Die CDU Baden-Württemberg hat großes Gewicht als Landespartei. Ganz anders die Südwest-Sozialdemokraten: Gemäß der Umkehrung der Devise „Nichts ist erfolgreicher als der Erfolg" spielen sowohl die SPD-Abgeordneten innerhalb ihrer Fraktion wie die Landes-SPD innerhalb der Bundespartei fast logischerweise eine weniger zentrale Rolle als die jeweiligen Gegenüber bei der CDU. Schließlich schienen die Landesgrößen der SPD meist auch auf die falschen „Pferde" bzw. Themen zu setzen: Erhard Eppler z.B. verkörperte eine vielleicht wohllöbliche postmaterialistische, gesinnungsethisch hoch stehende, aber politisch-praktisch weniger relevante Politik, die der SPD in Baden-Württemberg statt erhoffter Zugewinne deutliche Stimmenverluste eintrug und im Bund der mit Helmut Schmidt regierenden Bundespartei eher schadete. Die Frage lässt sich zuspitzen: War die liebevolle Beschäftigung der SPD Baden-Württembergs mit so genannten „weichen Themen" und „fundamentaleren", hohe moralische Maßstäbe in Anspruch nehmenden Ansichten nicht geradezu ein Ausdruck der fehlenden realen machtpolitischen Perspektive im Land? Es war auch kein Zufall, dass ein Großteil der SPD-Bundestagsabgeordneten, die im Frühjahr 2003 gegen Gerhard Schröders Agenda 2010 offen opponierten, aus Bayern kamen, wo den Sozialdemokraten ebenfalls der Glaube daran abhanden gekommen ist, irgendwann umsetzen zu müssen oder zu dürfen, was sie fordern. Für die dauersieche Berliner CDU, die innerhalb der Bundespartei als Leichtgewicht gilt und bestenfalls auf Kopfschütteln stößt, trifft folgender Satz über ineffiziente Untergliederungen, die innerhalb der Parteiorganisation „ein intensives, nach außen abgeschottetes Eigenleben führen, ... selbstreferentiell und vom politischen Markt nahezu autark." (Schmid/Zolleis 2005: 14).

Auch mangels Masse an Abgeordneten ist bei den Grünen und Liberalen in Form von Landesgruppen organisierte politische Zusammenarbeit weniger auffällig und strukturiert, findet aber gleichwohl statt. Dies gilt noch mehr für die Liberalen, deren baden-württembergische Vertreter im Bundestag wie in der Partei natürlich bemüht sind, die Stimme des liberalen „Stammlands" heraushören zu lassen. Der Langzeittrend der FDP Baden-Württemberg bei Bundestagswahlen aber zeigt nach unten. Setzt sich die Tendenz fort, wird bald der Dreikönigsparteitag das einzig verbleibende Markenzeichen des einst so liberalen Südwestens sein. Nach dem Abschied jahrelang bundespolitisch prägender baden-württembergischer Parteiprominenz aus der Politik, genannt seien nur der frühere Außenminister und Parteivorsitzende Klaus Kinkel oder der ehemalige Wirtschaftsminister Helmut Haussmann, ist die Personaldecke der Südwest-Liberalen zudem sehr dünn geworden. Der Bekanntheitsgrad der Mitglieder der 2005 gewählten baden-württembergischen FDP-Landesgruppe" hält sich in engen Grenzen, gleiches gilt für den Führungsnachwuchs oder potenziell Ministrable im Land.

Die Südwest-Grünen stehen sowohl für gute Wahlergebnisse wie auch für viele namhafte grüne Köpfe – beides sichert ihnen wie den vom Landesverband vornehmlich verkörperten realpolitischen Positionen großen Einfluss in der Bundespartei. Zwischen 1980 und 2002 erreichten die Grünen aus Baden-Württemberg im Durchschnitt ein um 1,7% besseres Wahlergebnis als die Bundespartei insgesamt. Der Abstand vergrößerte sich dabei, mit einer Ausnahme 1990, bei jeder Wahl und betrug 2002 2,8 Prozentpunkte. Nicht nur aus diesem Grund kann Baden-Württemberg auch parteipolitisch mit Fug und Recht als „grünes Musterländle" bezeichnet werden. Dazu kommt die außergewöhnliche Dichte an Parteiprominenz. Köpfe wie Reinhardt Bütikofer oder Fritz Kuhn auf Bundes- oder Winfried Kretschmann auf Landesebene oder Dieter Salomom als Freiburger Oberbürgermeister stehen für das Ansehen der Landespartei.

Insgesamt gilt: Das Gewicht von Landesparteien misst sich im Wesentlichen an sieben Faktoren, die sich zum Teil gegenseitig bedingen: Erstens, zweitens und drittens Geschlossenheit, viertens Wahlerfolg, fünftens die Persönlichkeit(en) und ihre Ausstrahlung an der Spitze, sechstens die politische Bilanz und ein möglichst fehlerfreier Parcours der Landesregierung, schließlich, siebtens, ein Stück weit noch die Größe des Landes. Landesparteien sind und bleiben ein wichtiges Thema und auszudehnendes Forschungsfeld. Mit der Föderalismusreform werden sie nicht unbedingt an bundespolitischer Ausstrahlung, sehr wohl aber an Unterscheidbarkeit gewinnen.

 Literatur

Alemann, Ulrich von: Das Parteiensystem der Bundesrepublik Deutschland, Opladen 2000.
Bogumil, Jörg/Schmid, Josef: Politik in Organisationen: Organisationstheoretische Ansätze und praxisbezogene Anwendungsbeispiele. Opladen 2001.

Decker, Frank: Das parlamentarische Regierungssystem in den Ländern. Adäquate Regierungsform oder Auslaufmodell? In: Aus Politik und Zeitgeschichte, B50-51/2004 (06.12.2004), S. 3-9.

Eilfort, Michael (Hrsg.): Parteien in Baden-Württemberg, Stuttgart 2004

Leunig, Sven: Länder- versus Parteiinteressen im Bundesrat. Realer Dualismus oder fiktive Differenzierung? In: Aus Politik und Zeitgeschichte, B50-51/2004 (06.12.2004), S. 33-38.

Reutter, Werner: Landesparlamente im kooperativen Föderalismus. In: Aus Politik und Zeitgeschichte, B50-51/2004 (06.12.2004), S. 18-24.

Schmid, Josef/Zolleis, Udo (Hrsg.): Zwischen Anarchie und Strategie. Der Erfolg von Parteiorganisationen, Wiesbaden 2005.

Dies. (Hrsg.): Wahlen und Wahlkampf im Südwesten – 2006, Münster/Westf. 2006

Sturm, Roland: Föderalismus in Deutschland, Opladen 2001.

Weber, Reinhold/Wehling, Hans-Georg (Hrsg.): Baden-Württemberg. Gesellschaft, Geschichte, Politik, Stuttgart 2006.

Wehling, Hans-Georg: Regionale politische Kultur in der Bundesrepublik Deutschland. .Eine Einführung, in: Ders. (Hrsg.): Regionale politische Kultur, Stuttgart 1985.

Wehling, Hans-Georg: Macht- und Regierungswechsel in den deutschen Ländern: Das Beispiel Baden-Württemberg. In: Jahrbuch des Föderalismus 7, 2006, im Erscheinen.

Bernd-Peter Lange

Medien und Landespolitik
Medienstruktur und Medienpolitik im deutschen Föderalismus

1 Einleitung

Dieser Beitrag bezieht sich auf Medien in einem umfassenden Sinne: gemeint sind auf horizontaler Ebene die inhaltlichen Kommunikationsangebote im Nebeneinander der "traditionellen" Medien der Presse (Tages- und Wochenzeitungen, Publikums- und Fachzeitschriften aller Art), des Rundfunks (Hörfunk und Fernsehen mit Voll- und Spartenprogrammen) und der sog. "neuen" Medien (Online-Dienste vor allem im Internet). Dieser weite Medienbegriff umfasst also Medien der Massenkommunikation (von einem Anbieter an viele Rezipienten gerichtet) und der Individualkommunikation (Zweiwegkommunikation).

Auf vertikaler Ebene umschließt der weite Begriff von Medien im Sinne von technischer Vermittlung von Kommunikation jeweils die gesamte Wertschöpfungskette von Produktion und Redaktion von Inhalten/Beiträgen (in der Presse z. B. Verfassen von Artikeln, Aquisition von Anzeigen; im Fernsehen z.B. Filmproduktionen, Redaktion von Nachrichtensendungen, Werbespots) über den Verlag bzw. die Veranstaltungsorganisation bis zur Distribution (Pressevertrieb, Ausstrahlung der Rundfunkprogramme terrestrisch, über Kabel oder Satelliten) und im Rundfunk- und Internetbereich die Empfangstechnik (Radio- bzw. Fernsehgerät oder PC).

Ein derartiger umfassender Medienbegriff wird zu Grunde gelegt, weil einerseits die Medien jeweils über spezifische Wettbewerbsbeziehungen untereinander verbunden sind – Presse und insbes. kommerzielles Fernsehen konkurrieren z. B. um Werbeeinnahmen -, weil andererseits Veränderungen in der Wertschöpfungskette Rückwirkungen auf die inhaltlichen Angebote, die Kosten und ihre Finanzierung haben können: So hat beispielsweise der Übergang von analoger zu digitaler Fernsehausstrahlung einerseits die Vermehrung der Übertragungskapazität zur Folge, andererseits steigen die Kabelanschlussgebühren für die Nutzer; der gegenwärtig zu beobachtende Rückgang des Anzeigengeschäfts der Presse wird teilweise mit Preiserhöhungen für Zeitschriften beantwortet, was wiederum möglicherweise bei den Nutzern das "Ausweichen" auf die Onlinedienste zur Folge hat. Schließlich erlaubt eine Gesamtbetrachtung von Inhaltsangeboten, ihrer Organisation und Finanzierung und der Distributionsinfrastrukturen, die Kompetenzverflechtung zwischen Bund und Ländern im Medienbereich kritisch zu würdigen.

Im Feld der Presse steht dem Bund eine Rahmenkompetenz zu. Der Bund hat insbesondere im Bereich der Regelungen zu einer pressespezifischen Fusionskontrolle von seinen Kompetenzen Gebrauch gemacht. Im Bereich des "klassischen" Rundfunks hat der Bund keinerlei eigene Kompetenz eingedenk der historischen Erfahrungen mit zentral gelenktem Staatsrundfunk. Die Rechtsetzungskompetenz liegt infolge dessen ausschließlich bei den Ländern, die diese "verbleibende" originäre Kompetenz – zuständig sind die jeweiligen Staatskanzleien – je spezifisch oder aber durch den Abschluss von Staatsverträgen nutzen. Im Bereich des Rundfunks kommt es allerdings immer wieder zu Überschneidungen zwischen Bund und Ländern, da der Bund grundsätzlich für die technische Vermittlung, also für die Distributionsnetze zuständig ist, die Länder insbes. für das Medienorganisationsrecht, also für die Bestimmung von Aufgaben, Organisation und Finanzierung des öffentlich-rechtlichen Rundfunks und die Festlegung von Rechten und Pflichten der kommerziellen Rundfunkveranstalter und damit auch für die Gestaltung des sog. dualen Systems.

Spannungen zwischen Bund und Ländern gab bzw. gibt es auch in Bezug auf die Zuständigkeiten für die "neuen Dienste": Die Länder reklamieren ihre Kompetenz mit dem Hinweis, dass diese neuen Dienste zum Rundfunk gehören bzw. verweisen auf ihre Zuständigkeit, wenn das Grundgesetz (GG) keine Kompetenzzuweisung vorgenommen hat, der Bund verweist auf die Zuordnung der neuen Dienste zur Telekommunikation und leitet von daher seine Regelungskompetenz ab.

Medienpolitik, d.h. also die staatliche Gestaltung der Medienentwicklung mit den Instrumenten *des Rechts* – inhaltliche Rechtsetzung z. B. im Bereich des Jugend-, Daten- und Verbraucherschutzes (z.B. Kennzeichnung von Werbung), Festlegung der Höhe der Rundfunkgebühren; organisationsformend z. B. in Bezug auf die Ausgestaltung der öffentlich-rechtlichen Rundfunkanstalten (z. B. Zusammensetzung und Rechte und Pflichten der je spezifischen Gremien wie Rundfunk- und Verwaltungsrat), Rechtsanwendung durch Kontroll- und Aufsichtsbehörden insbes. also die Landesmedienanstalten -, *des Geldes* – also z. B. der Förderung der Ansiedlung von Medienunternehmen im jeweiligen Bundesland als Standortpolitik und/oder die Förderung der Filmproduktionen durch "eigene" Filmstiftungen – und *der Kommunikation* – z. B. der Veranstaltung von regelmäßigen Foren oder Medientagen – wird geprägt von dieser Kompetenzverteilung bzw. -überschneidung. Die Spielräume der Medienpolitik werden dabei "begrenzt" durch die "ständige" Rechtsprechung des Bundesverfassungsgerichts. Denn kaum ein anderer Lebensbereich in der Bundesrepublik Deutschland wird so stark beeinflusst von höchstrichterlicher Rechtsprechung wie der Medienbereich (vgl. nächsten Abschnitt).

Dieser Beitrag hat seinen Schwerpunkt in der Darstellung der durch Landesmedienpolitik geprägten, gewachsenen Medienstruktur in Deutschland, in der Schilderung einiger landesspezifischer Ausprägungen von Medienpolitik und in der Benennung einiger gegenwärtiger und zukünftiger Herausforderungen. Eine abschließende kritische Evaluation von Ländermedienpolitik muss ihre Bewertungskriterien offen legen. Diese sind eingedenk der Medienfunktionen als "vierte Gewalt" in der Demokratie bzw. als Verpflichtung auf den Beitrag zur Herstellung einer kritischen Öffentlichkeit:

- Einhaltung der Staatsferne
- Gebot der Herstellung publizistischer Pluralität und des professionellen unabhängigen Journalismus und, damit zusammenhängend
- Verhinderung von ökonomischer und publizistischer Medienkonzentration und
- der spezifische Beitrag der Medien zur kulturellen, gesellschaftlichen und ökonomischen Entwicklung im jeweiligen Bundesland und damit zur weltoffenen Identitätsbildung.

Medienpolitik bewegt sich damit im Spannungsfeld von Wirtschafts-, Gesellschafts-, Rechts- und Kulturpolitik. Nur dann, wenn sie – was aufgrund herkömmlicher Ressortaufteilungen schwierig, wenn nicht gar unmöglich ist – als Querschnittsaufgabe in einen integrativem Ansatz wahrgenommen wird, kann sie, gemessen an diesen Kriterien, erfolgreich sein.

2 Verfassungsrechtliche Vorgaben und Begrenzungen der Medienpolitik

Die erste, bis heute in mehrfacher Hinsicht wegweisende Entscheidung des Bundesverfassungsgerichts (BverfG) wurde 1961 im Streit um die sog. Deutschland Fernsehen GmbH gefällt[1]:

a. Das Gericht entschied, dass das "Fernmeldewesen" – Bundeszuständigkeit nach Art. 73 Nr. 7 GG – nur den sendetechnischen Bereich des Rundfunks umfasst. Damit ergab sich die ausschließliche Kompetenz der Länder, die Organisation der Rundfunkveranstaltung – eine staatliche Aufgabe – zu re-

---

[1] Vgl. Jörg Menzel (Hrsg.): Verfassungsrechtsprechung, Tübingen 2000, S. 122 ff.

geln. Die Gründung der Deutschland Fernsehen GmbH durch Bundeskanzler Adenauer war somit verfassungswidrig.
b. Das Gericht führte weiter aus, dass der Rundfunk Medium und Faktor für die öffentliche Meinungsbildung sei. "Er dürfe deshalb nicht einseitig dem Staat oder einer Gruppe überlassen werden. Vielmehr müssten in ihm alle gesellschaftlich relevanten Kräfte zu Wort kommen. Aufgrund der Frequenzknappheit und des erheblichen Kapitalbedarfs bestünde für den Rundfunk eine *Sondersituation*, die bestimmte organisatorische Vorkehrungen zur Sicherung der Meinungs- und Informationsvielfalt erforderten"[2].

Damit war der Weg geebnet zur verfassungsrechtlichen Anerkennung und Absicherung der spezifischen Organisationsform der öffentlich-rechtlichen Rundfunkanstalten auf Länderebene: Sie enthält Vorkehrungen für eine staatsferne Selbstverwaltung durch Repräsentation und Mitwirkung aller maßgeblichen Kräfte der Gesellschaft in den Gremien; eine Verpflichtung auf ein Mindestmaß inhaltlicher Ausgewogenheit; eine Fixierung der Aufgabenfelder: Information, Bildung und Unterhaltung; und eine vorrangige Finanzierung über die Rundfunkgebühr.

Dieses 1. Rundfunkurteil des BVerfG's hat den Rahmen einer föderalen Rundfunkordnung in Deutschland abgesteckt. Die Bundesländer haben noch 1961 den "Staatsvertrag über die Errichtung der Anstalt des Öffentlichen Rechts, Zweites Deutsches Fernsehen" unterzeichnet. Das ZDF, das seinen Sendebetrieb zum 1. 4. 1963 aufnahm, trat damit neben das 1. Fernsehprogramm der Arbeitsgemeinschaft der öffentlich-rechtlichen Rundfunkanstalten Deutschlands (ARD).

Das 3. Rundfunkurteil des BVerfG's aus dem Jahre 1981 hatte sich mit der Frage auseinander zu setzen, unter welchen Bedingungen privatwirtschaftliche Rundfunkveranstalter zugelassen werden dürften – im Saarland gab es bereits eine weitreichende Regelung. Das Gericht verbot dem Gesetzgeber, den Rundfunk dem freien Spiel der Kräfte zu überlassen: "Anders als im Pressewesen lasse sich hier umfassende Information und Meinungsbildung nicht durch Wettbewerb allein sicherstellen"[3]. Das BVerfG konkretisierte im Folgenden Anforderungen an ein außenpluralistisches Rundfunkmodell, insbes. legte es fest, dass der Landesgesetzgeber für eine *vorbeugende* Konzentrationskontrolle zu sorgen habe, damit es zu keinen Beeinträchtigungen einer freien und umfassenden Berichterstattung durch kommerziellen Rundfunk kommen könne.

Im 4. Rundfunkurteil aus dem Jahre 1986 legte das BVerfG fest, dass privatwirtschaftlicher Rundfunk mit seinen aufgrund der Werbefinanzierung begrenzten Möglichkeiten, zur Pluralität der Informationen und Meinungen beizu-

---

[2] Ebenda S. 125
[3] Ebenda S. 457

tragen, nur solange legitimiert sei wie der öffentlich-rechtliche Rundfunk seiner Aufgabe der Grundversorgung nachkommen könne. 1987 konkretisierte das BVerfG den Begriff: "Grundversorgung sei nicht nur Mindestversorgung, sei nicht nur Angebot von informierenden oder bildenden Programmen, sondern eine an die Gesamtheit der Bevölkerung gerichtete Darbietung, die umfassend und in voller Breite informieren und in diesem Rahmen Meinungsvielfalt herstellen solle. Insofern durfte der Landesgesetzgeber die Landesrundfunkanstalten nicht zugunsten Privater von der Veranstaltung regionaler und lokaler Rundfunkprogramme ausschließen, wohl aber ein Werbeverbot im öffentlich-rechtlichen Regional- bzw. Lokalfunk statuieren"[4].

Im 6. Rundfunkurteil des BVerfG von 1991 hat das Gericht festgestellt, dass es dem Landesgesetzgeber verwehrt sei, den öffentlich-rechtlichen Rundfunk in programmlicher, finanzieller und technischer Hinsicht auf dem gegenwärtigen Niveau "einzufrieren". Vielmehr müsse eine "Bestands- und Entwicklungsgarantie", wie sie § 3 des nordrhein-westfälischen WDR-Gesetzes enthalte, gewährt werden und der Grundversorgungsauftrag sei dynamisch zu verstehen. Auch das im privatwirtschaftlichen Bereich des lokalen Rundfunks in NRW festgelegte "Zwei-Säulenmodell" – eine spezifische Ausprägung der Verzahnung von Anbietergemeinschaft aus Presseverlagen einerseits und Veranstaltergemeinschaft mit relativer journalistischer Autonomie andererseits – sei verfassungskonform[5]. Gerade dieses Urteil beschreibt einerseits in der Bestätigung seiner ständigen Rechtsprechung die Grenzen der landesgesetzlichen Gestaltungsmöglichkeiten im Rundfunkbereich, insbes. auch was das duale System betrifft, andererseits präzisiert es die "Modellvarianten" insbes. was Regional- und Lokalrundfunk betrifft.

Dass das BVerfG immer wieder bes. im Rundfunkbereich streitschlichtend und verfassungsauslegend tätig werden musste, hängt zum einen mit dem Bund-Länderverhältnis zusammen, zum anderen mit den unterschiedlichen wirtschafts- und gesellschaftspolitischen Interessenlagen: während Presseverlage immer schon für kommerziellen Rundfunk eintraten und bes. in CDU bzw. CSU geführten Landesregierungen Unterstützung fanden, traten SPD geführte Landesregierungen mehr oder weniger stark für Erhalt und Ausbau des öffentlich-rechtlichen Rundfunks ein und für eine relativ strikte Kontrolle kommerziellen Rundfunks.

---

[4] Ebenda
[5] Ebenda S. 456, S. 459

3 Medienstruktur im föderalen System der Bundesrepublik Deutschland

Im *Pressewesen* haben wir in Deutschland eine relativ große Zahl von Regional- bzw. Lokalzeitungen. Die Zahl der publizistischen Einheiten, also der Zeitungen, die jeweils von einer eigenständigen Redaktion verantwortet werden, hat allerdings kontinuierlich abgenommen. Waren es 1954 noch 225 publizistische Einheiten, so lag die Zahl 1989 bei 119, nach der Wiedervereinigung 1991 bei 158, um dann bis 2001 auf 136 zu sinken[6], davon Bayern und NRW mit jeweils 24[7]. Die tägliche verkaufte Auflage lag 2001 bei 23,7 Mio. Exemplaren. 16 dieser publizistischen Einheiten stammen aus dem Axel Springer Verlag einer verkauften Auflage von 6.032.500 Exemplaren (Bild 4.248.400 Mio.) im Jahre 2000. Dies entspricht einem Marktanteil von 23,6 %, gefolgt von der WAZ Verlagsgruppe mit einem Marktanteil von 6,0 %[8]. In mehr als der Hälfte aller Kreise bzw. kreisfreien Städte gibt es nur eine lokale Monopolzeitung; ein Tatbestand, der mit den Zielsetzungen, auch auf der Ebene lokaler bzw. regionaler Berichterstattung für die Pluralität der Informationsquellen einzutreten, unvereinbar ist. Die Tagespresse finanzierte sich 2000 im Westen im Durchschnitt zu 35,5 % aus Vertriebserlösen, zu 64,5 % aus Anzeigen und Beilagen (im Osten 48,9 % bzw. 51,1 %)[9]. In den Jahren 2001 und bes. 2002 sind allerdings die Anzeigenerlöse dramatisch zurückgegangen.

Im *Rundfunkbereich* gab es bis 1984 nur öffentlich-rechtliche Landesrundfunkanstalten auf der Basis je spezifischer Landesgesetze bzw. öffentlich-rechtliche Rundfunkanstalten, die aufgrund eines Staatsvertrages verschiedener Länder für mehrere Bundesländer "zuständig" sind – so gegenwärtig z. B. der NDR für Hamburg, Schleswig-Holstein, Niedersachsen und Mecklenburg-Vorpommern oder der SWR für Baden-Württemberg und Rheinland-Pfalz. Die Landesrundfunkanstalten haben sich zur ARD zusammengeschlossen[10] und bieten neben ihren jeweiligen 3. Programmen, die auf "ihr" Bundesland bezogen sind, das 1. Deutsche Fernseh-Programm als Gemeinschaftsprogramm an. Das Zweite Deutsche Fernsehen (ZDF) beruht ebenfalls auf einen Staatsvertrag der Länder[11]. Für den privatwirtschaftlichen Rundfunk bzw. für das duale System gibt es ebenfalls neben den landesspezifischen Gesetzen den mehrfach geänderten Rund-

---

[6] Vgl. Media-Perspektiven, Basisdaten 2001, Frankfurt am Main 2001, S. 45
[7] Ebenda S. 46
[8] Ebenda S. 52
[9] Ebenda S. 47
[10] Der ARD-Staatsvertrag, Media-Perspektiven I, 2001, S. 39 f. verpflichtet die ARD zur Veranstaltung eines gemeinsamen Fernsehvollprogramms. Vgl. außerdem Rundfunk-Gebühren-Staatsvertrag, ebenda S. 58 ff
[11] ZDF-Staatsvertrag, ebenda S. 41 ff

funkstaatsvertrag – in der jüngsten Fassung in Kraft seit 01. Juli 2002[12]. Schließlich ist zu erwähnen der Mediendienste-Staatsvertrag, der den Zweck verfolgt, in allen Ländern einheitliche Rahmenbedingungen für die verschiedenen Nutzungsmöglichkeiten für Online-Dienste zu schaffen[13].

Die ARD-Rundfunkanstalten und das ZDF werden vorrangig über die Rundfunkgebühren finanziert. Im Jahre 2000 betrugen die Rundfunkgebührenerträge insgesamt 11,5749 Milliarden DM, davon entfielen auf die ARD-Anstalten 8,7942 Milliarden und auf die Landesmedienanstalten 231,5 Mio. DM[14]. Die ARD Werbegesellschaften setzten im gleichen Jahr 377 Mio. DM netto um, das ZDF erzielte Werbeumsätze von 349,7 Mio. DM[15].

Rundfunkprogramme werden bisher analog terrestrisch – Sendenetze für das 1. ARD-Programm aus historischen Gründen im Eigentum der Landesrundfunkanstalten, alle anderen Sendenetze im Eigentum der deutschen Telekom -, über Kabel – Kabelnetze im Eigentum der deutschen Telekom bzw. privater Unternehmen insbes. was "die letzte Meile" bis zum Kunden angeht; die Telekom muss aber diese Netze verkaufen, Interesse haben bes. US-amerikanische Medienkonzerne angemeldet – und über Satellit – Rundfunk-Satelliten werden von der luxemburgischen Firma SES-Astra und von Eutelsat betrieben – ausgestrahlt.

Kommerzieller Rundfunk wird angeboten insbes. von der RTL-Gruppe (u. a. RTL 1, 2, Super RTL), mehrheitlich unter der Kontrolle des Bertelsmann-Konzerns (Gütersloh) und von der Pro Sieben/SAT 1 Gruppe, bisher im Besitz des Kirch-Konzerns, nach dessen Insolvenz ist die Eigentumsneuordnung ungewiss. Kommerzieller Rundfunk wird praktisch ausschließlich über Werbeeinnahmen bzw. Sponsoring finanziert, daher ist auch sein Programmangebot vorrangig an den Interessen der Werbetreibenden orientiert. RTL erzielte 2000 2,632 Milliarden DM Nettowerbeumsätze, gefolgt von SAT 1 mit 1,921 Milliarden[16]. Auch die kommerziell bundesweit sendenden Rundfunkveranstalter sind jeweils in einem Bundesland lizensiert worden und unterliegen der Aufsicht, Kontrolle und Fürsorge der dortigen Landesmedienanstalt.

Der privatwirtschaftliche Rundfunk in Deutschland war – bis zur Pleite des Kirch-Konzerns – in zwei Gruppen aufgeteilt: die RTL-Bertelsmann-Gruppe und die SAT 1 Springer/Kirch-Gruppe. Bei einer durchschnittlichen Nutzungsdauer des Fernsehens im Jahre 2000 von 185 Minuten pro Tag und Person erzielte das ARD 1. Programm 2001 in der Zeit von 20.00 bis 1.00 Uhr einen Marktanteil

---

[12] Staatsvertrag über den Rundfunk im vereinten Deutschland, Media-Perspektiven I 2002, S. 2 ff
[13] Ebenda S. 51 ff.
[14] Vgl. Media-Perspektiven Basisdaten 2001, S. 10
[15] Vgl. ebenda S. 11
[16] Vgl. ebenda S. 19

von 14,3 %, das ZDF von 13,5 %, die 3. Programme der Landesrundfunkanstalten von 14,4 %, SAT 1 von 10 %, Pro Sieben von 8,3 % und RTL von 15,7 % (Sonstige 23,9 %)[17]. Die öffentlich-rechtlichen Rundfunkanstalten erreichen also einen Marktanteil von 42,2 %, während die Privaten auf insgesamt 57,9 % kommen. Im privatwirtschaftlichen Rundfunk herrscht also – trotz föderaler Kompetenzstruktur – ein Duopol zweier Sendefamilien, die außerdem jeweils eng mit der Presse verflochten sind (Bertelsmann/RTL mit dem Gruner+Jahr-Verlag, Kirch mit dem Springer-Verlag, während im Bereich des öffentlich-rechtlichen Rundfunks eine sowohl binnen- wie außenpluralistische Angebotsstruktur vorherrscht.

Zur Begrenzung privatwirtschaftlicher Medienkonzentration sieht der Rundfunkstaatsvertrag Marktanteilsgrenzen vor, die insbes. für Fusionsfälle von Bedeutung sind. Er legt in § 26 fest, dass "ein Unternehmen ... in der Bundesrepublik Deutschland selbst oder durch ihm zurechenbare Unternehmen bundesweit im Fernsehen eine unbegrenzte Anzahl von Programmen veranstalten darf, es sei denn, es erlangt dadurch vorherrschende Meinungsmacht ....". Dass diese gegeben ist, wird vermutet, wenn im Durchschnitt eines Jahres ein Zuschauermarktanteil von 30 % erreicht wird. Rechnet man alle der Bertelsmann-Gruppe zurechenbare Fernsehprogramme zusammen und ebenso bei der (ehemaligen) Kirch-Gruppe, so liegen beide Gruppen knapp unterhalb dieser Marktanteilsgrenze. Diese Grenze würde auch dann noch eingehalten, wenn vier Fernsehveranstaltergruppen sich den bundesrepublikanischen Markt aufteilen – z. B. 3 x 28 % Marktanteil, 1 x 16 % -, also wenn ein enges Oligopol vorliegt, das nach wettbewerbstheoretischer Ableitung kein Garant für intensiven Leistungswettbewerb ist. Diese Grenze ist von den Landespolitikern offenbar so gewählt worden, dass keinem der Medienkonzerne "weh" getan wurde. Es wäre auch kaum vorstellbar, dass bayrische Landespolitiker, die "ihren" Medienstandort München pflegen, dem Kirch-Konzern Grenzen setzten. Gleiches gilt für NRW gegenüber dem Bertelsmann-Konzern. Als der EU-Wettbewerbskommissar diese Marktanteilsgrenzen in einer europäischen Anti-Medien-Konzentrationsrichtlinie übernehmen wollte, scheiterte er – obwohl er das Europäische Parlament hinter sich hatte – in der Kommission: In Portugal, Italien und Frankreich beispielsweise gibt es Fernsehveranstalter, die weit höhere Zuschauermarktanteile auf ihrem jeweiligen nationalen Markt erreichen, die dann mit Auflagen belegt bzw. die dann sogar evtl. hätten entflochten werden müssen. Politik, die auf eine "gute" Presse angewiesen ist, ist beim Thema der Medienkonzentration besonders sensibel.

---

[17] Vgl. ebenda S. 68 und S. 75

4 Landespolitische Regulierung

Die Bundesländer haben durch die erwähnten Staatsverträge auf der Basis der Rechtsprechung des BverfG trotz föderaler Zuständigkeiten für einen relativ einheitlichen Rahmen gesorgt, in dem sich der Rundfunk – öffentlich-rechtlicher Rundfunk im dualen System – und Mediendienste bundesweit entfalten können. Darüber hinaus allerdings weisen die einzelnen Bundesländer je spezifische Ausprägungen der Medienpolitik auf. Es kann hier nicht auf jedes einzelne Bundesland eingegangen werden. Es sollen nur einige wenige Beispiele besonders aus NRW, dem größten Bundesland, herausgegriffen werden.

a. Gestaltung der Medienstruktur

NRW, das Bundesland, das besonders intensiv den Strukturwandel von Kohle und Stahl hin zum Medien- und Kommunikationsland begleitet und gefördert hat, hat schon zu Beginn der Einführung des kommerziellen Rundfunks drei Schwerpunkte gesetzt:

- Da ein aussenpluralistisches Modell der publizistischen Konkurrenz verschiedener, vielzähliger Veranstalter kaum herstellbar ist, ist NRW erfolgreich für binnenpluralistische Ansätze auch bei kommerziellen Veranstaltern eingetreten: So wurden RTL und SAT 1 nur lizensiert unter der Auflage, Programmfenster für Dritte zu öffnen, also z.B. für Spiegel TV, wogegen die betroffenen Veranstalter sich anfangs heftig gewehrt haben. Die Verpflichtung auf unabhängige Fensterprogramme auch in Bezug auf regionale und kulturelle Programme bei privatautonomen Rundfunkveranstaltern ist auch in den Rundfunkstaatsvertrag übernommen worden als ein Instrument, wenn die 30 %-Zuschauermarktanteilsgrenze erreicht oder überschritten wird[18].
- In der Erkenntnis, dass einzelne Bundesländer schwerlich Antikonzentrationsmaßnahmen gegen bundesweit oder europa- bzw. weltweit agierende Medienkonzerne durchsetzen können, hat die NRW-Medienpolitik auf die Stärkung des öffentlich-rechtlichen Rundfunks gesetzt als ein Gegengewicht gegen die privaten Konzerne. Das WDR-Gesetz hat nicht nur die Bestands- und Entwicklungsgarantie für den öffentlich-rechtlichen Rundfunk festgeschrieben, sondern räumt dem WDR alle Möglichkeiten zur Entfaltung, auch in Kooperation mit Privaten ein.

---

[18] Vgl. die §§ 25 ff., § 26 (4), 3 mit Verweis auf §§ 30-32

- Gleichzeitig hat NRW nicht nur RTL den Weg nach Köln geebnet, sondern hat auch durch die großzügige finanzielle Ausstattung der Film-Stiftung dafür gesorgt, dass mehr und mehr in NRW selbst Filme und TV-Serien produziert werden. Dies ist unter mehreren Gesichtspunkten von Bedeutung: Zum einen sichert und schafft es Arbeitsplätze im Dienstleistungssektor und ist daher wirtschaftspolitisch wichtig. Zum anderen trägt es bei zur Festigung der landespolitischen Identität: "Wir in NRW". Diese vielfältigen Aktivitäten lassen sich unter dem Begriff "Standortpolitik" zusammenfassen.

b. Die Arbeit der Landesmedienanstalten

Zur Lizensierung von privatwirtschaftlichen Rundfunkveranstaltern, zur Festlegung von Kabelbelegungsplänen, zur Überwachung der Veranstalter z. B. in Bezug auf Werberichtlinien, Jugend- und Datenschutz haben alle Bundesländer[19] eine eigene Landesmedienanstalt gegründet[20]. Wichtigste Aktivitäten aus der Chronik der LfR NRW sind beispielsweise:

1988: LfR Regionalkonferenzen zur Festlegung der Lokalfunk-Verbreitungs-gebiete (nach dem "2-Säulen-Modell").
1988: Vergabe terrestrischer TV-Frequenzen für RTL plus, DCTP, Tele 5, Tele West.
1989: Die Rundfunkkommission verbietet privatwirtschaftlichen TV-Anbietern den Verkauf von Werbezeiten an politische Parteien.
1990: Die Rundfunkkommission beschließt die Beteiligung der LfR an der Filmstiftung NRW.
1992: Die Rundfunkkommission bewilligt VOX und DCTP die Nutzung der dritten terrestrischen TV-Frequenzkette.
1993: Die Rundfunkkommission erteilt die bundesweite Zulassung für das Fernsehmusikprogramm VIVA.
1994: Die Rundfunkkommission leitet ein Ordnungswidrigkeitsverfahren gegen VOX wegen mehrerer Verstöße gegen Werberegelungen ein.
1995: Die Rundfunkkommission beschließt die Zulassung von VIVA 2 und Nickelodeon.
1996: Die Rundfunkkommission beschließt eine Kooperationsvereinbarung für das Pilotprojekt Info City NRW (Begleitforschung) sowie die Unterstützung des Projektes "NRW-Schulen ans Netz".
1996: Zulassung von QVC (ein home-shopping Kanal).
1997: Die LfR wird Gesellschafterin des Adolf-Grimme-Instituts.

---

[19] Nur Berlin und Brandenburg haben eine gemeinsame Medienanstalt.
[20] Die LfR (Landesanstalt für Rundfunk) in NRW hat 2002 ihr 15-jähriges Bestehen gefeiert und sich gleichzeitig in LfM (Landesanstalt für Medien) umbenannt.

1997: Zulassung der digitalen TV-Programme DF 1 und Premiere (Pay-TV-Anbieter).
1999: Die Rundfunkkommission beanstandet einen Beitrag des DCTP-Programms SZ-Magazin, in dem schockierende Kampfszenen ("Ultimative Fighting") gezeigt wurden, und verbietet eine weitere Tagesprogramm-Ausstrahlung.
2001: Die Rundfunkkommission lizensiert das TV-Metropolenprogramm XXP für die Dauer von 10 Jahren.

Diese stichwortartige Zusammenfassung lässt sich folgendermaßen zusammenfassen:

1. Im Rahmen spezieller gesetzlicher Vorgaben auf Landesebene ist es die ursprüngliche Aufgabe der LfR, im Rahmen ihrer Lizenzierungsaufgaben für inhaltliche Vielfalt zu sorgen.
2. Dabei legt sie zunehmend Wert auf die Förderung und Erschließung neuer Frequenzen und neuer Techniken. Die LfR versteht sich somit auch als Innovationsmotor.
3. Soweit es die von den kommerziellen Veranstaltern geschickt ausgenutzten Rivalitäten der Bundesländer im Rahmen ihrer Standortpolitik zulassen, erfüllt die LfR die Aufgaben der Kontrolle und Überwachung.
4. Zunehmend verlagert sich ihr Aufgabenfeld aber auf Förderung: Filmförderung, Förderung von Medienkompetenz besonders an Schulen, Förderung anderer Institutionen im weiten Feld der Medien- und Internetentwicklung.

Ähnliche Entwicklungen gelten für die anderen Bundesländer. Berlin fördert in Babelsberg/Adlershof massiv die Film- und Fernsehproduktion. Bayern hat eine spezifische Ausgestaltung des privatwirtschaftlichen Rundfunks ("Bayrische Landeszentrale für privaten Rundfunk"), aber auch in München dominiert die Standortpolitik. Die staatlich beeinflusste Bayerische Landesbank hat z. B. mit zwei Milliarden Euro Kredit an die in München ansässige Kirch-Gruppe deutlich höhere Kredite als andere Banken gewährt, was ihr eine Sonderprüfung durch die Bundesanstalt für Finanzdienstleistungsaufsicht eingetragen hat. In Bayern war die politisch-wirtschaftlich-mediale Verflechtung zwischen der CSU-Landespolitik und der Kirch-Gruppe bis zu deren Zusammenbruch besonders intensiv und hatte auf Bundesebene eine Entsprechung in der "Männerfreundschaft" zwischen Leo Kirch und Helmut Kohl, der sich noch als Bundeskanzler vehement, doch vergeblich in Brüssel gegen ein Verbot der Fusion von Kirch und Bertelsmann bezüglich des Pay-TV in Deutschland eingesetzt hatte.

c. Medienpolitik als "Querschnittsaufgabe"

Aus den bisherigen Ausführungen wird ersichtlich, dass Medienpolitik weit mehr ist als die Wahrnehmung föderaler Kompetenzen in den federführenden Staatskanzleien. Es geht auch um Wirtschafts- und Technologiepolitik, es geht zunehmend um Qualifizierungs- und Bildungspolitik: Nicht nur müssen in Deutschland genügend Fachleute qualifiziert werden für die Aufgaben im Bereich der Film-, Fernseh- und Audioproduktion sowie deren Distribution und Vermarktung unter Einschluss von DV- und Internetexpertise, sondern es müssen auch für die "Rezipientenebene" – die auch schon Produzentenebene ist – Schüler und Schülerinnen, Lehrer und Lehrerinnen, Berufstätige und Angehörige des dritten selbstbestimmten Lebensabschnittes, die fälschlicherweise als "Ältere" abqualifiziert werden, Medienkompetenz vermittelt werden. Medienkompetenz umfasst sowohl die Qualifikation, mit technisch vermittelter Kommunikation souverän umzugehen, als auch die Fähigkeit, autonom Medieninhalte auszuwählen, sie kritisch beurteilen zu können und zunehmend sich selber in den Medien darstellen und vermitteln zu können. Insofern hat Medienpolitik auch bildungs- und arbeitsmarktpolitische Komponenten. Schließlich umfasst Medienpolitik, besonders im Bereich des Jugendschutzes (Gewalt- und pornographische Darstellungen), juristische und ordnungspolitische Aspekte. Schlussendlich bedarf Medienpolitik auf Länderebene der Abstimmung mit anderen Bundesländern, mit dem Bund (besonders im Telekommunikationsbereich) und mit den europäischen Institutionen[21]. Aus alledem folgt, dass es sich bei Medienpolitik um eine Querschnittsaufgabe hohen Ranges handelt. Dabei fällt auf, dass es in den Bundesländern generell an der Koordination der verschiedenen medienpolitischen Aktivitäten in diesem umfassenden Sinne mangelt. Der Ressortegoismus ist nach wie vor sehr stark, so dass es an konkreten und konsistenten Zukunftsplänen mangelt. Nichts desto trotz lassen sich dominante Aspekte der Ländermedienpolitik benennen:

- Die wirtschafts- und arbeitsmarktpolitischen Zielsetzungen der Standortpolitik haben in allen Bundesländern erste Priorität.
- Privatwirtschaftlicher Rundfunk und die Internet-Ökonomie werden daher unter marktwirtschaftlichen Perspektiven so weit wie möglich gefördert. Daraus folgt, dass gesellschaftspolitische Zielsetzungen diesen Prioritäten weitgehend untergeordnet werden. Die Ansätze zur Begrenzung von Ge-

---

[21] In diesem Zusammenhang sei einerseits auf die "Richtlinie Fernsehen ohne Grenzen" verwiesen, andererseits auf das Protokoll zum Amsterdamer Vertrag, das festlegt, dass die Regelung des öffentlich-rechtlichen Rundfunks Sache der einzelnen Länder der europäischen Union bleibt.

waltdarstellungen im Fernsehen und zur Durchsetzung des Jugendschutzes haben daher oft nur noch die Funktion symbolischer Politik.
- Dies gilt ähnlich für die Konzentrationskontrolle. Auch nach Einsetzung der Kommission zur Ermittlung der Konzentration im Medienbereich (KEK) und der Stärkung der Konferenz der Direktoren der Landesmedienanstalten (KDLM)[22] kann von einer wirklichen Konzentrationskontrolle bzw. medienpolitischen Gestaltung der privatwirtschaftlichen Medienstruktur in Deutschland nicht die Rede sein. Gegenüber dieser Kritik wird verwiesen auf die Globalisierung auch der Medienmärkte, die starke deutsche Medienkonzerne erforderlich machte, um in der internationalen Konkurrenz mithalten zu könnten. Dass aber Größe allein kein Erfolgskriterium sein kann, hat das Kirch-Imperium und sein Ende gezeigt.
- Auch wenn zwischen den großen politischen Parteien in Deutschland kontrovers über Funktion und Aufgaben des öffentlich-rechtlichen Rundfunks diskutiert wird, so hat sich der öffentlich-rechtliche Rundfunk in Gestalt der ARD-Anstalten und des ZDF bis heute – freilich auf der Basis einer ständigen Rechtsprechung des BverfG's – behauptet. Dies gilt für seine gesetzliche bzw. staatsvertragliche Absicherung; für seine Finanzierung hauptsächlich über Rundfunkgebühren, die von allen Haushalten mit Rundfunkempfangsgeräten zu entrichten ist, gleichgültig ob sie deren Programme nutzen oder nicht; dies gilt für die Zulassung von Spartenkanälen – z.B. Phoenix, ZDF-Kinderkanal – und für den Zugang zu neuen Technologien, also zu digitalen Übertragungswegen und zum Internet.
- Die Bundesländer haben zunehmend eine eigenständige Kommunikationspolitik entwickelt, die u. a. in der jährlichen Veranstaltung von Foren (z. B. Medien Forum Köln) bzw. Medientagen (z .B. Münchener Medientage) zum Ausdruck kommt.

5   Perspektiven

Die zukünftigen Herausforderungen der Medienpolitik der Bundesländer ergeben sich auf mehreren Ebenen:

a.   Die Veränderung der technischen Infrastrukturen zur Verteilung bzw. Verbreitung von Inhalten: Insbesondere aufgrund des Drucks aus Brüssel soll die Deutsche Telekom ihre Kabelnetze verkaufen. Dies ist in NRW und Baden-Württemberg bereits geschehen, doch das neue Unternehmen "ish",

---

[22]   Vgl. § 35 ff Rundfunkstaatsvertrag

eine Tochter der US-amerikanischen Callahan-Gruppe, das auf Modernisierung der Kabelnetze setzte, befindet sich in finanziellen Schwierigkeiten. Die anderen Kabelnetze sollten an den US-Medien-Konzern "Liberty Media" verkauft werden, was jedoch vom Bundeskartellamt blockiert wurde. Die Zukunft der Kabelnetze ist also weiterhin offen – immerhin mehr aus 50 % der Haushalte nutzen Kabel für das Fernsehen. Hinzu kommt die Umstellung auf digitale Übertragungstechnik, die im Bereich der Terrestrik eine Vervierfachung der Übertragungskapazität für Fernsehprogramme – also auch das Potential für weitere Regionalprogramme – bringt, im Bereich des Kabels eine Steigerung um den Faktor 8 bis 10; d. h. dass bei bisher ca. 30 Fernsehprogrammen demnächst bis zu 300 übertragen werden können. Außerdem kann demnächst auch Fernsehen über das Internet in herkömmlicher Qualität übertragen werden. Die Frage ist, ob und wenn ja wie die Bundesländer diesen Übergang zu digitalen Infrastrukturen medienpolitisch gestalten können und werden[23]. Es geht dabei u. a. um die Entfaltungsmöglichkeiten des öffentlich-rechtlichen Rundfunks, um die Wahlmöglichkeiten der Bürger zwischen verschiedenen Verbreitungstechniken, um den Zugang vorhandener und neuer Veranstalter/Anbieter zu vollständig privatisierten Infrastrukturen und um Probleme der Standardisierung weit über Bundesländergrenzen hinaus.

b. Offen ist, was aus der Pleite des Kirch-Konzerns folgt: Zum einen geht es darum, wer zukünftig bei SAT 1/Pro Sieben "das Sagen" hat, zum anderen, wie zukünftig der Rechtehandel organisiert wird. Dies ist von Bedeutung für Sportrechte – insbes. Fußball – und für Filmrechte. Wünschenswert wäre, wenn hier mehr wirtschaftlicher Wettbewerb herrschen würde und damit die Preise nicht mehr so stark steigen, wie zu Zeiten der dominanten Kirch-Position.

c. Da in der gegenwärtigen Wirtschaftskrise die Werbeeinnahmen des kommerziellen Rundfunks stark rückläufig sind, stellt sich die Frage, wie viele kommerzielle Vollprogramme sich ökonomisch rentieren, welche Art von Spartenprogrammen eine wirtschaftliche Perspektive haben und ob es in Deutschland eine dauerhafte Perspektive für das PAY-TV gibt, das der Kirch-Konzern über Premiere-World promoten wollte.

d. In Zukunft geht es auch um die Perspektiven des öffentlich-rechtlichen Rundfunks. Die Begründung für seine Fortexistenz und seine dynamische Weiterentwicklung liegt angesichts der Fülle der Übertragungskapazitäten nicht mehr im Frequenzmangel, sondern in seinem Beitrag für die Meinungs- und Willensbildung in der Demokratie, in seiner Funktion als Forum

---

[23] Vgl. Bernd-Peter Lange, Expertise zum Umstieg vom analogen zum digitalen Fernsehen. Die Rolle Nordrhein-Westfalens, LfR-Dokumentation Bd. 22, Düsseldorf 2002.

gesellschaftlicher Diskussion und als "benchmark" für verlässliche Information in einer Welt, in der die Bürger zunehmend auf zuverlässige und nachhaltige Quellen der Orientierung angewiesen sind. So kann und wird sich der öffentlich-rechtliche Rundfunk von der "Herkunft" einer bestimmten technischen Übermittlung lösen und zu einem Informations- und Bildungsmittler werden, der auch qualitativ ansprechende Unterhaltung liefert. Er könnte dann für "e-quality" stehen. Der öffentlich-rechtliche Rundfunk muss auch zunehmend eine europäische Dimension entwickeln – nicht nur im Sinne der Absicherung seiner Entwicklung auf europäischer Ebene, sondern auch im Sinne europäischer Programme. Die weitere europäische Integration – Erweiterung und Vertiefung der Zusammenarbeit – kann nur erfolgreich sein, wenn es gelingt, das gegenseitige Verständnis für die jeweiligen Kulturen zu fördern und die Herausbildung einer europäischen Identität zu fördern und dies in einer EU, die ab 2004 25 Länder umfassen wird. Dazu könnte eine ARE – Arbeitsgemeinschaft der öffentlich-rechtlichen Rundfunkanstalten Europas – beitragen, die ein Europaprogramm veranstalten würde. Natürlich gibt es Sprachbarrieren und Finanzierungsprobleme. Aber gerade angesichts des immer noch vorhandenen Demokratiedefizits europäischer Politik ist eine Berichterstattung aus europäischer Perspektive eine Notwendigkeit.

e. Die Bundesländer stehen auch und gerade im Bereich der Medienpolitik vor großen Herausforderungen: Wie können sie angesichts der fortschreitenden europäischen Integration, angesichts der weltweiten Aktivitäten der großen Medienkonzerne den Vorwurf der föderalen "Kleinstaaterei" entkräften? Sind 15 Landesmedienanstalten nicht ein Anachronismus? Sollte nicht schleunigst auf Staatsvertragsbasis *eine* Ländermedienanstalt gegründet werden, die halbwegs auf Augenhöhe z. B. RTL oder SAT 1 gegenübertreten könnte? In welcher Form können die Bundesländer auf die Medienentwicklung in Europa und ihre Regulierung einwirken? Müssen nicht in der Perspektive eines Europas der Regionen Kooperationen eingegangen werden, die die Grenzen der Bundesrepublik überschreiten? Nur dann, wenn die Bundesländer kooperative Strategien einer integrativen Medienpolitik über die Grenzen der Bundesrepublik hinaus entwickeln und praktizieren und damit Antworten auf die gestellten Fragen geben, hat Föderalismus im Medienbereich eine Zukunft.

Gerd F. Hepp

Bildungspolitik als Länderpolitik

1 Der Kernbereich von Landespolitik

Die Bildungspolitik gehört nicht zu den Politikfeldern, die im Zentrum politikwissenschaftlicher Forschung stehen.[1] Ihre gesellschaftliche Relevanz ist unbestritten, dennoch steht sie als klassische Länderaufgabe im Schatten bundespolitischer Themen. Sogar in der Landespolitik wird sie nicht immer gebührend wahrgenommen. Dies zeigt ein Blick auf die Inhalte der Landtagswahlkämpfe, die Prioritäten in Parteiprogrammen und Regierungserklärungen, wo Themen der Wirtschafts- und Sozialpolitik ihr zumeist den Rang ablaufen (Hepp/Weinacht 2003). Die Artikulation und öffentlichkeitswirksame Repräsentanz der Bildungspolitik leidet zudem an einer hochgradig parzellierten bildungspolitischen Lobby und der Zersplitterung von Beschäftigten und Nutzern des Bildungswesens auf dem Markt der Wählerstimmen (Ellwein 1998: 95ff; Schmidt 2003: 11). Dennoch gibt es Zeichen der Veränderung, seit der Pisa-Schock Ende 2001 die Republik geradezu traumatisch verunsichert hat. Die Bildungspolitik ist verstärkt ins öffentliche Bewusstsein gerückt, wozu auch die Bundespräsidenten in ihren Reden nach Kräften beizutragen suchen. Auch die politischen Akteure in Bund und Ländern haben seitdem über alle Partei- und Ländergrenzen hinweg ihre strategische Zukunftsbedeutung entdeckt. Der Bund ging 2003 mit seinem 4 Mrd. € Investitionsprogramm für Ganztagsschulen und seinen Plänen für Eliteuniversitäten in die bildungspolitische Offensive. Bei den autonomiebewussten Ländern löste er damit eher zwiespältige Reaktionen aus. Die rot-grüne Bundesregierung erklärte sogar, sie wolle die Bildungspolitik zum Thema des Bundestagswahlkampfs 2006 machen. Dahinter steht die Einsicht, in einem rohstoffarmen Land wie der Bundesrepublik komme Bildung und Wissen eine Schlüsselrolle für künftiges Wachstum und Wohlstand zu. Daher gelte es, das humane und soziale Kapital zu mobilisieren, um im internationalen Standortwettbewerb mithalten zu können. Bildung und Forschung, so heißt es nun quer durch alle politi-

---

[1] So hat die Politikwissenschaft im Vergleich zu anderen Sozialwissenschaften das Thema Bildungspolitik in den letzten Jahrzehnten weitgehend ignoriert. Diese Versäumnisse werden ausführlich erörtert von Hepp/Weinacht 1996.

schen Gruppierungen, müssten künftig zu vorrangigen politischen Handlungsfeldern werden.

Einigkeit in der Zielsetzung bedeutet jedoch keineswegs auch Einigkeit in den politischen Handlungsstrategien. Hier geht es nicht nur um inhaltliche oder materielle Entscheidungen, sondern vor allem um Kompetenzfragen zwischen Zentralsaat und Gliedstaaten, somit auch um Machtfragen. Die mit der Reform des Föderalismus beauftragte gemeinsame Kommission von Bundestag und Bundesrat scheiterte Ende 2004 ausgerechnet am Dissens zwischen Bund und Ländern in der Hochschulpolitik. Dieses Fiasko beweist erneut, wie sehr die Bildungspolitik inzwischen an Kurswert zugelegt hat. Da die „Jahrhundertreform" nicht auf die lange Bank geschoben werden kann, können sich Bund und Länder aus gesamtstaatlicher Verantwortung einem Kompromiss in der Frage der Bildungskompetenzen auf Dauer schwerlich verschließen. Dabei geht es primär darum, drei eng miteinander verflochtene Problemkreise auszutarieren: Die zukunftsgerechte verfassungsrechtliche Ausgestaltung des Bildungsföderalismus bei gleichzeitiger Wahrung der Kulturhoheit der Länder; das zumeist unter sozialstaatlichen Prämissen diskutierte Problem der Einheit und Vielfalt im Bildungswesen; schließlich die Gewährleistung der internationalen Wettbewerbsfähigkeit des Bildungsstandorts vor dem Hintergrund der europäischen Integration und der Globalisierung.

2 Kulturhoheit der Länder im unitarischen Bundesstaat

Im Kompetenzstreit mit dem Bund berufen sich die Länder immer wieder auf das Grundgesetz (GG) und die dort festgeschriebene Länderzuständigkeitsvermutung. Art. 30 GG weist in Verbindung mit Art. 70 GG die Ausübung staatlicher Befugnisse im Kulturbereich den Ländern zu, doch wird der Kulturföderalismus im Text selbst nicht erwähnt. Seit Bestehen der Bundesrepublik gilt somit die Kulturhoheit, die vor allem die Kompetenz in der Gesetzgebung, der Verwaltung und der Finanzierung in Angelegenheiten der Bildung, Wissenschaft sowie Kunst und Kultur umgreift, als klassische Länderdomäne (Röbke/Wagner 2002). Auch das Bundesverfassungsgericht hat bereits 1957 für Klarheit bei der Aufteilung der bundesstaatlichen Kompetenzen gesorgt, indem es feststellte, dass „die Kulturhoheit, besonders aber die Hoheit auf dem Gebiet des Schulwesens, das Kernstück der Eigenständigkeit der Länder ist" (vgl. BVerfG, E 37, 314, 322). Allerdings hat diese vom höchsten Gericht immer wieder neu bestätigte Feststellung gelegentliche Anfechtungen seitens des Bundes nicht verhindert. So hatte vor einigen Jahren der Staatsminister für Kultur und Medien, Michael Naumann, die provokante Auffassung vertreten: Der „barocke Begriff der Kulturhoheit taucht im Grundgesetz nicht auf", die „Kulturhoheit der Länder ist Verfassungsfolklore" (Naumann 2000). Doch kann man zentralistischen Kritikern nüchterne Zahlen entgegenhalten. Der Anteil des Bundes an der Finanzierung von Bildung ist mehr als gering. So wurden etwa im Jahre 2000 mit 65,9% zwei Drittel der gesamten öffentlichen Bildungsausgaben im engeren Sinne (ohne Forschung und Entwicklung) von den Ländern getragen, 18,8% finanzierten die Gemeinden, während der Bund es lediglich auf 15,7% brachte (Kultusministerkonferenz 2003: 41).

Gegenüber der unitarisch angelegten Weimarer Reichsverfassung enthielt das Grundgesetz in seiner ursprünglichen Fassung keine bundesgesetzlichen Kompetenzen in Sachen Bildung und Kultur. Es verzichtete damit weitgehend auch auf die Möglichkeit inhaltlicher und struktureller Vorgaben zur Vereinheitlichung der Länderbildungspolitik (Reuter 1998: 36). Auch der einzige spezielle Schulartikel des Grundgesetzes, Art. 7, normiert lediglich einige wesentliche bundeseinheitliche Vorgaben wie die Gewährleistung der staatlichen Schulaufsicht, die rechtliche Absicherung des Religionsunterrichts und der Privatschulen. Diese die Kulturhoheit der Länder bewusst schonende Vorgehensweise des Verfassungsgebers entsprach dem viel zitierten bildungspolitischen Prinzip von der „Einheit in der Vielfalt". Dieses zielt darauf ab, die gesamtstaatlich erforderliche Balance von notwendiger Einheit in den Grundstrukturen einerseits und von weitestgehender Flexibilität bei der Ausgestaltung dieser Prinzipien andererseits herzustellen (Avenarius 1994: 30). Die damit gegebene ordnungspolitische Weichenstellung zugunsten der Länder hat nicht zuletzt historische Gründe. Sie resultierte zum einen aus den bedrückenden Erfahrungen mit der zentralistischen Nationalkultur in der Zeit des Nationalsozialismus. Zum anderen waren die Länderverfassungen vor dem Grundgesetz entstanden und hatten in selbstbewusster Anknüpfung an eigene ältere Traditionen dort ihre bildungspolitischen Privilegien bereits festgeschrieben.

Somit gewährte das Grundgesetz dem Bund im Kulturbereich ursprünglich nur sehr wenige Rechte.[2] An dieser Kompetenzverteilung meldeten sich jedoch schon recht früh ebenso populäre wie politische Zweifel. Sie unterstellten dem Föderalismus, er begünstige eine verhängnisvolle Zersplitterung des Bildungswesens. In der Öffentlichkeit, aber auch in der Politik, wurde der Ruf nach Gleichwertigkeit und Einheitlichkeit der Lebensverhältnisse gerade auch mit

---

[2] So stand dem Bund nach Artikel 73 die ausschließliche Gesetzgebungskompetenz im Falle des Rechts der deutschen Auslandsschulen zu, da diese unter die auswärtigen Angelegenheiten fallen. Ferner verfügte er im Rahmen der konkurrierenden Gesetzgebung nach Artikel 74, Abs. 11 und 12 über die Zuständigkeit für die außerschulische Berufsbildung, die sich aus der Bundeskompetenz für das Recht der Wirtschaft und für das Arbeitsrecht ableitet. Auf ihr beruhen das Berufsbildungsgesetz (1969) sowie das Ausbildungsplatzförderungsgesetz.

Blick auf das Bildungswesen immer lauter. Entsprechend ging auf das für die Mobilität der Bürger so wichtige Bildungswesen ein zunehmend starker gesellschaftlicher Homogenisierungsdruck aus. Um ein mögliches Auseinanderdriften der Bildungslandschaft zu verhindern, wurden deshalb schon in den beiden ersten Jahrzehnten der Bundesrepublik entsprechende Schritte eingeleitet. Ganz im Sinne des kooperativen Föderalismus entwickelten Bund und Länder institutionelle Strukturen und Verfahren, um eine bundesweite Vereinheitlichung bei Regelungen und Vorgehensweisen zu erreichen:

- Die Länder versuchten seit den Anfängen der Bundesrepublik über eine Selbstkoordination mit Hilfe der *Kultusministerkonferenz* (KMK) eine bundesweite Harmonisierung in der Bildungspolitik zu gewährleisten. Dies auch in der Absicht, dem Bund keinen Vorwand für eigene zentralstaatliche Kompetenzansprüche zu liefern.
- Daneben entstanden sehr bald mehrere Bund-Länder-Gremien, allerdings als reine Beratungs- bzw. Planungseinrichtungen. Zunächst der *Deutsche Ausschuss für das Erziehungs- und Bildungswesen* (1952 - 1965), dem nach seiner Auflösung der *Deutsche Bildungsrat* (1965 - 1975) folgte. Beide Gremien konzipierten Bedarfs- und Entwicklungspläne, durch die bundesweit eine strukturelle Reform und eine möglichst weitgehende Angleichung des Bildungswesens auf den einzelnen Bildungsstufen angestrebt werden sollte. Ihre politische Wirkung blieb jedoch gering. Nach 1975 verhinderten parteipolitische Differenzen zwischen A- und B-Ländern (SPD- versus CDU-geführte Länder) eine Weiterführung. Wesentlich erfolgreicher wirkte dagegen der bereits 1957 gegründete *Wissenschaftsrat*. Bis heute beeinflusst er durch zahlreiche Empfehlungen, Stellungnahmen und Gutachten über Ländergrenzen hinweg die Hochschul- und Forschungspolitik (Führ 1998: 77ff).

Vor allem seit Ende der sechziger Jahre setzte in der gesamten Politik ein geradezu unaufhaltsam erscheinender Unitarisierungstrend ein. Er führte 1969 auf der Grundlage günstiger Mehrheitsverhältnisse schließlich die zentripetale Wende herbei. Die Verfassungsreform löste wie in der Finanzpolitik auch in der Bildungspolitik das bisher weitgehend bestehende Trennsystem von Bund und Ländern ab. An seine Stelle trat nun eine wachsende Verflechtung in politischer, administrativer und finanzieller Hinsicht, die in der Folgezeit eine schleichende Machtverschiebung zugunsten des Bundes bewirkte. Um diese auch organisatorisch-institutionell zu untermauern, gründete der Bund bereits im Herbst 1969 das danach rasch expandierende Bundesministerium für Bildung und Wissenschaft (BMBW). Als bildungspolitischer Koordinator und Impulsgeber konnte dieses sich künftig auf folgende Verfassungsänderungen stützen:

- Besonders bedeutsam war die Einfügung bildungsbezogener *Gemeinschaftsaufgaben* in das Grundgesetz. Der Bund erhielt dadurch die Mitplanungs- und Mitfinanzierungskompetenz bei Länderaufgaben, für die diese bislang allein zuständig waren. Aufgrund von Artikel 91a GG ist der Bund seitdem berechtigt, verbindlich im Bereich des Aus- und Neubaus der Hochschulen mitzuwirken. Auf dieser Grundlage erfolgte bereits 1969 die Verabschiedung des ersten Hochschulbauförderungsgesetzes. Art. 91b GG dagegen beinhaltet die Möglichkeit für Bund und Länder, in der gesamtstaatlichen Bildungsplanung und bei der Förderung von Einrichtungen und Vorhaben der wissenschaftlichen Forschung, soweit diese von überregionaler Bedeutung sind, zu kooperieren. Institutionalisiert wurde diese Kooperation in Form einer gemeinsamen Bund-Länder-Kommission (*BLK*) für Bildungsplanung (1970), deren Aufgabenbereich 1975 um die Forschungsförderung ergänzt wurde.
- Um die als notwendig erachtete Rechtseinheit auch in anderen Teilbereichen des Bildungswesens zu gewährleisten, wurden dem Bund zusätzlich eigene Gesetzgebungskompetenzen zugestanden. Für die allgemeinen Grundsätze des Hochschulwesens erhielt er in Artikel 75 Abs.1a die *Rahmengesetzgebungskompetenz*, die die Voraussetzungen für ein Hochschulrahmengesetz (HRG) schuf. Hinzu kam im Rahmen der *konkurrierenden Gesetzgebung* durch die Ergänzung von Artikel 74, Nr.13 auch noch die Gesetzgebungskompetenz für die Regelung der Ausbildungsbeihilfen, die 1971 die Verabschiedung des Bundesausbildungsförderungsgesetz (BAföG) ermöglichte.

3 Schulpolitik der Länder

Im föderalen Staat der Bundesrepublik gilt das Schulwesen als *das* Kernstück der Länderstaatlichkeit. Im Bereich der allgemeinbildenden und beruflichen Schulen verfügen die Länder über eine umfassende Gestaltungskompetenz, die geradezu monopolartig Planung, Verwaltung und Finanzierung umfasst. Diesen Primat haben die Länder bis heute gegen periodisch wiederkehrende Anfechtungen des Bundes ebenso vehement wie erfolgreich verteidigt. Das Schulwesen war somit, im Gegensatz zum Hochschulwesen, auch kein Thema der aktuellen Föderalismusreform.

Dennoch gelten die Hoheitsrechte der Länder nicht unbeschränkt: Sie bewegen sich innerhalb der Grenzen des normativen Verfassungsrahmens. Art. 28 GG z.B. verpflichtet die Länder, die Grundsätze des demokratischen und sozialen Rechtsstaates auch in der Schulpolitik zu beachten. Für die Landesschulgesetzgebung folgt daraus u. a., dass sie das recht komplexe Feld der Grundrechte der Schulbeteiligten zu respektieren hat (Avenarius 2000: 25ff). Das *Grundgesetz* selbst hält sich, wie erwähnt, mit Vorgaben zurück. In Art. 7 Abs. 1 GG heißt es lapidar: „Das gesamte Schulwesen steht unter der Aufsicht des Staates". Nach der mehrfach bestätigten Rechtsprechung des Bundesverfassungsgerichts folgt hieraus eine umfassende Gestaltungsbefugnis der Länder für das Schulwesen, wobei die Aufsichtsrechte nicht nur das öffentliche Schulwesen, sondern auch den Privatschulsektor umgreifen. Die Länder besitzen so die Regelungskompetenz für die Gesamtheit der Planung und Organisation des Schulwesens, d.h. die organisatorische Gliederung und die strukturellen Festlegungen, das inhaltliche und didaktische Programm, das Setzen von Lernzielen und die Organisation von Prüfungen und die Vergabe von Berechtigungen (Avenarius 2000: 113).

Verfassungsrechtliche Vorgaben in Form recht ausführlicher Bildungskapitel enthalten darüber hinaus die meisten *Länderverfassungen*. Sie beschränken sich jedoch fast durchweg auf abstrakt formulierte oberste Erziehungs- und Bildungsziele wie Bekenntnisse zu Demokratie, Gerechtigkeit, Freiheit, Friede, Toleranz, Solidarität, Heimat oder Religion (Reuter 2003: 32ff). Die Verfassungsgeber in den Ländern haben dabei weltanschaulich-politisch motivierte Akzentuierungen vorgenommen, die den Zeitgeist ihrer Entstehung widerspiegeln. So betonen die älteren Verfassungen überwiegend integrative, pflicht- und gemeinschaftsorientierte Werte, während die jüngeren Verfassungen, z. B. in den neuen Bundesländern, Individual- und Selbstentfaltungswerte stärker hervorheben. Insgesamt gilt jedoch, dass diese sehr allgemein und eher appellativ gehaltenen Vorgaben sich durchweg im normativen Gesamtrahmen des Grundgesetzes bewegen und für die konkrete Schulpolitik der Länder kaum eine präformierende Wirkung haben.

Hohe schulpolitische Relevanz und Brisanz birgt dagegen der Grundrechtssektor. Der Erziehungs- und Bildungsauftrag der staatlichen Schule ist von wesentlicher Bedeutung sowohl für die Persönlichkeitsrechte der Schüler wie auch für das Erziehungsrecht der Eltern. Deren Grundrechte sind betroffen, weil die Schule über Unterrichtsqualität und Abschlüsse auch über individuelle Sozial- und Lebenschancen von Kindern und Jugendlichen entscheidet. Dies wurde in den späten sechziger Jahren zum Politikum, als an der ideologischen Front heftig über Förderstufe, Gesamtschule, Sexualkunde, Rahmenrichtlinien für Deutsch oder Politik gestritten wurde. Häufig zogen die Schulbetroffenen vor Gericht, um ihre Ansprüche klären zu lassen. Deren Entscheidungen zogen ihrerseits wiederum eine Fülle von Regelungen in Gesetzes- oder Verordnungsform nach sich, was zu einer geradezu exorbitanten Verrechtlichung des Schulwesens führte. Auch das Bundesverfassungsgericht hat diesen Trend kräftig vorangetrieben. Mitte der 70er Jahre verkündete es seine *Wesentlichkeitstheorie*, die die Landesparlamente dazu verpflichtete, alle grundrechtsrelevanten Fragen des Schulwesens durch Gesetz selbst zu entscheiden und diese nicht der Schulverwaltung zu überlassen (Parlamentsvorbehalt). Dadurch wurde zwar Rechtssicherheit geschaffen, die schulpolitische Rolle der Landtage gegenüber den Kultusverwaltungen gestärkt und somit der demokratischen Transparenz und Legitimität Tribut gezollt. Andrerseits führte diese Entwicklung zu einer Bürokratisierung des Schulwesens, zu einer tendenziellen Justizialisierung der Schulpolitik. Nicht nur die Exekutiven, sondern auch die Legislativen wurden so schulpolitisch stark von der Dritten Gewalt abhängig (Maier 1998: 29ff). Dies dokumentiert schon ein Blick auf die Reichweite des vom obersten Gericht vorgegebenen Parlamentsvorbehalts, dessen umfassende materielle Ausgestaltung den Gesetzgeber politisch zu strangulieren droht.[3]

Schulgesetze, die von Land zu Land nach Umfang, Regelungsdichte und Inhalt stark voneinander abwichen, gab es schon seit Ende der 50er Jahre. Die Länderparlamente in allen Bundesländern sind dem Auftrag des obersten Gerichts inzwischen nachgekommen und haben durch die Verabschiedung neuer oder die Novellierung älterer Schulgesetze die Grundsätze der Wesentlichkeitslehre weitgehend umgesetzt. Hilfestellung bot ein Musterentwurf für ein Landesschulgesetz, den die Kommission Schulrecht des Deutschen Juristentages 1981 vorgelegt hatte. Er wurde von den schulpolitischen Akteuren seinerzeit recht kritisch beurteilt, dennoch haben mehrere Schulgesetzgeber daraus viele Formulierungen übernommen. Die meisten Länder gaben jedoch eigenen gesetzlichen Modellen den Vorzug, weshalb die schulgesetzliche Landschaft in Deutschland heute ein höchst uneinheitliches Bild aufweist. Darin spiegelt sich auch der poli-

---

[3] Nach den heute üblichen Maßstäben fallen darunter unter anderem folgende Gegenstandsbereiche: Die allgemeinen Erziehungsziele, die inhaltlichen Merkmale der verschiedenen Schularten und Schulstufen einschließlich deren Unterrichtsprogramm und spezifisches Qualifikationsprofil; die grundrechtsrelevanten Unterrichtsfächer wie z.B. Sexualkunde- und Ethikunterricht; die Grundzüge der Schulbuchzulassung; die Struktur des Schulwesens, dessen Gliederung und Organisation nach Bildungsgängen; die Schulpflicht sowie der Zugang zu weiterführenden Schulen; die Grundzüge für Leistungsbewertungen, Prüfungen und Abschlüsse; die Einführung von Ganztagsschulen oder Auflösung und Zusammenlegung von Schulen; die Schulverfassung, in deren Rahmen Formen und Reichweite der Mitwirkung von Lehrern, Eltern und Schülern im innerschulischen Willensbildungsprozess zu klären ist; Rechtsstellung sowie Aufgaben der Schulleitung; Behördenorganisation und Aufgabenprofil der Schulaufsicht; die Leitlinien für die Schulträgerschaft und die Aufgaben der kommunalen Schulverwaltung einschließlich der Regelung der schulischen Kostenfragen (Avenarius 2000: 235ff).

tische Wille wider, regionalen Traditionen und Besonderheiten Rechnung zu tragen und so eigene landespolitische Akzente zu setzen. Ihre Prägungen erfahren diese Unterschiede nicht zuletzt auch durch die jeweils gegebenen parteipolitischen Mehrheitsverhältnisse. Allerdings gehört die bildungspolitische Polarisierung der siebziger Jahre, als die Differenzen zwischen A- und B-Ländern mitunter mit konfessioneller Schärfe ausgetragen wurden, längst der Vergangenheit an. Nach 1990 ist die Schullandschaft deutlich bunter geworden, die deutsche Einheit hat zudem zur gegenseitigen Toleranz und Versachlichung des Umgangstons beigetragen. Im Übrigen hat auch der äußere Druck durch PISA die Länder schulpolitisch ein Stück näher zusammengerückt. Dennoch wird das bundesrepublikanische Bild durch recht unterschiedliche Landesprofile, die teilweise eine lange Vorgeschichte haben, bestimmt. Sie unterscheiden sich hinsichtlich Schulformen, pädagogischen Zielsetzungen, inhaltlichen Akzentuierungen, Leistungskriterien oder auch in organisatorisch-administrativer Hinsicht.[4] Diese Unterschiede stehen für eine föderale Vielfalt, die so auch Chancen für einen innovativen Wettbewerb zwischen Angeboten und Wahlmöglichkeiten der Länder um die besten Lösungen eröffnet.

Obwohl der Parlamentsvorbehalt die parlamentarische Verantwortlichkeit gestärkt hat, liegt die politische Steuerung der Schulpolitik dennoch weitgehend in den Händen der Schulministerien, d.h. bei der *Exekutive*. Die Kultusverwaltung mit ihren Abteilungen und die ihr zuarbeitende Schulaufsichtsverwaltung planen, koordinieren und kontrollieren praktisch die gesamte innere und äußere Schulentwicklung. Sie sind verantwortlich für die Einstellung des Lehrpersonals, für dessen Aus- und Weiterbildung, für die schulische Qualitätssicherung sowie für die Finanzplanung. Um die allgemein gehaltenen zahlreichen schulgesetzlichen Vorgaben im Einzelnen in den Schulalltag zu übersetzen, verfügt die Exekutive zudem über einen großen Ermessensspielraum, den sie durch Rechtsverordnungen, Erlasse und Vorschriften situationsspezifisch konkretisieren kann. Zur Vorbereitung anstehender Entscheidungen kann sie zudem in aller Regel entweder auf landesinterne pädagogische Institute, Beiräte, Kommissionen oder sonstige Bildungsinstitutionen rekurrieren oder dazu extern mit Gremien und

---

[4] Im Vordergrund stehen u.a. folgende Alternativen: Gegliedertes oder integratives Schulsystem mit darauf abgestimmten Schulformen und Bildungsgängen; schulformübergreifende oder schulformabhängige Stundentafeln und Lehrpläne; vier- oder sechsjährige Grundschule; Freigabe oder Beschränkung des Elternwillens beim Übergang auf die weiterführenden Schulen; Abitur nach 12 oder 13 Jahren; zentrale Tests und Prüfungen oder dezentrale Aufgabenstellungen; Gewährung von mehr „Schulautonomie", erweiterten Partizipationsrechten oder eher zentrale Steuerung der Einzelschule durch die staatliche Schulaufsicht; drei- oder zweistufige Organisation der Schulverwaltung, Schaffung von Sonderbehörden oder Integration in die ressortübergreifende Verwaltung; Staatsexamen oder Bachelor/Master-Abschlüsse in der Lehrerausbildung?

Einrichtungen anderer Länder oder auch des Bundes kooperieren. Diese netzwerkartige administrative Infrastruktur ist auch maßgeblich dafür, dass Reformanstöße, gesetzgeberische Impulse und Innovationen in der Schulpolitik fast durchweg aus der Kultusverwaltung und deren politischer Führung kommen. Gelingt es ihr, für ein gesetzgeberisches Vorhaben die politische Zustimmung im Kabinett und bereits im Vorfeld der parlamentarischen Beratungen auch die der Mehrheitsfraktionen zu erhalten, kann sie selbst weit reichende Reformprojekte ohne größere Korrekturen im Landesparlament durchsetzen (Hepp/Weinacht 2003: 27ff).

Die dominante Stellung der Länderexekutive wird nicht zuletzt durch den Uniformisierungsdruck im Bildungswesen zementiert. Das öffentliche Unbehagen über den Bildungsföderalismus, der etwa in dem Satz „Vater versetzt, Sohn sitzengeblieben", zum Ausdruck kommt, hat die Länder bereits 1948 zur Gründung der *Ständigen Konferenz der Kultusminister* (KMK) veranlasst. Das Generalsekretariat der KMK, das seit 1949 in Bonn angesiedelt ist, hat sich mit zeitweise über 200 Personalstellen zu einer überaus wichtigen überregionalen Planungs- und Koordinationsinstanz entwickelt. Vom Status her zwar lediglich eine Arbeitsgemeinschaft ohne verfassungsrechtliche Qualität, nimmt die KMK unter den Fachministerkonferenzen der Länder jedoch eine Sonderstellung ein, die aus der Staatsqualität der Länder und deren Kulturhoheit resultiert. Sie ist als „eine zentrale, wenn auch nur in der Nähe des Gesamtstaates und nach ihrem Selbstverständnis zu ihm deutliche Trennungslinien ziehende Einrichtung der deutschen Kulturverwaltung zu sehen" (Oppermann 1969: 566). Ihre Hauptaufgabe besteht darin, „bei grundsätzlicher Eigenständigkeit der Länder und föderaler Vielfalt das notwendige Fundamentum an Einheitlichkeit, Gemeinsamkeit und Vergleichbarkeit im Bildungs- und Kulturwesen zu sichern" (Fränz/Schultz-Hardt 1998: 226). Aufgrund der Länderautonomie verfügt die KMK jedoch über keine eigene Entscheidungskompetenz, sondern stellt lediglich die Bündelung der Einzelkompetenzen der einzelnen Kultusminister dar. Daraus folgt das Einstimmigkeitsprinzip, um Beschlüsse und Verabredungen wirksam werden zu lassen (Füssel 1989: 431). Deren rechtliche Verbindlichkeit wird erst möglich, indem diese von den jeweils zuständigen Landesorganen in Gesetze, Rechtsverordnungen oder allgemeine Verwaltungsvorschriften umgesetzt werden.

Kernstück und Schwerpunkt der Koordinierungsarbeit der KMK bildete bisher der Schulbereich mit deutlichem Abstand vor dem Hochschulwesen und der Kulturpolitik. Im Rückblick auf über fünf Jahrzehnte Tätigkeit müssen auch die zahlreichen Kritiker dieser Institution konzedieren, dass sie insgesamt eine eindrückliche Leistungsbilanz vorzuweisen hat. Bereits 1995 hatte sie im Sinne der angestrebten Einheitlichkeit weit über 1000 Beschlüsse verabschiedet, zumeist Stellungnahmen und Empfehlungen, was ganz überwiegend und unspektakulär im gegenseitigen Einvernehmen geschah (Breitenbach 1994: 24). Vor allem aber ist es der KMK gelungen, durch Rahmenvereinbarungen in wesentlichen schulpolitischen Fragen Konsens zu erzielen und so in organisatorischer und curricularer Hinsicht eine vergleichbare schulische Grundstruktur aller Bundesländer zu gewährleisten. Wichtige Schritte auf diesem Weg zur Vereinheitlichung bildeten das Düsseldorfer Abkommen von 1955 sowie dessen Fortentwicklung durch das 1964 verabschiedete Hamburger Abkommen (1971 novelliert). Beide Abkommen wurden von der KMK vorbereitet, von den Ministerpräsidenten als Staatsvertrag unterzeichnet und von allen Landesparlamenten ratifiziert. Daneben hat die KMK weitere wichtige Vereinbarungen auf den Weg gebracht, die der Vereinheitlichung im Schulwesen dienten.[5] Schließlich hat die KMK nach 1990 erfolgreich die schwierige Aufgabe gemeistert, die neuen Bundesländer mit ihren aus der DDR überkommenen Schulstrukturen in das westdeutsche System zu integrieren.

Die Kompromisssuche innerhalb der KMK war jedoch nicht selten auch ein höchst mühsames und schwerfälliges Geschäft. Kritiker sprachen von aufwendiger Kleinstaaterei und bescheinigten der KMK das Tempo einer Landschildkröte. Bei politisch besonders brisanten Themen wurde im Einzelfall jahrelang verhandelt, mitunter war der Dissens unüberbrückbar. Hier wirkte sich die Kluft zwischen A- und B-Ländern lähmend aus, die von Anfang der siebziger bis weit in die achtziger Jahre hinein für eine „Fraktionsbildung" in der KMK sorgte. In dieser Phase war es üblich, dass vor den Plenarsitzungen sowohl die vorbereitende Konferenz der Amtschefs wie auch die Minister selbst getrennte Vorbesprechungen abhielten. So konnte etwa wegen der strittigen Gesamtschulfrage erst 1993 eine Einigung über die Abschlüsse der Sekundarstufe I erzielt werden, obwohl dieses wichtige Thema seit 1970 unter den Ländern verhandelt wurde. Gleiches gilt für die wechselseitige Anerkennung der Lehrerexamen, die erst 1997 erreicht wurde. Für Aufsehen sorgte 1983 auch das Scheitern der KMK bei der Erarbeitung einer Empfehlung zum Thema „Friedensicherung, Verteidigung und Bundeswehr". Aufgrund tiefer Meinungsverschiedenheiten zwischen A- und

---

[5] Genannt seien hier beispielhaft: Die Saarbrücker Vereinbarung zur Oberstufe des Gymnasiums (1960), die Vereinbarung über ein Versuchsprogramm mit Gesamt- und Ganztagsschulen (1969), die Empfehlungen zur Hauptschule (1969), die Empfehlungen zur Arbeit in der Grundschule (1970), der Beschluss zur Ordnung des Sonderschulwesens (1972), die Vereinbarung zur Reform der gymnasialen Oberstufe (1972), der Beschluss über die wechselseitige Anerkennung von Gesamtschulabschlüssen (1982), der Beschluss über einheitliche Prüfungsanforderungen für das Abitur (1989), die Vereinbarung über die Schularten und Bildungsgänge der Sekundarstufe I und ihre Abschlüsse (1993), die Richtungsentscheidungen zur Weiterentwicklung der gymnasialen Oberstufe (1995) sowie in jüngster Zeit der Beschluss über die verbindliche Einführung nationaler Bildungsstandards für alle Schulformen sowie über gemeinsame Kriterien für eine bundeseinheitliche Leistungsevaluierung (2002).

B-Ländern präsentierte man der Öffentlichkeit nach Ländergruppen getrennte Empfehlungen.

Mit der deutschen Einheit und den dramatisch zunehmenden budgetären Engpässen haben sich diese Frontbildungen zwischenzeitlich weitgehend verflüchtigt. Dies war auch notwendig, weil mit dem Beitritt der neuen Bundesländer in der KMK nun mehr als 30 Minister und Senatoren aus insgesamt 16 Ländern versammelt sind. Wo mehr Interessen ins Spiel kommen, wächst der Druck auf die Kompromissbereitschaft. Zudem ist die bildungspolitische Landschaft seit der deutschen Einheit facettenreicher und unübersichtlicher geworden. Gegenläufige Koalitionen von Bund und Ländern, die Häufigkeit wechselnder Farbkombinationen und ein gewachsenes Selbstbewusstsein der Regionalparteien haben auch in der Bildungspolitik neue Konfliktlinien entstehen lassen. Das frühere Gegenüber von A- und B-Ländern ist so weitgehend durch den Interessengegensatz von eher reichen und armen Ländern, von Stadt- und Flächenstaat sowie von alten und neuen Bundesländern zwar nicht gänzlich abgelöst, so doch kräftig überlagert worden (Erhardt 1992: 314).

Trotz aller Erfolge ist jedoch die Arbeit der KMK stets mit Kritik überhäuft worden. Manche gingen sogar soweit, ihre ersatzlose Streichung zu fordern. Vielen dient sie geradezu als Symbol für die vermeintlichen Gebrechen des Bildungsföderalismus. Die wesentlichen Contra-Argumente lassen sich wie folgt zusammenfassen:

- Das Einstimmigkeitsprinzip bewirke, dass praktisch der Langsamste das Tempo in der KMK bestimme, weshalb eine Einigung häufig auf dem kleinsten gemeinsamen Nenner erfolge. Auch sei der Abstimmungsaufwand, der bei insgesamt 16 Ländern in zahlreichen länderübergreifend arbeitenden Ausschüssen und Kommissionen der KMK zu leisten sei, viel zu zeitintensiv und zu teuer. Die komplizierten Verfahrensweisen verhinderten eine gesamtstaatlich gebotene effiziente Handlungsfähigkeit, zumal in grundrechtsrelevanten Angelegenheiten alle 16 Landtage übereinstimmende Landesgesetze oder Staatsverträge verabschieden müssten. Aufgrund dieser Blockaden erweise sich der Bildungsföderalismus als reform- und innovationsfeindlich, das deutsche Schulwesen werde dadurch in seiner internationalen Wettbewerbsfähigkeit zurückgeworfen.
- Die „extrakonstitutionelle" KMK bewege sich in einer verfassungsrechtlichen Grauzone. Als Organ des Exekutivföderalismus schwäche sie die Landesparlamente, denen eine schulpolitische Statistenrolle zugemutet werde. Die Schulpolitik sei zwar deren ureigenste Domäne, doch hätten sie auf die Entscheidungen der KMK keinen Einfluss. Kompromissen der KMK fehle es zudem an demokratischer Transparenz: Sie würden hinter verschlossenen

Türen ausgehandelt, so dass Erfolge oder Misserfolge politisch nicht zurechenbar seien. Auch könnten die Landtage bei wichtigen Entscheidungen, die schulgesetzliche Novellierungen oder Staatsverträge der Länder erfordern, einen in der KMK mühsam ausgehandelten Kompromiss nicht mehr in Frage stellen. Der den Landtagen vom obersten Gericht eingeräumte Parlamentsvorbehalt sowie die damit verknüpfte unmittelbare Wähler- und Parlamentskontrolle verkomme so zur politischen Makulatur.

Die genannten Kritikpunkte waren stets Wasser auf die Mühlen der politischen Akteure, die in periodischer Regelmäßigkeit eine Gesetzgebungskompetenz des Bundes auch für das Schulwesen reklamieren. In zwei Fällen haben SPD-geführte Bundesregierungen entsprechende Initiativen ergriffen. 1978 legte die Regierung Schmidt einen „Mängelbericht" vor, der im Interesse einheitlicher Lebensverhältnisse empfahl, dem Bundestag folgende Entscheidungen zu übertragen: die Regelung der Schul- und Bildungspflicht, die Regelung der Übergänge und Abschlüsse der einzelnen Stufen des Bildungssystems, die inhaltliche Ordnung des beruflichen Schulwesens sowie die Grundzüge der Lehrerausbildung (Burckhardt 1980: 43). Dieser Angriff auf die Grundfesten des Kulturföderalismus ist seinerzeit am einstimmigen Veto der Länder gescheitert. Erst sehr viel später, im Bundestagswahlkampf 2002, ist vor dem Hintergrund der desolaten PISA-Ergebnisse ein erneuter Anlauf unternommen worden (Behmenburg 2003: 165ff). Bildungspolitiker der SPD und der Grünen forderten ein Bundeskultusministerium, während die Bundesbildungsministerin eine führende Rolle des Bundes bei der Festlegung von nationalen Bildungsstandards und Bildungstests beanspruchte. Auch der Bundeskanzler griff in die Debatte ein. In einem Artikel in „DIE ZEIT" rechnete er mit dem Bildungsföderalismus ab. Dieser habe sich selbst zu Grabe getragen, die Gesamtleistungen der KMK seien schlecht. Was als föderaler Wettbewerb gepriesen werde, erweise sich „im Licht der innerdeutschen PISA-Ergebnisse als Länderegoismus auf dem Rücken der deutschen Schüler" (Schröder 2002: 33). Im gesamtstaatlichen Interesse, so der Kanzler, sei es deshalb unumgänglich, dem Bund die Kompetenz für ein Schulrahmengesetz zu gewähren, um so ein nationales Kerncurriculum sowie einheitliche Bildungsstandards in allen Schulen Deutschlands verbindlich zu machen.

Auch dieser Angriff auf das föderale Kompetenzgefüge verpuffte mehr oder minder wirkungslos. Nicht nur, weil auch die SPD-geführten Landesregierungen energisch widersprachen (Schipanski 2002). Für Überraschung sorgte vor allem das Auftreten der „neuen" KMK, die den Ernst der Lage erkannte und rasch durch eigene Initiativen reagierte. Unmittelbar nach dem Erscheinen der PISA-Studie (2001) legte sie ein Aktionsprogramm in sieben Punkten zur Qualitätssicherung deutscher Schulen vor und präsentierte ein Jahr später eine Einigung über die Einführung bundesweit gültiger Bildungsstandards und vergleichender Schulleistungstests. Für die Umsetzung dieser Beschlüsse in Länderrecht sollten Staatsverträge sorgen. 2003 gab die KMK die Gründung eines von allen Ländern getragenen Instituts für Qualitätsentwicklung in Berlin bekannt, kurz danach folgte die Veröffentlichung eines umfangreichen nationalen Bildungsberichts (Kultusministerkonferenz 2003). Obendrein kündigte die KMK einschneidende Reformen der eigenen Arbeit an: Diese sollte künftig die Qualitätssicherung und somit die Outputorientierung in den Mittelpunkt stellen. Eine organisatorische Straffung der Arbeit sowie strukturelle Reformen sollten die Effizienz der Arbeit verbessern: Genannt wurden eine Verlängerung der Präsidentschaft auf zwei Jahre, eine deutliche Verschlankung des organisatorischen Apparates sowie die Einführung einer qualifizierten Mehrheit (13 von 16 Stimmen) bei der Mehrzahl der Abstimmungsgegenstände (Krauß 2005). Mit diesen Reforminitiativen ist der KMK und damit dem Bildungsföderalismus bis auf weiteres ein wichtiger Befreiungsschlag gelungen.

Das an der schulpolitischen Front neu gestärkte Länderbewusstsein spiegelt sich auch in der aktuellen Föderalismusdebatte wider. Dort haben die Ministerpräsidenten ihre Absicht bekundet, aus der Gemeinschaftsaufgabe der gemeinsamen Bildungsplanung mit dem Bund nach Art. 91b GG auszusteigen. Dies ist rechtlich möglich, weil diese Kooperation, die institutionell in der BLK angesiedelt ist, keine bindende Verpflichtung darstellt.[6] Die Länder argumentieren hier mit dem Hinweis, dass die bisherige Zusammenarbeit mit dem Bund im Bereich der Bildungsplanung sich alles andere als effektiv erwiesen habe. In der Tat war die gemeinsame Bildungsplanung bereits 1973, als der von der BLK erstellte „Bildungsgesamtplan" an den unterschiedlichen Auffassungen seiner Mitglieder scheiterte, zum Erliegen gekommen. In der Folgezeit verlegte sich der Bund so notgedrungen auf die Förderung schulischer Modellversuche in den antragstellenden Ländern. Dieses Engagement in über 2000 Projekten brachte ihm schulpolitisch jedoch wenig Anerkennung. In ihrem Positionspapier zur Föderalismusreform sprachen sich die Ministerpräsidenten Anfang 2003 einmütig für die Abschaffung der gemeinsamen Bildungsplanung aus (Kommissionsdrucksache 0045: 4). Die BLK, so hieß es hier lapidar, erfordere einen zu hohen bürokrati-

---

[6] Anders als in der KMK wird in der BLK, die weit stärker den Bildungspluralismus im föderalen System widerspiegelt, nicht nach dem Einstimmigkeits- sondern dem Mehrheitsprinzip entschieden. Nach dem von Bund und Ländern gemeinsam beschlossenen Verwaltungsabkommen trifft die Kommission, in der sowohl der Bund wie auch die Länder jeweils über 16 Stimmen verfügen, ihre Beschlüsse mit Drei-Viertel-Mehrheit der Stimmen. Die Empfehlungen der BLK werden den Regierungschefs zur Entscheidung vorgelegt, die Gültigkeit erlangt, wenn 13 von 16 zustimmen. Die Beschlüsse binden aber nur die Länder, die ihnen zugestimmt haben.

schen Aufwand, der Ertrag der von ihr initiierten Modellprojekte sei gering, die erforderlichen Abstimmungen könnten künftig in der KMK erfolgen.[7]

4 Hochschulpolitik der Länder

Analog zum Schulbereich verfügte der Bund nach dem Grundgesetz zunächst auch im Hochschulwesen über keinerlei Kompetenzen. Erst durch die Verfassungsreform von 1969 erhielt er das Recht zur Rahmengesetzgebung im Hochschulbereich sowie ein Mitwirkungsrecht bei den Gemeinschaftsaufgaben im Hochschulbau, der Bildungsplanung und der überregionalen Forschungsförderung. Begründet wurden diese Änderungen vor allem mit dem Hinweis auf die für erforderlich erachtete Rechtseinheit im Hochschulwesen und die gleichberechtigte Verteilung von Bildungschancen. Ein weiteres Argument bildeten die begrenzten finanziellen Ressourcen der leistungsschwächeren Länder.

Für die Länder brachten diese Kompetenzverschiebungen zugunsten des Bundes einen gewichtigen Autonomieverlust. Dieser wurde noch verstärkt durch den Einfluss der höchstrichterlichen Rechtssprechung, die seit den siebziger Jahren durch zentralistische Auflagen den Landesgesetzgebern zahlreiche bürokratische Fesseln aufnötigte. Das Hochschulrecht der Länder entwickelte sich so zum Paradebeispiel für den Trend zum unitarischen Bundesstaat (Geis 2002: 146). Dies hatte Auswirkungen vor allem auf die Ausgestaltung der universitären Entscheidungsstrukturen und die Verteilung der in den Massenuniversitäten knapp gewordenen Studienplätze (Reuter 1998: 45). Als besonders verhängnisvoll für die Länderautonomie erwies sich hier das Numerus-clausus-Urteil des Bundesverfassungsgerichts vom Juli 1972. Unter Berufung auf das Prinzip der Chancengleichheit wurde den Ländern und Hochschulen für die betroffenen Fächer das Bestimmungsrecht über die Vergabe der Studienplätze entzogen. Das Gericht verpflichtete die Länder, über einen Staatsvertrag eine gesamtstaatliche Einheitsregelung zu vereinbaren. Diese mündete über die hochbürokratische Einrichtung der ZVS in eine zentrale Studienplatzbewirtschaftung, durch die den Ländern das Recht auf Auswahl der Studienbewerber beschnitten, der föderale Wettbewerb im Hochschulwesen ausgehebelt und der Leistungswille der bildungspolitisch engagierten Länder bestraft wurde.[8]

---

[7] Die Bundesregierung protestierte mit Vehemenz, hierin unterstützt durch einen gemeinsamen Antrag der Regierungsfraktionen und der FDP-Fraktion im Deutschen Bundestag, die sich für die Fortführung der gemeinsamen Bildungsplanung von Bund und Ländern und damit zugleich für die Beibehaltung der BLK aussprachen (Füssel 2003: 376ff).

[8] Eine länderfreundliche Neuregelung brachte erst das 7. HRGÄndG vom 28. August 2004. In den so genannten ZVS-Fächern wird die Verteilung der Studienplätze künftig wie folgt gere-

Gewinner dieser zentripetalen Gesamtentwicklung war der Bund. Mit der Rahmenkompetenz nach Art. 75 Abs. 1a war er jetzt berechtigt, über ein *Hochschulrahmengesetz* (HRG) den Landesgesetzgebern allgemein gehaltene Rahmenvorgaben zu machen. Nach einem langjährigen Tauziehen zwischen Bund und Ländern kam es 1976 zur Verabschiedung des entsprechenden Zustimmungsgesetzes. Es enthielt eine relativ dichte Vollregelung, die den damaligen unitarischen Zeitgeist widerspiegelte. Sie umfasste nicht nur studienrelevante Angelegenheiten, sondern auch die innere Struktur der Hochschule, so etwa die Organzuständigkeiten und die Modalitäten der Beteiligung der einzelnen Gruppen in den Gremien. Allerdings waren die Länder einer bundeseinheitlichen Regelung keineswegs abgeneigt. Sie diente auch der eigenen politischen Entlastung, da die nach 1968 so heftig umstrittenen Strukturfragen den Hochschulfrieden im eigenen Land zum Problem machten. Dennoch bleibt es aus heutiger Sicht erstaunlich, dass die Länder in den langen Jahren bis zur deutschen Einheit so gut wie nichts unternahmen, um verloren gegangenes hochschulpolitisches Terrain dem Bund wieder abspenstig zu machen. Erst sehr viel später, im Zuge der Verfassungsreform von 1994, zeichnete sich auch in der Hochschulpolitik ein föderales Umdenken ab. Ihren Niederschlag fand diese Kehrtwende in der „Deregulierungsnovelle" von 1998, die als 4. Änderungsgesetz zum HRG das Übermaß an hochschulpolitischem Zentralismus reduzieren sollte. Zahlreiche Vorschriften über die innere und äußere Organisation, Regelungen zur Mitbestimmung, zur Verwaltung der Hochschulen entfielen nun, andere wurden inhaltlich stark beschnitten. Die Länder, so lautete jetzt der neue gefundene Konsens von Bund und Ländern, sollten durch diese Rückverlagerungen einen umfassenden Handlungsspielraum zurückerhalten, um die deutschen Hochschulen im Sinne eines zeitgemäßen Managements grundlegend zu modernisieren. Zugleich sollte damit aber auch der Grundstein gelegt werden „für ein von Autonomie und Wettbewerb geprägtes, international konkurrenzfähiges Hochschulsystem, das in der Lage ist, flexibel und kreativ auf heute bestehende und sich künftig stellende Herausforderungen zu reagieren" (Bundesrats-Drucksache 724/97 1997: 21).

Erneut für zentralistischen Gegenwind in der Hochschulpolitik sorgte wenige Jahre später der nationale PISA-Schock. Die wieder auflebende Kritik an der „Kleinstaaterei" des Bildungsföderalismus ermutigte die Bundesbildungsministerin, eine neuerliche Machtprobe mit den Ländern zu riskieren. Neben dem Vorschlag, über den Bund Eliteuniversitäten zu gründen, suchte sie vor allem über Änderungen des HRG vermehrt Einfluss auf die Hochschulpolitik der Länder zu gewinnen. Unter provokanter Umgehung des Bundesrates wurden mit den Stimmen der rot-grünen Regierungsmehrheit das 5. und 6. Änderungsgesetz zum

---

gelt: Je 20% durch die ZVS und nach der Wartezeit, 60% durch freie Auswahl seitens der Hochschulen.

HRG verabschiedet. Beide Novellierungen traten 2002 in Kraft. Die erste betraf als wichtigste Neuerung die Modalitäten der Einführung der „Juniorprofessur". Sie war mit der von den unionsregierten Ländern heftig kritisierten Auflage verbunden, die Irrelevanz der Habilitation als Einstellungsvoraussetzung für Professuren ab dem Jahre 2010 festzuschreiben. Dies führte zu einer Klage der Länder Bayern, Sachsen und Thüringen vor dem Bundesverfassungsgericht. In seiner Entscheidung (2004) erklärte das Gericht das Gesetz für ungültig, weil es die Länder mit der Vorgabe, den alten Weg zur Professur über die Habilitation nicht mehr zuzulassen, zu sehr einschränke. Aber auch mit ihrem zweiten Novellierungsvorstoß handelte sich die Ministerin im föderalen Kräftemessen eine Niederlage ein. Er betraf das vom Bund den Ländern auferlegte Verbot, im Rahmen des Erststudiums Studiengebühren zu erheben. Auch hier klagten mehrere unionsgeführte Länder erfolgreich vor dem obersten Gericht. Dieses setzte Anfang 2005 das Gesetz außer Kraft und erklärte die Erhebung von Studiengebühren zur ausschließlichen Ländersache. Aufschlussreich war auch die Begründung: Der Bund, so das höchste Gericht, sei „im Hochschulbereich zu einer außerordentlichen Zurückhaltung verpflichtet". Außerdem sei die durchgesetzte Änderung des HRG weder zur Herstellung gleichwertiger Lebensverhältnisse noch zur Wahrung der Rechts- und Wirtschaftseinheit erforderlich (Schmoll 2005).

Mit diesen länderfreundlichen Urteilen hat das Bundesverfassungsgericht den seit der Verfassungsreform von 1994 bestehenden Trend zur Reföderalisierung bekräftigt. Der Bund geriet hochschulpolitisch wieder in die Defensive. In der parallel laufenden Föderalismusdebatte bemühte sich die Bundesbildungsministerin um Schadensbegrenzung. Sie beharrte auf der Bundeskompetenz, doch sollte das HRG verschlankt werden und zentrale Regelungen nur noch für die vier Bereiche Zulassung, Abschlüsse, Dienstrecht und Qualitätssicherung vorsehen. Doch die Ministerpräsidenten, gestärkt durch den Rückenwind aus Karlsruhe, zeigten kompromisslose Härte. In ihrem Positionspapier für die Föderalismuskommission hielten sie die Rahmenkompetenz keiner Erwähnung wert, vielmehr hieß es dort kurz und bündig: „Die Kompetenz für das Hochschulwesen ist umfassend auf die Länder zu übertragen" (Kommissionsdrucksache 0045: 8).[9] Der Konflikt eskalierte, worauf einige SPD-Ministerpräsidenten signalisierten, gegebenenfalls könne man doch noch über eine mögliche Restkompetenz des

---

[9] Auch zwei weitere Länder-Positionspapiere, die zu diesem Streitpunkt vorlagen, liefen den Berliner Ambitionen zuwider. Verfasst wurden sie vom Fraktionsvorsitzenden der Grünen im baden-württembergischen Landtag, Winfrid Kretschmann, sowie vom sozialdemokratischen Ministerpräsidenten von Rheinland-Pfalz, Kurt Beck. Beide Stellungnahmen schlossen zwar die Möglichkeit eines verschlankten HRG nicht aus, doch hielten sie eine Regelung über Staatsverträge, deren bundeseinheitlichen Inhalte in der KMK ausgehandelt werden könnten, für eine realistische Alternative (Kommissionsdrucksachen 0069:7ff; 0035: 3).

Bundes verhandeln. Ausschlaggebend war die harte Linie der CDU-Ministerpräsidenten, an ihrer Spitze Bayern, Baden-Württemberg und Hessen. Sie erklärten den völligen Rückzug des Bundes aus dem Hochschulwesen zur conditio sine qua non einer Einigung. Da auch der Bund bei seiner harten Linie blieb, war das Scheitern der Föderalismusreform besiegelt.

Politisch weit weniger umstritten zwischen Bund und Ländern waren dagegen die *Gemeinschaftsaufgaben* im Hochschulbereich (Mönikes/Faber/Giseke 1997: 25ff). Dies gilt vor allem für den kostenintensiven *Hochschulbau* nach Art. 91a GG, den beide auf der Grundlage des Hochschulbauförderungsgesetzes (aktuell 1996) im Sinne eines fachlichen und überregionalen Ausgleichs gemeinsam zu koordinieren und zu verantworten haben. Der Bund übernimmt die Hälfte der Kosten, die jeweils in einem Land anfallen. Maßgebliches Gremium ist hier der gemeinsame Planungsausschuss von Bundesregierung und Länderregierungen, der über Ziele und Prioritäten und die Finanzierung von Neu- und Ausbauten, Sanierungen oder die Ausstattung mit großen Laborgeräten verbindliche Entscheidungen zu treffen hat. Sie werden jeweils in einem Rahmenplan mit einer Laufzeit von vier Jahren, der jährlich fortgeschrieben wird, festgelegt.[10]

Die Arbeit des *Planungsausschusses* steht seit langem im Kreuzfeuer der Kritik. Moniert wird der enorme und hochkomplizierte Koordinierungs- und Verwaltungsaufwand. So müssen bei der Erstellung der Rahmenpläne immerhin mehrere tausend Einzelanträge integriert werden. Haben die Länder ihre Projekte für den Rahmenplan angemeldet, spricht zunächst der Wissenschaftsrat seine Empfehlungen aus, die eine maßgebliche Grundlage für die Finanzierungsentscheidungen des Planungsausschusses bilden. Dort müssen alle Ländervorhaben bis ins Detail zwischen dem Bund und den 16 Ländern abgestimmt und entsprechende Kompromisse ausgehandelt werden, bevor sie mit Zustimmung des Bundes und der Mehrheit der Länder verabschiedet werden. Die mit diesem höchst intransparenten Verfahren verbundene Schwerfälligkeit hat mitunter bewirkt, dass von der ersten Bedarfsanmeldung bis zur Inbetriebnahme acht und mehr Jahre verstreichen (Buhlman 2004: 6). Zwischen den Ländern, die in ihren Vorplanungen hochschulpolitische Akzente zu setzen suchen, kam es zudem zu einem regelrechten Subventionswettlauf um die Einwerbung der Bundesmittel, was wiederum bildungspolitische Mitnahmeeffekte begünstigte. Mit politischem Gestaltungsföderalismus hatte dieses Prozedere, das zudem an den Landtagen

---

[10] Dem Ausschuss gehören auf der Seite des Bundes der Bundesfinanzminister und der Bundesminister für Bildung und Forschung an, der auch geschäftsmäßig den Vorsitz innehat, auf der Länderseite jeweils der zuständige Fachminister. Jedes Land verfügt über eine Stimme, der Bund über 16 Stimmen. Ein Beschluss kommt zustande, wenn neben dem Bund auch die Länder mit einfacher Mehrheit zustimmen, wobei in der Praxis Einstimmigkeit die Regel ist. Im 34. Rahmenplan (2005-2008) wurden z.B. für das Haushaltsjahr 2005 vom Bund Mittel in Höhe von 890 Mio. € zugesagt (2004 noch 1,06 Milliarden €).

vorbeiläuft, wenig zu tun. In der Tat können die Parlamente die von der Ministerialbürokratie im Planungsausschuss mühsam ausgehandelten Kompromisse faktisch nicht mehr in Frage stellen, da sonst nicht nur die gesamte Rahmenplanung, sondern auch die für das eigene Land begehrten Bundeszuschüsse in Höhe von 50% der Gesamtkosten gefährdet wären. Der daraus resultierende politische Druck bewirkt, dass sich kein Landtag verweigert, die entsprechenden Mittel im Landeshaushalt einzustellen. Die Haushaltsgesetzgeber werden so in ihren Entscheidungen hinsichtlich Investitionen und daraus resultierender Folgekosten durch die Exekutive weitestgehend präjudiziert. Dieser Schieflage ist auch durch Berichtspflichten der Regierung oder durch parlamentarische Initiativen im Stadium der Vorplanungen der Länder nur unzureichend beizukommen. In einem parteiübergreifenden Positionspapier haben sich daher die Fraktionsvorsitzenden der Landtage für die völlige Abschaffung der Gemeinschaftsaufgabe Hochschulbau ausgesprochen (Kommissionsdrucksache 0036:3). Speziell beim Hochschulbau hat die Forderung nach einem Trennsystem und klaren Verantwortungszuweisungen zunehmend Anhänger gefunden. Wortführer sind vor allem die größeren und finanzstärkeren Länder. Entflechtungstendenzen werden auch dadurch begünstigt, dass nach einer längeren Expansionsphase ein weiterer Ausbau in den meisten Ländern heute nicht mehr angestrebt wird. Dieser ist finanziell nicht mehr leistbar, zudem gilt das Interesse heute vor allem der Grundsanierung. Auch der finanziell gebeutelte Bund plädiert inzwischen dafür, im Sinne einer klaren Aufgabenteilung die Zuständigkeit für den Hochschulbau auf die Länder zu übertragen. Zur Sicherstellung des bisherigen Finanzniveaus empfiehlt er – eher vage und unverbindlich – Entlastungen der Länder im Bereich der Forschungsförderung sowie im Rahmen einer Finanzverfassungsreform (Buhlman 2004: 6). Auch die Ministerpräsidenten haben sich einmütig für die Abschaffung der Mischfinanzierung ausgesprochen. Sie fordern aber eine „dauerhafte und dynamische Kompensation" innerhalb einer grundlegenden Neugestaltung der Finanzbeziehungen zwischen Bund und Ländern, z.B. über eine Erhöhung des Umsatzsteueranteils (Kommissionsdrucksache 0045: 4ff.).

Einen weiteren Hebel die Länderpolitik zu beeinflussen, besitzt der Bund mit der zweiten Gemeinschaftsaufgabe nach Art. 91b GG, der *Bildungsplanung und Förderung von Einrichtungen und Vorhaben der wissenschaftlichen Forschung von überregionaler Bedeutung*. Der erste Teilaspekt, die *Bildungsplanung*, hat innerhalb des Bildungswesens primär im Hochschulbereich eine Rolle gespielt. Erwähnung verdient, dass in der BLK seit den neunziger Jahren insgesamt drei Sonderprogramme für die Hochschulen mit einem Finanzvolumen von mehreren Milliarden DM aufgelegt wurden. Die Länder hatten sich anfangs heftig gegen diese Politik des „goldenen Zügels" seitens des Bundes gesträubt, waren dann aber doch den Verlockungen des Geldes erlegen. Die überwiegend vom Bund finanzierten Schwerpunktmaßnahmen verfolgten insbesondere folgende Ziele: Die Reduzierung kapazitärer Überlasten und die Schaffung zusätzlicher Studienplätze, die Förderung des wissenschaftlichen Nachwuchses, die Förderung von Frauen in der Wissenschaft, den Ausbau der Fachhochschulen sowie die Verbesserung der europäischen Zusammenarbeit im Hochschulwesen. Seit 2001 läuft das bis 2006 verlängerte gemeinsame „Hochschul- und Wissenschaftsprogramm" (HWP), mit dem Bund und Länder ihre gesamtstaatlichen Leistungen für die Sicherung der internationalen Wettbewerbsfähigkeit des Studienstandortes Deutschland vereinbart haben. Für die Periode 2004 - 2006 sind dafür immerhin insgesamt 510 Mio. € vorgesehen, wobei auch hier der Bund den größeren Anteil trägt (BLK, Jahresbericht 2003: 34).

Auf einer noch längeren Tradition beruht das Zusammenwirken von Bund und Ländern im zweiten Aufgabenbereich der BLK, der *gemeinsamen Forschungsförderung*. Sie geht auf das Königsteiner Staatsabkommen von 1949 zurück, mit dem schon damals die Finanzierung der wissenschaftlichen Institute von überregionaler Bedeutung geregelt wurde ((Mönikes/Faber/Giseke 1997: 33ff; Führ 1998: 70). Bis 1975 diente es zusammen mit flankierenden Verwaltungsabkommen von Bund und Ländern als zentrales Instrument der gesamtstaatlichen Forschungsförderung, bevor 1976 die „Rahmenvereinbarung Forschungsförderung" mit mehreren Ausführungsvereinbarungen an dessen Stelle trat. Seitdem ist die BLK das Gesprächsforum für alle überregionalen forschungspolitischen Fragen und die gemeinsame Forschungsförderung von Bund und Gliedstaaten. Auf der Grundlage der Rahmenvereinbarung trifft die BLK ihre jährlichen Entscheidungen über die ihr vorgelegten Haushalts- und Wirtschaftspläne der von Bund und Ländern gemeinsam finanzierten Forschungseinrichtungen und Förderorganisationen. Anschließend werden sie den Regierungschefs zur endgültigen Beschlussfassung vorgelegt. Diese Zuwendungen betreffen die Deutsche Forschungsgemeinschaft (DFG), die Max-Planck-Gesellschaft (MPG), die rund 80 Einrichtungen umfassende Blaue Liste der Leibniz-Institute (WGL) und das so genannte Akademieprogramm. Zusätzlich wird außerhalb der BLK zwischen Bund und Ländern jeweils auch die gemeinsame Finanzierung der Helmholtz-Gemeinschaft Deutscher Forschungszentren (HFG), der Fraunhofer-Gesellschaft (FhG), der Deutschen Akademie der Naturforscher Leopoldina sowie des Wissenschaftskollegs in Berlin vereinbart.[11] Begründet wird diese Gemeinschaftsaufgabe, für die das Finanzvolumen sich 2004 auf stattliche 5 Mrd. € belief, mit der gesamtstaatlichen Bedeutung dieser Einrichtungen und den

---

[11] Für 2004 wurden z.B. für die DFG durch die BLK 1.287.2 Mio. € (Bund: 58%; Länder: 42%) genehmigt; auf die rund 80 Institute der MPG entfielen 963,2 Mio. € (Bund und Länder jeweils 50%), auf die WGL 722,3 Mio. €, die FhG 385,4 Mio. €. (Bund: 90%), auf das Akademieprogramm 42,9 Mio. € (Bund und Länder jeweils 50%). Quelle: BLK, Jahresbericht 2003: 45.

enormen Kosten für die Grundlagen- und Großforschung. Diese sind von den Ländern, insbesondere den finanzschwächeren, alleine nicht zu schultern. Die Länderetats werden so in einem sehr kostenintensiven Bereich zwar entlastet, doch nimmt der Gesamtstaat durch die von ihm intendierte Schwerpunktsetzung auch erheblichen Einfluss auf die Entwicklung der Forschungslandschaft in den Ländern selbst. Es erstaunt daher nicht, dass im Rahmen der Föderalismusdebatte auch über eine mögliche Entflechtung im Bereich der Forschungsförderung diskutiert wurde. Hier plädierte vor allem der Bund im Sinne klarer Zuständigkeiten für eine ausschließliche Finanzkompetenz des Bundes bei den überregionalen Forschungsorganisationen, nämlich der DFG, der MPG, der FhG und der HFG, während die Einrichtungen der Leibnitz-Gemeinschaft überwiegend den Ländern überantwortet werden sollten. Diese Pläne stießen jedoch in der Föderalismuskommission wie auch bei den Ministerpräsidenten auf deutliche Ablehnung. Hier bestand allseits der Wunsch, an der gemeinsamen Forschungsförderung von Bund und Ländern nach Art. 91b GG, vor allem auch bei den hochschulnahen Einrichtungen der DFG und der MPG, im Kern festzuhalten. Bei anderen Institutionen wurde, soweit im Einzelfall realisierbar, durchaus eine Reduzierung der Mischfinanzierung und damit in Teilen ein Trennsystem als erstrebenswert bezeichnet (Projektgruppe 3:188ff; Kommissionsdrucksache 0045 2004: 9).[12]

Mit dem Scheitern der Föderalismuskommission sind diese Entflechtungsvarianten nicht weiter thematisiert worden. Stattdessen kam es zu einem für die aktuelle Situation typischen föderalen Machtpoker um zwei Forschungsprogramme, die der Bund und die Wissenschaftsminister der Länder bereits 2004 in der BLK einvernehmlich ausgehandelt hatten. Konkret ging es um die vom Bund initiierte „Exzellenzinitiative" sowie um einen gemeinsamen „Pakt für Forschung und Innovation".[13] Beide Projekte wurden nach dem Scheitern der Föderalismuskommission von den Ministerpräsidenten der unionsregierten Länder

---

[12] Daneben waren es vor allem die großen Wissenschaftsorganisationen, die DFG, die FhG, die MPG, die WGL, die HFG, die Hochschulrektorenkonferenz sowie der Wissenschaftsrat, die sich in gemeinsamen Beschlüssen durchweg für die Beibehaltung der Gemeinschaftsaufgabe in ihrer bisherigen Form als einem erprobten System von checks and balances aussprachen. Dahinter stand vor allem die Befürchtung, ohne angemessene Länderbeteiligung und ohne föderales Korrektiv könnte der Bund nach seinen eigenen politischen Prioritäten eine einseitige Schwerpunktsetzung vornehmen, die zu Lasten der Hochschulautonomie und der Forschungsfreiheit gehen könnte.

[13] Die „Exzellenzinitiative" sieht vor, dass die Spitzenförderung von Hochschulen, Graduiertenkollegs und Forschungsclustern bis zum Jahre 2011 mit 1,9 Mrd. € vorangetrieben werden soll. Hiervon soll der Bund insgesamt 75%, das Sitzland jeweils 25% der Kosten übernehmen. Im zweiten Fall geht es um die Vereinbarung, dass die gemeinsam von Bund und Ländern finanzierte Förderung der überregionalen Forschungsinstitutionen (DFG, MPG, HGF, FhG, WGL) bis zum Jahre 2010 jeweils um mindestens 3% gesteigert werden soll.

Bayern und Baden-Württemberg kurzerhand bis auf weiteres auf Eis gelegt. Entsprechend geharnischt fiel der Protest der Wissenschaftsinstitutionen aus. Mit dieser Blockade, so lautete der Vorwurf, werde die angestrebte mittelfristig Sicherung der internationalen Wettbewerbsfähigkeit der deutschen Forschung erheblich gefährdet. Die Auseinandersetzung um die Föderalismusreform werde auf dem Rücken der Wissenschaft ausgetragen, Hochschulen und Forschung würden von der Politik in „föderale Geiselhaft" genommen (Peter 2005).

5 Die Auswirkungen der europäischen Integration

Die Kulturhoheit der Länder und ihre bildungspolitische Zuständigkeit ist nicht nur eine Frage innerstaatlicher Kompetenzverteilungen. Zentripetale Tendenzen gehen auch vom europäischen Integrationsprozess aus. Erste bildungspolitische Aktivitäten wurden von der Gemeinschaft in Form verschiedener, aber relativ unkoordinierter Bildungsprogramme wie LEONARDO und SOKRATES Ende der achtziger Jahre gestartet.[14] Daran anknüpfend erfolgte der entscheidende Durchbruch mit der Schaffung der Europäischen Union im Vertrag von Maastricht. Erstmals wurde nun ein eigenes Bildungskapitel in den EGV eingefügt, das die allgemeine (Art. 126, heute Art. 149) und die berufliche Bildung (Art. 127, heute Art. 150) in den Ziel- und Aufgabenbereich der Gemeinschaft einbezieht (Bektchieva 2004: 25ff). Allerdings ist die Gemeinschaft in beiden Bereichen ausdrücklich auf Maßnahmen zur Förderung der Zusammenarbeit, zur Ergänzung und Unterstützung der Mitgliedstaaten beschränkt. Aufgrund des in Maastricht ebenfalls festgeschriebenen Subsidiaritätsprinzips hat die Gemeinschaft die „Verantwortung für die Lehrinhalte und die Gestaltung des Bildungssystems sowie der Vielfalt ihrer Kulturen und Sprachen" bzw. für „Inhalt und Gestaltung der beruflichen Bildung" strikt zu beachten. Der Vertragstext verfügt daher für den Bildungsbereich ein ausdrückliches Verbot jeglicher Harmonisierung der Rechts- und Verwaltungsvorschriften der Mitgliedstaaten.

Von Anfang an war es jedoch zweifelhaft, ob dieses abstrakte Prinzip, „dessen Kompetenzermächtigungen final, jedoch nicht gegenständlich angelegt sind", eine weitere Kompetenzaushöhlung der Kulturhoheit der Länder zu verhindern geeignet ist (Thiele 1999: 163). Nachdem der 1999 in Kraft getretene

---

[14] Diese Maßnahmen, die die europäische Dimension im Bildungswesen, die Mobilität von Lernenden und Lehrenden, die Zusammenarbeit von Bildungseinrichtungen, die Förderung des Jugendaustauschs sowie die Verbesserung und Anpassung der beruflichen Bildung hinsichtlich der industriellen Wandlungsprozesse vorantreiben sollten, erwiesen sich als außerordentlich erfolgreich. In ihren politischen Weiterungen führten diese Aktionsprogramme – deren Wirksamkeit von der integrationsfreudigen Rechtssprechung des EuGH unterstützt wurde – zu mehreren Richtlinien für die Anerkennung von Hochschul- und Berufsabschlüssen.

Amsterdamer Vertrag in seine Präambel die Absichtserklärung der Mitgliedstaaten aufgenommen hatte, „durch umfassenden Zugang zur Bildung und durch ständige Weiterbildung auf einen möglichst hohen Wissensstand ihrer Völker hinzuwirken", fühlte sich die Kommission in ihrer Absicht bestärkt, daraus eine umfassende Zuständigkeit der Union im gesamten Bildungsbereich abzuleiten (Berggreen-Merkel 2001: 134). Dies um so mehr, als die Kommission die Auffassung vertritt, der technologische Wandel und der globale Wettbewerb machten es unumgänglich, einen gemeinsamen europäischen Bildungsraum zu schaffen. Seitdem zielt ihre Strategie darauf ab, durch ein immer dichter gewobenes Netz von Gemeinschaftsaktivitäten und Aktionsprogrammen die Konvergenz der nationalen Bildungssysteme und damit eine europäische Bildungsgemeinschaft Schritt für Schritt voranzubringen. Politische Rückendeckung erhielt die Kommission durch den Europäischen Rat der Staats- und Regierungschefs. In Lissabon im März 2000 legte er sich auf das ehrgeizige gemeinsame Ziel fest, bis zum Jahre 2010 „die Europäische Union zum wettbewerbsfähigsten und dynamischsten Wirtschaftsraum der Welt zu machen". Dazu wurde auch ein Beitrag der nationalen Bildungspolitiken eingefordert. An die Adresse der Mitgliedstaaten ergingen konkrete Forderungen (Berggreen-Merkel 2001: 139): Europas Bildungs- und Ausbildungssysteme sollten am Bedarf der Wissensgesellschaft und der Steigerung qualifizierter Beschäftigung ausgerichtet werden. Postuliert wurden z.B. eine deutliche Steigerung der jährlichen Investitionen für Humankapital und Weiterbildung, eine Anpassung der Lern- und Ausbildungsangebote an die technologischen Umbrüche, eine Verdoppelung der Abschlüsse in der Sekundarstufe II, der Ausbau von Schulen und Ausbildungsstätten zu lokalen Mehrzweck-Lernzentren, Zugang zu Internet und Multimediaprodukten für alle Schulen sowie eine europaweite Festlegung der Grundfertigkeiten, die durch lebenslanges Lernen zu vermitteln seien.

Mit dem Lissabonner Gipfel vollzog sich in der europäischen Bildungspolitik ein entscheidender Paradigmenwechsel, der in Brüsseler Kreisen sogar als „silent revolution" beschrieben wurde (Linsenmann 2001/2002: 142). Die neu entdeckte Gemeinschaftsaufgabe Bildung wurde nun als *der* „wirtschaftliche Erfolgsfaktor" des 21. Jahrhunderts definiert, um die für 2010 von der EU anvisierten Ziele in der Wirtschafts-, Beschäftigungs- und Sozialpolitik zu erreichen. Als Bremsklotz erwies sich jedoch das in Maastricht festgeschriebene Harmonisierungsverbot nach Art. 149(4) und Art. 150(4). Um diese rechtliche Hürde zu umgehen, empfahl der Europäische Rat, die bereits in anderen Politikbereichen praktizierte weichere Methode der „offenen Koordinierung" (OMK) auch in der Bildungspolitik anzuwenden. Dieses Verfahren sieht vor, dass die Mitgliedstaaten anhand von Zielvorgaben (benchmarks) durch jährliche Umsetzungsberichte (monitoring) ihre Fortschritte untereinander vergleichen (peer-review) und dabei versuchen, gute Beispiele anderer Mitgliedstaaten aufzugreifen, um damit ihre eigenen Umsetzstrategien zu verbessern (best practice). Der Europäische Rat beauftragte die Kommission und den Rat der Bildungsminister mit der weiteren Konkretisierung und Umsetzung der offenen Koordination. Um Vorbehalte auszuräumen lobte er die OMK geradezu als Muster eines dezentralen Ansatzes, der die Autonomie der Mitgliedstaaten und das Subsidiaritätsprinzip nicht beeinträchtige. Gleichzeitig ließ er verlauten, dass das Verfahren aufgrund fehlender vertraglicher Voraussetzungen keine rechtliche Verbindlichkeit beinhalte, die Gestaltung und Veränderung der Bildungspolitik in Europa somit nach wie vor Sache der Mitgliedstaaten bleibe.

Es liegt jedoch auf der Hand, dass jenseits dieser rechtlichen Schranken von diesem Verfahren eine starke politische Selbstbindung ausgeht und die Mitgliedstaaten sich dem Druck der Überwachung, des Berichtswesens und der Evaluierung auf Dauer schwerlich entziehen können (Berggreen-Merkel 2001: 142). Diese Wirkung entspricht auch dem politischen Kalkül der Kommission. Anfang 2002 erarbeitete der Rat der Bildungsminister in enger Abstimmung mit der Kommission ein recht allgemein gehaltenes, 13 bildungspolitische Leitziele umfassendes „Arbeitsprogramm zur Umsetzung der Ziele der Systeme der allgemeinen und beruflichen Bildung in Europa". Angestrebt wurde damit eine Qualitätsverbesserung, eine Erleichterung des Zugangs für alle zur Bildung und eine Öffnung der europäischen Bildungssysteme gegenüber der Welt. Im Mai 2003 verständigte sich der Bildungsrat sodann auf die Verabschiedung eines Benchmark-Programms, das erstmals auch europaweit umzusetzende quantitative Ziele benannte, die bis 2010 realisiert werden sollten: Die Absenkung der Zahl frühzeitiger Schulabbrecher auf 10%, die Erhöhung der Hochschulabsolventen/innen in den Bereichen Mathematik, Naturwissenschaften und Technologie um 15%-Punkte bei gleichzeitigem Abbau der Geschlechterdifferenz, die Erhöhung der Abschlüsse im Sekundarbereich auf 85% aller 22-jährigen, die Absenkung schlechter Lesekompetenz um 20%-Punkte und die Steigerung des Anteils der Berufstätigen, die sich am lebenslangen Lernen beteiligen auf 12,5% (Linsenmann 2002/2003: 156).

Mit der Einführung der OMK und präzisen Benchmarks hatte die Bildungspolitik der Gemeinschaft inzwischen eine neue Dynamik und Qualität erreicht. Eine Minderheit der Mitgliedstaaten wandte sich von Anfang an mit Entschiedenheit gegen damit verbundene mögliche Kompetenzausweitungen der Gemeinschaft. Die deutsche Delegation, vertreten durch den Staatssekretär des Bundesbildungsministeriums und die ständige Bundesratsbeauftragte im Bildungsrat, die Bildungsministerin aus Schleswig-Holstein, gaben im Bildungsrat eine gemeinsame Stellungnahme ab. Sie stellten klar, dass das Vorhaben der Kommission, den Mitgliedsstaaten quantitative bildungspolitische Ziele vorzugeben, durch den Vertrag von Maastricht nicht gedeckt sei und die Gestaltung und Veränderung nationaler Bildungspolitik auch künftig in der primären Verantwortung der Mitgliedstaaten verbleibe. Da eine Rechtsbindung fehle, seien auch keine Sanktionen möglich. Deutlich ablehnend äußerte sich auch die KMK.[15] Vor allem der Bundesrat, über den die Länder nach Art. 23 GG in EU-Angelegenheiten mitwirken, hat in einer ganzen Reihe von Erklärungen die OMK als entschieden subsidiaritätsfeindlich abgelehnt (Rosenau 2002: 156). In einer Stellungnahme vor dem EU-Gipfel im März 2004 in Brüssel hielt er der Gemeinschaft vor, sie greife in unzulässiger Weise in das bundsstaatliche Kompetenzgefüge ein und gefährde das Recht der Mitgliedstaaten, über ihre Bildungsausgaben und Investitionen eigenverantwortlich zu entscheiden. Insgesamt könne die Formulierung von Benchmarks nur auf der Basis freiwilliger Kooperation der Mitgliedstaaten und auf der Grundlage des Informations- und Erfahrungsaustauschs erfolgen. Der Handlungsspielraum der Gemeinschaft müsse insgesamt auf unterstützende und ergänzende Maßnahmen beschränkt werden (Bundesrat, DS 928/1/03 2004: 9ff).

Welchen Fortgang der Kompetenzstreit um die Bildungspolitik nehmen wird, ist gegenwärtig eine offene Frage. Die Kommission setzt ihre Bemühungen zur Schaffung eines integrierten europäischen Bildungsraums fort, indem sie durch eine ständig wachsende Zahl aufeinander abgestimmter und kostenintensiver Aktionsprogramme allgemeine und berufliche Bildung, Hochschulbildung und Erwachsenenbildung systematisch miteinander zu verklammern sucht.[16]

---

[15] In der Stellungnahme der KMK zur offenen Koordinierung hieß es unmissverständlich: „Die Kultusministerkonferenz […] lehnt eine Kompetenz der Gemeinschaft im Bildungs- und Kulturbereich z.B. für die Festsetzung von zentralen europäischen Leitlinien mit Vorgaben für finanzielle, organisatorische oder inhaltliche Teilziele und mit Zeitplänen für deren Realisierung, für die Bestimmung quantitativer und qualitativer Indikatoren und Benchmarks sowie Berichtspflichten und Bewertungen der Fortschritte ab. Derartige zentralistische Vorgaben sind nicht geeignet, die Vielfalt der Kulturen und Bildungstraditionen zu erhalten und deren Identifikationskraft für die Menschen zu stärken und ihr Verständnis für andere Kulturen und Bildungstraditionen – auch über den Rahmen der Europäischen Union hinaus – zu fördern" (Kultusministerkonferenz, 2002: 172ff).

[16] Stellvertretend erwähnt seien hier das Konzept des lebenslangen Lernens, das 2001 als Querschnittsaufgabe der Beschäftigungsstrategie in eine Reihe von Leitlinien aufgenommen wurde; das neue eLearning Programm (2004-2006), das den Implementation der Informations- und Kommunikationstechnologien in der allgemeinen und beruflichen Bildung dienen soll; der 2003 in Kraft getretene Aktionsplan Sprachenpolitik, der dazu beitragen soll, dass jeder EU-Bürger künftig zwei Fremdsprachen beherrschen kann; der 2001 initiierte „Brügge-Prozess", der eine weitreichende Vertiefung der europäischen Zusammenarbeit auf dem Feld der Berufsbildung intendiert; die 2004 vorgelegten Vorschläge für eine dritte Programmgeneration der einschlägigen Bildungsprogramme (Comenius für den Schulbereich, Leonardo da Vinci für die berufliche Aus- und Weiterbildung, Erasmus für den Hochschulbereich, Gruntvig im Bereich der Erwachsenenbildung, Jean Monnet für die Kooperation europäischer Einrichtungen) mit einem stolzen Finanzrahmen von 13,62 Mrd € für den Zeitraum 2007-2013; das 2003 verab-

Nicht zu unterschätzen im Hinblick auf eine weitere Europäisierung des Bildungswesens ist zudem der 1999 eingeleitete Bologna-Prozess, dem auf einer Nachfolgekonferenz 2003 in Berlin inzwischen 40 europäische Bildungsminister beigetreten sind. In Bologna hatten sich seinerzeit die Bildungsminister in einer gemeinsamen Erklärung dazu verpflichtet, bis zum Jahre 2010 einen europäischen Hochschulraum zu schaffen, in dem mehr Vergleichbarkeit, Kompabilität und Transparenz der Hochschulsysteme durch einen gemeinsamen Rahmen erreicht werden sollte. Zu den damals vereinbarten Aktionsschwerpunkten gehörten insbesondere die Einführung vergleichbarer Hochschulabschlüsse, die Verständigung auf drei Studienphasen (Bachelor, Master und Promotion), ein gemeinsames Anrechnungssystem für Studienleistungen, die Mobilität von Studierenden, Lehrenden und Forschern, die Zusammenarbeit bei der Qualitätssicherung sowie die Akzentuierung der Europäischen Dimension in der Hochschulbildung. Der Bologna-Prozess, mit dem die europäischen Hochschulen hoffen, für den internationalen Standortwettbewerb gerüstet zu sein, hat in den letzten Jahren die nationalen Systeme nachhaltig verändert. Ohne Zweifel geht von ihm eine enorme politische Dynamik in Richtung eines umfassenderen europäischen Bildungsraums aus. Er inspirierte den Lissabon Gipfel der EU und diente der Kommission bereits als Mustervorlage für die berufliche Bildung. Die Besonderheit bei der Schaffung des europäischen Hochschulraums liegt jedoch darin, dass es sich um einen von den Mitgliedstaaten und ihren Hochschulen getragene Politik dezentraler Selbststeuerung handelt. Die Rolle der Kommission bleibt hier auf ergänzende und unterstützende Maßnahmen beschränkt, während sie im Falle der allgemeinen und beruflichen Bildung ihr Initiativrecht in zentrale Steuerung umzusetzen sucht. Einem weiteren Ausbau des Brüsseler Zentralismus scheint zunächst aber durch die vom Europäischen Konvent ausgearbeitete Verfassung ein Riegel vorgeschoben zu sein (Linsenmann 2003/2004: 148). Diese steht weitgehend für die Bewahrung des bildungspolitischen status quo.[17] Insbesondere blieben die beiden zentralen Bildungsartikel, geringfügig ergänzt um die jugendpolitischen Anliegen der demokratischen Erziehung und die europäische

---

       schiedete und mit 230 Mio € bis 2008 dotierte „Programm zur Verbesserung der Qualität der Hochschulbildung und Förderung des interkulturellen Verständnisses durch die Zusammenarbeit mit Drittstaaten-Erasmus Mundus", das der Vernetzung zwischen den Hochschulen und der Förderung europäischer Masterstudiengänge dienen soll.

[17] Aufschlussreich ist jedoch, dass die im Amsterdamer Vertrag in Art. 3 q noch vorhandene Zielbestimmung des EG-Vertrags „einen Beitrag zu einer qualitativ hochstehenden allgemeinen und beruflichen Bildung" zu leisten gestrichen wurde. Entfallen ist auch der Hinweis in der Präambel, die Gemeinschaft solle auf einen möglichst hohen Wissenstand der Völker hinwirken. Im Übrigen ordnet die Verfassung in ihrem ersten Teil die Bildungs- und Jugendpolitik jenen Politikbereichen zu, in denen die Union Unterstützungs-, Koordinierungs- oder Ergänzungsmaßnahmen ergreifen kann.

Dimension des Sports, in ihrer ursprünglichen Fassung als Art. III-282 und 283 erhalten.

Angesichts der weiterhin zu erwartenden Europäisierungstendenzen sind die deutschen Länder bemüht, im europäischen Mehrebenensystem ihre bildungspolitischen Interessen – auch in Konkurrenz zum Bund – wirksam zur Geltung zu bringen. Mit dem komplexen Europaartikel 23 GG, als einem Scharnier, das die drei Ebenen miteinander verbindet, verfügen sie seit Maastricht durch den Bundesrat über nicht unbeträchtliche Mitwirkungsmöglichkeiten. Die Bestimmungen sehen unter anderem vor, dass die Bundesregierung, soweit der Bundesrat an einer entsprechenden innerstaatlichen Maßnahme mitzuwirken hätte oder soweit die Länder innerstaatlich zuständig wären, diese auf ihr Verlangen an den Beratungen zur Festlegung ihrer Verhandlungsposition zu EU-Vorhaben beteiligen muss. Dies erfolgt durch vom Bundesrat benannte Bundesratsbeauftragte, die in den Arbeitsgruppen des Rats sowie in den beratenden Gremien der Kommission mitarbeiten und dort in Zusammenarbeit mit der Bundesregierung Länderinteressen artikulieren können (Kommissionsdrucksache 0034: 3ff).[18] Auf diesem Wege erhalten die Länder auf die europäische Bildungspolitik wichtige Einflussmöglichkeiten. Diese werden noch erheblich verstärkt durch die Bestimmung nach Art. 23 Abs. 6 GG. Danach soll bei einem Vorhaben, das im Schwerpunkt ausschließliche Gesetzgebungsbefugnisse der Länder betrifft, ein vom Bundesrat ernannter Vertreter der Länder die Verhandlungsführung im Rat der Fachminister übernehmen. Diese erfolgt allerdings unter Beteiligung und in Abstimmung mit der Bundesregierung, der auch die Delegationsleitung verbleibt.

Allerdings ist der Europaartikel inzwischen heftig umstritten. In der Föderalismuskommission prallten die Auffassungen von Bund und Ländern hart aufeinander (Eppler 2004: 57ff). Der Bund vertrat dort, hierin unterstützt von zahlreichen Sachverständigen, die Auffassung, er beeinträchtige die Effektivität der europapolitischen Handlungsfähigkeit Deutschlands (Kommissionsdrucksache 0041). Die Kritik galt vor allem auch Absatz 6: Die Verhandlungsführung durch einen Bundesratsvertreter sei unangemessen, da dieser in Brüssel gleichsam einmalig in Aktion trete, über keine persönlichen Netzwerke auf EU-Ebene verfüge und stets auch Vertreter „seines" Landes sei.[19] Hinzu komme der hohe zeit-

---

[18] Flankiert wird die Grundgesetznorm vom „Gesetz über die Zusammenarbeit von Bund und Ländern in Angelegenheiten der Europäischen Union" EUZBLG vom 12. März 1993, ergänzt durch eine Regierungsvereinbarung zwischen Bund und Ländern vom 29. Oktober 1993.

[19] Auf eine schriftliche Anfrage des Verfassers beschrieb die Bundesratsvertreterin, die Bildungsministerin von Schleswig-Holstein, Ute Erdsiek-Rave, in einer Antwort vom 08.06.2005 die gängige Praxis wie folgt: „Die Bundesregierung hat den Bundesratsbeschlüssen hinsichtlich der Forderung des Bundesrates nach Verhandlungsführung oder der maßgeblichen Berücksichtigung des Bundesratsbeschlusses grundsätzlich und prinzipiell widersprochen. Ich habe in der Zeit von 1999 bis Juli 2005 nicht in einem einzigen Fall als Bundesratsvertreterin die

liche Abstimmungsbedarf, den die innerstaatliche Koordinierung zwischen den 16 Ländern und zwischen Bundesrat und Bundesregierung erfordere. Schnelles und flexibles Reagieren, das kurzfristige Aushandeln von Allianzen bei anstehenden Mehrheitsentscheidungen sei so kaum möglich. Dies führe zur typisch deutschen Praxis der Stimmenthaltung, in Brüssel als „German vote" bezeichnet. In der Föderalismuskommission zeigte sich, dass alle Bundestagsfraktionen die Bundesregierung in ihrem Alleinvertretungsanspruch unterstützten. Durchweg plädierten sie für eine lediglich einfachgesetzliche Mitwirkung des Bundesrats in EU-Angelegenheiten. Der Riss ging nicht durch die Bundesparteien, sondern durch die Ebenen Bund und Länder. So beharrten die Bundesländer einmütig auf der vollen Beibehaltung von Art. 23 GG, die Ministerpräsidenten forderten sogar eine weitere Stärkung der Länderposition durch Präzisierung der Rechtslage. Aus der Sicht der Länder, die ihre Autonomie nicht nur gegenüber dem Bund, sondern auch gegenüber der Europäischen Gemeinschaft zu bewahren suchen, ist diese Position durchaus nachvollziehbar. Zudem kann man für die mangelnde deutsche Handlungsfähigkeit in Brüssel nicht nur den Föderalismus verantwortlich machen. Die höchst mangelnde Ressortabstimmung innerhalb der Bundesregierung sowie organisatorische und verfahrenspraktische Repräsentationsdefizite, die unterhalb der Verfassung liegen, spielen ebenfalls eine gewichtige Rolle. Bedenkenswerte Verbesserungsvorschläge, jenseits einer Abschaffung oder Verschlankung von Art. 23, die weniger die Entscheidungssituation selbst als vielmehr die vorausgehende innerstaatliche Planungs- und Verhandlungsphase im Blick haben, sind ebenfalls in der Föderalismuskommission gemacht worden (Kommissionsdrucksache 0042). In jedem Fall kann es bei den Maximalforderungen, wie sie gegenwärtig von beiden Seiten erhoben werden, auf Dauer nicht bleiben. Benötigt wird ein europataugliche Kompromisslösung, die sowohl den berechtigten föderalistischen Interessen der Länder wie auch der unaufgebbaren gesamtstaatlichen Verantwortung des Bundes gerecht wird. Vor dem Hintergrund der Erweiterung der EU und der Ausweitung des Mehrheitsprinzips sollte zur Herstellung der Handlungsfähigkeit auf der europäischen Bühne möglichst rasch ein neuer Anlauf gesucht werden.

Verhandlungsführung übernommen. Unabhängig von den formellen Widersprüchen wurde in der Praxis vor den Ratssitzungen Einvernehmen in der Sache hergestellt. Länder und Bund haben sich in den Ratssitzungen in der Regel gleichberechtigt zu Wort melden können und gemeldet. Die jeweiligen Stellungnahmen waren zwischen Bund und Ländern grundsätzlich vorher abgesprochen."

Literatur

Avenarius, Hermann: Wieviel Eigengestaltung erlaubt das Grundgesetz, wie viel Einheitlichkeit verlangt es? In: Schade, Angelika (Hrsg.): Föderalismus und Koordinierung im Bildungswesen. Dokumentation der 14. DGBV-Jahrestagung vom 12.-14. November 1993 in Bingen Frankfurt a. M.: Deutsche Gesellschaft für Bildungsverwaltung 1994, S. 29-41

Avenarius, Hermann/Heckel, Hans: Schulrechtskunde. Ein Handbuch für Praxis, Rechtssprechung und Wissenschaft. Neuwied: 7. Auflage, 2000

Behmenburg, Ben: Bleibt Schulwesen Ländersache? In: Recht der Jugend und des Bildungswesens 52 (2003)2, S. 165-178

Bektchieva, Jana: Die europäische Bildungspolitik nach Maastricht. Münster: LIT, 2004

Berggreen-Merkel, Ingeborg: Aufbau eines europäischen Bildungssystems? In: Recht der Jugend und des Bildungswesens, 52 (2003) 2, S.133-150

Breitenbach, Dieter: Wege der Selbstkoordination: Die Kultusministerkonferenz. In: Schade, Angelika (Hrsg.): Föderalismus und Koordinierung im Bildungswesen. Dokumentation der 14. DGBV-Jahrestagung vom 12.-14.November 1993 in Bingen Frankfurt a. M.: Deutsche Gesellschaft für Bildungsverwaltung 1994, S. 19-28

Buhlman, Edelgard: Rede anlässlich des Humboldt-Forums am 20. Januar 2004 in Berlin, Bundesministerium für Bildung und Forschung

Bund-Länder-Kommission für Bildungsplanung und Forschungsförderung (BLK), Jahresbericht 2003, Bonn 2004

Burckhardt, Jürgen: Einheitlichkeit und Vielfalt im Bildungswesen. Zur Aufgabe des Bundes im Bildungswesen. In: Aus Politik und Zeitgeschichte/B 35 (1980), S. 41-47

Ellwein, Thomas: Die deutsche Gesellschaft und ihr Bildungswesen. Interessenartikulation und Bildungsdiskussion. In: Führ, Christoph/Furck, Carl-Ludwig (Hrsg.): Handbuch der deutschen Bildungsgeschichte. Band VI 1945 bis zur Gegenwart. München: C.H. Beck, 1998, S. 87-109

Eppler, Annegret: Die Mitwirkungsrechte der Länder in Europaangelegenheiten. In: Borchardt, Michael/Margedant, Udo (Hrsg.): Föderalismusreform – Vor der Reform ist nach der Reform? Eine erste Bilanz der Arbeit der Bundestaatskommission. Sankt Augustin: Konrad-Adenauer-Stiftung, 2004, S. 57-84

Erhardt, Manfred: Die Rolle der Kultusministerkonferenz. In: Lammert, Norbert (Hrsg.): Persönlichkeitsbildung und Arbeitsmarkorientierung. Baden-Baden: Nomos, 1992, S. 309-315

Führ, Christoph: Zur Koordination der Bildungspolitik durch Bund und Länder. In: Führ, Christoph/Furck, Carl-Ludwig (Hrsg.): Handbuch der deutschen Bildungsgeschichte. Band VI 1945 bis zur Gegenwart. München: C.H. Beck, 1998, S. 68-86

Füssel, Hans-Peter: Kooperativer Föderalismus im Bildungswesen. Über die Arbeit von Kultusministerkonferenz und Bund-Länder-Kommission für Bildungsplanung. In: Recht der Jugend und des Bildungswesens, 37 (1989) 4, S. 430-442

Füssel, Hans-Peter: Der Beginn einer neuen Föderalismus-Debatte. Erste Positionsbestimmungen zur Neuordnung der bildungspolitischen Zuständigkeiten. In: Recht der Jugend und des Bildungswesens, 52 (2003) 4, S. 375-380

Fränz, Peter/Schultz-Hardt, Joachim: Zur Geschichte der Kultusministerkonferenz 1948-1998. In: Ständige Konferenz der Kultusminister der Länder in der Bundesrepublik Deutschland (Hrsg.): Einheit in der Vielfalt: 50 Jahre Kultusministerkonferenz 1948-1998. Neuwied: Luchterhand, S. 177-228

Geis, Max Emanuel: Kulturföderalismus und kulturelle Eigengesetzlichkeit: eine juristische Symbiose. In: Röbke, Thomas/Wagner, Bernd (Hrsg.): Jahrbuch für Kulturpolitik 2001. Band 2, Thema Kulturföderalismus. Essen: Klartext Verlag, 2002, S. 139-152

Hepp, Gerd F./Weinacht, Paul-Ludwig: Schulpolitik als Gegenstand der Sozialwissenschaften oder: Hat die Politikwissenschaft ein Thema verloren? In: Zeitschrift für Politik (1996) 4, S. 404-433

Hepp, Gerd F./Weinacht, Paul-Ludwig: Wieviel Selbständigkeit brauchen Schulen. Schulpolitische Kontroversen und Entscheidungen in Hessen (1991-2000). München/Neuwied: Luchterhand, 2003

Kommission von Bundestag und Bundesrat zur Modernisierung der bundesstaatlichen Ordnung: Kommissionsdrucksache 0034 (Kurt Beck vom 24.03.2004);. Kommissionsdrucksache 0035 (Kurt Beck vom 06.04.2004); Kommissionsdrucksache 0036 (Positionspapier der Fraktionsvorsitzenden der Landtage in der Föderalismuskommission vom 14.04.2004); Kommissionsdrucksache 0041 (Position der Bundesregierung vom 29.04.2004); Kommissionsdrucksache 0042 (Hans-Peter Schneider vom 14.04.2004); Kommissionsdrucksache 0045 (Positionspapier der Ministerpräsidenten); Kommissionsdrucksache 0069 (Winfried Kretschmann vom 02.08.2004); Stenografischer Bericht der Sitzung vom 08.07.2004, Projektgruppe 3 (Bildung und Kultur), S. 188-195

Krauß, Bärbel: Kommt Bewegung in die Bildungspolitik? In: Stuttgarter Zeitung vom 11.03.2005

Kultusministerkonferenz (Hrsg.): Bildungsbericht für Deutschland. Erste Befunde. Opladen: Leske+Budrich, 2003

Linsenmann, Ingo: Bildungspolitik. In: Weidenfeld, Werner/Wessels, Wolfgang (Hrsg.): Jahrbuch der Europäischen Integration 2001/2002. Berlin: Europa-Union 2002, S. 141-144

Linsenmann, Ingo: Bildungspolitik. In: Weidenfeld, Werner/Wessels, Wolfgang (Hrsg.): Jahrbuch der Europäischen Integration 2002/2003. Berlin: Europa-Union 2003, S. 155-158

Linsenmann, Ingo: Bildungspolitik. In: Weidenfeld, Werner/Wessels, Wolfgang (Hrsg.): Jahrbuch der Europäischen Integration 2003/2004. Berlin: Europa-Union 2004, S. 145-1148

Maier, Hans: Die Kultusministerkonferenz im föderalen System. In: Ständige Konferenz der Kultusminister der Länder in der Bundesrepublik Deutschland (Hrsg.): Einheit in der Vielfalt: 50 Jahre Kultusministerkonferenz 1948-1998, Neuwied: Luchterhand, S. 21-33

Mönikes, Wolfgang/Faber, Klaus/Gieseke, Ludwig (Hrsg.): Gemeinschaftsaufgaben von Bund und Ländern im Hochschulbereich. Rechtliche Texte mit Einführungen und Hinweisen. Bad Honnef: Bock, 3. Auflage 1997

Naumann, Michael: Zentralismus schadet nicht. In: DIE ZEIT 45 (2000)

Oppermann, Thomas: Kulturverwaltungsrecht. Tübingen: Mohr, 1969

Peter, Joachim: Wissenschaft sieht sich in Geiselhaft genommen. Hochschulrektoren, Wissenschaftsrat und Deutsche Forschungsgemeinschaft fordern Reformen und Beilegung des Föderalismusstreits. In: DIE WELT, vom 19. Februar 2005

Reuter, Lutz R.: Erziehungs- und Bildungsziele aus rechtlicher Sicht. In: Zeitschrift für Pädagogik 49 (2003) 47, S. 28-48

Reuter, Lutz R.: Rechtliche Grundlagen und Rahmenbedingungen. In: Führ, Christoph/ Furck, Carl-Ludwig (Hrsg.): Handbuch der deutschen Bildungsgeschichte. Band VI 1945 bis zur Gegenwart. München: C.H. Beck, 1998, S. 35-57.

Rosenau, Renate: Neue europäische Bildungszusammenarbeit: „Ehrgeizige aber realistische Ziele bis 2010. In: Die berufsbildende Schule (BbSch) 54 (2002) 5., S. 153-158

Röbke, Thomas/Wagner, Bernd (Hrsg.): Jahrbuch für Kulturpolitik 2001. Band 2, Thema Kulturföderalismus. Essen: Klartext Verlag, 2002

Schaumann, Fritz: Zusammenarbeit von Bund und Ländern in der Bildungs- und Wissenschaftspolitik. In: Recht der Jugend und des Bildungswesens, 43 (1995) 3, S. 245-254

Schipanski, Dagmar: „Wir haben schon genug Experten" Der Kompetenzstreit um die Bildungspolitik schadet den Schulen mehr, als dass er nützt. Eine Antwort auf Gerhard Schröder. In: DIE ZEIT 28, (2002)

Schmidt, Manfred G.: Ausgaben für Bildung im internationalen Vergleich. In: Aus Politik und Zeitgeschichte/B 21-22 (2003), S. 6-11

Schmoll, Heike: Studiengebühren nicht mehr verboten. In: Frankfurter Allgemeine Zeitung, 27. Januar 2005

Schröder, Gerhard: „Ein Gesetz für alle Schulen". Pisa und die Konsequenzen für das deutsche Schulsystem. In: DIE ZEIT 27 (2002), S. 33

Sekretariat der Ständigen Konferenz der Kultusminister der Länder in der Bundesrepublik Deutschland (Hrsg.): Jahresbericht 2002, Bonn 2003

Thiele, Burkard: Die Bildungspolitik der Europäischen Gemeinschaft. Chancen und Versäumnisse der EG-Bildungspolitik zur Entwicklung des Europas der Bürger. Münster: LIT, 1999

Michael Haus

Verwaltungs- und Kommunalpolitik der Länder

1 Einleitung: Ausgangslage und Forschungsperspektive

Mit der Wahrnehmung politischer Krisenphänomene, wie der öffentlichen Finanz- und Haushaltskrise, der mangelhaften Problemlösungsfähigkeit angesichts einer postindustriell und global verfassten Ökonomie sowie der in Bevölkerungsumfragen und Mitgliedschaftszahlen ablesbaren Vertrauenskrise politischer Institutionen, ist die Einsicht einhergegangen, dass die Institutionen von Politik und Verwaltung selbst Teil eines grundlegenden Problems sein könnten – wiewohl sie doch fortwährend als „Ausfallbürgschaft" (Habermas 1996: 292) für alle möglichen Folgen sozialer Modernisierungsprozesse adressiert werden. Damit ist die Fähigkeit politischer Institutionen und der in ihnen handelnden Personen angesprochen, die *eigene* Funktions- bzw. Handlungsweise kritisch zu reflektieren und gegebenenfalls zu verändern. Vor diesem Hintergrund erscheint die Annahme plausibel, dass hier mit der Verwaltungspolitik wie mit der kommunalen Landespolitik zwei Aufgabenbereiche der Landespolitik thematisiert werden, die zunehmend an Bedeutung gewinnen.

Unter Verwaltungspolitik kann man mit Carl Böhret (2005: 45) „die von der legitimierten politischen Führung mittels Entwicklung, Durchsetzung und Kontrolle von Prinzipien administrativen Handelns ausgeübte Steuerung der Inhalte, Verfahren und Stile der Verwaltungstätigkeit sowie der Organisations- und Personalstruktur der Verwaltung" verstehen. Verwaltungspolitik kann dann primär als *Institutionenpolitik* begriffen werden (vgl. Wollmann 2004a), d.h. als Veränderung von Strukturen (Normen, Verfahren, Ressourcen- und Kompetenzzuweisungen usw.), durch die zunächst das Handeln und die Funktionsweise der Verwaltung, indirekt jedoch auch die gesellschaftliche Wirklichkeit verändert werden sollen (s.a. Jann 2001: 333). Die tatsächlichen Wirkungsketten sind bei Institutionenpolitik allerdings schwer durchschaubar – sowohl innerhalb der jeweiligen Institutionen (die durch ein komplexes organisatorisches Feld gekennzeichnet sind) wie zwischen institutionenpolitischen Entscheidungen und institutioneller Funktionsweise und schließlich auch zwischen Funktionsweise und Effekten auf die Gesellschaft (Scharpf 1987, vgl. Jann 2001: 334).

Als eigenständige nominelle „Politikfelder" sind die beiden Aufgabenfelder freilich nur eingeschränkt zu bezeichnen, weil Institutionenpolitik sowohl auf die *allgemeinen Strukturen und Verfahren* als auch auf *spezifische Handlungsfelder* (etwa Polizei oder Schulen) bezogen sein kann. Gleichwohl besteht eine institutionelle Verankerung von Verwaltungsreform und Kommunalpolitik bei den Ländern und somit eine Kontinuität der Bearbeitung dieser Materien, und zwar in Form einer formellen Zuständigkeit zumeist bei den Innenministerien, mitunter auch bei den Staatskanzleien. Vor allem die Verwaltungspolitik ist geprägt von einem Spannungsverhältnis zwischen *zentralen Führungsakteuren* oder „politischen Unternehmern" (Ministerpräsidenten, Innenministern), die sich als Modernisierer zu profilieren trachten und sich durch externe Expertisen in ihrem Führungsauftrag absichern, und *dezentralen* (z.B. ressortgeleiteten) *Formen* der Ausarbeitung konkreter Reformmaßnahmen.

Als Institutionenpolitik lässt sich auch die kommunale Landespolitik beschreiben, insofern sie nämlich die zielgerichtete Transformation der institutionellen Grundlagen lokaler Politik und Verwaltung umfasst. Neben ihrer allgemeinen Charakterisierung als Institutionenpolitik liegt ein weiterer Aspekt der Nähe zwischen Verwaltungspolitik und kommunaler Landespolitik darin, dass es in beiden Feldern verfassungsrechtlich um „Verwaltung" geht. In einem weiten Verständnis von Verwaltungspolitik umfasst diese deshalb auch die Festlegung der Grundlagen kommunaler Selbstverwaltung, da die Kommunen verfassungsrechtlich als Teil der Landesexekutive betrachtet werden können. Ihnen kommt jedoch ein Sonderstatus als „politische Verwaltung" zu, welcher selbst unterschiedlichen institutionellen Interpretationen zugänglich ist, die dann prägend für die Institutionenpolitik sein können. Gleichwohl ist dieser *verfassungsrechtliche Rahmen* insofern von Bedeutung, als er die weitgehende Zuordnung der öffentlichen Verwaltung und ihrer Gestaltung zum Zuständigkeitsbereich der Länder mit sich bringt. So sind die Möglichkeiten und Grenzen politischer Steuerung der öffentlichen Verwaltung durch zwei konstitutionelle Grundmerkmale des deutschen politischen Systems bedingt, nämlich dem *„Verwaltungsföderalismus"* zum einen und der *„kommunalen Selbstverwaltung"* zum anderen (vgl. Bogumil 2000: 123-126). Ersterer impliziert, dass der Bund nur über einen gering ausgebildeten eigenen Verwaltungsunterbau verfügt und zum Vollzug von Gesetzen auf die Verwaltung von Ländern und Kommunen angewiesen ist. Die direkte Einflussnahme des Bundes auf die Ausgestaltung der öffentlichen Verwaltung beschränkt sich mehr oder weniger auf dienstrechtliche und Vergütungsfragen. Im Hinblick auf die Kommunen (Gemeinden, Kreise/Gemeindeverbände) garantiert das Grundgesetz deren Selbstverwaltung (was die Satzungs-, Organisations- Planungs-, Finanz- und Personalhoheit einschließt) im Rahmen staatlicher Gesetze und verlangt die Einrichtung demokratisch gewählter Vertretungskörperschaften (Art. 28 GG), überlässt weitere Regelungsfragen aber den Ländern. Das Verhältnis von Verwaltungsföderalismus und kommunaler Selbstverwaltung ist nun dadurch geprägt, dass die Länder für den Vollzug von Bundesgesetzen wieder hauptsächlich auf die Beauftragung der Kommunen setzen.

Diese verfassungsrechtliche Ausgangslage versetzt die Länder in eine Schlüsselrolle für Verwaltungspolitik und lokale Institutionenpolitik, sie bringt jedoch auch rechtliche Grenzen (Selbstverwaltung der Kommunen) und funktionale Zwänge (Vollzug bzw. Befolgung von Bundesgesetzen) mit sich. Aus politikwissenschaftlicher Perspektive erscheint nun die Frage zentral, wie innerhalb dieses institutionellen Rahmens (polity) weitere institutionenpolitische Prozesse ablaufen (politics), die dann in Entscheidung und Umsetzung (oder auch: Nicht-Entscheidung) von Reformpolitiken (policies) münden. Diese Frage geht von der Annahme aus, dass sich die Kategorien und Fragestellungen der *Policy-Forschung* auch auf die beiden hier thematisierten Politikbereiche und der Institutionenpolitik im Allgemeinen anwenden lassen (vgl. Jann 2002a, Hesse/Benz 1990), trotz der oben angeführten Einwände gegen die Rede von Verwaltungs- und kommunaler Landespolitik als separaten „Politikfeldern" neben anderen. Neben der Perspektive der für die Akteure durch diesen Rahmen bedingten Anreize und Restriktionen für institutionenpolitisches Handeln ist dabei auch die von der interpretativen Policy-Forschung und lerntheoretischen Ansätzen aufgeworfene Frage nach der Bedeutung dominanter Problemverständnisse und Situationsdeutungen zu stellen (vgl. Nullmeier 2003). Diese beiden Perspektiven werden bei den folgenden Überlegungen zu berücksichtigen sein, wenn zunächst die Verwaltungspolitik und sodann die kommunale Landespolitik diskutiert werden, um abschließend eine vorsichtige Gesamtbewertung vorzunehmen.

2 Verwaltungspolitik

Verwaltungspolitik befasst sich in inhaltlicher Hinsicht vor allem damit, wie umfassend und in welcher Form die öffentliche Verwaltung Aufgaben übernehmen und in gesellschaftliche Abläufe intervenieren sollte (z.B. Aufgabenkritik, Deregulierung, Gesetzesfolgenabschätzung), wie die äußere Verwaltung strukturiert sein sollte (Festlegung organisatorischer Einheiten und Ebenen wie z.B. Landesbehörden oder Bezirksregierungen, Art und Zuschnitt gebietskörperschaftlicher Selbstverwaltungseinheiten und Verteilung von Zuständigkeiten und finanziellen Ressourcen unter ihnen und verschiedene Formen ihrer Kontrolle) und schließlich damit, welche verwaltungsinternen Arbeitsabläufe einschließlich des Verhältnisses zwischen politischen Amtsträgern (Ministern, Abgeordneten) und Verwaltungsakteuren garantieren, dass die Politik der Verwaltung im Einklang mit ihrer demokratischen Legitimation tatsächlich die Richtung weisen und sie effektiv kontrollieren kann (neue Steuerungsmodelle, Leistungswettbewerbe, Dienstrechtsreformen usw.). Zumindest, was den zweiten Bereich betrifft, die Struktur der äußeren Verwaltung, kann eine inhaltliche Überschneidung mit der kommunalen Landespolitik festgestellt werden, was vor allem darin zum Ausdruck kommt, dass Fragen der Gebiets- und Funktionalreform in beiden Zusammenhängen einen zentralen Diskussionspunkt darstellen.

2.1 Anforderungsprofil und Bilanz der Verwaltungspolitik

Die Forschung zur Verwaltungsmodernisierung ist sich darin einig, dass in Deutschland die Kommunen Vorreiter bei der Erprobung neuer Modelle der Verwaltungssteuerung sind. Der Landespolitik, aber auch der Bundespolitik, wird demgegenüber im Allgemeinen ein Modernisierungs- und Reformrückstand unterstellt (Naschold/Bogumil 2000, Jann et al. 2004). Dies gilt für die Geschichte der Bundesrepublik insgesamt. Noch 1997 trafen Hesse und Ellwein in ihrem Standardwerk zum Regierungssystem der Bundesrepublik Deutschland das strenge Urteil, in Deutschland fehle es bis heute an einer „zielstrebige[n] Verwaltungspolitik und Institutionenpflege", sie sprechen vom „nahezu durchgängige[n] Scheitern von Regierungs- und Verwaltungsreformen in Deutschland (Hesse/Ellwein 1997: 350, 358). Als einzige Ausnahme werden oft die in den 1960er und 70er Jahren durchgeführten Gebietsreformen, also die Zusammenlegung von Bezirken und Kommunen zu größeren Verwaltungseinheiten, betrachtet, wobei auch hier eine Halbherzigkeit bei der konsequenten Dezentralisierung von Aufgaben konstatiert wurde (ebd.: 355, Ellwein 1993: 58). Wolfgang Seibel systematisiert diesen Befund dahingehend, dass die Länder stets nur einen von *zwei Typen* von Verwaltungsreformen effektiv in Angriff genommen haben, nämlich die Anpassung der äußeren Verwaltungsstrukturen an die durch externpolitischen Problemdruck markierten Leistungsanforderungen (also die Output-Dimension), während die durch die Verwaltung selbst erzeugten Probleme nicht zu konsequenten Maßnahmen führten (Seibel 1997).[1] In den letzten Jahren hat sich allerdings der Eindruck verdichtet, dass die Länder Fragen der internen Verwaltungsreform mit stärkerem Nachdruck in Angriff genommen haben. Es wurde sogar von einer „zweiten Modernisierungswelle" gesprochen, der anspruchsvollere Begriff der „Reform" jedoch nach wie vor verweigert (Konzen-

---

[1] Die Gebietsreformen waren demnach die verwaltungspolitische Antwort auf die politische Problematisierung ungleicher Lebensverhältnisse und die Reaktion auf Versorgungsdefizite, während die verwaltungspolitischen Anstrengungen in den ersten Jahrzehnten der Bundesrepublik eine Reaktion auf die Bewältigung der Flüchtlingsströme darstellten.

dorf 1998: 1, 68). Dabei hat der skizzierte Modernisierungsvorsprung der Kommunen *bottom up-Effekte* ausgelöst, von den Gemeinden nach oben weiter gehend also, deren Wirkung entscheidend von der als immer drängender wahrgenommenen *Finanzkrise* verstärkt wurde – also letztlich wieder ein „externer" Problemdruck.

Das grundlegende Problem, um das es bei der Verwaltungspolitik geht, kann in der ungesteuerten Wachstumsdynamik des Staates gesehen werden, der Verantwortung für immer mehr Aufgaben einer ausdifferenzierten Gesellschaft übernimmt (Kaufmann 1994), dabei aber keinem rationalen Plan folgt (Ellwein 1993/1997). Diese Wachstumsdynamik ist geprägt von vielerlei Zufällen, der politischen Logik der ihr zugrunde liegenden Entscheidungsprozesse und der Einpassung neuer Aufgaben in eingespielte Routinen. Die öffentliche Verwaltung wächst gewissermaßen politisch-bedenkenlos[2]; schließlich schafft sich die öffentliche Verwaltung auch selbst ihre Aufgaben (Jann 1999: 534). Hinzu kommen spezifische kulturelle *Entwicklungspfade* dieser allgemeinen Logik ohne System. In Deutschland ist diese Pfadabhängigkeit geprägt durch eine stark legalistisch (auf Rechtsförmigkeit basierende) und hierarchisch-spezialisiert (klar definierte Verantwortungslinien und Zuständigkeiten) verfasste öffentliche Verwaltung (s. Hesse/Ellwein 1997: 345-350, vgl. Jann 2002b zur entsprechenden „Verwaltungkultur"). Verwaltungspolitik kann so – mit normativem Einschlag – als der Versuch verstanden werden, ein Maß für Verwaltungshandeln zurück zu gewinnen. Rechtsförmigkeit und bürokratische Hierarchie geben zwar eine einheitliche *Form* – sie sind aber kein ordnendes *Maß* für die Bändigung einer verselbständigten öffentlichen Verwaltung. Im Gegenteil führen sie letztlich zu einer Spannung zwischen Funktionswandel und Organisationskontinuität.

Für die Verwaltungspolitik ist charakteristisch, dass die getroffenen Maßnahmen das eigene organisatorische Umfeld betreffen. Hier Konflikte hervorzurufen, kann sich also nachteilig auf die eigene Handlungsfähigkeit auswirken. Zudem müssen die die Verwaltung betreffenden Maßnahmen zumindest zum Teil unter Mitwirkung der Verwaltung selbst ausgearbeitet werden. Vor diesem Hintergrund erscheint Werner Janns Einschätzung plausibel, dass es „sogar eher erklärungsbedürftig [ist], dass sich Politiker überhaupt auf den unsicheren und konflikthaften Weg der Verwaltungspolitik begeben, als dass dies zu wenig ge-

---

[2] Niklas Luhmann hat das so auf den Begriff gebracht, dass sich der Wohlfahrtsstaat „in äußerster Verkürzung" als *„Überforderung des Staates durch die Politik"* charakterisieren lasse, wobei „dieser Selbststeigerungsmechanismus […[nicht in sich selbst Maß und Grenzen finden [kann]", sondern „ihm nur die Energiezufuhr abgeschnitten werden [kann]", was heute vor allem die „Begrenzung der Geldmittel" bedeute (Luhmann 1984: 115, 117f.). Damit hat Luhmann hellsichtig einen Befund prognostiziert, der zumindest für die Forschungen zur Verwaltungsmodernisierung in Deutschland weitgehend unstrittig ist, dass nämlich erst die Finanzknappheit zur ernsthaften Inangriffnahme verwaltungspolitischer Maßnahmen geführt hat.

schieht" (Jann 2001: 331). Der hohen Wahrscheinlichkeit eines kostenträchtigen Widerstands stehe eine geringe Aussicht zur Profilierung in der politischen Karriere gegenüber, weil Verwaltungspolitik keine kurzfristigen Erfolgsmeldungen produzieren könne. Das ist insofern nicht ganz richtig, als Verwaltungspolitik durchaus immer wieder auf konkrete Resultate verweisen kann, dies jedoch der Problemlösungsfähigkeit nur selten zuträglich ist. Dennoch kann gefragt werden, wie sich die immer wiederkehrenden Anstrengungen auch der Landespolitiker erklären lassen, Verwaltungsreformen über konkrete Resultate hinaus in Angriff zu nehmen. An dieser Stelle kommen verwaltungspolitische *Diskurse* ins Spiel, die den politischen Akteuren Anreize zur Reformaktivität liefern, indem sie einerseits den verwaltungsinternen Widerstand de-legitimieren und andererseits die Profilierungsmöglichkeiten der politischen Führung dadurch erhöhen, dass sie bestimmten Reformprojekten gewissermaßen eine Vorschusslegitimität verleihen, indem sie institutionelle Leitbilder in der politischen Kommunikation verankern (Jann 2002a, Wollmann 2002a). Diese Leitbilder reduzieren Komplexität, indem sie sowohl die möglichen normativen Bezugspunkte als auch die Funktionsweise von Institutionen entlang bestimmter Kriterien plausibel machen und an öffentlich diskutierte Problemströme anschließen. Durch derart geöffnete „Gelegenheitsfenster" für Reformen werden die vom *institutionellen Kontext* gezogenen Grenzen allerdings nicht außer Kraft gesetzt. Die tatsächlichen Handlungsmöglichkeiten sind durch die eingangs beschriebene institutionelle Rahmung des deutschen Föderalismus gesetzt. Sie hat zur Folge, dass Verwaltungspolitik in Deutschland nicht einheitlich formuliert und umgesetzt werden kann, wie dies in Einheitsstaaten der Fall ist. Die Verwaltungspolitik der Bundesländer ist Teil eines allgemeinen „disjointed incrementalism", also einer auf verschiedenen Ebenen ablaufenden *schrittweisen Anpassung* von Verwaltungsstrukturen (Wollmann 2002a: 507 mit weiteren Nachweisen).

2.2 Akteurskonstellationen, Diskurse und Phasen der Verwaltungsreform

Angesichts der oben beschriebenen Fallstricke dürfte die Einschätzung Frieder Nascholds (1995: 82) unstrittig sein, dass „die Reform des öffentlichen Sektors [...] für alle beteiligten Akteure und Institutionen zumeist eine große Kraftanstrengung" bedeutet und somit nicht nur ein hohes Maß an politischem Willen, sondern auch an strategischem Geschick erfordert. Idealerweise wird angenommen, dass sich Akteurskonstellationen je nach Modernisierungsfokus durch komplementäre Beziehungen zwischen *politischer Führung, innovativen Insidern* und *externen Sachverständigen* auszeichnen sollten (Böhret 2002: 68f.). Der Blick auf tatsächliche Organisationsformen von gegenwärtigen Modernisierungsprozessen zeigt eine beachtliche Vielfalt in der Ausgestaltung dieser Elemente, die hier nicht im Detail nachvollzogen werden können, zumal sie noch nicht systematisch erforscht worden sind.[3]

Es kann vor dem Hintergrund der Annahme, dass Verwaltungspolitik als „Führungsauftrag" zu verstehen sei (Böhret 2005), nicht verwundern, dass Auftreten und spezifisches Profil der Modernisierung von Landesverwaltungen weniger partei- als personenabhängig ausfallen, was v.a. bei Personalwechseln im Amt des *Ministerpräsidenten* deutlich wird, die mitunter beträchtliche Aktivitätsschübe auslösen (Bogmil 2000: 127f.); Verwaltungsmodernisierung wird dann oft zur „Chefsache" erklärt und mitunter in der Staatskanzlei institutionell verankert. Darin findet die Tatsache Ausdruck, dass Verwaltungspolitik eine Querschnittsaufgabe mit hohen Koordinationsanforderungen darstellt. Die in den letzten Jahren immer vehementer vorgetragenen Forderungen nach einer Reform der öffentlichen Verwaltung im Zeichen von „Standortwettbewerb" und öffentlicher Finanzkrise sichern den Ministerpräsidenten zumindest ein vergleichsweise hohes Maß an öffentlicher Aufmerksamkeit für Verwaltungsreformen und die Erwartung der Übernahme einer Meinungs- und Verfahrensführerschaft.[4]

Die Ministerpräsidenten sind jedoch, anders als die meisten Bürgermeister, dem kollegialen *Ressortprinzip* und der Koalitionsarithmetik verpflichtet. Sie müssen sich der Unterstützung durch *Schlüsselressorts* wie den Innen- und Finanzministerien versichern, die eine entscheidende Rolle für die Steuerungsressourcen (Verwaltungs-)Recht und Geld spielen (Kersting et al. 2000: 146, vgl. Freudenberg 2000: 41f. für das Beispiel Hessen). In vielen Ländern haben sich auf der Ressortebene oder innerhalb von Behörden Arbeitsgruppen gebildet, die vor allem an Fragen der Aufgabenkritik und der Ausarbeitung von Projekten zu neuen Steuerungsformen arbeiten. Dabei bieten sich z.T. auch für untere Landesbehörden und Kommunen Teilnahmemöglichkeiten, die freilich nicht zur Institutionalisierung eines allgemeinen Reformdiskurses beitragen. Insgesamt ist die Landesverwaltung sehr viel schwieriger zu überblicken und damit zu steuern als die Kommunalverwaltung. Ministerial- und Vollzugsverwaltung sind in ihr miteinander verbunden, wobei mit Polizei, Justiz und Bildung drei „je sehr spezifische Vollzugsbereiche" (Reichard 2004: 87) zu verzeichnen sind.

Die *Landtage* spielen eine eher zurückhaltende Rolle, haben aber immerhin in einigen Ländern Enquête-Kommissionen oder Sonderausschüsse zu Fragen

---

[3] Vgl. dazu die synoptischen Dokumentationen zu Verwaltungsmodernisierung und Strukturreform bei Konzendorf (1998, 2000), die freilich bereits älteren Datums sind.

[4] Bogumil (2000: 128) weist jedoch auf die Zweischneidigkeit einer solchen „Aufwertung" der Verwaltungspolitik und damit der persönlichen Führungsrolle der Ministerpräsidenten hin: Einerseits kann Verwaltungspolitik eine erhöhte Stringenz und Dynamik gewinnen, andererseits kann gerade der Zusammenhang mit persönlich-politischer Profilierung zu „Beratungsresistenz" führen.

der Verwaltungsreform eingesetzt. Das allgemeine Desinteresse der Landtagsabgeordneten kann man unterschiedlich bewerten: Als Zufriedenheit mit dem Status quo, d.h. einer intransparenten Zieldefinition, welches den Landtagsabgeordneten zugleich Kritikimmunisierung und Wahlkreisprofilierung in Detailfragen erlaubt (Kersting et al. 2000: 146f.), während sich Verwaltungspolitik schwerlich zur Parteipolitisierung und Wahlkreisprofilierung zu eignen scheint[5], oder als angemessene Reaktion auf eine Verwaltungsmodernisierung, die an der Logik politischer Prozesse vorbeigeht und die Schnittstelle zwischen Politik und Verwaltung weitgehend ignoriert (Reichard 2004: 97, Bogumil 2000: 132f.).

Gewerkschaften und Beamtenbund werden punktuell herangezogen, um Fragen des Dienstrechts neu zu regeln, wobei sich eine gewisse Varianz entlang parteipolitischer Ausrichtungen zeigt (Bogumil 2000: 127). Einzelne *Bürger* spielen eine marginale Rolle, obwohl deren Beteiligung etwa in Form der „Planungszelle" möglich wäre (Kersting et al. 2000: 148). Das Beispiel des von der Stiftung Westfalen-Initiative in Auftrag gegebenen Gutachtens zur Reform der Verwaltungsstruktur in Nordrhein-Westfalen (Bogumil et al. 2004), in dem zum ersten Mal eine umfassende Analyse der Funktionsweise der Bezirksregierungen vorgenommen wurde, zeigt, dass *Stiftungen* einen wichtigen Beitrag zur Rationalisierung der verwaltungspolitischen Diskussion beitragen könnten.[6]

Bei der Analyse des *Verlaufs verwaltungspolitischer Aktivitäten* der Länder kann auf Phaseneinteilungen zurückgegriffen werden, die das Zusammenspiel verwaltungspolitischer Reformdiskurse und entsprechender Modernisierungsanstrengungen der Landesregierungen widerspiegeln (vgl. die Übersichten bei Hesse/Ellwein 1997: 353-363, Jann 1999 und Seibel 1997).

(1) In einer ersten Phase, die bis zur Mitte der 60er Jahre dauerte, galt das Augenmerk dem Aufbau, der Konsolidierung und der Rechtsbereinigung im Bereich der öffentlichen Verwaltung. Eine wesentliche verwaltungspolitische Aufmerksamkeit nach Gründung der Bundesrepublik galt auch der Überprüfbarkeit des Verwaltungshandelns durch unabhängige Gerichte (Jann 1999: 526).

---

[5] Es scheint allerdings Streitpunkte zu geben, die durchaus von parteipolitischen Positionen bestimmt werden So tendiert die SPD in einigen Ländern zur Abschaffung der Bezirksregierungen, während die CDU diesem Ansinnen zögerlich gegenübersteht. Dies scheint zumindest für die alten Länder zuzutreffen, so für Schleswig-Holstein, Rheinland-Pfalz und Baden-Württemberg. Für Baden-Württemberg führt dies Helmut Hueber, im Innenministerium mit Fragen der Verwaltungsreform befasst, darauf zurück, dass die SPD die Bezirksregierungen deshalb für problematisch hält, weil hier eine Ebene weitreichende Entscheidungsbefugnisse ausübt, ohne von einer gewählten Vertretungskörperschaft kontrolliert zu werden (Hueber 2000: 14).

[6] Dies gilt auch für das im Auftrag des hessischen Bundes der Steuerzahler verfasste Gutachten von Ellwein und Hesse zur Verwaltungsreform in Hessen (Ellwein/Hesse 1997).

Dem korrespondierte der Diskurs des „demokratischen Rechtstaates" (Jann 2002a: 287).

(2) In der Phase der „inneren Reformen und Aktiven Politik" (vgl. Jann 1999: 528), die von 1965 bis 1975 angesetzt werden kann, wurden Staat und Verwaltung eine zentrale Rolle für die *aktive Steuerung und Planung* gesellschaftlicher Entwicklungen zugeschrieben. Weitreichende bundespolitische Initiativen zeitigten aber nur teilweise Erfolge. Der versuchte Aufbau von Planungssystemen stand in Bund, Ländern und Kommunen auch im Zeichen der Wiedergewinnung des Primats politischer Führung gegenüber der professionalisierten, stark angewachsenen und weiter wachsenden Verwaltung (Scharpf 1973). Wie Jann bemerkt, waren die deutschen Verwaltungsreformdiskurse „Bestandteil des allgemeinen politischen Diskurses über die Handlungs- und Organisationsprobleme des expandierenden Sozial- und Interventionsstaates, wenn auch eine eher technokratische Spezialität für Insider" (Jann 1999: 528). Als spezifisches Ergebnisprofil in Deutschland kann eine Mischung aus weitreichenden Gebietsreformen, zurückhaltenden Finanz- und Regierungsreformen und praktisch keinen Personalreformen gelten (ebd.).

(3) Seit Mitte 70er Jahre kann von einer Phase des Bemühens um Verwaltungsvereinfachung, Staatsrückbau und Bürgernähe gesprochen werden, die zum Teil auf die *neo-liberale Staats- und Bürokratiekritik* und korrespondierende Selbstzweifel in der deutschen Sozialdemokratie zurückgeführt werden kann, aber auch an emanzipationsorientierte Kritiken des Wohlfahrtsstaates „von links" anschließen konnte. Es bildeten sich Kommissionen zur Aufgabenkritik, Rechts- und Verwaltungsvereinfachung, deren Arbeit sich in der folgenden Zeit verstetigte, ohne dass es zur Verwirklichung weitergehender Vorschläge gekommen wäre. Es blieb bei „ohnehin kontinuierlich notwendige[r] Rechtsbereinigung" (Jann 1999: 530), die offensichtlich keine nachhaltige Veränderungen gebracht hat.

(4) Als historische Zäsur mit ganz eigenen Anforderungen an verwaltungspolitisches Handeln kann die Bewältigung der *deutschen Einheit* zu Beginn der 90er Jahre betrachtet werden. Der Beitritt zum Geltungsbereich des Grundgesetzes hatte angesichts des vorgegebenen Rahmens und enormen Entscheidungsdrucks einen weit reichenden Institutionentransfer zu Folge. In seinem Forschungsüberblick macht Wollmann (2002b: 35f.) neben der Imitation von Partnerländern/-kommunen jedoch auch endogene Entwicklung aus, ja bewusste „Innovationen", die, wie der Verzicht auf Bezirksregierungen als mittlerer Verwaltungsebene in Brandenburg und Mecklenburg-Vorpommern, inzwischen durchaus Ausstrahlungswirkung auf die anderen neuen, aber auch die alten Bundesländer zu haben scheinen (Beispiele bei Konzendorf 2000). Reulen (2004) zeigt am Beispiel der Organisation der Regionalplanung die Bedeutung kognitiv-

akteursbezogener Faktoren und die Grenzen rationalistischer Erklärungsansätze auf. Zu der bei Institutionenpolitik ohnehin hochgradigen Ungewissheit über Ursache-Wirkungs-Beziehungen kam die durch die „allgemeine Umbruchsituation" induzierte Ungewissheit und Komplexität hinzu (Seibel/Reulen 2002: 543).

(5) Seit Mitte der 90er Jahre hat das Paradigma der *Ökonomisierung des Verwaltungshandelns*, d.h. der Übertragung von Managementkonzepten in den Bereich der öffentliche Verwaltung (New Public Management) und der Betrachtung von Verwaltungshandeln unter dem Gesichtspunkt des „Standortwettbewerbs", auch in den Ländern für umfassende Reformbemühungen gesorgt. Die Forschungslage zu dieser jüngsten Phase der Verwaltungsmodernisierung ist allerdings noch äußerst bescheiden (Reichard 2004: 87f.). Allerdings wurden bestimmte Charakteristika ausgemacht, durch die sich die aktuelle Entwicklung von bisherigen Phasen unterscheidet, nämlich „durch ihren Ausgangspunkt auf der lokalen statt der bisher dominierenden staatlichen Ebene, durch ihre wissenschaftliche Verankerung und Inspiration in der Betriebswirtschaftslehre statt der klassischen Verwaltungswissenschaft, die massive externe Unterstützung durch Stiftungen und Unternehmensberater und schließlich ihre unverkennbare Verbindung mit der aktuellen Finanzkrise" (Jann 1999: 532). Damit wird auf den bereits erwähnten und weithin unstrittigen Befund verwiesen, dass Reduktion finanzieller Ressourcen und Globalisierungsdruck ein verwaltungspolitisches „Zeit-" oder „Gelegenheitsfenster" geöffnet haben[7] – wobei diese eher aufgezwungene Modernisierung die Gefahr birgt, dass fiskalische Probleme mit ökonomistischen Therapien angegangen werden, die erstens kurzfristig angelegt sind und zweitens eine „weitere Verselbständigung gegenüber der Politik" mit sich bringen könnten (Böhret 2005: 47, s.a. Böhret 2002: 66). Nur vereinzelt, so in der Verwaltungsreformkommission des Landes Rheinland-Pfalz, finden weitergehende Diskurse Platz in den Überlegungen zur Verwaltungsmodernisierung (interessanterweise betont das Land ausdrücklich, dass es das kommunale Neue Steuerungsmodell nicht als vorbildlich sieht, vgl. Konzendorf 1998: 42). Die Länder verweisen mit Stolz auf die Einsparung Tausender von Stellen im Zuge der „Verschlankung" von Verwaltungsstrukturen. Der Aspekt der langfristigen Effektivität von Verwaltungshandeln bleibt dabei jedoch intransparent. Konzendorfs Urteil der „anpassenden Verwaltungsmodernisierung" im Unterschied zur „Verwaltungsreform" (1998: 68) scheint auch heute noch Gültigkeit zu haben.

Gibt es Alternativen zur Ökonomisierung und Managerialisierung? Werner Jann hat die Frage aufgeworfen, ob das ökonomistische Paradigma nicht bereits

---

[7] Damit kann auch der frühere und systematische Versuch der Einführung neuer Steuerungsmodelle in den Stadtstaaten erklärt werden (Reichard 2004), während die zurückhinkende Entwicklung in den neuen Ländern damit zusammenhängen dürfte, dass es hier zunächst einmal auf eine Normalisierung der Stellensituation auf Westniveau ankam (Wollmann 2002b).

von einem weiteren Diskurs, dem „Governance"-Diskurs, abgelöst worden sei (Jann 2002a). Dieser Governance-Diskurs könnte als ein weiterer Schritt des verwaltungspolitischen „Lernens" begriffen werden, indem hier die Verkürzungen der ökonomistischen Sichtweise thematisiert und Alternativvorschläge entworfen werden, so v.a. die Ablösung der betriebswirtschaftlichen Binnenzentrierung der Verwaltungsmodernisierung durch eine neo-institutionalistische Perspektive (Verwaltung und Gesellschaft als gemeinsame Träger von Gemeinwohlbelangen). Die Behauptung, der Governance-Diskurs habe seit der Mitte der 90er Jahre die diskursive Hegemonie gewonnen, kontrastiert jedoch mit der Einschätzung, dass das ökonomistische Verwaltungsverständnis sich erst Anfang der 90er Jahre (mit dem Aufkommen der New Public Management-Bewegung) Bahn gebrochen und in den Ländern erst in der zweiten Hälfte des letzten Jahrzehntes zu ernsthaften Modernisierungsschritten geführt habe (Jann 1999). Möglicherweise handelt es sich bei der New Public Management- und der Governance-Perspektive eher um dauerhaft konkurrierende Paradigmen, die für die nächste Zeit die institutionenpolitische Diskussion bestimmen werden. Im Hinblick auf „Good Governance" wäre der Nachholbedarf der Länder allerdings noch sehr viel größer.

3   Kommunale Landespolitik

Mit den in den 60er und 70er Jahren durchgeführten *Gebietsreformen* und den mehr angekündigten als tatsächlich implementierten *Funktionalreformen* wurden im Abschnitt zur Verwaltungspolitik der Länder bereits Regelungsbereiche berührt, die auch ein zentrales Moment der kommunalen Institutionenpolitik der Länder darstellen. Neben Gebiets- und Funktionalreformen stellen *politische Reformen*, d.h. die Veränderung der Verfahren zum Treffen wichtiger Personal- und Sachentscheidungen (Wahlen, direktdemokratische Mitbestimmungsmöglichkeiten, Kompetenzen der verschiedenen Organe in der Entscheidungsfindung) und *administrative Reformen* (Lenkung und Kontrolle der Verwaltung durch die Politik, Regelung des Aufgabenvollzugs, Personalmanagement usw., s. den Abschnitt zu Verwaltungspolitik) die zentralen Gestaltungsbereiche dar (vgl. Caulfield/Larsen 2002). Wie bei der Verwaltungspolitik der Länder, so kann auch bei der lokalen Institutionenpolitik zwischen einer policy-spezifischen (in bestimmte Politikfelder eingelagerten) und einer policy-unspezifischen (als allgemeines Reformprogramm auftretenden) Form der Institutionenpolitik unterschieden werden (Haus 2005a).

Der Schwerpunkt der folgenden Darlegungen muss angesichts des gegebenen Rahmens auf die allgemeine (policy-unspezifische) lokale Institutionenpolitik der Länder und hier auf die Gestaltung der kommunalen Institutionen (gewählte Vertretungskörperschaft, Verwaltung, politische Führung, gebietskörperschaftliche Beziehungen) gelegt werden. Im Anschluss soll aber zumindest perspektivisch erläutert werden, inwiefern dieser Ausschnitt von Institutionenpolitik eingebettet ist in einen weiter gefassten Wandel von Regieren und Steuerung, der nur mit einem weiteren Verständnis von „lokalen Institutionen" und einer komplexen Zusammenschau unterschiedlicher Modernisierungsmomente erfassbar ist.

3.1 Institutioneller Kontext und Entwicklungsphasen

Die formale Zuständigkeit für die so verstandene allgemeine kommunale Institutionenpolitik liegt zunächst bei den Innenministerien der Länder, wo sie auf Abteilungsebene meist unter „kommunale Angelegenheiten" firmiert. Größere Reformvorhaben werden jedoch auch von den Ministerpräsidenten vorangetrieben, wie die Direktwahl der Bürgermeister in Hessen durch den damaligen Ministerpräsidenten Wallmann. Während der Föderalismus erwarten lassen könnte, dass sich die kommunale Ordnung in den verschiedenen Ländern durch eines hohes Maß an Heterogenität auszeichnen würde, erweist sich diese Annahme bei näherem Hinsehen als Täuschung. Im Bereich der „äußeren Kommunalverfassung" (Struktur Staat/Kommunen) hat die Angleichung früh eingesetzt („Weinheimer Entwurf", 1948). In Bezug auf die „innere Kommunalverfassung", also die Regelung der Beziehungen zwischen den verschiedenen kommunalen Organen, hat sich dann in den neunziger Jahren eine weit reichende Angleichung vollzogen. Während diese Angleichung im Rahmen von dezentralen Entscheidungsprozessen in den jeweiligen Ländern erfolgte (bei Beobachtung der Entwicklung in den anderen Ländern), sind etwa im Haushaltsrecht Elemente eines *kooperativen Föderalismus*, d.h. der Abstimmung der Länder auf ein gemeinsames Vorgehen vorzufinden. Jüngstes Beispiel dafür dürfte der Beschluss der Innenminister- und Senatoren der Länder vom 21.11.2003 sein, mit dem sie die Einführung der ressourcenorientierten Haushaltsführung in allen Kommunen festlegen, also ein zentrales Moment des kommunalen „Neuen Steuerungsmodells" für alle Kommunen verbindlich erklären.[8] Damit kommt jener funktionale Zwang zur einheitlichen Verregelung zum Tragen, der oben bereits als ein insti-

---

[8] Bezeichnend ist der Satz aus dem Beschlussprotokoll der Innenministerkonferenz, „dass länderspezifische Abweichungen" in der Umsetzung dieses Beschlusses „nicht die Grundzüge der Einheitlichkeit des kommunalen Haushaltsrechts in Frage stellen sollen" (Beschlussniederschrift durch das Land Baden-Württemberg, Aktenzeichen VIII F 1.3, S. 2).

tutionell und verwaltungskulturell bedingtes Merkmal der Institutionenpolitik der Länder im Verwaltungsföderalismus angesprochen wurde.

Das haushaltsrechtliche Beispiel zeigt bereits, dass die verschiedenen mit dem Grundsatz der „kommunalen Selbstverwaltung" einhergehenden „Hoheits"befugnisse der Kommunen auslegungsbedürftig sind und keinesfalls eine unumschränkte Entscheidungs- und Gestaltungsfreiheit implizieren.[9] Die Entwicklung der kommunalen Landespolitik spiegelt vor diesem Hintergrund bis zu einem gewissen Grad die oben skizzierte allgemeine Entwicklung der Verwaltungspolitik wieder (vgl. für Übersichten Hesse/Ellwein 1997: 70-88, Gabriel 1999, im internationalen Vergleich Wollmann 2002a).

(1) In einer ersten Phase Jahre ging es um die Konsolidierung eines demokratischen Neubeginns im Rahmen einer grundsätzlichen Kontinuität des Prinzips der kommunalen Selbstverwaltung. Wie bei der Verwaltungspolitik stand die verfassungsrechtliche Einbindung der kommunalen Selbstverwaltung in den demokratischen Rechtsstaat auf der Tagesordnung, nicht zuletzt angesichts deren Versagens in der Spätphase der Weimarer Republik (Hesse/Ellwein 1997: 72f.). Mit der Auffassung, dass der kommunalen Selbstverwaltung zwar als „politische Verwaltung" ein Sonderstatus zukomme, sie aber ansonsten als Teil der Landesexekutive zu betrachten sei, trat an die Stelle des früheren Dualismus zwischen „Staat" und „Gesellschaft/kommunale Selbstverwaltung" jener zwischen „Politik" und „Verwaltung", der vor allem eine diskursive De-Legitimierung von „Parteipolitik" zugunsten von „Sachpolitik" mit sich brachte (Gabriel 1999: 158). In der „Kritik an der demokratisch-parteienstaatlichen Komponente der Kommunalpolitik" sieht Gabriel eine Konstante des institutionenpolitischen Diskurses in der Bundesrepublik (ebd.: 159). Die kommunale Landespolitik hatte in dieser Phase hauptsächlich den Beschluss und die Ausgestaltung von Landesverfassungen und Gemeinde- bzw. Kreisordnungen zum Inhalt, in denen die Kommunen als allgemein zuständiger Träger der öffentlichen Verwaltung vor Ort bestimmt wurden, in Form der für Deutschland typischen „Doppelstruktur" neben Selbstverwaltungsaufgaben staatliche Aufgaben als Auftragsverwaltung zugewiesen bekamen und der Kontrolle durch staatliche Mittelinstanzen unterstellt wurden. In der Finanzverfassung wurden die in der Kriegsphase eingeführten Ausgleichsmechanismen beibehalten (Hesse/Ellwein 1997: 74). Die große Vielfalt im Bereich der „inneren Kommunalverfassungen" resultierte hingegen

---

[9] Dies ist auch für den *internationalen Vergleich* von Bedeutung, bei dem die den deutschen Kommunen nicht allein aufgrund der Verfassungsgarantie kommunaler Selbstverwaltung vorschnell ein Höchstmaß an Autonomie zugesprochen werden sollte. Während es den deutschen Kommunen z.B. nicht zukommt, die Grundstrukturen des kommunalpolitischen Entscheidungssystems selbst festzulegen, gibt es in Einheitsstaaten wie Großbritannien oder Norwegen inzwischen Möglichkeiten der Wahl zwischen unterschiedlichen Modellen, während sich dieser experimentelle Ansatz in den deutschen Ländern nie hat durchsetzen können.

aus historischen Traditionen, z.T. aber auch (in Nordrhein-Westfalen und Niedersachsen) aus dem Einfluss der (ehemaligen) Besatzungsmächte. An diesen Grundzügen der äußeren und inneren Kommunalverfassung hat sich bis in die 90er Jahre nichts Wesentliches verändert. Im Rahmen der gegebenen Institutionen vollzog sich allerdings eine ungeplante Zentralisierungs- und Integrationsdynamik, für die die Zuständigkeit der Länder in Fragen des Kommunalrechts nach Hesse und Ellwein (1997a: 77) eher eine Erleichterung darstellte, weil diese Entwicklung politisch nicht prominent sichtbar wurde.

(2) In der Zeit von der Mitte 60er bis zum Ende der 70er Jahre wurde auch die Ausgestaltung der kommunalen Selbstverwaltung von der wohlfahrtsstaatlichen Planungseuphorie als Ausdruck des Strebens nach reformpolitischer Gleichheit der Lebensverhältnisse, aber auch der Reaktion auf die erste Krisenerfahrung 1966/67 geprägt. Wirtschaftswissenschaftliche Theorien der Krisenbewältigung (Keynesianismus als Begründung von Maßnahmen gegen das prozyklische Ausgabenverhalten der Kommunen in Form von Investitionshilfen, Gemeinschaftsaufgaben, Finanzgesetze), Planungstheorie, aber auch eine Öffnung für postmaterialistisch-demokratiepolitische Standpunkte reicherten die institutionenpolitischen Diskurse an. Es kam zu einem bewussten Einbezug der Kommunen in gesamtstaatliche Modernisierungspolitiken und eine „Hierarchie von Planungsstufen" (Hesse/Ellwein 1997: 78). Die herausragende und praktisch einzig dauerhafte Reformmaßnahme, die *Gebietsreformen*, kann in diesem Zusammenhang gesehen werden. Wie auch in anderen europäischen Ländern bedeuteten sie vor allem für den ländlichen Raum einen tiefgreifenden Wandel, bei der die Aussicht auf bessere Verwaltungsleistungen und höhere Gleichheit der Lebensverhältnisse unabhängig vom Wohnort mit der Abkehr von der Einheit von sozialer und juristischer Gemeinde „erkauft" wurde. Ziel der Gebietsreformen war es, alle Kommunen in die Lage zu fachlich und juristisch professionellem Handeln zu versetzen und verlässliche Partner in gemeinsamen Planungsprozessen zu kreieren. Dabei wurde ein weiteres Betätigungsfeld der politischen Parteien in der Kommunalpolitik billigend in Kauf genommen, aber es kam nicht zu einer Professionalisierung der Ratsarbeit, durch die der Kompetenzvorsprung einer gewachsenen und professionalisierten Verwatung hätte kompensiert werden können (Gabriel 1999: 161).[10] Die Ergebnisse waren, wie bereits erwähnt, insgesamt durchgreifend,[11] während die eigentlich komplementären Funktional-

---

[10] Allerdings haben vor allem die Länder mit einer „starken Bürgermeisterverfassung" (ohne Direktwahl) den Rat insofern gestärkt und „parlamentarisiert", als sie ihm das Recht zur Abwahl der Bürgermeister zustanden (Wollmann 2004b).

[11] Statt 33 Regierungsbezirken gab es nach den Reformen 25, statt 564 Kreise/Kreisstädte 328, statt 24.282 Gemeinden 8.501. Auch die Gebietsreformen wurden länderübergreifend als Reformparadigma diskutiert (vgl. Europarat 1976).

reformen in Ansätzen stecken blieben (s. die Bilanz bei Laux 1998).[12] Kritik an den Territorialreformen wurde und wird als „Dorfromantik" disqualifiziert, die keine praktikablen Alternativen zur Behebung der „offensichtlichen Leistungsschwäche der territorialen Struktur" aufgeboten habe, während der modernistischen Überzeugung Ausdruck verliehen wird, dass Politik und Verwaltung ihr Fundament nicht in der Gemeinde als einer Gemeinschaft haben könnten (Laux 1998: 171). Dieser modernistisch-wohlfahrtsstaatliche Diskurs schien innerhalb des gegebenen institutionellen Rahmens und unter Zugrundelegung des Prinzips der „Einheit der Verwaltung" kaum Alternativen zur Vergrößerung von Gemeinden und Kreisen zu lassen.[13] Die Länder waren in einem gewissen Maße also die Getriebenen des expandierenden Wohlfahrtsstaats.[14] Zugleich finden sich die ersten Anfänge einer durch die Länder eingeführten partizipatorischen Öffnung von Entscheidungsprozessen, z.t. durch policy-unspezifische (Initiativrechte), z.t. durch policy-spezifische (Planungsverfahren) Beteiligungsvorgaben. Als kompensatorisches Element für den Verlust der Unabhängigkeit wurden Ortschaftsverfassungen eingeführt.

(3) Die 80er Jahre brachten nach dem Abklingen der Planungs- und Reformeuphorie keine umfassenden Initiativen. Allerdings finden sich Anfänge einer Diskussion über umfassende Reform der inneren Kommunalverfassungen, die auch von der bürokratiekritischen Stimmung dieser Zeit geprägt waren (Banner 1982).

(4) *Deutsche Einheit* und *Reformdynamik* ab Ende der 80er Jahre: Der oben bereits angesprochene Institutionentransfer ließ bei der Gestaltung der kommunalen Selbstverwaltung weitere Spielräume als in anderen Bereichen der Institutionenbildung, weil hier deutlicher eine „endogene Pfadabhängigkeit" wirksam wurde, die eine Ausstrahlung auch auf die alten Bundesländer hatte (Wollmann 1997b, 1998a, Eisen/Wollmann 2000, Wegrich et al. 1997). Dies gilt zum einen hinsichtlich der Einführung direktdemokratischer Beteiligungsmöglichkeiten in

---

[12] Allerdings sind hier Unterschiede zwischen einzelnen Ländern zu vermerken. Während Nordrhein-Westfalen als Ausnahmefall eine „weitgehend konsequente Funktionalreform" verwirklichte, war die in Aufgabenübertragung im traditionell zentralistischen Bayern „kaum der Rede wert" (Hesse/Ellwein 1997: 355). Dazu ist allerdings anzumerken, dass in NRW auch die Gebietsreform besonders radikal ausfiel, in Bayern hingegen sehr moderat.

[13] Laux verweist darauf, dass als Alternative nur die administrative Stärkung der Kreise in Frage gekommen wäre – was aber verfassungsrechtlich bedenklich geworden wäre (Laux 1998: 172), womit zu Recht auf eine komplizierte Diskussion des Verhältnisses zwischen Gemeinde- und Kreisaufgaben hingewiesen wird, die als unangefochtene Domäne der Juristen bezeichnet werden kann.

[14] Wie die Enquête-Kommission Verfassungsreform des Deutschen Bundestages 1977 feststellte, waren die Gleichwertigkeit der Lebensverhältnisse und der gestiegene Anspruch auf öffentliche Daseinsvorsorge „bestimmende Einflußgrößen" der Reformpolitiken (zit. bei Hesse/Ellwein 1997: 78).

Form von Bürgerbegehren und -entscheiden. Die alten Länder haben, beginnend mit Schleswig-Holstein im Jahr der Vereinigung, allesamt direktdemokratische Verfahren in ihre Gemeindeordnungen geschrieben (in Bayern durch Volksentscheid), ausgenommen Baden-Württemberg, wo es diese schon zuvor gegeben hatte. Dass diese Instrumente dort keine spektakulären Auswirkungen hatten, mag diesen Schritt für die anderen Länder erleichtert haben. Zum anderen haben zumindest einige der neuen Länder die äußere Verwaltungsstruktur unter Verzicht auf Bezirksregierungen als Mittelinstanz gestaltet und sind damit Forderungen nach einer „echten Kommunalisierung" näher gekommen (Wollmann 1997b). Im Gegensatz zu den westdeutschen Gebietsreformen in den 60er und 70er Jahren kam es auf dem Boden der vormaligen DDR mit der Ausnahme von Sachsen nur zu weitreichenden Kreisgebietsreformen, nicht zu Gemeindegebietsreformen, weil dies demokratiepolitisch für unzumutbar erachtet wurde. Stattdessen wurden – wie auch zuvor in Baden-Württemberg und Rheinland-Pfalz – gemeinsame Ämter/Verwaltungsgemeinschaften eingerichtet, auf die sich heute neuerliche Reformbemühungen richten.

3.2 Exekutive Führerschaft, neue Formen des Regierens und Möglichkeiten des Lernens im Föderalismus

Von größerer Bedeutung als Bürgerbegehren und -entscheide dürfte die (bis auf die Stadtstaaten) flächendeckende Einführung der „plebiszitären Bürgermeisterverfassung" (Bovenschulte/Buß 1996) sein, die zuvor nur in Baden-Württemberg und Bayern gegolten hatte und einen fundamentalen Wandel der Gestalt der „inneren" Kommunalverfassungen bedeutete, die bis dahin alle Reformdiskussionen unbeschadet überstanden hatten. Als Kern dieses Modells (und des parallelen Modells in den Landkreisen) kann die Direktwahl des Bürgermeisters als hauptamtlicher Verwaltungschef gelten. In Hessen betrieb Ministerpräsident Wallmann entschieden die Einführung der Direktwahl. Im Jahr 1991 wurde zu dieser Frage eine Volksabstimmung abgehalten, bei der sich über 82 % der Teilnehmer für die Urwahl aussprachen. Die weitere Entwicklung war entscheidend von dieser hessischen Erfahrung bestimmt: Da die Länderverfassungen im Gegensatz zum Grundgesetz direktdemokratische Elemente erhalten, standen Ablehner der Urwahl (vor allem auf Seiten der SPD) unter dem Damoklesschwert politischer Niederlagen, falls die Befürworter (in erster Linie auf Seiten der CDU) es schafften, Volksbegehren zu initiieren (Holtkamp 2005). Die neuen Länder legten sich in ihren Kommunalverfassungen ebenfalls auf die Direktwahl des exekutiven Bürgermeisters fest (Mecklenburg-Vorpommern mit Übergangsregelung), wichen vom süddeutschen Modell allerdings durch Abwahlregelungen ab. Schließlich entschlossen sich auch Nordrhein-Westfalen und Niedersachsen zum Bruch mit ihrer Kommunalverfassungstradition, so dass das Land Hessen als Reforminitiator heute paradoxerweise als Ausnahmefall dasteht, weil es zugleich an seiner traditionellen Magistratsverfassung festhielt.

Die Einführung der Direktwahl war nicht nur eine Frage der Durchsetzungsfähigkeit parteipolitischer Ideologien. Es ging auch um Interessen unterschiedlicher Akteursgruppen, was sich etwa daran zeigt, dass die in Nordrhein-Westfalen durchgeführte Befragung von Bürgermeistern, Gemeindedirektoren und Ratsmitgliedern gruppenspezifisch ganz unterschiedliche Zufriedenheitsraten mit der geltenden Gemeindeordnung zeigte. Insgesamt lässt sich feststellen, dass durch direkte Demokratie und plebiszitäre Bürgermeisterverfassung die „Kommunalvertretung als eindeutige Verliererin" (Gabriel 1999: 165) dasteht, wobei Gabriel selbst einräumt, dass den direktdemokratischen Entscheidungsmöglichkeiten keine sonderliche Relevanz zukommt und letztlich die Wende zur „exekutiven Führerschaft" das entscheidende Moment darstellt. Bei Betrachtung der vorhandenen Forschungslage lässt sich wohl formulieren, dass die landespolitischen Akteure oft aus einer wahrgenommenen Alternativlosigkeit angesichts der als „direktdemokratisch" empfundenen Urwahl der Bürgermeister für eine weitgehend mit der süddeutschen Ratsverfassung übereinstimmende Neuordnung stimmten. Ein „Lernen im Föderalismus" fand nicht in dem Sinne statt, dass es jemals einen profunden Vergleich der Leistungsfähigkeit der Gemeindeordnungen gegeben hätte (Haus 2005b). Freilich ist unbestritten, dass sich vor allem die nordrhein-westfälische Gemeindeordnung massiver Kritik ausgesetzt sah. Ein – ebenfalls schwer zu erbringender – Beleg, dass die Einführung der Direktwahl zu einem erhöhten Vertrauen in die lokale Demokratie geführt hat, steht jedoch ebenfalls aus. Feststeht hingegen, dass die Angleichung der Kommunalverfassungen eine weitere materiale *Vereinheitlichung* unter den Bundesländern darstellt, die eine hier traditionell gegebene Vielfalt ersetzte.

Interessanterweise ist die Einführung direkt gewählter Bürgermeister außerdem kein auf Deutschland beschränktes Phänomen, sondern findet sich in vielen westlichen Demokratien entweder als bereits erfolgte Reform oder als intensiver Diskussionspunkt (Larsen 2002). Die Debatte über eine neue Rolle von *leadership* und dieser gemäßer Formen der Institutionalisierung politischer Führungspositionen gehört zu einer im letzten Jahrzehnt aufgekommenen Debatte über neue Formen des Regierens unter dem Schlagwort *local governance* (s.a. oben die Ausführungen zu Governance als verwaltungspolitischem Paradigma). Bürgermeister als „charismatische" Führungspersönlichkeiten werden hier als notwendiges Gegengewicht zu einem zunehmend ausdifferenziertem Feld von Institutionen und Akteuren betrachtet (John 2001: Kap. 1). Sie sollen Netzwerke zusammenhalten, Experimente initiieren und Zielerreichung sichern. In der parteienkritischen Stoßrichtung liegt dabei eine Parallele zu weiten Teilen des deutschen kommunalwissenschaftlichen Diskurses – nur dass im internationalen Diskurs Parteien nicht als einer auf „Sachpolitik" ausgerichteten kommunalen Selbstverwaltung „wesensfremd" dargestellt werden, sondern das Problem darin gesehen wird, dass ihre Integrations- und Strategiefähigkeit angesichts des gesellschaftlichen Pluralismus und der Ausdifferenzierung von Handlungsarenen für nicht mehr hinreichend erachtet wird.

Die Governance-Perspektive wendet sich explizit von einer reinen Befassung mit den formal-rechtlichen Institutionen lokaler Selbstverwaltung ab und trachtet danach, die komplexen Formen von Interaktionen zwischen öffentlichen und privaten Akteuren zu erfassen, mit denen diese Akteure in gemeinsamer Verantwortung gesellschaftliche Probleme bearbeiten. Governance kann jedoch auch, wie vor allem das Beispiel Großbritannien zeigt (Newman 2001) als *Reformparadigma staatlicher Modernisierung lokaler Institutionen* begriffen werden. Damit stellt sich abschließend die Frage, inwiefern die lokale Institutionenpolitik der Länder die Kommunen bei der Bewältigung neuartiger Probleme und Formen des Regierens unterstützen kann. Diese Frage kann hier nur andeutungsweise diskutiert werden.

Zunächst ist hier das Problem der *territorialen Neuskalierung* von Problemzusammenhängen zu nennen, welche Formen von *regional governance* erforderlich macht (Benz 2001, Fürst 2005). Regionalisierung des Regierens entspricht der Aufwertung regionaler Räume, v.a. von Metropolregionen, nicht zuletzt als Wettbewerbsräumen in einer global-postindustriellen Ökonomie, aber auch als konkrete Lebenswelten der Bürger. Die Länder müssen die Kooperation der Kommunen in regionalen Zusammenhängen stärken bzw. Kooperationsbarrieren aus dem Weg schaffen oder notfalls eigene Gebietskörperschaften dafür schaffen (wie in der Region Hannover). Daran hindert sie mitunter die Angst vor einer regionalen „Nebenregierung", die die prosperierendsten Gebiete des Landes administriert.

In den *Städten* stellt sich verschärft eine *„neue soziale Frage"*, die vor allem in der wachsenden Ungleichheit in der Lebensqualität und Chancenträchtigkeit verschiedener Stadtviertel deutlich wird, aber der völlig neuen Herausforderung „schrumpfender Städte"; beides macht eine innovative Integrationspolitik erforderlich, bei er es auch um die Institutionalisierung neuer Kooperations- und Öffentlichkeitsformen im Beziehungsgeflecht zwischen Stadtverwaltung und -politik, Drittem Sektor und Zivilgesellschaft, der Privatwirtschaft und den Stadtteilbewohnern geht (Häußermann 2005, Haus 2005d). Bereits die Koordinierung verschiedener städtischer Ämter erweist sich als schwierig und wird durch Neue Steuerungsmodelle nicht gelöst. Das Bund-Länder-Programm „Soziale Stadt", mit dem die Städtebauförderung in ein stadtteilbezogenes Aktivierungsprogramm umgeformt werden sollte, kann den hochgesteckten Erwartungen anscheinend nicht entsprechen (Zimmermann 2005). Verglichen mit dem Bund verhalten sich die Länder erstaunlich passiv in der Stimulierung und Förderung von lokalen Governance-Prozessen.

In Bezug auf *lokale Verwaltungsmodernisierung* wird beklagt, dass die Länder die Modernisierungsprozesse in den Städten nicht genügend unterstützten, so dass das gesamte „Modernisierungsrisiko" bei den Bürgermeistern anfalle (Banner 2005). Aus dieser Perspektive wäre eine Intensivierung der Landesinitiativen nach Art des oben erwähnten Beispiels der doppelten Haushaltsführung gefordert. Allerdings fallen dadurch für die Kommunen auch erhebliche Umstellungskosten an, die angesichts der in den letzten Jahren erneut verschärften Haushaltskrise schwer zu bewältigen sind. Der Bund und die Länder haben zu dieser Krise nicht unerheblich beigetragen, indem sie in der Vergangenheit finanzielle Lasten auf die Kommunen abgewälzt haben. Das nun in viele Landesverfassungen eingeführte *Konnexitätsprinzip* (wer etwas beschließt, muss auch für die Kosten aufkommen) ist ein von der Steuerungswirkung des Rechts ausgehender Ansatz, der seine Praxistauglichkeit erst unter Beweis stellen muss. Dann wird das Problem virulent werden, dass Kosten „selten einfach zu berechnen sind und deshalb Zuweisungsentscheideungen letztlich immer politische Entscheidungen bleiben werden" (Hesse/Ellwein 1997: 84). Die Rückbesinnung auf den *politischen* Charakter von Institutionenpolitik, der nicht durch ökonomistische oder juridische Neutralisierungen abstreifbar ist, erscheint insgesamt von Bedeutung – schließlich geht es um unterschiedliche Möglichkeiten der Institutionalisierung lokaler Demokratie, also einem Projekt, welches die Frage betrifft, in welchem Gemeinwesen wir als Bürger leben wollen.

4 Fazit

Im Bereich von Verwaltungspolitik und lokaler Institutionenpolitik lässt sich bei aller Parallelität vor allem im Hinblick auf andere nord- und mitteleuropäische Länder ein für Politik in Deutschland typisches Muster beobachten: Wie in anderen Ländern gibt es Konjunkturen von Diskursen und Leitbildern, die als orientierungsstiftender Rahmen für Reformanstrengungen und politische Auseinandersetzungen fungieren, wobei der Inhalt dieser Diskurse wesentlich von internationalen Entwicklungen beeinflusst wird – im Unterschied zu anderen Ländern werden diese Konjunkturen jedoch nicht nur oft verzögert rezipiert und als Handlungsauftrag angenommen, die jeweiligen Paradigmen können vor allem auch nicht konsequent-umfassend in praktische Reformpolitik umgesetzt werden. Dem laufen die Grundbedingungen des zugleich ausdifferenzierten und verflochtenen politisch-administrativen Systems zuwider, welche verwaltungspolitisch zugunsten des „disjointed incrementalism" wirken und zudem von einer Verwaltungskultur der rechtlichen Regulierung getragen werden.

Angesichts des strukturell bedingten Inkrementalismus tatsächlicher Reformpolitiken wird mitunter der Schluss gezogen, dass Verwaltungsreformen in Deutschland, vor allem jedoch in den Bundesländern, eine *Staats- und Föderalismusreform* voraussetzten (Lenk 2000, Benz 1995). Zugleich wird geltend gemacht, dass man bei der Verwaltungsreform „nach den spezifischen Bedingungen der Verwaltung in den jeweiligen Politikfeldern fragen [muss]" (Lange et al. 2000: 21). In der Perspektive der Verwaltungspolitik als einem Prozess der Entscheidungsfindung ist von Bedeutung, dass hier ein Problem der Aufmerksamkeitsfokussierung und Strategiewahl für die politischen Akteure benannt wird, mit dem sie unter Zeitdruck umgehen müssen. Die Föderalismusreform selbst wird durch die Verflechtungsstrukturen unwahrscheinlich gemacht. Dies zu berücksichtigen ist von zentraler Bedeutung, will man zu einer abgewogenen Einschätzung der verwaltungspolitischen Aktivitäten der Länder gelangen. Auch vor dem Hintergrund internationaler Vergleiche der Verwaltungsmodernisierung zeigt sich, dass die Sehnsucht nach dem „großen Wurf" ein Ausdruck von Steuerungsromantik ist; als beachtliche Leistung muss angesichts vielfältiger Ungewissheiten und Komplexitätsanforderungen bereits die Formulierung von Strategien gelten, die über das bloße inkrementelle „Durchwursteln" hinausgehen (Naschold 1995: 82). Angesichts der föderalen Struktur erscheint jeder Versuch der Überwindung dieser inkrementell-dezentralen Anpassung durch eine gesamtstaatliche Reformpolitik aus einem Guss als zu ambitiös. Den Reformanstrengungen kann aber dadurch eine gemeinsame Richtung verliehen werden – wenn auch keine organisatorische Geschlossenheit –, dass die oben angesprochenen diskursiven Leitbilder und Problemverständnisse in kommunikativen Prozessen thematisiert und konkretisiert sowie Erfahrungen mit Reformprojekten ausgetauscht werden.

Ob man den letztlich in den Institutionen des politischen Systems eingebauten Inkrementalismus als Form der Dämpfung politischer Machtausübung begrüßen oder (was in jüngster Zeit verstärkt der Fall ist) als Konstruktionsfehler deutscher Bundesstaatlichkeit beklagen soll, ist eine Frage, die hier nicht ausführlich erörtert werden kann. Zu beachten wäre bei dieser Diskussion aber, dass dadurch Übertreibungen und radikale Kurswechsel vermieden werden, die in anderen Ländern durchaus auch zu Frustrationen der von dem jeweils „neuesten Schrei" der Modernisierungsdiskussion und den Profilierungsbestrebungen zentralstaatlicher Akteure betroffenen Akteure führen. Von einem radikal ökonomisierten und fragmentierten öffentlichen Sektor her (wie in Großbritannien; vgl. Rhodes 1997) ist der Weg zu partizipatorischen Governance-Arrangements möglicherweise schwieriger zu beschreiben als von einem eher traditionell-konsolidierten her.

Für problematischer kann man die traditionelle *Binnenorientierung* der institutionellen Modernisierungspolitik betrachten (im Sinne der von Seibel beschriebenen Fokussierung auf die von der Verwaltung nach politischen Programmen erzeugten Outputs). Sowohl die Reform der kommunalen Selbstverwaltung als auch jene der öffentlichen Verwaltung der Länder ist heute durch eine wenig ausgeprägte Governance-Ausrichtung geprägt. Bei der Verwaltungsmodernisierung spielen weder Bürger und Zivilgesellschaft noch gesellschaftliche Organisationen eine wichtige Rolle. Die „kooperative" bzw. „verhandelnde" Verwaltung (Benz 1994, Dose 1997) taucht in der Modernisierungsrhetorik erst gar nicht auf. Sofern Governance-Formen eine bloße kontraktuell fixierte Leistungserbringung eines Auftragnehmers für einen Auftraggeber transzendieren und gemeinsames Problemlösen in den Mittelpunkt stellen, also einen in die Zukunft hin ergebnis*offenen* Prozess, können die im Geiste des New Public Management vorgenommene Schritte der Verwaltungsmodernisierung eine geradezu kontraproduktive Wirkung zeitigen.

 Literatur

Banner, Gerhard (1982): „Zur politisch-administrativen Steuerung in der Kommune", in: *Archiv für Kommunalwissenschaften*, Jg. 20: 26-46.
Banner, Gerhard (2005): „Akteur und Institution: Die menschliche Seite kommunaler Verwaltungsreformen", in: Haus 2005c (im Erscheinen).
Behrens, Fritz/Heine, Rolf G./Hilbert, Josef/Stöbe, Sybille/Walsken, Ernst M. (Hrsg.) (1995): *Den Staat neu denken. Reformperspektiven für die Landesverwaltungen*, Modernisierung des öffentlichen Sektors, Sonderbd. 3, Berlin.
Benz, Arthur (1994): Kooperative Verwaltung. Funktionen, Voraussetzungen und Folgen, Baden-Baden.
Benz, Arthur (1995): Verwaltungsmodernisierung im föderativen Staat, in: Behrens et al. 1995: 107-126.
Benz, Arthur (2001): Vom Stadt-Umland-Verband zu 'regional governance' in Stadtregionen", in: *Deutsche Zeitschrift für Kommunalwissenschaften*, Bd. 40, Heft 2: 55-71.
Böhret, Carl (2002): „Verwaltung und Verwaltungspolitik in der Übergangsgesellschaft", in: König (2000): 59-75.
Böhret, Carl (2005): Verwaltungspolitik als Führungsauftrag, in: Blanke, Bernhard/Bandemer, Stephan von/Nullmeier, Frank/Wewer, Göttrik (Hrsg.): Handbuch der Verwaltungsreform, 3., völlig überarbeitete und erweiterte Auflage, VS Verlag für Sozialwissenschaften: Wiesbaden, S. 10-17.

Bogumil, Jörg (2000): „Modernisierung der Landesverwaltungen – Institutionelle Ausgangslage, Implementationsstand und Zukunftsperspektiven", in: Kißler et al. (2000): 123-133.

Bogumil, Jörg/Reichard, Christoph/Siebart, Patricia (2004): Gutachten zur Verwaltungsstrukturreform in NRW, Schriftenreihe der Stiftung Westfalen-Initiative Bd. 8, Ibbenbüren.

Bovenschulte, Andreas/Buß, Annette (1996): *Plebiszitäre Bürgermeisterverfassungen*, Baden-Baden.

Dose, Nicolai (1997): Die verhandelnde Verwaltung. Eine empirische Untersuchung über den Vollzug des Immissionsschutzrechts, Baden-Baden.

Eisen, Andreas/Wollmann, Hellmut (2000): *Institutionenbildung in Ostdeutschland*, Wiesbaden.

Ellwein, Thomas (1993/1997): Der Staat als Zufall und Notwendigkeit. Die jüngere Verwaltungsentwicklung in Deutschland am Beispiel Ostwestfalen-Lippe, 2 Bde., Opladen.

Ellwein, Thomas/Hesse, Joachim Jens (1997): *Staatsreform in Deutschland – das Beispiel Hessen – Konzept für eine Regierungs- und Verwaltungsreform*, Gutachten im Auftrage des Bundes der Steuerzahler Hesen e.V., Berlin.

Ellwein, Thomas/Holtmann, Everhard (Hrsg.) (1999): 50 Jahre Bundesrepublik Deutschland. Rahmenbedingungen – Entwicklungen – Perspektiven, Wiesbaden.

Europarat (1976): Kommunale Verwaltungsreformen in Europa. Stärkung der kommunalen Strukturen in den Mitgliedsstaaten des Europarates insbesondere durch Fusion und Zusammenarbeit, Köln u.a.

Freudenberg, Dierk (2000): „Verwaltungsreform im Spannungsfeld von politischer Steuerung und Dezentralisierung. Verwaltungsmodernisierung in Hessen", in: Kißler et al. (2000): 39-51.

Fürst, Dietrich (2005a): „Regional Governance in Germany", in: Heinelt, Hubert/Kübler, Daniel (Hrsg.): Metropolitan Governance. Capacity, democracy and the dynamics of place, London: 151-168.

Fürst, Dietrich (2005b): „Die Institutionalisierung regionaler Politik", in: Haus,

Habermas, Jürgen (1996): „Drei normative Modelle der Demokratie", in: Ders.: *Die Einbeziehung des Anderen. Studien zur politischen Theorie*, Frankfurt/Main: 277-292.

Häußermann, Hartmut (2005): „Umbauen und Integrieren – Stadtpolitik heute", in: *Aus Politik und Zeitgeschichte*, 3/2005: 3-8.

Haus, Michael (2005a): „Lokale Institutionenpolitik in Deutschland zwischen strategischen Entscheidungen und kulturellen Deutungsprozessen – Versuch einer konzeptionellen Annäherung", in: Ders. (2005c) (im Erscheinen).

Haus, Michael (2005b): „Lernen im Föderalismus? Die Reform der Kommunalverfassungen in Deutschlande", in: Ders. (2005c) (im Erscheinen).

Haus, Michael (Hrsg.) (2005c): Institutionenwandel lokaler Politik und Verwaltung in Deutschland, Wiesbaden.

Haus, Michael (2005d): „Zivilgesellschaft und soziales Kapital im städtischen Raum", in: *Aus Politik und Zeitgeschichte*, 3/2005: 25-31.

Hesse, Joachim Jens/Benz, Arthur (1990): Die Modernisierung der Staatsorganisation. Institutionspolitik im internationalen Vergleich: USA, Großbritannien, Frankreich, Bundesrepublik Deutschland, Baden-Baden.

Hesse, Joachim Jens/Ellwein, Thomas (1997): *Das Regierungssystem der Bundesrepublik Deutschland. Band 1: Text*, 8. Aufl., Wiesbaden.

Holtkamp, Lars (2005): „Reform der Kommunalverfassungen in den alten Bundesländern – eine Ursachenanalyse", in: Bogumil, Jörg/Heinelt, Hubert (Hrsg.): *Bürgermeister in Deutschland – Politikwissenschaftliche Studien zu direkt gewählten Bürgermeistern*, Baden-Baden (im Erscheinen).

Hueber, Helmut (2000): „Neuorganisation der Mittelbehörden in Baden-Württemberg", in: Konzendorf (2000): 1-14.

Jann, Werner (1999): „Zur Entwicklung der öffentlichen Verwaltung", in: Ellwein/Holtmann (1999): 520-543.

Jann, Werner (2001): „Verwaltungsreform als Verwaltungspolitik: Verwaltungsmodernisierung und Policy-Forschung", in: Schröter, Eckhard (Hrsg.): *Empirische Policy- und Verwaltungsforschung. Lokale, nationale und internationale Perspektiven*, Opladen: 321-344.

Jann, Werner (2002a): „Der Wandel verwaltungspolitischer Leitbilder: Von Management zu Governance?", in: König (2002): 279-303.

Jann, Werner (2002b): „Verwaltungskultur", in: König (2002): 425-448.

Jann, Werner/Bogumil, Jörg/Bouckaert, Geert/Budäus, Dietrich/Holtkamp, Lars/Kißler, Leo/Kuhlmann, Sabine/Mezger, Erika/Reichard, Christoph/Wollmann, Hellmut (2004): *Status-Report Verwaltungsreform. Eine Zwischenbilanz nach zehn Jahren*, Modernisierung des öffentlichen Sektors Bd. 24, Berlin.

John, Peter (2001): Local Governance in Western Europe, London.

Kaufmann, Franz-Xaver (1994): Diskurse über Staatsaufgaben, in: Grimm, Dieter (Hrsg.): *Staatsaufgaben*, Frankfurt/Main: 15-41.

Kersting, Norbert/Lange, Hans-Jürgen/McGovern, Karsten (2000): „Reform der Landesverwaltung: Qualitätskriterien für die Politikberatung", in: Kißler et al. (2000): 135-157.

Kißler, Leo/Kersting, Norbert/Lange, Hans-Jürgen (Hrsg.) (2000): *Politische Steuerung und Modernisierung der Landesverwaltung*, Baden-Baden.

König, Klaus (Hrsg.) (2002): Deutsche Verwaltung an der Wende zum 21. Jahrhundert, Baden-Baden.

Konzendorf, Götz (1998): *Verwaltungsmodernisierung in den Ländern. Überblick und Einblicke*, Speyerer Forschungsberichte 187, Speyer.

Konzendorf, Götz (Hrsg.) (2000): *Neuorganisation der Mittelinstanzen – Konzeptionen und Umsetzung*, Speyerer Forschungsberichte 210, Speyer.

Kost, Andreas/Wehling, Hans-Georg (Hrsg.) (2003): Kommunalpolitik in den deutschen Ländern, Wiesbaden.

Laux, Eberhard (1998): Erfahrungen und Perspektiven der kommunalen Gebiets- und Funktionalreformen", in: Wollmann/Roth 1998: 168-185.

Larsen, Helge O. (2002): „Directly elected mayors. Democratic renewal or constitutional confusion?", in: Caulfield, Janice/Larsen, Helge O. (Hrsg.): *Local Government at the Milennium*, Opladen: 111-133.

Lange, Hans-Jürgen/Kersting, Norbert/Kißler, Leo (2000): „Politische Steuerung und Reform der Landesverwaltung", in: Kißler et al. (2000): 13-23.

Lenk, Klaus (2000): „Zieldimensionen und Perspektiven der Staatsreform aus verwaltungswissenschaftlicher Sicht", in: Kißler et al. (2000): 25-38.

Luhmann, Niklas (1984): „Staat und Politik. Zur Semantik der Selbstbeschreibung politischer Systeme", in: Bermbach, Udo (Hrsg.): *Politische Tehoriengeschichte. Probleme einer Teildisziplin der Politischen Wissenschaft*, PVS-Sonderheft 15/1984: 99-125.

Naschold, Frieder (1995): „'Der Blick über den Tellerrand' – Internationale Erfahrungen bei der Modernisierung des öffentlichen Sektors", in: Behrens et al. 1995: 81-92.

Naschold, Frieder/Bogumil, Jörg (2000): Modernisierung des Staates. New Public Management in deutscher und internationaler Perspektive, Opladen.

Newman, Janet (2001): Modernising Governance. New Labour, Policy and Society, London.

Nullmeier, Frank (2003): „Policy-Forschung und Verwaltungswissenschaft", in: Münkler, Herfried (Hrsg.): *Politikwissenschaft. Ein Grundkurs*, Reinbek bei Hamburg: 285-323.

Reichard, Christoph (2004): „Verwaltungsmodernisierung in den Bundesländern", in: Jann et al. (2004): 87-99.

Reulen, Stephanie (2004): Staatliche Institutionenbildung in Ostdeutschland. Aufgaben, Interessen, Ideen, Wiesbaden.

Rhodes, R.A.W. (1997): Understanding Governance. Policy Networks, Governance, Reflexivity and Accountability, Maidenhead und Philadelphia.

Scharpf, Fritz W. (1973): Planung als politischer Prozeß. Aufsätze zur Theorie der planenden Demokratie, Frankfurt/Main.

Scharpf, Fritz W. (1987): „Grenzen institutioneller Reform", in: Ellwein, Thomas/Hesse, Joachim Jens/Mayntz, Renate (Hrsg.): *Jahrbuch zur Staats- und Verwaltungswissenschaft*, Bd. 1, Baden-Baden: 111-151.

Seibel, Wolfgang (1997): „Verwaltungsreformen", in König, Klaus/Siedentopf, Heinrich (Hrsg.): *Öffentliche Verwaltung in Deutschland*, 2. Aufl., Baden-Baden: 87-106.

Seibel, Wolfgang/Reulen, Stephanie (2002): „Strategiefähigkeit verwaltungspolitischer Akteure", in: König 2002: 525-545.

Wegrich, Kai/Jaedicke, Wolfgang/Lorenz, Sabine/Wollmann, Hellmut (1997): *Kommunale Verwaltungspolitik in Ostdeutschland*, Basel u.a..

Weber, Reinhold/Wehling, Hans-Georg (Hrsg.) (2006): Baden *Württemberg: Gesellschaft, Geschichte, Politik*, Stuttgart.

Wollmann, Hellmut (1997b): „Transformation der ostdeutschen Kommunalstrukturen: Rezeption, Eigenentwicklung, Innovation", in: Ders./Derlien, Hans-Ulrich/König, Klaus/Renzsch, Wolfgang/Seibel, Wolfgang (Hrsg.): *Transformation der politisch-administrativen Strukturen in Ostdeutschland*, Opladen: 259-327.

Wollmann, Hellmut (1998a): „Um- und Neubau der Kommunalstrukturen in Ostdeutschland", in Ders./Roth (1998): 149-167.

Wollmann, Hellmut (2002a): „Verwaltungspolitische Reformdiskurse und -verläufe im internationalen Vergleich", in: König (2002): 489-524.

Wollmann, Hellmut (2002b): „Verwaltung in der deutschen Vereinigung", in: König (2002): 33-58.

Wollmann, Hellmut (2004a): „Evaluierung und Evaluierungsforschung von Verwaltungspolitik und -modernisierung – zwischen Analysepotential und -defizit", in: Stockmann, Reinhard (Hrsg.): *Evaluationsforschung. Grundlagen und ausgewählte Forschungsfelder*, 2. Aufl., Opladen: 205-232.

Wollmann, Hellmut (2004b): „Urban Leadership in German Local Politics: The Rise, Role and Performance of the Directly Elected (Chief Executive) Mayor", in: *International Journal for Urban and Regional Research*, Jg. 28, Nr. 1: 150-165.

Wollmann, Hellmut/Roth, Roland (Hrsg.) (1998): Kommunalpolitik. Politisches Handeln in den Gemeinden. Bonn.

Zimmermann, Karsten (2005): „Das Programm Soziale Stadt als Versuch einer lokalen Institutionenpolitik?", in: Haus 2005c (im Erscheinen).

Josef Schmid/Susanne Blancke

Arbeitsmarkt- und Sozialpolitik in den Bundesländern.
Randerscheinung oder Laboratorium?

1 Verfassungsmäßige Bestimmungen und politikwissenschaftlichen Forschungsansätze

Arbeitsmarkt- und Sozialpolitik der Länder werden im folgenden Beitrag auf der Basis der verfassungsmäßigen Bestimmungen und der politikwissenschaftlichen Forschungsansätze untersucht; bei diesem „ view from the states" (Elazar 1966) geht es nicht nur um eine systematische Deskription der Aktivitäten der Länder, sondern um die Erklärung von Unterschieden und Gemeinsamkeiten sowie die Ausstrahlungs- bzw. Diffusionseffekte auf andere Länder und die Bundesebene. Empirische Grundlage für diesen Beitrag bilden dabei v.a. eigene Studien (Schmid/Blancke 2001; Schmid u.a. 2004; Blancke 2004).[1]

2 Die Regelungen im Grundgesetz

Die Bundesrepublik wird im Grundgesetz, Artikel 20 GG, als „sozialer Bundesstaat" definiert; ebenso enthalten viele Landesverfassungen entsprechende Bestimmungen zum Sozialstaat – ja z.T. postulieren sie weitergehende Forderungen wie z.B. ein Recht auf Arbeit oder angemessenen Wohnraum. Allerdings reduziert sich – nicht zuletzt vor dem Hintergrund der Entstehung des Grundgesetztes – die Kompetenz der Länder, da beinahe das gesamte Sozialrecht im Rahmen der konkurrierenden Gesetzgebung (Artikel 72 GG und 74 GG) dem Bund zugeordnet ist. D.h. die Länder können nur dann gesetzgeberisch aktiv werden, wenn der Bund dies unterlässt – was aber in der Vergangenheit unter Hinweis auf den Primat der Wahrung der einheitlichen Lebensverhältnisse nur selten geschehen ist (Münch 1997: 96-97).

---

[1] Für Zuarbeiten und Kommentare danken wir Christian Steffen und Philipp Rehm. Der Beitrag wurde 2005 beendet und bezieht neuere Debatten um die Reform des Föderalismus nicht ein.

Allerdings lässt sich diese Entwicklung nicht einfach als Kompetenzverlust der Länder in der Arbeitsmarkt- und Sozialpolitik deuten, denn zum einen agiert der Bund in Feldern, in denen die Länder zuvor oftmals nicht tätig waren; zum anderen erfolgt die Ausweitung der Bundesgesetzgebung vielfach unter Beteiligung der Länder. Dies bildet einen Teil des allgemeinen Syndroms der Politikverflechtung und unterscheidet den deutschen Bundesstaat erheblich von anderen föderalen Verfassungskonstruktionen (vgl. Scharpf 1994; Lehmbruch 2000).

Ferner verfügen die Länder weiterhin über einige Möglichkeiten der (auch im weitesten Sinne) sozialen Gesetzgebung: Sie können

a. die wenigen verbliebenen Felder regeln, die in ihren ausschließlichen Kompetenzbereich fallen (z.B. Schule),
b. vom Bund nicht (ausreichend) abgedeckte Nischen besetzen (z.B. Kinder- und Jugendhilfe oder Seniorenpolitik) und
c. additiv zu Bundesgesetzen tätig zu werden, solange nicht gegen bundesrechtliche Regelungen verstoßen wird (z.B. Landeserziehungsgeld).

Dies erlaubt es den Ländern, sich politisch zu profilieren, und manches Politikfeld ist auf dies Weise zum Experimentier- und Schlachtfeld der Parteien geworden (Schmid 1990, Blancke 2004).

Schaubild 1: Die Sozialpolitik in der Kompetenzverteilung zwischen Bund und Ländern

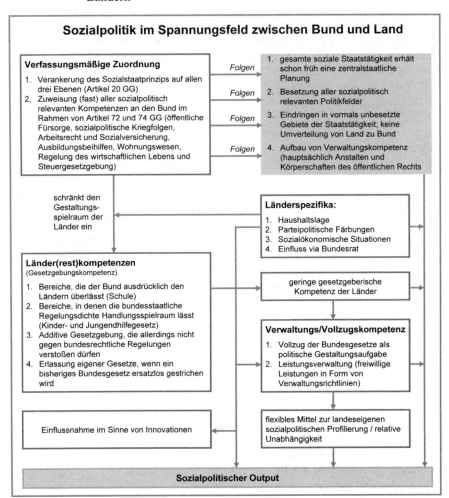

Wichtiger als die legislativen Maßnahmen der Länder in der Sozialpolitik ist ihre Funktion im Bereich des Vollzugs von Gesetzen im Rahmen der öffentlichen Verwaltung (vgl. Tabelle zur Personalverteilung im Anhang). Wie die Implementationsforschung nachhaltig demonstriert hat, liegen darin erhebliche politische Gestaltungs- und Einflussmöglichkeiten (Mayntz 1980), was auch gewisse Innovationspotentiale impliziert. In der Arbeitsmarktpolitik steht dem Bund im Unterschied zur Sozialpolitik allerdings mit der Bundesagentur für Arbeit (bis 2003 Bundesanstalt für Arbeit) eine eigene Verwaltungsstruktur zur Verfügung.

Ein weiteres Instrument der Länder ist die so genannte Leistungsverwaltung, d.h. freiwillige Leistungen, auf die kein Rechtsanspruch besteht und die in Form von Verwaltungsvorschriften oder Richtlinien zugeteilt werden. Dieses Instrument hat im „modernen Wohlfahrtsstaat zweifellos enorm zugenommen" (Benz 1991: 588) und ist zu einer wichtigen Säule der Landessozialpolitik geworden.[2]

Auch in der Arbeitsmarktpolitik sind die Länder inzwischen verstärkt tätig geworden, wobei hier der Europäischen Union eine wichtige Funktion zukommt, weil sie den Ländern durch Recht und Geld Unterstützung zukommen lässt. Auf diese Weise versuchen die Länder, Defizite des bestehenden Arbeitsförderungsrechts zu kompensieren und die Kommunen in ihren Anstrengungen im Rahmen des Bundessozialhilfegesetzes zu unterstützen; in fast allen Ländern wurden hierfür spezielle Programme „Arbeit statt Sozialhilfe" aufgelegt[3].

2.1 Ansätze in der politikwissenschaftlichen Forschung

In der politikwissenschaftlichen Diskussion lassen sich drei Richtungen unterscheiden, die das Thema mit unterschiedlichen Perspektiven und Fragestellungen bearbeiten:

- Zum einen existiert die vergleichende Politikfeldanalyse, die Bundesländer als eigenständige politische Systeme betrachtet und dann nach Determinanten staatlicher Aktivitäten fragt.
- Zum anderen steht die Frage nach den Verflechtungsmustern, Autonomiegraden und Wechselwirkungen zwischen den politischen Systemen und Ebenen im Bundesstaat im Vordergrund; hier geht es vor allem um horizontale und vertikale Innovoations- und Diffusionsprozesse.

---

[2] Von dieser Möglichkeit wird häufiger Gebrauch gemacht als von der additiven Gesetzgebung, da Leistungsvorschriften wesentlich flexibler sind.

[3] Mit der Zusammenlegung von Arbeitslosen- und Sozialhilfe im Rahmen von „Hartz IV" werden diese Aktivitäten künftig allerdings weitgehend obsolet.

- Schließlich existieren eine Reihe eher praxisorientierter Benchmarkings und Ranking-Studien, die auf die Ermittlung von Best Practices und Erfolgsmodellen auf der Basis breiter Indikatorensets abzielen.

Beim ersten Ansatz geht es v.a. um die Bedeutung von politischen gegenüber sozioökonomischen Einflüssen. Manfred Schmidt hat dementsprechend die Frage aufgeworfen: „Macht es einen Unterschied, ob die SPD oder die CDU regiert?" (Schmidt 1980). Als Indikatoren für die Staatstätigkeit verwendet Schmidt hauptsächlich Daten über den Umfang der Beschäftigung im öffentlichen Dienst sowie über Ausgaben für Bildung, innere Sicherheit, gesellschaftliche Randbereiche, Soziales, Gesundheit und Infrastruktur, die durch qualitative Betrachtungen ergänzt werden (im Zeitraum 1965 - 1977). Als Erklärungsfaktoren werden sozioökonomische Indikatoren bzw. der Problemdruck (Wirtschaftskraft und Sozialstruktur) und politische Variablen (Regierungsbeteiligung, Koalitionstyp, Wahlergebnisse, Arbeiteranteil der Parteien) herangezogen (ausführlich Schmidt 1980: 38 - 46).[4]

Dabei treten deutliche Differenzen zu Tage, etwa im Hinblick auf den Ressourcen-Transfer ins Bildungswesen, in den öffentlichen Sektor und in den Bereich der inneren Sicherheit: „Diese Bereiche sind unter SPD-Regierungen materiell und personell besser als unter CDU-Regierungen ausgestattet. Das gilt auch unter sonst gleichen sozialökonomischen Bedingungen" (Schmidt 1980: 130).[5] Diese These gilt auch bei qualitativen Weichenstellungen in der Bildungspolitik wie dem Streit um die Gesamtschule oder dem bezahlten Bildungsurlaub (Schmidt 1980; Schmid 1990a). Ebenfalls wirksam sind parteipolitische Profile in der Beschäftigungspolitik der Bundesländer – bei Schmidt verstanden als Beschäftigung im öffentlichen Dienst. Während in der ersten Phase 1965 - 1968 wenig parteipolitische Einflüsse identifiziert werden, kommt es in der zweiten 1973 – 1977 zu „Variationen innerhalb eines schmalen Korridors" (Schmidt 1979: 447). Dieser Unterschied hängt für Schmidt vor allem mit der gestiegenen politischen Distanz zwischen CDU und SPD zusammen. Auch in späteren Studien (Schmid/Blancke 2001, Schmid u.a. 2004, Blancke 2004), auf die im Folgenden noch näher eingegangen wird, spielen Parteien eine durchaus beachtliche Rolle: Sozialdemokratisch regierte Länder nutzen das arbeitsmarktpolitische Instrumentarium intensiver, umgekehrt setzen christdemokratisch geführte Re-

---

[4] Im Unterschied zu den Ansätzen aus den USA (etwa Elazar 1966) werden dabei Einflüsse von regionalen politischen Kulturen nicht in Betracht gezogen.

[5] So korreliert der Faktor SPD-Hegemonie relativ hoch mit Bildungsausgaben (0,72), Sicherheitsausgaben (0,82) und Staatspersonal (0,78), während gleichzeitig die Werte für den Faktor Wirtschaftskraft schwach ausfallen. Umgekehrt erklärt CDU-Hegemonie in den genannten Politikfeldern nur wenig, hier determiniert vor allem der Reichtum des Bundeslandes die jeweiligen Politikergebnisse.

gierungen stärker auf Wirtschaftswachstum und entsprechende strukturpolitische Maßnahmen. Allerdings hält sich dieser parteipolitische Einfluss in Grenzen, da teilweise Koalitionsregierungen existieren und die ökonomischen und arbeitsmarktpolitischen Problemlagen durchschlagen, was sich insbesondere im Osten bemerkbar macht. In die Sozialpolitik wiederum hat sich v.a. früher und bei der CDU teilweise ein Oppositionseffekt gezeigt, was dann selbst innerhalb von Parteien zu Unterschieden führt und die Prüfung der „Do Parties Matter"-These erschwert (Schmid 1990).

Eine andere analytische Perspektive nimmt die Innovations- und Diffusionsforschung ein. Policy-Innovationen diffundieren zwischen den Ländern (horizontale Diffusion) sowie zwischen Bund und Ländern (vertikale Diffusion). Der Forschungsansatz bemüht sich um die Erklärung der Diffusionsmuster (Schnelligkeit, adoptierende Länder etc.) Dabei sind Innovationen relativ definiert und nicht wertend gemeint – eben als neu innerhalb eines politischen Systems. Als Erklärung für unterschiedliche Diffusionsmuster werden in diesem – stark von der US-amerikanischen Bundesstaaten-Forschung beeinflussten – Forschungsfeld regionale Nähe und Interaktion in Netzwerken, ähnliche parteipolitische Färbungen der Länderregierung, finanzielle Ressourcen, aber auch die Charakteristika der Policy selbst identifiziert (Berry/Berry 1999, Blancke 2004).

Schließlich lassen sich die Aktivitäten der Länder auch in Rankings bzw. Benchmarking-Verfahren erfassen. Das Konzept entstammt der Managementforschung in der Betriebswirtschaftslehre und ist eine spezifische Methode des Vergleichs mit Hilfe von Kennzahlen (Benchmarks).[6] Die dabei gewonnenen Erkenntnisse sollen zur Verbesserung der Performanz beitragen. Die Bertelsmann-Stiftung hat mittlerweile ein solches Benchmarking für die Bundesländer vorgelegt (Bertelsmann-Stiftung 2001, 2003). Die Studie basiert zum einen auf einem sog. Erfolgsindex (bzw. der abhängigen Variablen) und zum anderen auf einem Aktivitätsindex (bzw. der unabhängigen Variablen).

Der Erfolgsindex Bertelsmann-Studie umfasst die Indikatoren

- Arbeitslosen- und Erwerbsquote (Beschäftigung),
- Bruttoinlandsprodukt pro Kopf
- Wachstum des BIP (Einkommen),
- Anteil der Sozialhilfeempfänger
- Anteil der nicht aufgeklärten Straftaten (Sicherheit).

---

[6] Dabei geht es v.a. um Veränderungen gegenüber einer definierten Vorperiode.

Der Aktivitätsindex umfasst

- Ausbildungsstellenrelation,
- Insolvenzhäufigkeit,
- Welthandelsanteil,
- erteilte Unterrichtsstunden,
- vertikale Leistungen an die Länder,
- absolute Leistungen im Länderfinanzausgleich,
- öffentliche Beschäftigung,
- Zinssteuerquote,
- Gewerbesteuerniveau,
- Sozialhilfeniveau,
- Ausgaben für aktive Arbeitsmarktpolitik,
- Ausgaben für Hochschulen.

Führend sind dabei Hamburg, Baden-Württemberg und Bayern. Eigene Studien, weisen ähnliche Ergebnisse auf (als jüngstes Beispiel vgl. Blancke u.a. 2004).

3 Empirische Analysen der Arbeitsmarkt- und Sozialpolitik der Länder

3.1 Ausgaben und Rahmenbedingungen im Aggregat

Einen ersten Eindruck über die Höhe und Struktur der Ausgaben sowie die wesentlichen Rahmenbedingungen vermittelt das folgende Schaubild.

Schaubild 2a: Rangfolge aller Bundesländer bei Ausgaben (Durchschnittswerte 2001 und 2002)*

Land	Bildungswesen (1)	Rang	Soziale Sicherung (2)	Rang	Gesundheit (3)	Rang	Gesamt pro Kopf	Rang Gesamt
Hamburg	2411,6	1	**2517,6**	1	275,9	2	**5207,1**	1
Thüringen	1994,5	2	950,0	2	266,1	3	3217,6	2
Sachsen-Anhalt	1708,5	6	923,4	3	295,1	1	2937,0	3
Mecklenburg-Vorp.	1793,5	3	810,8	4	245,9	4	2861,2	4
Sachsen	1782,7	4	674,7	6	243,6	5	2716,0	5
Schleswig-Holstein	1557,9	8	684,7	5	143,2	8	2406,8	6
Brandenburg	1418,9	13	671,0	7	224,1	6	2340,0	7
Bayern	1773,9	5	309,3	14	170,0	7	2279,2	8
Rheinland-Pfalz	1432,8	11	633,5	9	140,0	9	2235,3	9
Saarland	1429,8	12	650,7	8	96,9	12	2209,4	10
Niedersachsen	1411,0	14	598,2	10	94,0	14	2141,2	11
Baden-Württemberg	1602,6	7	224,6	15	130,1	10	1989,3	12
Nordrhein-Westfalen	1535,4	9	330,0	13	82,1	15	1984,5	13
Hessen	1456,8	10	382,6	12	96,1	13	1970,5	14
Bremen	879,2	15	444,5	11	111,9	11	1461,6	15

* Die Zahlen sind den Haushaltsplänen der einzelnen Bundesländer entnommen. Wegen abweichender Verwendung der Funktionskennziffern sind die Daten etwas verzerrt, was sich v.a. bei den Fällen Hamburg und Bremen auswirkt.

Schaubild 2b: Arbeitsmarktindikatoren 1996, 1999 und 2003 im Ländervergleich

	Erwerbsquote			Arbeitslosenquote			Langzeitarbeitslosigkeit			Frauenarbeitslosenquote*			Jugendarbeitslosenquote		
	1996	1999	2002	1996	1999	2003	1996	1999	2003	1996	1999	2003	1996	1999	2003
SH	73,0	72,0	72,7	10,0	10,6	10,9	27,7	33,3	27,3	8,0	9,7	9,2	9,7	9,7	10,9
HH	71,2	72,6	73,3	11,7	12,7	11,3	33,1	37,0	25,9	8,7	9,7	9,2	10,5	9,5	9,1
N	69,6	69,8	70,6	12,1	11,5	10,7	34,2	36,8	31,0	10,3	11,8	9,5	11,1	10,1	9,1
HB	67,2	68,7	69,5	15,6	15,8	14,4	35,5	39,5	34,8	13,3	13,9	11,7	20,1	12,4	11,4
NW	65,8	68,2	69,3	11,4	11,2	10,9	37,1	39,3	33,2	10,7	11,2	9,5	11,7	9,4	9,2
He	71,4	71,7	73,1	9,3	9,4	8,8	31,1	36,0	25,1	8,0	9,1	7,9	9,1	7,9	8,0
RP	69,1	70,0	71,5	9,4	9,1	8,5	29,0	33,2	25,6	8,9	9,5	7,8	9,3	8,0	8,1
Saar	61,8	66,6	68,1	12,4	11,9	10,4	38,3	41,1	32,3	10,9	11,4	9,1	13,5	10,0	10,0
BW	72,5	72,9	74,4	8,0	7,3	6,9	29,6	34,2	23,4	7,1	7,6	6,5	8,0	5,5	6,0
By	74,6	74,8	74,8	7,9	7,4	7,9	26,5	29,7	22,2	6,7	7,6	7,4	6,1	5,1	7,3
Be	75,0	76,6	73,3	15,4	17,7	20,2	29,7	33,1	34,1	12,5	15,8	17,1	13,9	15,0	18,8
MV	76,3	75,0	74,6	18,0	19,4	21,7	27,4	30,4	36,8	18,5	21,1	20,9	11,6	12,9	16,9
Bra	75,8	76,6	77,0	16,2	18,7	20,4	27,7	31,4	39,1	17,5	20,7	19,9	9,6	12,2	17,3
SAn	75,5	76,5	75,2	18,8	21,7	21,8	28,5	33,5	39,1	17,5	24,3	22,2	13,7	15,3	17,0
Th	77,0	77,0	75,8	16,7	16,5	18,1	25,1	28,5	35,4	17,5	18,9	18,6	12,7	10,9	14,0
Sa	76,5	77,6	76,2	15,9	18,6	19,4	28,0	33,7	39,8	17,6	21,0	19,8	10,7	12,0	14,1

* 1999/2003 nur eingeschränkt mit 1996 vergleichbar, da bis 1997 Anteil der weiblichen Arbeitslosen an allen weiblichen Erwerbspersonen; danach an weiblichen abhängig Beschäftigten im Zivilbereich

Quellen: bis 1996 Statistisches Bundesamt sowie eigene Berechnungen; ab 1997 Bundesanstalt für Arbeit

Offensichtlich streuen die Ergebnisse erheblich zwischen armen und reichen bzw. linken und rechten (d.h. SPD vs. CDU regierten) Bundesländern. Lässt sich hieraus ein Muster identifizieren? Eine sinngemäße Fortschreibung der erwähnten Studie von Schmidt für die 80er und 90er Jahre führt zu folgenden Ergebnissen

a. Insgesamt machen für den jüngeren Zeitraum die parteipolitischen Differenzen nur wenig aus, denn die Korrelate zwischen SPD-Dominanz und den Indikatoren sind auf Gesamtdeutschland bezogen weitgehend nicht signifikant[7].
b. Beschränkt man sich allerdings auf die alten Bundesländer, dann werden fast alle Korrelationen signifikant, z.B. Beschäftigte im öffentlichen Dienst, Anzahl der Lehrer, Ausgaben für Verwaltung, Soziales, Universitäten sowie erneut Ausgaben für Sicherheit und Ordnung; ebenfalls signifikant korrelieren die Wachstumsraten des BIP mit der SPD-Dominanz (vgl. Schmid 2003).

Vor allem die Zunahme an Koalitionsregierungen in den Ländern seit den 1980er Jahren und die Folgen der deutschen Einheit haben die Bedingungen für die Regierungspolitik grundlegend verändert. Last but not least ist das Aggregationsniveau dieser Art von Analysen sehr hoch, was qualitative Differenzen in den verfolgten Politiken verdeckt.

3.2 Arbeitsmärkte und Arbeitsmarktpolitik in den Bundesländern

Die Arbeitsmärkte[8] der Bundesländer weisen – allen Postulaten der Gleichheit bzw. Gleichwertigkeit der Lebensverhältnisse zum Trotz – eine beachtliche Varianz auf (vgl. hierzu Schmid/Blancke 2001, Blancke u.a. 2004, Blancke 2004). Zum einen belegt dies, dass die Landesregierungen unterschiedlichen Herausforderungen gegenüberstehen, was für eine sozioökonomische Problemdruck-Hypothese (s. o.) relevant ist. Zum anderen zeigt sich, dass die Position der Spitzenländer relativ stabil ist: Bayern führt seit den 90er Jahren, gefolgt von Baden-

---

[7] Ein ganz ähnliches Muster zeigt das Streudiagramm in Bezug auf die Beziehung zwischen Regierungspartei und Beschäftigung im öffentlichen Dienst, die Schmidt ebenfalls in seiner älteren Studie analysiert hat.

[8] Zur Beschreibung und Analyse der Performanz der Arbeitsmärkte in den Bundesländern werden folgende Indikatoren ausgewählt: 1. die Erwerbsquote der 15- bis unter 65-jährigen Wohnbevölkerung, 2. die Arbeitslosenquote, 3. der Anteil der Langzeitarbeitslosen (über ein Jahr arbeitslos) an den Arbeitslosen, 4. die Frauenarbeitslosenquote, 5. die Arbeitslosenquote der Jugendlichen (unter 25 Jahre), 6. die Altersarbeitslosenquote der Älteren (über 55).

Württemberg; die Arbeitslosigkeit ist hier bei allen Indikatoren durchgehend niedrig und die Erwerbsquoten gehören im westdeutschen Vergleich zu den höchsten. Mehr Dynamik zeigt sich im mittleren und unteren Bereich, wo allmählich einige Ostländer aufholen (Thüringen, Brandenburg und Sachsen) bzw. einige Westländer wie Nordrhein-Westfalen und Bremen absinken. Die Abweichung von der ansonsten verbreiteten Ost-West-Differenz entsteht v.a. durch die Betrachtung der Erwerbsquote, bei der die neuen Bundesländer relativ gut abschneiden.

Angesichts der Heterogenität der Problemlagen überrascht es nicht, dass die Bundesländer unterschiedlich auf die spezifischen Herausforderungen der Arbeitsmärkte reagieren. Gleichwohl wirken gerade im Bereich der Arbeitsmarktpolitik vor allem die Maßnahmen der Bundesagentur für Arbeit (BA) bis zu einem gewissen Maße homogenisierend. Dementsprechend bemühen sich alle Länderregierungen, durch Kofinanzierung möglichst viele Mittel der BA im Land zu binden. Zugleich stellt die Bundesagentur für Arbeit den wichtigsten Akteur dar: Die Landesarbeitsämter stellen rund drei Viertel der finanziellen Mittel (ca. 9 Mrd. €) bereit, die in der Bundesrepublik für aktive Arbeitsmarktpolitik ausgegeben werden. Lässt man die kommunalen Mittel in der Betrachtung außen vor, so stellen die Landesarbeitsämter im Durchschnitt der westlichen Länder 88% und die Landesregierungen 12% der Mittel. Allerdings treten erhebliche Unterschiede auf (Schmid u.a. 2004).

Schaubild 3: Anteile der Landesregierungen und Landesarbeitsämter am gesamten Mitteleinsatz (2001)

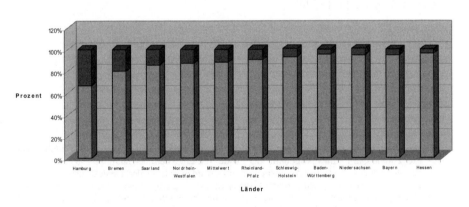

Ein weiteres Phänomen kommt in diesem Zusammenhang hinzu: Während eigentlich davon auszugehen wäre, dass das aggregierte Ausgabeverhalten antizyklisch sei, zeigt eine eigene Studie (Schmid u.a. 2004), dass im untersuchten Jahr 2001 kein systematischer Zusammenhang zwischen dem Problemdruck am Arbeitsmarkt und den durch die Landesarbeitsämter eingesetzten Finanzmitteln (Eingliederungstitel und Sonstige Leistungen) zu erkennen ist. Betrachtet man jedoch den Eingliederungstitel separat, so weist dieser einen leicht antizyklischen Effekt auf und wirkt somit kompensatorisch zur Situation am Arbeitsmarkt. Dagegen werden die Mittel der sonstigen Leistungen eher prozyklisch eingesetzt. In der Summe ergibt sich, dass die Mittel der BA nur in sehr geringem, statistisch nicht signifikantem Maße als Kompensation zur Situation am regionalen Arbeitsmarkt eingesetzt werden. Noch deutlicher wird dieses bemerkenswerte Allokationsphänomen, wenn man die von den Landesarbeitsämtern pro Arbeitslosem aufgewendeten Finanzmittel heranzieht: Auch hier zeigt sich, dass die Mittel deutlich variieren und kein systematischer Zusammenhang mit den Länderarbeitslosenquoten festgestellt werden kann. Das führt dazu, dass Bundesländer mit einer niedrigen Arbeitslosenquote (z.B. Bayern) in Relation zum Problemdruck überdurchschnittlich viel Mittel, bzw. Bundesländer mit einer hohen Arbeitslosenquote (z.B. Bremen) überdurchschnittlich wenig Mittel erhalten können.

Anders verhält es sich bei den Mitteln, die die Landesregierungen selbst zur Verfügung stellen. Hier lässt sich das aggregierte Ausgabeverhalten eher als antizyklisch beschreiben. Hinzu kommt, dass bei der Arbeitsmarktpolitik der Bundesländer beachtliche Innovationsimpulse (s.o.) zu konstatieren sind (Schmid/Blancke 2001: 220).[9]

---

[9] Die Datengrundlage für die Einschätzung der Bundesländer bilden alle arbeitsmarktpolitischen Programme und Rahmenprogramme der Länder seit Ende der 80er Jahre bis 1997. Die Ausgaben der Länder für aktive Arbeitsmarktpolitik wurden anhand der Landeshaushaltspläne erfasst. Zur Einschätzung wurden drei Kategorien, „1" = "geringe Innovationsbereitschaft" bzw. „niedrige Ausgaben", „2" = "mittlere Innovationsbereitschaft" bzw. „mittlere Ausgaben", „3" = "hohe Innovationsbereitschaft" bzw. „hohe Ausgaben" gebildet. Schaubild 5 zeigt die zusammenfassende Bewertung der Aktivitäten. Grau unterlegt sind dabei jene Aktivitäten, die bei den Ländern als hohe und mittlere Innovationsbereitschaft bzw. Ausgaben bewertet wurden.

Schaubild 4: Innovationsgrad der Arbeitsmarktpolitik der Bundesländer

	SH	HH	Ni	HB	NW	He	RP	SI	BW	By	Be	MV	BB	ST	Th	Sa
Ausgaben *	2-3	3	1-2	2-3	3	1	1-2	3	1	1	3	3	3	3	3	3
Marktnähe	1-2	2-3	3	3	3	2	2	2	1-2	2-3	3	3	3	3	3	3
Verknüpfung mit anderen Politikfeldern	2	2	2-3	3	3	1-2	2	2	1-2	2	3	2-3	2-3	3	3	3
Integration von Qualif. + Besch.	2	3	2-3	3	2-3	2	2-3	2	2	2-3	2-3	2-3	2-3	3	3	3
Prävention	1	2	1	3	3	1	2	2	1-2	2	2-3	2	2	2	2-3	2-3
Zielgruppen	2	2-3	2	2	2	2	1	2	1	2	2	2	2	2	2	2
Institutionelle Flankierung	2	2-3	2-3	1-2	3	2	2	2	1	1	2	2-3	2-3	2	3	3
Sonstige	1	2-3	2	1	2	1	1	1	1	2-3	1	2	1	1	1	1

* Ausgaben (Land) pro Arbeitslosem (Bezug West/Ost und Stadtstaat/Flächenstaat getrennt)

1 = niedrig; 2 = mittel; 3 = hoch

Kombiniert man schließlich die innovativen Aktivitäten mit den finanziellen Aufwendungen, so lassen sich drei Gruppen von Ländern identifizieren:

1. Länder mit schwachen bis mittleren Innovationsaktivitäten und niedrigen Ausgaben;
2. Länder mit eher geringen Innovationstätigkeiten und relativ hohen Ausgaben;
3. Länder mit hoher Innovationstätigkeit und hohen Ausgaben.

Hieraus sowie aus weiteren qualitativen Analysen der arbeitsmarktpolitischen Programme lassen sich für die Mitte der 90er Jahre drei Strategietypen bilden:

- Ein erster Typus, dem die süddeutschen Länder (Bayern, Baden-Württemberg, Hessen und Rheinland-Pfalz) zuzurechen sind, stellt die Pull-Strategie dar. Hier kommt es nur zu geringen finanziellen Anstrengungen in der aktiven Arbeitsmarktpolitik, und die Innovationstätigkeit der Länder ist ebenfalls eher gering, wobei man sich bemüht, die Maßnahmen möglichst nahe am Betrieb und dem ersten Arbeitsmarkt zu orientieren sowie Qualifizierungsmaßnahmen anzubieten. Oft wird eine umfangreiche Wirtschafts- und Strukturpolitik als funktionales Äquivalent zur Arbeitsmarktpolitik eingesetzt.
- Bei den eine Stay-Strategie verfolgenden Ländern (Saarland und Schleswig-Holstein) ist die Arbeitsmarktpolitik nur schwach in die regionale Strukturpolitik integriert, die Innovationsbereitschaft ist eher gering, d.h. es dominiert der Einsatz herkömmlicher Instrumente wie die Kofinanzierung von BA-Maßnahmen und eine starke Orientierung an Zielgruppen sowie am zweiten Arbeitsmarkt. Im Gegensatz zur ersten Gruppe wird die Arbeitsmarktpolitik jedoch mit einem relativ hohen Mittelaufwand betrieben.
- Eine sog. Push-Strategie, wie sie vor allem in Ostdeutschland, aber auch in Bremen, Nordrhein-Westfalen und Hamburg verfolgt wird, zeichnet sich durch eine hohe Innovationsbereitschaft und arbeitsmarktpolitische Interventionstiefe aus. Dabei werden enge Verbindungen zur Industrie- und Strukturpolitik des Landes gesucht. Die meisten Maßnahmen zielen auf den regulären Arbeitsmarkt bzw. dienen der Verbesserung von Beschäftigungsangeboten und Qualifizierung. Ferner werden Anreize für private Arbeitgeber geschaffen, Arbeitslose auf Dauerarbeitsplätzen einzustellen. Zudem genießen sog. „Soziale Betriebe", Auffanggesellschaften u.ä. eine besondere Bedeutung. Gleichzeitig wird über flankierende „meso-korporatistische" Institutionen gesteuert (vgl. Heinze/Schmid 1994). Für die aktive Arbeits-

marktpolitik werden dabei vergleichsweise hohe Summen zur Verfügung gestellt.

Schaubild 5: Strategien der Bundesländer in der Arbeitsmarktpolitik

Push-Strategien	Pull-Strategien	Stay-Strategien
Nordrhein-Westfalen	Bayern	Hamburg
Niedersachsen	Baden-Württemberg	Saarland
Bremen	Hessen	Schleswig-Holstein
Rheinland-Pfalz		

Gelten diese Zuordnungen von 1990 bis 1997/1998, so haben sich in den letzten Jahren alle Länder verstärkt darum bemüht, die aktive Arbeitsmarktpolitik zu intensivieren und ebenfalls innovative Strategien zu entwickeln. Diese Entwicklung steht z.T. auch im Zusammenhang mit der Renaissance von Beschäftigungsbündnissen auf der Ebene der Länder Ende der 1990er Jahre, deren Reichweite zwar in den seltensten Fällen die der Bundespolitik erreichte, die jedoch im Gegensatz zu den Bündnisgesprächen auf der Bundesebene vielfach weitaus reibungsloser und erfolgreicher verliefen. Insbesondere Bayern hatte dabei Aktivitäten entwickelt, die mit Vereinbarungen zu Lohnzurückhaltung, Wirtschafts- und Arbeitsförderung weit über die Ergebnisse der anderen Bündnisse hinausreichten (vgl. Schmid/Blancke 2001, Blancke 2004).

Neben der Tatsache, dass die Bundesländer unterschiedliche Strategien verfolgt und vielfach innovative Programme entwickelt haben, lässt sich ein weiteres Phänomen beobachten: die Imitation und Diffusion von Policies in andere Bundesländer und ggf. auch auf die Bundesebene. In der Arbeitsmarktpolitik gibt es hierfür mehrere Beispiele: Das Instrument der „Sozialen Betriebe" etwa, das 1991 in Niedersachsen eingeführt wurde, ist später nicht zuletzt aufgrund seines vergleichsweise guten Erfolges andernorts übernommen worden.[10] Mittlerweile werden sog. Soziale Betriebe in fast allen Bundesländern (z.T. mit Abweichungen vom „Ursprungsfall") gefördert. Modelle zur Jobrotation diffundierten über Skandinavien nach Berlin und dann nach Rheinland-Pfalz. Auch die Aktivitäten der Länder im Bereich der Arbeitnehmerüberlassung (START-Zeitarbeit) oder das Maatwerk-Modell (das jedoch vornehmlich von den Kom-

---

[10] Soziale Betriebe werden in Niedersachsen definiert als Unternehmen, die Güter produzieren und Dienstleistungen erbringen und ohne Einschränkung am Wettbewerb teilnehmen. Sie unterscheiden sich im Wesentlichen dadurch von anderen Betrieben, dass sie über die eigentlichen Betriebsziele hinaus Langzeitarbeitslose beruflich qualifizieren, sozial stabilisieren und in das Beschäftigungssystem integrieren.

munen und nicht von den Ländern gefördert wird) stellen Instrumente dar, die zunächst in einem Land (hier Nordrhein-Westfalen) erprobt und dann von anderen Ländern übernommen wurden (Blancke 2004).[11]

3.3 Variation, Innovation und Diffusion in der Sozialpolitik

Auch in der Sozialpolitik – und hier vor allem bei den Sozialen Diensten für Senioren und beim bürgerschaftlichen Engagement (bzw. dem Ehrenamt) – nehmen die Bundesländer eine wichtige Rolle ein; so konstatiert Schölkopf:

> „Die Altenpflegepolitik wurde vor Einführung der Pflegeversicherung überwiegend von den Bundesländern gestaltet. So wurde das für die Altenhilfe lange Zeit zentrale, 1961 beschlossene Bundessozialhilfegesetz (BSHG) leistungsrechtlich nur mit vagen Vorgaben ausgestattet. Insbesondere gab es keine gesetzlich eindeutige Verantwortung für die Sicherstellung einer bedarfsgerechten Pflegeinfrastruktur" (Schölkopf 2001: 1).

Dies gilt für die stationären wie ambulanten Einrichtungen sowie die Planung und Finanzierung über den gesamten Zeitraum bis heute. Die Länder stoßen mit ihren Aktivitäten mehrfach in Lücken, die der Bund lange offen ließ.

Mit den Ende der 60er Jahre eingerichteten Sozialstationen lässt sich zudem der Diffusionsprozess gut nachzeichnen: Ausgehend von Rheinland-Pfalz (1970) hat sich das Konzept bei den süddeutschen Nachbarländern verbreitet und ist zusehends weiter in andere CDU-regierte Länder gewandert; es beeinflusste schließlich auf der Bundesebene die Programmdebatte um die sog. „Neue Soziale Frage" (zur innerparteilichen Dimension vgl. Schmid 1990: 197-198).[12] Schließlich schwenkten gegen Ende der 70er Jahre auch die SPD-regierten Länder auf diesen Entwicklungspfad ein. Dieses Muster von Innovation, Variation

---

[11] Diese Imitations- und Diffusionsprozesse werden zu einem erheblichen Teil durch Kontakte zwischen den Verwaltungen angeregt. So werden bei den bundesweiten Treffen der Arbeitsmarktreferenten aus den Ministerien neben technischen Fragen (wie z.B. die administrativen Implikationen von Änderungen des AFG/SGB III) auch Erfahrungen und Ideen ausgetauscht – durchaus mit der Intention, von den anderen Ländern zu lernen und erfolgreiche Modelle zu übernehmen. Diffusion von Politik wird zudem auch durch den Personalaustausch zwischen den Länderministerien angeregt. So wurde etwa der in Nordrhein-Westfalen tätige Leiter der Abteilung Arbeit im Ministerium für Arbeit, Gesundheit und Soziales Staatssekretär in Thüringen.

[12] Auch hier spielt die Karriere von Personen eine wichtige Rolle bei der Verbreitung des Konzepts. Besonders gilt dies für H. Geißler, der als Sozialminister in Rheinland-Pfalz die Idee aufgenommen und sie dann als Generalsekretär in die Bundes-CDU eingebracht hat.

und Diffusion setzte sich fort bei den in den 90er Jahren errichteten Hilfeverbünden und Koordinierungsstellen (vgl. Schölkopf 2001). Ebenso deutlich wird dieses Politikmuster bei der Förderung des ehrenamtlichen Engagements (Hummel 2001, Otto u.a. 2003). Gerade beim letzten Handlungsfeld zeigt sich wiederum, dass zwar auf Bundesebene wichtige politische Diskurse ablaufen und sogar beim Bundestag eine entsprechende Enquete-Kommission eingerichtet worden ist – aber wesentliche Implemtationsprozeduren auf der Ebene der Bundesländer verlaufen, sieht man von steuerrechtlichen Fragen einmal ab. Zugleich zeigen sich markante Differenzen, die sich als Typologie bündeln lassen. Nach der strategischen Stoßrichtung, der Art der Umsetzung und der ressortmäßigen Kompetenzverteilung lassen sich drei Idealtypen bilden, welche die Grenzen des Merkmalsraums markieren. Es handelt sich um a) den integriert-prozeduralen, b) den segmentiert-feldspezifischen und c) den symbolisch-diskursiven Typ.

Im ersten Fall (integriert-prozeduraler Typ) erfolgt eine systematische Bündelung bzw. Integration der Einzelmaßnahmen und Instrumente zu einer umfassenden Gesamtstrategie der Förderung des bürgerschaftlichen Engagements. Dabei stellen sich dennoch fast durchgängig hartnäckige Ungleichzeitigkeiten an der Schnittstelle zum traditionellen Ehrenamt ein. Die Thematik rangiert in der politischen Programmatik und den Haushaltsprioritäten hoch, die Staatskanzlei übt eine wichtige Initiierungs- und Koordinationsfunktion aus und wird dabei von einer speziellen Geschäftsstelle oder ähnlichen Einrichtung unterstützt. Es existiert eine ausgearbeitete Programmatik, die zumindest dem Anspruch nach ressortübergreifende Geltung hat. Das Politikfeld ist ferner durch ein dichtes Interaktions- und Kooperationsnetzwerk zwischen Regierung und Verwaltung einerseits und gesellschaftlichen Akteuren und kommunalen Vollzugseinrichtungen andererseits sowie durch Langfristigkeit und Kontinuierlichkeit über die einzelnen Legislaturperioden und Wechsel der Regierungszusammensetzung hinaus gekennzeichnet. Die politische und gesellschaftliche Kommunikation des Politikfeldes nimmt einen größeren Stellenwert ein. Dieser ideale Fall wird in der Wirklichkeit freilich nirgendwo erreicht; am nächsten kommt ihm das Land Baden-Württemberg; Niedersachsen scheint sich seit kurzem zusehends ebenfalls in diese Richtung zu bewegen.

Der segmentiert-feldspezifische Typ repräsentiert den politisch-administrativen Normalzustand, bei dem mehrere Ministerien für unterschiedliche Zielgruppen und Programme zuständig sind. Auf der Informationsebene dominiert das Prinzip der negativen Koordination; eine gemeinsame Strategie der Förderung des bürgerschaftlichen Engagements wird nicht entwickelt und der landespolitische Stellenwert des Themas ist eher mittel – ebenso die finanziellen Aufwendungen. Kontakte zu den Verbänden, Vereinen und kommunalen Akteuren sind auf einzelne Ministerien und Programme bezogen und können dort durchaus intensiv und kooperativ sein. Ansatzweise lassen sich Nordrhein-Westfalen und Niedersachsen diesem Typ zurechnen, allerdings bestehen zwischen beiden Ländern erhebliche Unterschiede etwa in Form der starken Regionalisierungskomponente in Niedersachsen.

Der symbolisch-diskursive Typ schließlich basiert auf der Beobachtung, dass häufig – so die skeptische Version – großen Diskussionen und Plänen nur kleine Taten folgen, also eine begrenzte administrative Umsetzung samt geringer Ressourcenausstattung oder die traditionell-subsidiäre Aufgabendelegation an die Verbände stattfindet. Eine optimistischere Lesart sieht in der starken Betonung von Diskursen und prozeduralen Elementen bei der Förderung des bürgerschaftlichen Engagements einen Einsatz von Überzeugung und Wissen als so genannte „weiche" Steuerungsressourcen. Ein weiterer Vorzug dieser Strategie ist die hohe öffentliche Aufmerksamkeit, die dem Thema bürgerschaftliches Engagement zukommt bzw. die Tatsache, dass so die Adressaten am Ende, d.h. die Bürgerinnen und Bürger, unmittelbar erreicht werden. Am stärksten entspricht die „Theorie" in Sachsen diesem Muster – allerdings weniger die Praxis. Auf der Basis dieser Typologie lassen sich nun in einer grafischen Darstellung die acht untersuchten Fälle in ihren Mischungsverhältnissen anschaulich verorten (Otto u.a. 2003).

Schaubild 6: Bürgerschaftliches Engagement in den Bundesländern

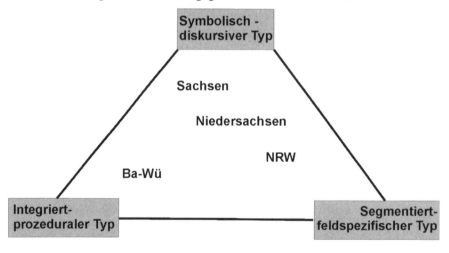

4 Fazit: Innovation an der Peripherie

Insgesamt zeigt sich, dass die Länder die verfassungsrechtlichen und vor allem die verwaltungspraktischen Spielräume nutzen – selbst dann, wenn sich der Bund ebenfalls in dem Politikfeld betätigt. Diese Funktion des innovativen Laboratoriums gilt sowohl für die Arbeitsmarktpolitik wie Sozialpolitik, allerdings stärker qualitativ als im Bezug auf die eingesetzten finanziellen Ressourcen und nicht im Kern des deutschen Wohlfahrtsstaatsmodells – den Sozialversicherungen. Insofern handelt es sich um Innovation an der Peripherie.

Dabei haben jene Länder starke innovative Aktivitäten entwickelt, die unter einem hohen Problemdruck zu leiden haben. Hinzu kommen politische Faktoren, vor allem die Ausrichtung und die Profilierungsstrategien der Regierungsparteien, was besonders in den alten Ländern einen Unterschied macht. Zusätzlich spielt die Kooperation zwischen Staat und Verbänden in der Arbeitsmarkt- und Strukturpolitik eine Rolle (vgl. Heinze/Schmid 1994, s.a. Schmid 2003). Dieser Faktor lässt sich – abgesehen von einzelnen Beispielen (Bayern und Nordrhein-Westfalen) – jedoch nicht systematisch belegen.

Diese Innovation neuer Konzepte in der Arbeitsmarkt- und Sozialpolitik durch die Länder sorgt für die Vielfalt im Föderalismus, die sich aber im Laufe der Zeit durch Imitations- und Diffusionsprozesse reduziert. Die strukturelle Basis hierfür bilden Netzwerke innerhalb der Verwaltung und z.T. die Parteien; diese Kommunikationskanäle übergreifen dann sowohl die Bundesländer als auch die politische Ebenen und bilden möglicherweise das andere – freundliche – Gesicht der Politikverflechtung[13].

Literatur

Benz, Arthur, 1991: Perspektiven des Föderalismus in Deutschland, in: Die öffentliche Verwaltung 44, 586-598.
Bertelsmann Stiftung (Hrsg.), 2001: Die Bundesländer im Standortwettbewerb, Gütersloh.
Bertelsmann Stiftung (Hrsg.), 2003: Die Bundesländer im Standortwettbewerb, Gütersloh.
Berry, Frances Stokes/Berry, William D., 1999: Innovation and Diffusion Models in Policy Research, in: Sabatier, Paul (ed.): Theories of the Policy Process, Boulder, 169-200.

---

[13] Es wird noch zu sehen sein, wie sich die Ergebnisse der Föderalismuskommission, die auch den Auftrag hat, die Zuständigkeiten zwischen Bund und Ländern klarer zu definieren und das System zu entflechten, auf Innovationen, Netzwerkbildung und Diffusionsmechanismen auswirken wird.

Blancke, Susanne 2003: Die Diffusion von Innovationen im deutschen Föderalismus, in: Europäisches Zentrum für Föderalismus-Forschung (Hrsg.): Jahrbuch des Föderalismus, Baden-Baden, 31-48.

Blancke, Susanne 2004: Politikinnovation im Schatten des Bundes. Policy-Innovationen und -Diffusionen im Föderalismus und die Arbeitsmarktpolitik der Bundesländer, Wiesbaden.

Blancke, Susanne u.a. 2004: Wer führt? Bundesländer-Benchmarking 2004. WiP Paper Nr. 23, Tübingen (www.sowi-uni-tuebingen.de).

Elazar, Daniel J., 1966: American Federalism. A View from the States, New York.

Heinze, Rolf G./Schmid, Josef, 1994: Mesokorporatistische Strategien im Vergleich: Industrieller Strukturwandel und die Kontingenz politischer Steuerung in drei Bundesländern, in: Wolfgang Streeck (Hrsg.), Verbände und Staat. PVS-Sonderheft 25, Opladen, 65-99.

Hummel, Konrad, 2001: Grundrisse einer Politik des Bürgerengagements. Die Landespolitik vor neuen Aufgaben (www.buergerengagement.de).

Lehmbruch, Gerhard, 2000: Parteienwettbewerb im Bundesstaat. Regelsysteme und Spannungslagen im politischen System der Bundesrepublik Deutschland, 3. Aufl., Wiesbaden.

Mayntz, Renate (Hrsg.), 1980: Implementation politischer Programme. Ein empirischer Forschungsbericht, Königstein.

Münch, Ursula, 1997: Sozialpolitik und Föderalismus. Zur Dynamik der Aufgabenverteilung im sozialen Bundesstaat, Opladen.

Otto, Ulrich u.a. 2003: Die Förderung Bürgerschaftlichen Engagements durch die Bundesländer. Ziele, Instrumente und Strategien im Vergleich, Opladen.

Peterson, Tomas/Faber, Malte, 2000: Bedingungen erfolgreicher Umweltpolitik im deutschen Föderalismus. Der Ministerialbeamte als Homo Politicus, in: Zeitschrift für Politikwissenschaft 10, 5-41.

Pierson, Paul, 1995: Fragmented Welfare States: Federal Institutions and the Development of Social Policy, in: Governance 8, 449-478.

Scharpf, Fritz W., 1994: Optionen des Föderalismus in Deutschland und Europa, Frankfurt a.M./New York.

Schmid, Josef 2001: Sozialpolitik und Wohlfahrtsstaat in Bundesstaaten, in: A. Benz/G. Lehmbruch (Hg.), Föderalismus. PVS-SH 32, Opladen.

Schmid, Josef u.a. 2004: Wer macht was in der Arbeitsmarktpolitik? Maßnahmen und Mitteleinsatz in den westdeutschen Bundesländer. Eine integrierte und vergleichende Analyse, Münster.

Schmid, Josef/Blancke, Susanne, 2001: Arbeitsmarktpolitik der Bundesländer. Chancen und Restriktionen einer aktiven Arbeitsmarkt- und Strukturpolitik im Föderalismus, Berlin.

Schmid, Josef, 1990: Die CDU. Organisationsstrukturen, Politiken und Funktionsweisen einer Partei im Föderalismus, Opladen.

Schmid, Josef, 1990a: Bildungspolitik der CDU. Eine Fallstudie zu innerparteilicher Willens- und Machtbildung im Föderalismus, in: Gegenwartskunde 39, 103-113.

Schmidt, Manfred G., 1979: Parteipolitische Profile in der Beschäftigungspolitik der Bundesländer. Eine vergleichende Analyse für die Jahre 1966-68 und 1974-77, in: Gegenwartskunde 28, 439-449.

Schmidt, Manfred G., 1980: CDU und SPD an der Regierung. Ein Vergleich ihrer Politik in den Ländern, Frankfurt a.M./New York.

Schölkopf, Martin, 2001: Trends in der Alten(pflege)politik der Bundesländer, in: Roland Schmidt (Hrsg.), Altern im 21. Jahrhundert. Fakten – Visionen. 5. Kongress der Deutschen Gesellschaft für Gerontologie und Geriatrie. Vorträge des Fachbereichs IV, Frankfurt a.M.

Statistisches Bundesamt, 2004: Personal im öffentlichen Dienst (www.statistik-bund.de/basis/d/fist/fist06.htm).

Straßheim, Holger, 2001: Der Ruf der Sirenen. Zur Dynamik politischen Benchmarkings. WZB-Discussion Papers FSII-201, Berlin.

Wachendorfer-Schmidt, Ute, 2000b: Gewinner oder Verlierer? Der Föderalismus im vereinten Deutschland, in: Roland Czada/Hellmut Wollmann (Hrsg.), Von der Bonner zur Berliner Republik. 10 Jahre Deutsche Einheit, Wiesbaden, 113-14

Rainer Prätorius

Sicherheitspolitik der Länder

1 Zuständigkeit ohne Autonomie

Die Länderzuständigkeit in Angelegenheiten der öffentlichen Sicherheit und Ordnung genießt einen hohen Stellenwert unter den politischen Richtungsentscheidungen der Verfassungsordnung. Während zwar auch in der Finanzverfassung die verschmelzende Tendenz des Grundgesetzes umstritten war, so hatte doch besonders die Separierung der Polizeigewalt von der Bundespolitik ausschlaggebende Bedeutung für alle, die den dezentralen Charakter des neuen Staatswesens während seiner Entstehung gewährleisten wollten.

Der hohe Symbolcharakter kontrastierte allerdings mit der Kompromisshaftigkeit der Institutionalisierung. Um dies zu verstehen, muss man bedenken, dass die Bezeichnung eines „Politikfeldes Innere Sicherheit", die der heutigen Politikwissenschaft so geläufig ist, dem Denken der vierziger und fünfziger Jahre noch völlig fremd war. Die föderalistischen Vorbehalte der alliierten Hohen Kommissare wie auch der Verteidiger von Länderinteressen fixierten sich auf die Personal- und Befehlshoheit über *Polizei*kräfte. Hier sollte die Bundesrolle reduziert bleiben, damit keine exekutive Übermacht die konstitutionellen Gewichte zu einer autoritärzentralistischen Machtusurpation verschieben könne.

Nachträglich erwies sich das als eine Lösung von Problemen der Vergangenheit. Als Schreckbild stand die labile Demokratie mit latent putschistischen Exekutiveliten im Visier – eine Anfechtung, die der überraschend stabilen, zweiten Republik erspart blieb. Nicht das Instrumentalisieren des polizeilichen Zwangsapparates gegen demokratischen Dissens erwies sich als das Hauptproblem der nächsten Jahrzehnte, nicht die gesetzeswidrige Weisung durch antidemokratische Dienstherren war die virulente Gefahr für den Föderalismus, sondern die gesetzeskonforme Entwicklung der Institutionen selbst. Das Grundgesetz sicherte den Ländern zwar die Personal- und Weisungshoheit über ihre Polizeikräfte (jedenfalls in „Normalsituationen"), aber damit erlangten die Länder nicht die Politikhoheit über das polizeiliche Aufgabengebiet. Dies betrifft zunächst und vor allem die Tätigkeit des Polizeivollzugsdienstes – also des besonders außenwirksamen Teils der Staatsgewalt im Sinne des formellen Polizeibegriffes.

Dieser Bestandteil der Landesverwaltungen bezieht die Rechtsgrundlagen bei der einen Hälfte seiner grundlegenden Rollenzuschreibungen – der Erforschung von Straftaten – aus Bundesgesetzen (Strafgesetzbuch, Strafprozessordnung usw.). Bei der anderen Hälfte, die zugleich den materiellen Polizeibegriff ausmacht, der Gefahrenabwehr also, ist eigentlich der Landesgesetzgeber zuständig. Mit der Normierung des Polizei- und Ordnungsrechtes hat er einen wichtigen Gestaltungsauftrag in den allgemeinen Handlungsgrundlagen vor allem der Schutzpolizei. Die Handlungsermächtigung gilt allerdings nur insoweit, als Spezialnormen aus anderen Gesetzen nicht den Eingriff anderer Behörden vorschreiben, es sei denn, dass Gefahr im Verzuge besteht. Aber auch die spezifizierte Gefahrenabwehrermächtigung anderer Behörden befreit die Schutzpolizei nicht von der Teilnahme an Vollzugssituationen auf der Grundlage dieser Gesetze. Maßgeblich dafür ist die Figur der Vollzugshilfe. Diese hat Bedeutung dadurch gewonnen, dass kooperierende Teile des Verwaltungsapparates, insbesondere die Kommunen, während der Frühgeschichte der Bundesrepublik sukzessive immer mehr ihrer eigenen Vollzugsdienste entkleidet wurden.

In gewisser Weise mussten die Landespolizeien einen „Preis" für ihre Erfolgsgeschichte der fünfziger Jahre zahlen. Diese Geschichte ist die einer vollständigen Etablierung als einzige und flächendeckend zuständige Spezialisierung für den Einsatz von Zwangsmitteln zur Durchsetzung der gesetzlichen Staatsautorität. Diese Konzentration auf das Berufsbild des „Spezialisten für Erzwingung" bedeutete für die Landespolizeien der Bundesrepublik einen Wandel nach zwei Seiten hin: zum einen schienen sie sich zurückzuziehen aus der allgemeinen Alltagsregulierung des Obrigkeitsstaates, die sich in „verwaltungspolizeilichen" Aufgaben niederschlagen, welche heute überwiegend bei kommunalen Ordnungsbehörden siedeln (Melde-, Pass-, Versammlungswesen usw.: vgl. Götz 1987, S. 430 f.). Der eigenen Aufgabenkonzentration entsprach zum andern die Festigung des Monopols in den verbleibenden Aufgaben – am deutlichsten sichtbar in der Auflösung kommunaler Vollzugspolizeien, die allerdings erst in den frühen siebziger Jahren nach einer entsprechenden Aufforderung im Sicherheitsprogramm der Bundesregierung auch von den süddeutschen Ländern endgültig umgesetzt wurde. Damit wurden die Länder *scheinbar* zum Monopolanbieter des Produktes „Innere Sicherheit" in einem verbreiteten Alltagsverständnis: Gewährleistung des Rechtsfriedens und der Gesetzesgeltung durch Bereitstellung des Gewaltmonopols, Bewachung der wichtigsten Prinzipien öffentlicher Ordnung, Verfolgung von Straftaten.

Dieses Monopol wurde allerdings angefochten. So trat in der Praxis für das berufliche Handeln besonders der Schutzpolizei dieser „klassische" Sicherheits- und Ordnungsauftrag nur noch in Verbindung mit jenen Gefahrenabwehraufgaben in Erscheinung, die bundespolitischer Feinnormierung zugänglich waren.

Der konkurrierende Gesetzgebungskatalog des Art. 74 GG z.B. im Versammlungsrecht, in Waffen- und Sprengstoffrecht, im Lebensmittel- und Seuchenschutz, bei der Kernenergie und im Umweltschutz hat zahlreiche Gefahrentatbestände typisiert, bei denen zwar auch andere Behörden (meist primär) gefordert sind (vgl. Martens 1982), die aber dann polizeiliche Unterstützung anfordern können. Im Falle des Demonstrations- und Ausländerrechts reicht das zwar häufig auch in politisch sichtbare und konflikthafte Zuspitzungen hinein, der Regelfall liegt jedoch in weitaus alltäglicheren Aufgaben.

Die Erwartung an die Sicherheitspolitik der Landesverwaltungen ist geprägt durch ein Polizeihandeln, das relativ autonom und unter eigener Kriterienanwendung gegen Kriminalität und nicht-spezifizierte Gefahren einschreitet, die Realität hingegen ist die einer bürokratischen Verflechtung, die auch weitgehend durch Bundesgesetze vorangetrieben wurde. Unter diesen Umständen eignete die innengerichtete Aufgabe der Sicherheitsproduktion während der fünfziger und sechziger Jahre sich wenig für die *landes*politische Profilierung, obgleich ein starkes Sicherheitsbedürfnis in der Bevölkerung vorhanden war, das aber mit Dimensionen der sozialen und äußeren Sicherheit überlagert war und somit bundespolitische Erwartungshaltungen begünstigte (vgl. Braun 1978).

Es gab somit eine weitgehende *entpolitisierte* Sicherheitsproduktion, in die seitens des Bundes durch die Mehrung von gesetzlichen Detailnormen eingewirkt wurde, und es gab – dies als zweite Seite der Anfechtung – eine relativ hoch*politisierte* Sicherheitsstrategie, in der die Bundespolitik durch Aufbau eigener Personalkapazitäten und durch organisatorische Verflechtung hineinwirkte. Letztgenannte Strategie war geprägt durch maximale Bedrohungsszenarien aus dem Geistesgut des Kalten Krieges: äußerer Angriff, Subversion, Massenstreiks und bürgerkriegsähnliche Konflikte. Gegen diese angenommenen Gefahren wurde ein paralleles Leitbild „Innere Sicherheit" (Prätorius 2000, S. 377) verankert, das es dem Bund erlaubte, auch als Dienstherr an der Seite der Länder aktiv zu werden. Der Aufbau des Bundesgrenzschutzes (BGS) und seine Beibehaltung auch nach der Aufstellung der Bundeswehr stand unter diesem Primat einer innengerichteten Stabilisierungsstreitmacht für ernsthafte Systemgefährdungen. Bewaffnung, militärische Dienstränge und die in Übungen erprobten Taktiken legten davon beredtes Zeugnis ab (vgl. Werkentin 1984, S. 51 f. u. 107 f.). Gleichzeitig blieb der BGS aber immer eine *Polizei*truppe – er sorgte dadurch gemeinsam mit dem Bundeskriminalamt (vgl. Art. 87, I GG) und weiteren Einrichtungen dafür, dass die alliierte Absicht, dem Bund Polizei-Abstinenz aufzuerlegen, auch personell unterlaufen wurde. Dazu kam die Verzahnung: gegen eine partielle Kostenübernahme erhielt der Bund das Recht, auf Ausbildung, Ausrüstung und Einsatzführung der Länderbereitschaftspolizeien Einfluss zu nehmen. Die Verankerung eines Inspektors der Bereitschaftspolizeien der Länder beim Bundesminister des Innern versinnbildlicht diese Koordinierungsmacht; sie hatte ihre Wurzeln in der Ausrichtung an dramatischen Bedrohungslagen, ablesbar bereits durch die Fassung des Art. 91 II GG, die schon ab 1950 (entgegen einer früheren Suspendierung durch die Alliierten) Rechtskraft erlangte: sie erlaubte die Unterstellung von Länderpolizeien unter Bundesweisung, falls in einem Land überfordernde Gefahrensituationen eintreten. Gedacht war dabei natürlich vor allem an Polizeieinsätze in Verbandsformation. Da die wichtigste Komponente solcher Einsätze aber die Bereitschaftspolizei war, entstand eine Einlasspforte für die Beeinflussung der gesamten Landespolizeien, denn die Bereitschaftspolizeien waren gleichzeitig die erste Ausbildungsstufe für die allgemeinen Polizeilaufbahnen. Gegen Ende der sechziger Jahre geriet diese Variante der Sicherheitsproduktion vermehrt in die Kritik: eine von militärischem Geist infizierte Polizei erschien einer Demokratie unwürdig (vgl. z.B. Siebecke 1972, S. 25-33); eine Polizei, die zuerst auf Kasernenhöfen das Wir-Bewusstsein lerne, verinnerliche auch die feindliche Abgrenzung gegen die zivile Gesellschaft, denke in Hierarchien und in feindselig abgekapselter Kameradschaft.

Die Tatsache, dass Bereitschaftspolizei- und BGS-Dienst in dieser Zeit noch als Ersatz für die Ableistung der Wehrpflicht dienen konnte, verstärkte diese militärgleiche Identifikation. Die Kritik daran entsprach zwar einem weit verbreiteten Unbehagen dieser Jahre, kam aber zu einem Zeitpunkt, zu dem das Problem den Scheitelpunkt seiner Entwicklung bereits überschritten hatte. Die Verzahnung von BGS und Polizei zu einem an Maximalbedrohungen orientierten Sicherheitsapparat verlor ironischerweise vor allem durch die Notstandsgesetzgebung in den sechziger Jahren an Bedeutung (Funk 1991, S. 373). Da sie der Bundeswehr als „Notstandsreserve" eine Sicherungsfunktion nach Innen zuschrieben, entlasteten sie andere Ordnungskräfte von der Aufgabe, dasselbe Potential bereitzuhalten. Im Angriffsfall ermöglichten sie es dem BGS und in der Konsequenz auch den mobilisierungsfähigen Polizeireserven, sich einem eher polizeilichen Leitbild anzunähern. Zusammen mit der Einsatzfähigkeit gegen Großbedrohung verloren auch die quasi-militärischen Ausrüstungs- und Ausbildungskomponenten tendenziell an Bedeutung.

Folgte daraus aber ein entsprechender Bedeutungsverlust der Konzertierung von Landes-Sicherheitspolitik in einem bundespolitisch beeinflussten Gesamtrahmen? Die Antwort lautet: keinesfalls. Dafür gibt es zwei maßgebliche Gründe. Der eine Grund war, dass die Ausrichtung an Gefährdungslagen, die man „maximalistisch" nennen könnte, eben nur *ein* Leitbild bei der Institutionenentwicklung in der Inneren Sicherheit abgab. Daneben existierte stets auch eine Auffassung von kontinuierlich auftretenden, alltäglichen Herausforderungen, die es polizeilich schlicht „abzuarbeiten" galt. Der zweiter Grund ist, dass ein zentraler Arbeitsbereich der allgemeinen Vollzugspolizei hinzukam, der sich ebenfalls der Bundesgesetzgebung erschließt: der Straßenverkehr. Im Zuge der fortschreitenden Massenmotorisierung ab den fünfziger Jahren absorbierte dieser Bereich immer größere Anteile der schutzpolizeilichen Routinearbeit und sorgte im Nebeneffekt dafür, dass sich die Polizeiwirklichkeit auch über Ländergrenzen hinweg immer mehr anglich. Dies zeigte sich beispielsweise in der vergleichsweise uniformen Umsetzung des eigenen Motorisierungsprozesses. Die Einführung und Verbreitung von Streifenwagen als zentrales „Arbeitsmittel" der Schutzpolizei, deren Einsatzleitung durch Sprechfunkkommunikation sowie die Rückwirkungen auf die Dienstabläufe wurden dominant durch die Aufgabenbewältigung in der Straßenverkehrsregulierung geprägt (Haselow/Noethen/Weinhauer 2000, S. 138 f.). Außendienst, der sich immer auch durch den „Produktionszwang" der eingetragenen Tätigkeitsnachweise im Dienstbuch niederschlug (so schon: Feest/Blankenburg 1972, S. 28 f. u. 63 f.), dokumentierte sich vor allem als Aufnahme von Unfällen, Verkehrsdelikten sowie als Ahndung kleiner Störungen.

In anderen Ländern – z.B. im angelsächsischen Kulturkreis – war der Wandel der Polizeiarbeit durch den Einsatz von Funkstreifenwagen primär im Bereich der Kriminalitätskontrolle erfahren worden: als eine Tendenz hin zur schnellen und massiven Reaktion bei ernsten Notlagen und gravierenden Delikten aus gestärkten Revierzentralen heraus (vgl. z.B. Sparrow/Moore/Kennedy 1990, S. 38-40). Im Vergleich dazu hielten die deutschen Landespolizeien noch etwas länger an der übernommenen Praxis fest: mehr Dauerpräsenz im Alltag durch Fußstreifen und sparsamen Umgang mit der Motorisierung (Berkley 1969, S. 170 f.). Auch darin wurde die Prägung des polizeilichen Handelns durch Aktivitäten wie der Verkehrsregulierung deutlich, zielten diese doch eher auf eine in die Breite wirkende Dauerpräsenz als auf punktuell abrufbare, schnelle Reaktionsfähigkeit in Krisenlagen ab. Die militärähnliche Bereithaltung derartiger Reaktionspotentiale war so weit weg von der Alltagsarbeit angesiedelt, dass sie zwar die Organisation der Bereitschaftspolizeien und die Sozialisation in diesen beeinflusste, kaum aber die herkömmliche Polizeiorganisation. Diese wies zwar zwangsläufig Unterschiede zwischen kleinen und großen Flächenländern (z.B. mit Regierungspräsidien) auf und kannte zudem die Besonderheiten der Stadtstaaten mit ihrer höheren Polizeidichte. Gleichwohl waren die Unterschiede der Polizeiorganisation weitaus geringer als die buntscheckigen Benennungen (Präsidien, Inspektionen, Direktionen usw.) vermuten ließen. In den Ländern wurden in Folge der Motorisierung und Entkommunalisierung viele kleine Dienstposten aufgelöst, größere Revierwachen brachten auch eine stärkere Einbeziehung von Hilfsfunktionen zusätzlich zum uniformierten Dienst, der Schichtbetrieb wurde zur Normalität. Die Trennung von Schutz- und Kriminalpolizei wurde in keinem Land in Frage gestellt; in letzterer gewannen die Landeskriminalämter, ursprünglich Landesoberbehörden ohne eigene Ermittlungskompetenz, zunehmend an Bedeutung in der Kriminalitätskontrolle.

Die charakteristischen Wandlungen der siebziger Jahre waren eine gesteigerte Bedeutung der Kriminalität als zentrale Sicherheitsgefährdung, eine erhöhte Spezialisierung und Qualifizierung der darauf gerichteten Polizeiarbeit und eine intensivierte Verbundbildung zwischen Bund und Ländern einerseits sowie unter den Ländern andererseits. Die Entlastung vom „Paramilitärischen" bewirkte beispielsweise, dass ab Beginn der siebziger Jahre BGS und Länderpolizeien näher zusammenrückten (Boldt 1992, S. 34). Diese Kooperation materialisierte sich vor allem in gemeinsamen Einsätzen bei Großdemonstrationen und in jenen Sicherungsaufgaben, die der BGS für oberste Bundesorgane wahrnimmt. Sie gewann eine neue Qualität mit dem Aufgabenübertragungsgesetz vom 23. Januar 1992 (und Folgegesetzen), das dem BGS u.a. die Kompetenzen der Bahnpolizei einbrachte. Die damit verbundenen Gefahrenabwehr- und Ermittlungsaufgaben finden in der Praxis (und auch in der juristischen Mehrheitsmeinung: Fehn 2001) keine strikte Begrenzung durch das Territorium der Bahnanlagen. Bei der Sicherung von angrenzenden Innenstadtbereichen, bei der „Begleitung" von Fußballfans im S-Bahn-Verkehr und vor allem bei verdachtsunabhängigen Personenkontrollen im Grenzhinterland und unter Bahnreisenden hat der Bundesgrenzschutz die Fähigkeit erlangt, weit in die Gefahren- und Kriminalitätslagen hineinzuwirken, die eigentlich der Sicherheitspolitik der Länder vorbehalten sind. Das Bundesverfassungsgericht hat in einem Beschluss vom 28.01.1998 das neue Aufgabenspektrum zwar akzeptiert, zugleich aber angemahnt, dass diese Tendenz nicht zu einer konkurrierenden Vollpolizei des Bundes eskalieren dürfe. Kritiker meinen, diese Schwelle werde bereits punktuell überschritten – etwa durch den Tatbestand, dass über die bahnpolizeilichen Ermittlungen der BGS in die Sphäre der Kriminalpolizei eingedrungen sei, und durch die Verzahnung mit dem Bundeskriminalamt, die aus der gemeinsamen Sicherung von Verfassungsorganen folge (Lisken/Lange 2000, S. 162). Solche Tendenzen bedürfen fortdauernder, kritischer Aufmerksamkeit, zumal genügend Anzeichen einer gestärkten Bundesrolle im Polizeilichen durch europäische Kooperation hinzugefügt werden könnten (vgl. Aden 1998, S. 65 ff. u. passim).

Legt man jedoch eine Betrachtung über die letzten drei Jahrzehnte hinweg an, dann muss das Bild einer vom Bund ausgehenden Zentralisierung der inneren Sicherheitspolitik auch relativiert werden. Gerade während der siebziger und achtziger Jahre erwies sich der Föderalismus auch als „Hemmschuh": etwa aus der Sicht einer Regierungspolitik, die im europäischen Rahmen auf koordiniertes Vorgehen in der Kriminalitäts- und Terrorismusbekämpfung drängte, ohne das gegenüber den europäischen Partnern (wegen zögerlicher Länderkooperation) immer selbst einlösen zu können (Katzenstein 1990). Außerdem ist das Vordringen des BGS in die länderspezifischen Einsatzlagen nicht durchweg dessen Expansionsstreben zuschreibbar: die Sparpolitik der Länder ab den achtziger Jahren machte diese gewogen, bei „Großlagen" und an Verkehrszentren auf die Unterstützung des BGS zurückzugreifen, ohne immer die gesetzlichen Grundlagen abgeprüft zu haben (kritisch dazu: Behrendes 2002, S. 146).

Diese „nachfragebestimmte" Verzahnung passt auch insofern ins Bild, als ein wichtiger Antrieb bei der Vereinheitlichung der inneren Sicherheitspolitik die *Selbstkoordination* der Länder war. Der wichtigste Ausdruck dieser Bestrebung war der Musterentwurf eines einheitlichen Polizeigesetzes, der zunächst ab 1972 in der Länderinnenministerkonferenz erörtert wurde und der in den Folgejahren zur Richtschnur für die novellierten Polizeigesetze der Bundesländer avancierte (Busch u.a. 1985, S. 192 ff.). In mancherlei Hinsicht war der Musterentwurf eine nun fällige Manifestation eines traditionsreichen Glaubens: daran nämlich, dass gesetzgeberische Detailfreude auch rechtsstaatliche Sicherheit schaffe. Detailliert wurden vor allem die polizeilichen Standardmaßnahmen geregelt, doch gerade hier ergaben sich Variationen in der Länderangleichung: bei der Ermächtigung zur Ausübung polizeilichen Zwangs reichte das Spektrum von linearen Übernahmen des Musterentwurfs (z.B. Bayern, Rheinland-Pfalz) bis zu erkennbaren Modifikationen (z.B. Nordrhein-Westfalen und Bremen). Besondere Brisanz erlangte dabei der Versuch, das äußerste Zwangsmittel gesetzlich zu normieren – nämlich den gezielten Todesschuss („Musterentwurf" § 41, II, 2). Die Debatten – zusätzlich angeheizt durch spektakuläre Geißelnahmen und Konfrontationen in der Terrorismusbekämpfung – muteten aber vielen Beteiligten schon bald als gespenstisch an, da sie aufzeigten, wie wenig gesetzliche Detailnormen dafür taugen, das Handeln in extremen Krisensituationen vorab zu strukturieren. Es bleibt darum auch dauerhaft fraglich, ob sich an Unterschieden in den gesetzlichen Regelungen zu polizeilichen Maßnahmen ablesen lässt, wie sich der polizeiliche Stil in einzelnen Bundesländern (etwa bei Zwangsmaßnahmen) tatsächlich unterscheidet.

Aufschlussreicher sind darum gesetzliche Festlegungen, die den polizeilichen Wandel eher nachvollziehen, als ihn durch Detailermächtigungen ex ante zu steuern. Auch hier hatte der „Musterentwurf" Signalfunktion. Er folgte auf eine erste, programmatische Besetzung des „Politikfeldes Innere Sicherheit" durch abgestimmte Aktivitäten auch jenseits der Polizeien: seit einem initiierenden Bundesprogramm 1972 wurde im Zuge der Terrorismusbekämpfung „Sicherheit" nicht mehr nur als etwas aufgefasst, was der polizeiliche Einzeleingriff nach Rechtsverletzung oder Gefahreneintritt wiederherstellte. Vielmehr galt sie nun als ein anzustrebender Bestand, auf den viele Kompetenzen (vom Geheimdienst bis zur Schule, von der Grenzsicherung bis zum Anlagenschutz) koordiniert hinzuwirken hatten.

Diesem Trend zur langfristigen Gewährleistung trug auch die 1977 beschlossene Version des „Musterentwurfes" Rechnung, der praktisch eine dritte Basiskompetenz der Polizei einführte: neben die Gefahrenabwehr und Strafverfolgung traten die „vorbeugende Bekämpfung von Straftaten" und die Vorbereitung für die Abwehr *künftiger* Gefahren (Aden 1998, S. 287 f.).

2   Neue Akzente im „Vorfeld"

Rechtspolitisch war dies ein schleichender, aber gravierender Wandel, der auch von kontinuierlicher Kritik begleitet war, denn er lockerte die Bindung des polizeilichen Einschreitens an die unmittelbar erkennbare Gefahr oder an das bereits eingetretene Delikt (bzw. seine persönlich zuschreibbare Vorbereitung). Es entstand die Gefahr, dass die Polizei sich die eigenen Handlungsgrundlagen durch Projektionen und Szenarien selbst schaffe (Denninger 1990, S. 24): bei einer Gefahr, die sich noch nicht in einer allgemein zugänglichen Erfahrung konkretisiert hat, wird es dann auch schwer beurteilbar, was die angemessene, verhältnismäßige Maßnahme sein soll. Mit dem Trend zum „Vorsorgen" eröffnet sich die Polizei und die eingreifende Verwaltung nicht nur eine relative unbestimmte Ermächtigungsgrundlage, sondern auch ihre Handlungen werden schwerer abgrenzbar.

Die rechtspolitische Diskussion dieser Tendenz war zunächst recht stark auf die neue Bundesrolle fixiert: durch den Aufbau eines erheblichen Informationssammlungspotentials seitens des BKA und durch einige prononcierte Äußerungen seines Präsidenten Herold in den siebziger Jahren entstand der Verdacht, dass ein zentralistisches Beobachtungssystem aufgebaut werde, welchem nicht nur die Bürgerrechte, sondern auch die föderalistischen Vorbehalte zum Opfer gebracht würden. Dieser Verdacht erwies sich einerseits als überdramatisierend für die Bundesrolle (vgl. Bull 1984), andererseits lenkte er die Aufmerksamkeit ab von parallelen Entwicklungen auf Landesebene. Eine der polizeilichen Innovationen, die den „Big Brother"-Verdacht auf das BKA lenkte, war beispielsweise die Rasterfahndung. Diese Aussonderung verdächtiger Personen anhand der kombinierten Selektion durch personengezogene Daten aus der allgemeinen Bevölkerungsbeobachtung ist heute längst eine etablierte Praxis der Landeskriminalpolizeien (Horn 2003, S. 750): dort ist auch die präventive Ausrichtung der neuen Sicherheitsphilosophie noch markanter geworden. Während das BKA in den siebziger Jahren die Rasterfahndung noch ausdrücklich mit dem Aufspüren einer bestimmten Gruppe von Tatverdächtigen (nämlich der Linksterroristen) rechtfertigte, ist die gegenwärtige Verankerung im Landesrecht überwiegend der vorbeugenden Verbrechensbekämpfung zugedacht (Seel 2002, S. 193 f.): flankiert von bestätigender Rechtssprechung wird die Datenauswertung von der Identifikation bestimmter Zielgruppen losgelöst, die „Gegenwärtigkeit" einer Gefahr durch antizipierte Straftaten wird großzügig interpretiert, auch der Katalog der „erheblichen" Delikte, die solches Vorgehen rechtfertigen, ist sehr offen angelegt (Seel 2002, S. 196). In den Augen mancher Juristen kann sogar das Erfolgskriterium bei tatsächlich gelösten Straffällen gelockert werden, da ja die Nützlichkeit dieses Vorfeldwissens für die Polizei bereits erwiesen sei (Horn 2003, S. 753).

Diese Entwicklungen werden hier nur als begrenztes Symptom für eine umfassendere Tendenz angesprochen. Die Landespolizeien nehmen seit den 70er Jahren Schlagworte wie „Gefahrenvorsorge" oder „vorbeugende Kriminalitätskontrolle" zunehmend ernst – sie greifen damit einen Trend auf, der ursprünglich auf Bundesebene durch die programmatische Integration eines Tätigkeitsfeldes „Innere Sicherheit" begann. So wie in Folge der Bundesaktivitäten die zentrale Ermittlungsfähigkeit beim Bundeskriminalamt gestärkt wurde, vollzogen auch die Länder eine korrespondierende Zentralisation ihrer kriminalpolizeilichen Kompetenzverteilungen. Spezialisierte, deliktorientierte Bearbeitung bei den Landeskriminalämtern gewann an Bedeutung gegenüber der dezentralen, territorialen Zuständigkeit der Kommissariate; zusätzlich profilierten sich die Landeskriminalämter als Kontaktstelle zum BKA und zur zögernd einsetzenden „Europäisierung" der Polizeiarbeit (Aden 1998, S. 120). Es gibt Anzeichen, dass sich die Verschiebung in den Zuständigkeiten nicht zufällig mit der zuvor angedeuteten neuen Perspektive auf Sicherheitsgefährdungen verband: deliktorientierte Spezialisten pflegen weniger die abwartende Haltung der örtlich zuständigen Polizei, die Delikte rubriziert, wenn sie denn eintreten, und dann Fall für Fall „abarbeitet". Spezialisten bevorzugen dagegen eine kontinuierliche Beobachtung wiederkehrender Ursachen und kriminogener „Milieus", um daraus zielgerichtete Strategien ableiten zu können.

Für die ersten beiden Jahrzehnte nach 1971 lässt sich in manchen Ländern eine leicht divergende Entwicklung von Kriminal- und Schutzpolizei konstatieren: letztere bliebe weiterhin noch stärker vom Territorialprinzip geprägt (vgl. Busch u.a. 1985, S. 95-98). Da kleinere Polizeistellen in vergrößerte Revierwachen und Kreispolizeibehörden hinein absorbiert wurden, trug sich zwar auch hier ein Zentralisationsprozess zu, der einer funktionalen Spezialisierung günstig war, doch erst in den neunziger Jahren dokumentierte sich das in Anzeichen eines Sicherheitsverständnisses, das ebenfalls Dauerbeobachtung und präventive Erstellung hervorhob. Zu nennen sind in diesem Kontext beispielsweise die Bemühungen um eine „kommunale Kriminalprävention", in denen Polizeiarbeit als Baustein einer umfassenden, konzertierten Sicherheitsstrategie aufgefasst wird. Steht hier auch Bürgerbeteiligung neben der erwünschten Zusammenarbeit mit kommunalen Instanzen, so betonen „Sicherheitspartnerschaften" eher die Kooperation mit Wirtschaftsinteressen und dem kommerziellen Sicherheitsgewerbe (etwa bei der Regulierung von Einkaufszonen und Verkehrsknotenpunkten).

In jedem Fall erscheint auch hier „Sicherheit" als ein komplexes „Produkt" oder als eine Dienstleistung, bei deren Herstellung die Polizei sich nicht mehr allein auf ihr reaktives Sanktionsrepertoire verlassen kann; vielmehr sieht sie sich aufgefordert, in zukunftgerichtete Kooperationsbeziehungen einzutreten, bei der auch andere „Produzenten" dieser Dienstleistung mitwirken (so programmatisch: Pitschas 2002, bes. S. 225 f.). Der Wandel zu diesem stärker vorsorgend, integriert-kooperativ ausgerichteten Sicherheitsverständnis hat sich in diversen „Vorboten" und Symptomen der landespolizeilichen Entwicklung kundgetan. Dazu zählt z.b. eine Höherqualifikation des polizeilichen Dienstes ab den siebziger Jahren. Fachhochschulstudium wurde allenthalben zur Regelvoraussetzung für den Aufstieg in den gehobenen Dienst; aktiv bemühten sich die Innenministerien um die Anwerbung von Abiturienten und Fachabiturienten (Haselow/Kissmann 2003). Wie in den Polizeien vieler Nationen (Bayley/Shearing 1996, S. 590) nahm die Bedeutung unterstützender Tätigkeiten (z.B. forensische und psychologische Dienste, Datenverarbeitung, Öffentlichkeitsarbeit) stetig zu; das Wunschbild des Streife gehenden, in regelmäßigem Bevölkerungskontakt stehenden Schutzpolizisten kennzeichnete einen rückläufigen Anteil der Berufswirklichkeit. Stattdessen okkupierten die Tätigkeiten des Innendienstes und der spezialisierten Zuständigkeiten ein wachsendes Segment der Arbeit. Der empfundene Mangel an sichtbarer, traditioneller Polizeipräsenz wurde demgemäß zu einem Anstoß der „community policing"-Konjunktur der neunziger Jahre.

Die relative Minderung uniformierten Außendienstes war nicht die einzige Entwicklung, die dem traditionellen Sicherheitsverständnis auch bei der Schutzpolizei den Boden schmälerte. Eine weitere Tendenz war der Aufbau von Sondereinsatzkommandos und Mobilen Einsatzkommandos als spezialisierten Reaktionskräften bei zugespitzten Krisensituationen. Diese Einheiten entfernten sich in ihrer Ausbildung, Ausrüstung und Berufsorientierung zumindest im ersten Fall recht weit von der schutzpolizeilichen Normalität (Lange 1999, S. 260 f.).

Ähnlich weit abgesetzt von der alten Sicherheitsphilosophie der Gefahrenabwehr und reaktiven Kriminalitätskontrolle ist die zunehmende Praxis der vorbereitenden Einübung großer „Lagen": etwa der planspielartigen Koordination der Polizeien bei Sportgroßereignissen oder Atommülltransporten oder der Zusammenarbeit in Sonderkommissionen bei spektakulären Verbrechen. Auch hier wird die Schutzpolizei einbezogen in eine Ausrichtung, die Kriminalität einbettet in eine zielgerichtete Aufmerksamkeitsstruktur und die präventiv Kapazitäten bereitstellt, um integriert voraussehbare Sicherheitsrisiken anzugehen. Da diese Akzentverschiebung ihren Ausgang von der Formulierung des „Politikfeldes

Innere Sicherheit" auf Bundesebene genommen hatte, könnte sie zu folgender Interpretation einladen: Polizei war immer schon weit weniger eine „reine Ländersache" als in der Republikgründung intendiert, da Gesetzgebung und Bundespolizeien andere Gewichtungen bewirkten. In den letzten Jahrzehnten ist aber noch eine Angleichung in Sicherheitsphilosophie und Polizeitaktik gefolgt, in der sich ebenfalls Politiken zentralstaatlichen Ursprungs als einflussreich erweisen. Darf daraus gefolgert werden, dass die Eigenheiten der Sicherheitspolitik auf Länderebene immer mehr vernachlässigt werden dürfen? Wenn ja, ist dies als eine Einebnung zu werten, die primär der Bundesrolle anzulasten ist und als Zentralisation gewertet werden darf? Auf beide Fragen wird im Folgenden eher zögerlich geantwortet, vom Zentralisationsbefund, der aus dem voranstehenden Text herauslesbar ist, wird einiges zurückgenommen.

3 Polizeipolitik in Landesfarben?

Die rare Ausnahmesituation, in der Fragen der Polizeipolitik und Kriminalitätskontrolle über den Weg eines ganzen Bundeslandes zu entscheiden schienen, erlebte Hamburg in den Jahren 2000 und 2001. Zunächst fanden im Jahr 2000 Ergebnisse der polizeilichen Kriminalstatistik große Beachtung, wonach Hamburg den Spitzenplatz mit der größten Kriminalitätsbelastung von Frankfurt übernommen hatte. Ob daraus eine geradlinig angestiegene Bevölkerungsnachfrage nach einer verschärften Kriminalpolitik gefolgert werden musste, darf allerdings im Rückblick bezweifelt werden (vgl. Reuband 2002): das Kriminalitätsthema wurde zwar einerseits von einer Mehrheit als das wichtigste landespolitische Problem angesehen, andererseits aber war das subjektive Bedrohungsempfinden (verstanden als Wahrscheinlichkeit, Opfer einer Straftat zu werden) in der Bevölkerung gegenüber 1997 rückläufig. Die Aufmerksamkeit für das polizeiliche Aufgabenfeld entsprang somit eher den Medien und dem Agieren der politischen Verantwortungsträger selbst.

Schon in den vorangegangenen Jahren hatte nämlich die regierende SPD eine Kehrtwendung beim Thema „Innere Sicherheit" eingeleitet: weniger Problemursachen und soziale Verantwortlichkeiten wurden von ihr programmatisch angesprochen, vielmehr tendierte sie zu einer Selbstdarstellung als entschlossene Kriminalitätsbekämpferin mit den Mitteln von Polizei und Justiz. Die Nominierung des Spitzenkandidaten Olaf Scholz sollte in der anstehenden Bürgerschaftswahl dieser „Bekehrung" personelle Glaubwürdigkeit verleihen – doch dies scheiterte. Durch das Auftreten des rechtspopulistischen Richters Schill gewann das Kriminalitätsthema im Wahlkampf eine Dynamik, die sich der Kontrolle der SPD entzog. Schon bald erschien sie in der öffentlichen Wahrnehmung (begünstigt durch einige Medienberichte) als eine Partei, die eher daran interessiert sei, der Polizeiarbeit Fesseln anzulegen und eine Strafrechtsprechung zu begünstigen, die mehr Sympathie mit den Beschuldigten als mit den Verbrechensopfern demonstriere. Der Realitätsgehalt dieser Anschuldigungen muss hier nicht geprüft werden; es genügt festzustellen, dass das so aufgeladene Kriminalitätsthema der SPD in ihrer eigenen Wahrnehmung mehr schadete als dem Koalitionspartner, den Grünen, obgleich diese sich weit mehr zugunsten einer liberaleren Justiz- und Polizeipolitik exponiert hatten.

Die nachfolgende Bürgerschaftswahl 2001 bescherte der SPD massive Verluste gerade bei einer traditionellen Stammklientel, bei schlechter bezahlten Arbeitnehmern und Bewohnern von „blue-collar"-Vierteln: Menschen, die bereits im Ökonomischen eine prekäre Sicherheitslage erlebten. Eine lange geläufige Annahme der Forschung zum Sicherheitsempfinden (Forschungsgruppe 1998, S. 73-77) fand hier eine praxisrelevante Bestätigung: Kriminalitätsfurcht reflektiert nicht selten eine Häufung von Verunsicherungen, die ihre Wurzeln auch in ganz anderen Lebensbereichen haben. Parteien, die hauptsächlich Menschen ansprechen, die durch Sozialstatus, Bildungsgrad und „experimentierfreudige" Lebensführung entspannter mit sozialen Risiken umgehen können, fällt es darum leichter, das Kriminalitätsthema auszusparen oder „liberal" herunterzuspielen. Hingegen sind Parteien, die breite Mehrheiten ansprechen wollen und damit auch Anklang bei Menschen in angespannterer Lage suchen, genötigt, die Wünsche nach aktiverer Kriminalpolitik ernst zu nehmen. Die SPD lernte dies in Hamburg schmerzlich. Die Stimmverluste, die ihr 2001 durch die Schill-Partei zugefügt wurden, waren kein Ausrutscher: auch als diese, nahezu ausschließlich dem Sicherheitsthema verschriebene Protestpartei nach Skandalen in der vorgezogenen Wahl vom 29.02.2004 aus dem Parlament weichen musste, gelang es der SPD und der Grün-Alternativen Liste nicht, die verlorene Mehrheit zurückzugewinnen. Zwar war bei dieser Wahl das Kriminalitätsthema hinter Arbeitsplätze, Bildung und Wirtschaft auf den vierten Platz zurückgefallen, doch abermals konnte die SPD in der Kompetenzwahrnehmung ihren deutlichen Rückstand auf das bürgerliche Lager nicht wettmachen, nur, dass diesmal die CDU diesen Vorsprung für sich einheimste (Horst 2004, S. 259). In einer Stadt, in der man sich häufig mit dem Selbstlob der „Liberalität" schmückte, war also ein Parteienwettbewerb um eine verschärfte Kriminalitätsbekämpfung politikprägend geworden. Die kurze Karriere der Schill-Partei hatte dabei allenfalls Katalysatorfunktion: sie verhalf der CDU zu den Stimmen für den Machtwechsel; beließ sie aber auch drei Jahre später in der Position, das Sicherheitsthema zu Gunsten des „bürgerlichen" Lagers besetzt zu halten. Für *alle* Parteien aber, die breite Wählerschichten ansprechen wollen, enthielten die Hamburger Vorgänge eine doppelte, interessante Lektion. Erstens dürfen die Besorgnisse in der Bevölkerung hinsichtlich der Kriminalitätsgefährdung nicht leichtfertig bagatellisiert werden, auch wenn statistische Trends und kriminologische Expertise in eine andere Richtung deuten; zweitens ist die Landespolitik eine gute Arena, um mit diesem Thema im politischen Wettbewerb zu punkten, ja – umgekehrt ausgedrückt – das Thema ist wie wenige andere geeignet, der *spezifisch* landespolitischen Profilierung der Konkurrenten Gewicht zu verleihen (und sie so gegebenenfalls von bundespolitischen Stimmungen abzuschirmen).

An diesem Befund muss nur eine partielle Relativierung vorgenommen werden, weil der Stadtstaat Hamburg mit seinen besonderen, urbanen Problemen und seiner Verschmelzung von Landes- und Kommunalpolitik diese Thematisierung besonders anzieht. Ein ähnliches Profilierungsinteresse ist aber durchaus auch bei den politischen Kräften in Flächenländern zu beobachten.

Dass an diesem Beispiel die *Motivation* nachgewiesen werden kann, die Landespolitik für die Akzentsetzung in diesem Policy-Feld zu nutzen, bedeutet freilich noch nicht, dass die betroffene Politik tatsächlich durch entsprechende Kontraste und Konturen geprägt wird. Die erstrebte Profilierung könnte ja schließlich auch in bloßen Ankündigungen leer laufen. Die Hamburger Entwicklung erlaubt ein bedingtes „Ja" auf die Frage nach der realen Umsetzung. Die von Schill versprochene Kehrtwende in der Sicherheitspolitik fiel zwar nach seinem Amtsantritt als Innensenator ziemlich bescheiden aus – insbesondere, weil die quantitativen Versprechungen uneinlösbar waren. Die angekündigte Aufstockung des Polizeivollzugsdienstes um 2000 Stellen wurde durch Schill schon in den ersten Regierungswochen dementiert. Auch die Verstärkung der Polizei in Routinefunktionen durch Angestellte blieb hinter den Ankündigungen zurück: von 250 Stellen wurden nur 135 besetzt, die Tätigkeiten beschränkten sich weitgehend auf Entlastung im Objektschutz. Das Versprechen, das der neue Bürgermeister von Beust in seiner Regierungserklärung gab, nämlich durch verstärkte, uniformierte Polizeipräsenz gerade in benachteiligten Stadtgebieten mehr Sicherheit zu vermitteln, rieb sich darum von Beginn an mit dem fehlenden Willen, dafür auch erhöhte Personalausgaben einzustellen. Auch dies ist eine Erfahrung, die nicht untypisch ist. Im Lande Hessen beispielsweise war die erhöhte Polizeipräsenz ebenfalls eine programmatische Ankündigung der CDU-Landesregierung, die dann mit einer eigentümlichen Personalarithmetik verbunden wurde: entgegen früherer Versprechen wurde der Stellenkegel nicht ausgebaut, sondern 2004 noch unter den 1998 erreichten Stand reduziert – Innenminister Bouffier behauptete dennoch eine größere Polizeiverfügbarkeit, da durch die angeordnete Arbeitszeitverlängerung von 38,5 auf 42 Wochenstunden ein rechnerisches Plus von ca. 1100 Stellen erwirkt worden sei.

Solche Vorkommnisse nähren Skepsis im Polizeivollzugsdienst: die Tatsache, dass Landesregierungen sich mit dem Sicherheitsthema profilieren wollen, bedeutet noch nicht, dass die damit ausgegebene, „polizeifreundliche" Selbstdarstellung zu verbesserten polizeilichen Arbeitsbedingungen führt. Gerade in Hamburg und Hessen kam es im Jahr 2004 zu Protestkundgebungen der Polizeibediensteten gegen Stellenabbau, Überstundenlast und verschlechterte Berufssituation. Der Verdruss entsteht einerseits durch von Politikern hochgeputschte Erwartungen – Schill versprach z.B., in den ersten 100 Tagen seiner Amtszeit die Kriminalität Hamburgs zu halbieren! – und andererseits dem fehlenden Vermögen, auch nur eine gleichbleibende Effektivität polizeilicher Alltagsarbeit durch eine entsprechende Personalausstattung zu gewährleisten. In einigen Hamburger Revieren hat der Mangel an kurzfristig einteilbaren Beamten für den Außendienst dazu geführt, dass die Bearbeitung von „kleinerer" Kriminalität (z.B. Wohnungseinbrüche!) häufig bis auf den nächsten Arbeitstag, manchmal sogar über das Wochenende hinaus verschoben werden musste. Diese durch Stellenstreichungen erzeugte Personalknappheit wurde zwar primär dem Vorgängersenat angelastet, doch die Kundgebungen von 2004 belegten, dass die angekündigte Politik aus Polizeisicht keine Wende gebracht hatte.

Die Kluft zwischen vollmundigen Sicherheitsversprechen und konterkarierender Sparpolitik hat bewirkt, dass die Landespolitik verstärkt nach Möglichkeiten eines polizeipolitischen Engagements sucht, das sich zumindest nicht vordergründig in Haushaltsbelastungen niederschlägt. Wird dieser Weg gewählt, ist die „Handschrift" einer Regierungsmehrheit auch nicht mehr durch die Parteiunterschiede einebnende Macht der allgemeinen Finanzknappheit verwischt. In Hamburg setzte Innensenator Schill Akzente zunächst bei der symbolischen Aktivitäten: Abschaffung der als polizeikritisch bewerteten Beschwerde- und Untersuchungsinstanz „Polizeikommission", Umrüstung auf blaue Uniformen, Ausstattung mit Harley-Davidson-Krafträdern... Unter der Oberfläche solcher Inszenierung war aber auch ein substantieller Richtungswechsel am Werk, der sich auch verstetigte, da der zweite von-Beust-Senat, dem Schill-Partei und FDP nicht mehr angehörten, den vorherigen Polizeipräsidenten Udo Nagel zum (parteilosen) Innensenator beförderte. Dieser Richtungswechsel schlug sich zunächst einmal in neuen Prioritäten bei der Gesetzgebung zum Polizeirecht nieder. Hamburg ist in dieser Hinsicht gemeinsam mit anderen Ländern Nachfolger einer Entwicklung, bei der der Freistaat Sachsen eine Vorreiterrolle einnahm (vgl. Roggan 2000, S. 182 ff.). Dabei geht es um die Erleichterung polizeilicher Eingriffsbefugnisse, die dem Recht der Gefahrenabwehr (somit einem Regelungsbereich der Landesgesetzgebung) entspringen, die aber in Handlungsfelder hinüberspielen, die früher der (bundesgesetzlichen) Strafprozessordnung vorbehalten waren. Ein Beispiel ist die Erleichterung des Zwangsmittels Gewahrsamnahme, das in Ländern wie Sachsen, Bayern und Baden-Württemberg gegen Personen eingesetzt werden kann, denen die *Gefahr* einer bevorstehenden Störung der öffentlichen Sicherheit polizeilich attestiert wird – mit der Folge eines Freiheitsentzugs von bis zu 4 Tagen. Eingesetzt wird es z.B. in der Antizipation von „unfriedlichen" Demonstrationen, das erweiterte Arsenal polizeilicher Standardmaßnahmen ermöglicht aber auch eine Regulation weitaus alltäglicherer Situationen.

Bedenklich werden kann diese Entwicklung durch die Kombination mit einer anderen rechtspolitischen Wandlung auf Landesebene. Diese Wandlung besteht darin, dass „öffentliche Ordnung" (also untergesetzliche, kulturelle Schutzgüter) wieder als durch Polizei zu verteidigende Normalität rehabilitiert wird. Seit den siebziger Jahren war diese Ermächtigungsgrundlage in Misskredit geraten, etliche Landespolizeigesetze verzichteten ganz auf sie. Leitend dafür war die Überzeugung, die Polizei solle sich nicht mehr zum Hüter von Geschmack und guten Sitten aufspielen, sondern der eingetretenen Pluralisierung der Gesellschaft Rechnung tragen und sich allein dem Schutz der durch Rechtsnormen abgesteckten „öffentlichen Sicherheit" verschreiben. Diese Tendenz begann sich vor ca. 15 Jahren zu wenden. Zunächst begannen Gerichte, „öffentliche Ordnung" vermehrt wieder als Schutzgut zu akzeptieren, wenn es z.B. darum ging, Aktivitäten zu unterbinden, die den Mehrheitskonsens über Menschenwürde und den darauf ruhenden Gemeinschaftsfrieden tangierten (z.B. bei Peep-Shows – vgl. Störmer 1997). Parallel begannen die Kommunen, Tatbestände, die einst die Polizei aus eigenem Ermessen regulierte, durch Ordnungssatzungen zu sanktionieren – störendes und verschmutzende Handlungen im öffentlichen Raum sind gute Beispiele dafür. Die Polizei konnte nicht immer abseits stehen; durch die Beanspruchung als Vollzugshilfe seitens kommunaler Dienststellen wurde sie genötigt, dabei mitzuwirken, wenn diese „sichere und saubere Innenstädte" zum Politikziel kürten (vgl. Behrendes 2002).

Mittlerweile haben die Landespolitiker „nachgezogen": so hat das Saarland den einstmals eliminierten Begriff wieder in sein Polizeigesetz eingeführt (Weingart 2002). Man verspricht sich hier u.a. Handlungsmöglichkeiten gegen extremistisches Auftreten auch dann, wenn dieses noch keine Straftatbestände erfüllt (z.B. Hissen der Reichskriegsflagge). Damit gewinnt diese Tendenz sicherlich ein neues Unterstützungspotential, doch die zuvor erwähnten Anwendungsbereiche sollten darüber nicht vergessen werden. Die Polizei wird zu neuen/alten Ermessensentscheidungen ermächtigt, manche Sanktionsinstrumente werden stärker ausgestattet, zugleich wird die Polizei aber auch in einer Weise in die Pflicht genommen, über die sie sich nicht unbedingt freuen kann. Sie wird zu einer Dauerbeobachtung des öffentlichen Lebens aufgefordert, bei der ein weit gefasstes Verständnis von Gefährdungen, Störungen und kriminellen Bedrohungen die Aufmerksamkeit anleiten soll. Die niedriger und früher angesetzte Eingriffsschwelle kann die Polizei durchaus in unangenehme Konstellationen hereinziehen: sie wird nämlich in Konflikte über die Nutzung des öffentlichen Raumes (z.B. Ladenbesitzer vs. „störende" Wohnsitzlose) oder um die Grenzen des geschützten Demonstrationsrechts hineingezogen, wobei sie schnell ihren Neutralitätsanspruch verlieren kann.

Dieses Ensemble – breiter, öffentlichkeitsbezogener Sicherheits- und Ordnungsauftrag und verstärkte Interventionen – prägt viele polizeipolitische Bestrebungen auf Landesebene. Auch hier ist Hamburg ein Beispiel: die neue Polizeigesetzgebung stellt verschärfte Anordnungsbefugnisse (z.B. Aufenthaltsverbote von bis zu 12 Monaten), Personenkontrollen ohne Verdachtsmomente und das Instrument der Videoüberwachung an kriminalitätsgefährdeten Plätzen zur Verfügung. Ähnlich die Entwicklung in Hessen: nach ersten Schritten zur Videoüberwachung in Frankfurt wurde hier die Polizei mit neuen Techniken der digitalisierten Bildauswertung ausgestattet, weitere erkennungsdienstliche Instrumentarien (genetischer Fingerabdruck!) werden vom Innenminister angestrebt, zugleich soll die Polizei wieder zu alten Autoritäten zurückkehren und beispielsweise sich wieder vermehrt um das Aufbringen von Schulschwänzern kümmern.

Momentanes Leitbild solcher Landespolitiken ist offensichtlich eine gleichermaßen intensiviertere wie ausgeweitete Polizei: sie soll stärker eingreifen können, sie soll sich aber auch seltener vor gesellschaftlichen Problemen in die bequeme Unzuständigkeit zurückziehen dürfen. Diese Doppelung stößt an leicht voraussehbare Grenzen, von denen die Personal- und Finanzknappheit die wichtigste und bereits erwähnte ist. Deren Wirkung wird verstärkt durch einen „trade-off" in der zu wählenden, polizeilichen Philosophie. Nicht erst seit dem 11. September 2001, sondern bereits seit dem gesteigerten Interesse an Organisierter Kriminalität und Terrorismus schlechthin konkurriert mit der Präferenz für breite, alltagsregulierende Beobachtung und mit Aufmerksamkeit auch für Kleindelikte eine andere Priorität: die der Konzentration auf höchste, gewalttätige Bedrohung und gravierendste Risiken. In Zeiten der Knappheit kann man nicht beides zur allgemeinen Zufriedenheit betreiben. Der Zielkonflikt äußert sich auch in eher arkanen Organisationsfragen. In Hamburg beispielsweise liegen die politische Führung und der Bund der Kriminalbeamten in einer Dauerkontroverse darüber, ob es sinnvoll war, die Kriminalpolizei näher an die lokale „Sicherheitsproduktion" der Schutzpolizei heranzuführen (sie also auf der Revierebene mit dieser zu vereinigen) oder ob die schweren Risiken nicht gerade eine hochkompetente, spezialisierte Bearbeitung in zentralisierteren Kripo-Strukturen erfordere. Nach einer dezentralisierenden Tendenz unter den SPD-Senatoren wird den umgekehrten Wünschen des BDK unter Senator Nagel wieder eher Gehör geschenkt.

Um Kapazitäten für die eher konzentrierte Polizeiphilosophie freizuhalten, suchen die meisten Länder nach Lösungen, die der klassischen Schutzpolizeipräsenz billigere Ergänzung zur Seite stellen. „Polizei lite" ist das geläufige Schimpfwort für angelernte Wach- und Ordnungspatrouillen, wie sie in Hessen durch eine „Wachpolizei" eingeführt wurde. Dasselbe Land hat zudem mit einem „Freiwilligen Polizeidienst" in einigen Erprobungsstädten eine noch weitergehende Verlagerung der Präsenzaufgabe aus der Vollzugspolizei heraus gewagt. Solche Schritte mögen tatsächlich einen Beitrag zur Befriedigung des Sicherheitsempfindens leisten, sie nehmen aber ein früher allgemeingültiges Credo der Landespolitik zurück: dass Polizeiaufgaben im gesellschaftlichen Wandel immer anspruchsvoller werden und darum den qualifizierten und spezialisierten Experten erfordern. Die Aufweichung dieses Ideals begünstigen auch Sicherheitspartnerschaften, in denen z.B. die Video-Überwachung an Bahnhöfen und in Einkaufszonen gemeinsam mit privaten Sicherheitsdiensten genutzt wird und in denen gelegentlich an urbanen Verkehrsknotenpunkten abgestimmt „bestreift" wird. Diese Praxis hat zwar noch nicht das polizeiliche Sanktionsrecht an Private abgegeben, aber möglicherweise die Polizei selbst stärker der Optik der privaten Sicherheitszielsetzungen angepasst, was gerade bei der verstärkten Eingriffsbefugnis zu Standardmaßnahmen und verdachtsunabhängigen Kontrollen zu denken gibt (vgl. Kirsch 2003).

Die Landespolitik kann also Akzente setzen. Augenblicklich scheinen diese Akzente aber nur geringe Kontraste zu zeitigen. Das große, ziemlich uniforme Interesse der Wählermehrheit an verbesserter Sicherheit mag ein Grund dafür sein. Konservative Landesinnenminister erfahren aber auch wenig „Gegenwind" von einem sozialdemokratischen Bundesinnenminister, der im Zweifelsfall noch konservativere Positionen bezieht und dabei der prominenteste, fachpolitische Sprecher seiner Partei ist. Außerdem begrenzt die Finanzmisere für alle Länder das Spektrum der realisierbaren Sicherheitsstrategien, führt also zusätzlich zur Angleichung. Das schließt dennoch nicht aus, dass die Möglichkeit zur Akzentsetzung auch einmal wieder in eine abweichende Richtung genutzt wird.

Literatur

Aden, Hartmut 1998: Polizeipolitik in Europa. Eine interdisziplinäre Studie über die Polizeiarbeit in Europa. Am Beispiel Deutschlands, Frankreichs und der Niederlande, Opladen/Wiesbaden.

Behrendes, Udo 2002: Aufgaben der Polizei im Rahmen der staatlichen und kommunalen Kriminalprävention. In: Pitschas, Rainer (Hrsg.): Kriminalprävention und „Neues

Polizeirecht". Zum Strukturwandel des Verwaltungsrechts in der Risikogesellschaft (Schriftenreihe der Hochschule Speyer, Bel. 148), Berlin, S. 109-151.

Berkley, George E. 1969: The Democratic Policeman, Boston.

Boldt, Hans 1992: Geschichte der Polizei in Deutschland. In: Lisken, Hans/Denninger, Erhard (Hrsg.): Handbuch des Polizeirechts, München, S. 1-39.

Braun, Hans 1978: Das Streben nach „Sicherheit" in den 50er Jahren. Soziale und politische Ursachen und Erscheinungsweisen. In: Archiv für Sozialgeschichte, Bd. 18, 1978, S. 279-306.

Bull, Hans Peter 1984: Politik der „inneren Sicherheit" vor einem misstrauisch gewordenen Publikum. In: Leviathan, 12. Jg. 1984, Heft 2, S. 155-175.

Busch, Heiner/Funk, Albrecht/Kauß, Udo/Narr, Wolf-Dieter/Werkentin, Falco 1985: Die Polizei in der Bundesrepublik, Frankfurt/New York.

Denninger, Erhard 1990: Der gebändigte Leviathan. Baden-Baden.

Feest, Johannes/Blankenburg, Erhard 1972: Die Definitionsmacht der Polizei. Strategien der Strafverfolgung und sozialen Selektion, Düsseldorf.

Fehn, Karsten 2001: Zuständigkeitsfragen zwischen Bundesgrenzschutz und Landespolizei – Bereiche Bahn und Luftsicherheit bzw. Durchführung lagebildunabhängiger Kontrollen. In: Die Polizei, 92. Jahrgang, Heft 1, Januar 2001, S. 8-17; Heft 3, März 2001, S. 83-86; Heft 4, April 2001, S. 114-117.

Forschungsgruppe „Kommunale Kriminalprävention in Baden-Württemberg 1998: Viktimisierungen, Kriminalitätsfurcht und Bewertung der Polizei in Deutschland. In: Monatsschrift für Kriminologie und Strafrechtsreform, 81. Jg., Heft 2, April 1998, S. 67-82.

Funk, Albrecht 1991: „Innere Sicherheit": Symbolische Politik und exekutive Praxis. In: Blanke, Bernhard/Wollmann, Hellmut (Hrsg.): Die alte Bundesrepublik. Kontinuität und Wandel. (Leviathan-Sonderheft 12/1991), Opladen, S. 367-385.

Götz, Volkmar 1987: Die Sorge für die öffentliche Sicherheit und Ordnung. In: Jeserich, Kurt G.A./Pohl, Hans/Unruh v., Georg Christoph (Hrsg.): Deutsche Verwaltungsgeschichte. Band 5. Die Bundesrepublik Deutschland. Stuttgart, S. 426-450.

Gusy, Christoph 2000: Polizeirecht, 4. neubearbeitete Auflage, Tübingen.

Haselow, Reinhard/Kissmann, Guido P. 2003: Ausbildungs- und Sozialisationsprozesse der Polizei seit 1949. In: Hans-Jürgen Lange (Hrsg.): Die Polizei der Gesellschaft. Zur Soziologie der Inneren Sicherheit. Opladen, S. 123-140.

Haselow, Reinhard/Noethen, Stefan/Weinhauer, Klaus 2000: Die Entwicklung der Länderpolizeien. In: Lange, Hans-Jürgen (Hrsg.): Staat, Demokratie und Innere Sicherheit in Deutschland, Opladen, S. 131-150.

Horn, Hans-Detlef 2003: Vorbeugende Rasterfahndung und in informationelle Selbstbestimmung. In: Die öffentliche Verwaltung, 56. Jg., Heft 18, September 2003, S. 746-755.

Horst, Partrick 2004: Die Neuwahlen zur Hamburger Bürgerschaft vom 29. Februar 2004: Die Hanseaten und Angela Merkel finden einen neuen Hoffnungsträger. In: Zeitschrift für Parlamentsfragen, Jg. 35 (2004), Heft 2, S. 252-270.

Katzenstein, Peter J. 1990: West Germany's Internal Security Policy: State and Violence in the 1970's and 1980's. (Western Societies Program-Occasional Paper No. 28. Center for International Studies – Cornell University), Ithaca N.Y.

Kirsch, Benno 2003: Private Sicherheitsdienste im öffentlichen Raum. Formen und Folgen der Zusammenarbeit mit der Polizei in Berlin und Frankfurt am Main. Wiesbaden.

Lange, Hans-Jürgen 1999: Innere Sicherheit im Politischen System der Bundesrepublik Deutschland, Opladen.

Lisken, Hans/Lange, Hans-Jürgen 2000: Die Polizeien des Bundes. In: Hans-Jürgen Lange (Hrsg.): Staat, Demokratie und Innere Sicherheit in Deutschland. Opladen, S. 151-166.

Martens, Wolfgang 1982: Wandlungen im Recht der Gefahrenabwehr. In: Becker, Ulrich (Hrsg.): Staatliche Gefahrenabwehr in der Industriegesellschaft (Schriften der Deutschen Sektion des Internationalen Instituts für Verwaltungswissenschaften, Bd. 67, Bonn, S. 27-45.

Pitschas, Rainer 2002: Polizeirecht im kooperativen Staat. Innere Sicherheit zwischen Gefahrenabwehr und kriminalpräventiver Risikovorsorge. In: Die Öffentliche Verwaltung, 55. Jg., Heft 6, März 2002, S. 221-231.

Prätorius, Rainer 2000: Leitideen in der institutionellen Ausdifferenzierung der Inneren Sicherheit. In: Lange, Hans-Jürgen (Hrsg.): Staat, Demokratie und Innere Sicherheit. (Studien zur Inneren Sicherheit 1), Opladen, S. 369-383.

Reuband, Karl-Heinz 2002: Law und Order als neues Thema bundesdeutscher Politik? Wie es zum Wahlerfolg der Schill Partei in Hamburg kam und welche Auswirkungen dies hat. In: Neue Kriminalpolitik, 14. Jg., Heft 1, S. 8-13.

Roggan, Fredrik 2000: Auf legalem Weg in den Polizeistaat. Entwicklung des Rechts der Inneren Sicherheit, Bonn.

Seel, Lothar 2002: Die präventiv-polizeiliche Rasterfahndung – Bestandsaufnahme, Problemfelder und Lösungswege. In: Die Polizei, 93. Jg., Heft 7/8, Juli/August 2002, S. 192-202.

Siebecke, Horst 1972: Die Herren der Lage. Macht und Ohnmacht der deutschen Polizei, Köln.

Sparrow, Malcolm K./Moore, Mark H./Kennedy, David M. 1990: Beyond 911. A New Era for Policing, New York.

Störmer, Rainer 1997: Renaissance der öffentlichen Ordnung? In: die Verwaltung, 30. Bd. 1997, Heft 2, S. 233-257.

Weingart, Stephan 2002: Die Renaissance der öffentlichen Ordnung im Saarland. In: Polizei & Wissenschaft. Ausgabe 2/2002, S. 12-16.

Werkentin, Falco 1984: Die Restauration der deutschen Polizei. Innere Rüstung von 1945 bis zur Notstandsgesetzgebung. Frankfurt/New York.

Biografischen Angaben

Die Herausgeber:
Prof. Dr. Dr. Herbert Schneider lehrte bis zu seinem Tod 2002 Politikwissenschaft sowohl an der Pädagogischen Hochschule wie an der Universität Heidelberg.
Prof. Dr. Hans-Georg Wehling lehrt Politikwissenschaft an der Universität Tübingen.

Die Autoren:
Dr. Susanne Blancke, Bundesministerium für Gesundheit und soziale Sicherung, Berlin; Prof. Dr. Michael Eilfort, Vorstand der Stiftung Marktwirtschaft Berlin; Prof. Dr. Klaus-E. Gebauer, Direktor beim Landtag Rheinland-Pfalz, Mainz; Dr. Michael Haus, Technische Universität Darmstadt; Prof. Dr. Gerd Hepp, Pädagogische Hochschule Heidelberg, Prof. Dr. Alfred Katz, Ulm; Prof. Dr. Bernd-P. Lange, Universität Osnabrück; Dr. Peter März, Bayerische Landeszentrale für politische Bildungsarbeit, München, Prof. Dr. Roland Sturm, Universität Erlangen-Nürnberg; Prof. Dr. Werner Patzelt, Universität Dresden; Prof. Dr. Josef Schmid, Universität Tübingen, Prof. Dr. Rainer Prätorius, Helmut-Schmid-Universität (Hochschule der Bundeswehr), Hamburg, Dr. Michael Zerr, Karlsbad.

Neu im Programm Politikwissenschaft

Maria Behrens (Hrsg.)
Globalisierung als politische Herausforderung
Global Governance zwischen Utopie und Realität
2005. 359 S. (Governance Bd. 3)
Br. EUR 32,90
ISBN 3-8100-3561-0

Der Band setzt sich kritisch mit dem Konzept der Global Governance auseinander. Ausgehend von dem Problem einer scheinbar unkontrollierten Globalisierung gehen die AutorInnen der Frage nach, ob und wie die politische Handlungsfähigkeit im internationalen System durch multilaterale Koordinationsmechanismen zurückgewonnen werden kann. Damit liefert der Band eine umfassende Einführung in das Thema und ermöglicht ein tieferes Verständnis von Global Governance.

Ludger Helms
Regierungsorganisation und politische Führung in Deutschland
2005. 237 S. mit 8 Tab. (Grundwissen Politik 38) Geb. EUR 19,90
ISBN 3-531-14789-7

Der Band bietet eine politikwissenschaftliche Gesamtdarstellung der Bedingungen und Charakteristika der Regierungsorganisation und politischen Führung durch Kanzler und Bundesregierung in der Bundesrepublik Deutschland. Im Zentrum der Studie steht eine vergleichende Analyse der politischen Ressourcen und Führungsstile deutscher Kanzler seit Konrad Adenauer. Diese werden auf zwei Ebenen – innerhalb des engeren Bereichs der Regierung und auf der Ebene des politischen Systems – betrachtet. Historische Rückblicke und ein internationaler Vergleich runden die Studie ab.

Richard Saage
Demokratietheorien
Historischer Prozess – Theoretische Entwicklung – Soziotechnische Bedingungen. Eine Einführung
2005. 325 S. mit 3 Abb. (Grundwissen Politik 37) Br. EUR 24,90
ISBN 3-531-14722-6

Dieser Band stellt die Entwicklung der Demokratie und der Demokratietheorien von der Antike bis zur Gegenwart dar. Er erläutert die Veränderungen des Demokratiebegriffs und der wissenschaftlichen Diskussion über die Herrschaftsform und erklärt den Übergang von der alten, auf die Selbstbestimmung des Volkes abzielenden (direkten) Demokratie zur reduzierten Demokratie als Methode der Generierung staatlicher Normen und effizienter Elitenrekrutierung, wie sie sich in der Folge von Kontroversen und politischen Kämpfen herausgebildet hat.

Erhältlich im Buchhandel oder beim Verlag.
Änderungen vorbehalten. Stand: Januar 2006.

www.vs-verlag.de

VS VERLAG FÜR SOZIALWISSENSCHAFTEN

Abraham-Lincoln-Straße 46
65189 Wiesbaden
Tel. 0611.7878-722
Fax 0611.7878-400